中華學術叢書

陳高華 著

元代佛教史論

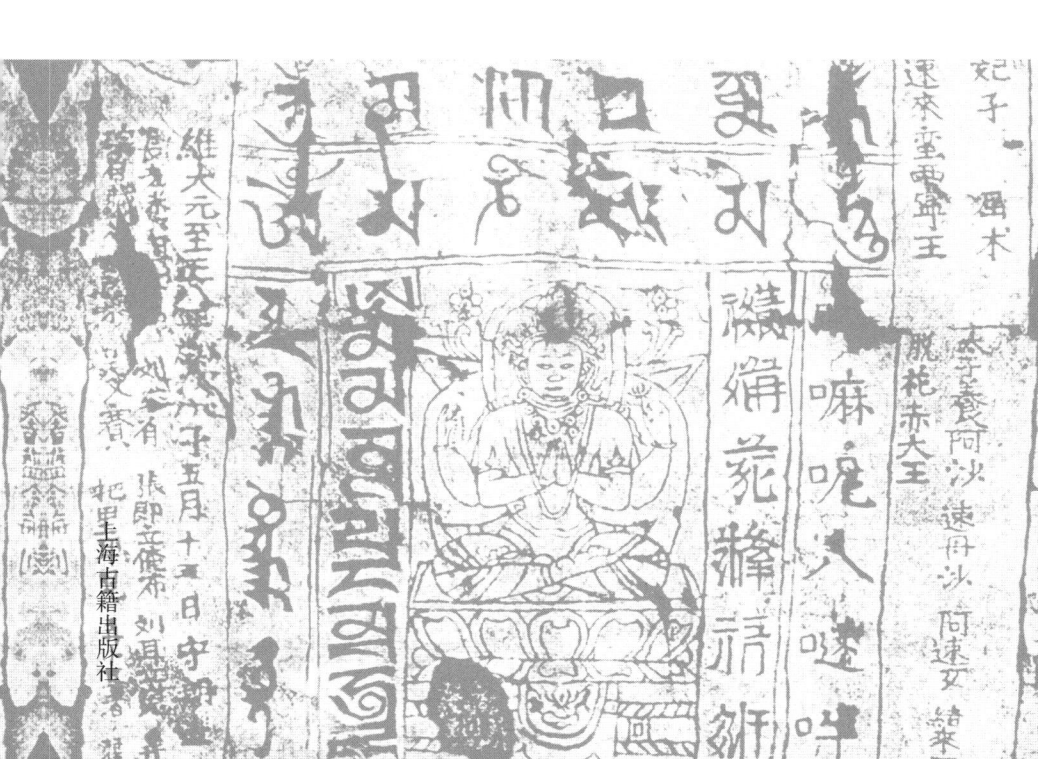

圖書在版編目(CIP)數據

元代佛教史論／陳高華著.—上海：上海古籍出版社，2024.6
（中華學術叢書）
ISBN 978-7-5732-1122-4

Ⅰ.①元… Ⅱ.①陳… Ⅲ.①佛教史－中國－元代 Ⅳ.①B949.2

中國國家版本館 CIP 數據核字(2024)第 076826 號

元代佛教史論

陳高華　著

上海古籍出版社出版發行

（上海市閔行區號景路 159 弄 1-5 號 A 座 5F　郵政編碼 201101）
（1）網址：www.guji.com.cn
（2）E-mail：guji1@guji.com.cn
（3）易文網網址：www.ewen.co

商務印書館上海印刷有限公司印刷

開本 890×1240　1/32　印張 13.625　插頁 5　字數 330,000
2024 年 6 月第 1 版　2024 年 6 月第 1 次印刷
ISBN 978-7-5732-1122-4
B·1388　定價：98.00 元

如有質量問題，請與承印公司聯繫

目　錄

（一）

元成宗與佛教…………………………………………… 1
元仁宗與佛教…………………………………………… 30
元英宗與佛教…………………………………………… 54
元代的諸路釋教總統所………………………………… 72
元代佛教寺院賦役的演變……………………………… 105
元代內遷畏兀兒人與佛教……………………………… 131

（二）

元代大都的皇家佛寺…………………………………… 159
再論元代大都的皇家佛寺……………………………… 168
元代大都的"舊剎"……………………………………… 223
元代新建佛寺略論……………………………………… 242

（三）

元代江南佛教略論……………………………………… 275

元代江南禪教之爭……………………………………… 298
再論元代河西僧人楊璉真加……………………………… 313
杭州慧因寺的元代白話碑………………………………… 334

（四）

元朝女性的宗教信仰……………………………………… 345
僧道多妻妾
　　——元代宗教史的一個側面…………………………… 359
元朝出賣僧道度牒之法…………………………………… 367

（五）

元代來華印度僧人指空事輯……………………………… 369
十四世紀來中國的日本僧人……………………………… 382

朱元璋的佛教政策………………………………………… 414

後記………………………………………………………… 430

元成宗與佛教

至元三十一年(1294)正月,元世祖忽必烈死,其孫鐵穆耳嗣位,是爲成宗。成宗在位十三年,"承天下混一之後,垂拱而治,可謂善於守成者矣"。① 他大體延續了忽必烈時代的各種政策,但又有一些新的措施。在對待佛教方面,亦是如此。

一 尊奉藏傳佛教

"元興,崇尚釋氏,而帝師之盛,尤不可與古昔同語……百年之間,朝廷所以敬禮而尊信之者,無所不用其至。"② 忽必烈尊奉藏傳佛教薩迦派領袖八思巴爲帝師,以藏傳佛教居於佛教各宗派之上,由此成爲有元一代的制度。

成宗一朝,先後有三個帝師。③ 第一個是乞剌斯八斡節兒,至元二十八年(1291)任帝師。成宗嗣位後"特造寶玉五方佛冠賜之。元貞元年,又更賜雙龍盤紐白玉印,文曰:'大元帝師統領諸國僧尼中興釋教之印。'"④ 他死於成宗大德七年(1303)。八年正月"以輦

---

① 《元史》卷二一《成宗紀四》,中華書局點校本,1976年,第472頁。
② 《元史》卷二〇二《釋老傳》,第4517、4520—4521頁。
③ 陳慶英:《元代帝師制度及其歷任帝師》(上)(下),《青海民族學院學報》1991年第1、2期。
④ 《元史》卷二〇二《釋老傳》,第4518—4519頁。

真監藏爲帝師"。① 成宗爲此頒發聖旨:"在先'諸路裏有的衆和尚每之上都交管領者'麽道,薛禪皇帝巴吉思八師父根底與了帝師名分聖旨、玉印,委付了來。如今,'巴吉思八師父替頭裏管着衆和尚者'麽道,輦真監藏根底與了帝師名分聖旨、玉印也。您衆和尚每休別了輦真監藏帝師的言語,經文幷教門的勾當裏謹愼行者。這般宣諭了,不謹愼行的和尚幷呪師般不思,您每不怕那、不羞那甚麽? 與那上頭,交您差發稅糧休着者。"②可以想見,其他兩位帝師繼位時亦應有相應的聖旨。大德九年正月,輦真監藏去世,"專遣平章政事鐵木兒乘傳護送,賻金五百兩、銀千兩、幣帛萬匹、鈔三千錠"。③ 同年三月,成宗"以吃剌思八斡節兒侄相加班爲帝師"。④

八思巴出身薩迦的款氏家族,第二任帝師亦鄰真是八思巴的同父異母弟,第三任帝師答兒麻八剌乞塔是八思巴之侄。但第三任帝師去世時,款氏家族没有合適的男性繼承人,便由八思巴弟子亦攝思連真繼任。乞剌思八斡節兒、輦真監藏、相加班分别是元朝的第五、六、七任帝師,他們都屬於薩迦派,但不是款氏家族成員。從現存的文獻記載來看,他們得到成宗的尊奉,但在元朝政治生活中並没有多少作爲。

在成宗時代,真正有影響的藏傳佛教僧人要數膽巴。⑤ 膽巴是朵甘思旦麻(今青海玉樹藏族自治州稱多縣)人,拜八思巴之兄、薩迦派領袖薩班爲師,曾到西天竺國即印度學習經律論。"至元七年,與帝師巴思八俱至中國。帝師者,乃聖師之昆弟子也。帝師告

---

① 《元史》卷二一《成宗紀四》,第457頁。
② 《元典章》卷二四《户部十·租税·僧道税·和尚休納税糧》,陳高華、張帆等點校,中華書局、天津古籍出版社,2011年。
③ 《元史》卷二〇二《釋老傳》,第4521頁。
④ 《元史》卷二一《成宗紀四》,第463頁。
⑤ 膽巴生平事迹論者頗多,以陳得芝教授的《元代内地藏僧事輯》(《蒙元史研究叢稿》,人民出版社,2005年)最爲翔實。本文主要討論成宗時代膽巴的活動,或可對得芝先生大作作一點補充。

歸西蕃,以教門之事屬之於師。始於五臺山建立道場,行秘密嚩法,作諸佛事,祠祭摩訶伽剌,持戒甚嚴,晝夜不懈,屢彰神異,赫然流聞。自是德業隆盛,人天歸敬。"①"聖師"即薩班,可知膽巴是藏傳佛教薩迦派僧人,與八思巴家族有特殊的關係,追隨八思巴來到中原。"摩訶伽剌"又譯"摩訶葛剌","漢言大黑神也。初,太祖皇帝肇基龍朔,至於世祖皇帝,綏華糾戎,卒成伐功,常隆事摩訶葛剌神,以其爲國護賴,故又號大護神,列諸大祠,禱輒響應。而西域聖師太弟子膽巴亦以其法來國中,爲上祈祠,因請立廟於都城之南涿州。祠既日嚴,而神益以尊"。② 摩訶伽(葛)剌神出自藏傳佛教,傳入蒙古後風行一時,被認爲是朝廷的護法神。而膽巴國師無疑是在元廷傳授摩訶葛剌法術之最關鍵的西番上師。③ 因此爲忽必烈和蒙古上層所尊奉。但在忽必烈統治後期,膽巴因與權臣桑哥矛盾,一度回歸故里,又曾被放逐到潮州(今廣東潮州)。桑哥被處死後纔被召還。④ 波斯史家拉施特說:膽巴和另一個喇嘛蘭巴"乃是親屬,[得到]合罕的極大信任和重視"。⑤ 這裏的"合罕"便指忽必烈。但在漢文文獻中只有膽巴,沒有蘭巴的記載,"蘭巴"很可能是輾轉傳說造成的謬誤。

成宗即位後,曾推行作佛事"釋囚"的措施。據《元史·成宗紀》記載,至元三十一年十二月,"用帝師奏,釋京師大辟三十人,杖以下百人",元貞元年九月,"用帝師奏,釋大辟三人,杖以下四十七人"。⑥ 這是有元一代作佛事釋囚的開端,此時帝師是前面提到的

---

① 趙孟頫:《無上帝師碑》。按,此碑未收入趙氏的《松雪齋文集》,另有拓本傳世。任道斌輯集點校的《趙孟頫文集》已收,見該書"補遺"。上海書畫出版社,2010年,第227頁。
② 柳貫:《護國寺碑》,《柳待制文集》卷九,《四部叢刊》本。
③ 沈衛榮:《西夏、蒙元時代的大黑天神崇拜與黑水城文獻》,《西藏歷史和佛教的語文學研究》,上海古籍出版社,2010年,第418—439頁。
④ 《佛祖歷代通載》卷二二《膽巴傳》,《大正藏》本。
⑤ 〔波斯〕拉施特主編:《史集》第二卷,余大鈞、周建奇譯,商務印書館,1985年,第356—357頁。
⑥ 《元史》卷一八《成宗紀一》,第389、396頁。

乞剌斯八斡節兒。但據波斯史籍記載,向成宗建議作佛事"釋囚"的是膽巴。拉施特説,當時一批商人向皇帝出售珠寶,他們向朝廷高官行賄,抬高價錢,從中牟取暴利。此事暴露後,元成宗下令逮捕有關人員,"並且有旨全部處死"。這些人的家屬"前往闊闊真哈敦處[請求]講情。她竭力營救他們而未遂。在此之後,他們請求膽巴巴黑失保護。恰好在那幾天出現了'掃帚'星。以此之故,膽巴巴黑失派人去請合罕來,要求祈禱'掃帚'星。合罕來到了。巴黑失説,應當釋放四十個囚犯,接着他又説,應當再寬恕一百個囚犯。他們就因這件事而獲釋了"。① 這樣,關於作佛事釋囚便有兩種説法。一種説起於帝師,一種説起於膽巴。當然,也有第三種可能,即帝師和膽巴都曾建議作佛事釋囚。這幾種説法不同但有個共同點,即此事由藏傳佛教領袖人物發起,無疑是成宗尊崇藏傳佛教的結果。

忽必烈時代,膽巴"留京師,王公咸禀妙戒"。② 成宗對膽巴大概早有接觸,故即位之初便召見他。成宗即位之初即宣布免除僧人税糧,就是膽巴建議所致(參見本文第二部分),可見其對成宗有很大的影響。拉施特説:"膽巴巴黑失……在鐵穆耳合罕時仍極有威勢。"③却完全没有提到鐵穆耳時代的帝師,反映出兩者在當時政治生活中地位有别。漢文文獻説:"大德間,朝廷事之與帝師並駕",④"一時朝貴咸敬之"。⑤ 因此,膽巴提出爲成宗接受的釋囚建議是完全可能的。還有一個具體的例子。《元史·成宗紀》記,大德六年(1302)二月"癸巳,帝有疾,釋京師重囚三十八人"。⑥ 而據膽巴傳記記載,"壬寅春二月,帝幸柳林遘疾,遣使召云:'師如想

---

① 《史集》第二卷,第388頁。"巴黑失"即師傅。
② 《佛祖歷代通載》卷二二《膽巴傳》。
③ 《史集》第二卷,第387頁。《史集》中有關元成宗的記載大多是可信的。
④ 楊瑀:《山居新話》,《知不足齋叢書》本。
⑤ 陶宗儀:《南村輟耕録》卷五《僧有口才》,中華書局,1959年,第56頁。
⑥ 《元史》卷二〇《成宗紀三》,第440頁。

朕,願師一來。'師至幸所,就行殿修觀法七晝夜,聖體乃瘳。敕天下僧寺普閱藏經,仍降香幣等施,即大赦天下"。① "壬寅"即大德六年。兩相印證,可知此次釋囚正是膽巴爲成宗行法治病的結果。此可爲膽巴建議"釋囚"祈福提供有力的證據。至於帝師曾否有同樣的舉動,還可以進一步研究。

"西僧爲佛事,請釋罪人祈福,謂之禿魯麻。豪民犯法者,皆賄賂之以求免。有殺主、殺夫者,西僧請被以帝后御服,乘黃犢出宮門釋之,云可得福。"以作佛事而釋囚,必然成爲罪犯逃脱刑罰的一條捷徑,破壞法制。而藏傳佛教上層人物既可以藉此謀利,又因此得到左右政壇的特殊權力。這是元成宗時政治生活中一項重大弊政。此項弊政付諸實施之初,中書平章政事不忽木便深爲不滿,他說:"人倫者,王政之本,風化之基,豈可容其亂法如是。"不忽木是蒙古人,從小受儒學教育,故有此說。成宗表面接受不忽木意見:"卿且休矣,朕今從卿言。"實際上仍然釋囚祈福,而且"自是以爲故事"。② 大德七年四月,"中書左丞相答剌罕言:'僧人修佛事畢,必釋重囚。有殺人及妻妾殺夫者,皆指名釋之。生者苟免,死者負冤,於福何有!'帝嘉納之"。③ 中書左丞相答剌罕是蒙古人哈剌哈孫。顯然此事已引起強烈的非議,但成宗仍然我行我素。大德十一年(1307)正月,成宗死;五月,武宗即位。十二月丁巳,"中書省臣言:'自元貞以來,以作佛事之故,放釋有罪,失於太寬,故有司無所遵守。今請凡內外犯法之人,悉歸有司依法裁決。'"武宗"從之"。④ 由不忽木、哈剌哈孫到武宗初年的中書省臣,可知行政系統官員對釋囚祈福是堅決反對的。但有元一代,始終未能中止。

---

① 《佛祖歷代通載》卷二二《膽巴傳》。
② 《元史》卷一三〇《不忽木傳》,第3171頁。
③ 《元史》卷二一《成宗紀四》,第450頁。
④ 《元史》卷二二《武宗紀一》,第492頁。

元代還流傳一個膽巴的故事。"膽巴師父者,河西僧也。大德間,朝廷事之與帝師並駕。適德壽太子病癒而薨,不魯罕皇后遣使致言於師曰:'我夫婦以師事汝至矣。止有一子,何不能保護耶?'答曰:'佛法譬若燈籠,風雨至則可蔽,若爾燭盡,則燈籠亦無如之何也。'可謂善於應對。"① 這個故事是不確實的。大德九年六月,成宗立德壽爲皇太子,同年十二月,皇太子德壽薨。② 而膽巴死於大德七年。很可能,不魯罕皇后曾因德壽之死向帝師或其他藏傳佛教僧人詢問,但在傳説中却將此事加在膽巴身上,實際上反映出膽巴在成宗時代特有的顯赫地位,也説明時人常將膽巴誤作帝師了。

膽巴之外,還有兩位藏傳佛教僧人也與成宗有特殊的關係。一位是迦魯納答思。他是"畏吾兒人,通天竺教及諸國語"。忽必烈"命迦魯納答思從國師習其法,及言與字,期年皆通"。從而成爲朝廷中重要的翻譯人才。忽必烈晚年以他爲"翰林學士承旨、中奉大夫,遣侍成宗於潛邸,且俾以節飲致戒。成宗即位,思其忠,遷榮禄大夫、大司徒;憐其老,命乘車入殿"。③ 中奉大夫從二品,榮禄大夫從一品,可見其地位之高。拉施特説:"還有另外一個喇嘛,一個客失米兒人,他名爲迦魯納答思,也受到信任。鐵穆耳合罕和從前一樣相信他。"拉施特還説喇嘛們"派了自己的懂得醫術的那可兒們去監視合罕,要他們不讓合罕多飲食……合罕開始小心起來,並限制自己的飲食。他們的話有很大的份量"。④ 這和上面漢文史籍中所説"俾以節飲致戒"是一致的。迦魯納答思是國師(應是八思巴)的弟子,很可能原是僧人,後還俗從政。成宗時代聲勢顯赫的藏傳佛教僧人還有必蘭納識里:"初名只刺瓦彌的理,北庭感

---

① 楊瑀:《山居新話》。《南村輟耕録》卷五《僧有口才》略同。
② 《元史》卷二一《成宗紀四》,第464、467頁。
③ 《元史》卷一三四《迦魯納答思傳》,第3261頁。
④ 《史集》第二卷,第357頁。拉施持説迦魯納答思是客失米兒人,疑有誤。

木魯國人。幼熟畏兀兒及西天書，長能貫通三藏暨諸國語。大德六年，奉旨從帝師授戒於廣寒殿，代帝出家，更賜今名。"能代成宗受戒出家，其地位可想而知，同時也説明成宗是藏傳佛教的忠實信徒，以藏傳佛教弟子自居。必蘭納識里以精通多種語言文字擅長翻譯而聞名，後來地位不斷上升，"至治三年，改賜金印，特授沙津愛護持，且命爲諸國引進使。至順二年，又賜玉印，加號普覺圓明廣照弘辯三藏國師"。後因與安西王子"謀爲不軌，坐誅"。①

成宗對藏傳佛教的尊奉還表現在其他一些方面。（1）作佛事。忽必烈時代，設置功德使司，其主要職責，便是辦理各種佛事。朝廷舉辦的佛事，可分祈福和消災兩類，大多由藏傳佛教僧人主持，所修主要爲薩迦派密宗教法。② 至元三十一年六月，成宗即位之初，罷功德使司，顯然是想控制和減少佛事。但事實正好相反，佛事不斷增加，於是到大德七年，再立功德使司。"且以至元三十年言之，醮祠佛事之目，止百有二。大德七年，再立功德使司，積五百有餘。今年一增其目，明年即指爲例，已倍四之上矣。僧徒又復營幹近侍，買作佛事，指以算卦，欺昧奏請，增修布施莽齋，自稱特奉、傳奉，所司不敢較問，供給恐後。況佛以清净爲本，不奔不欲，而僧徒貪慕貨利，自違其教，一事所需，金銀鈔幣不可數計，歲用鈔數千萬錠，數倍於至元間矣。凡所供物，悉爲己有，布施等鈔，復出其外，生民脂膏，縱其所欲，取以自利，畜養妻子。"③藏傳佛教僧人以作佛事謀得巨大的利益，而國庫却爲此增加了沉重的負擔。成宗死，武宗嗣位不久，便"以中書省言國用浩穰，民貧歲歉，詔宣政院併省佛事"。④ 可見成宗朝佛事耗費已成爲嚴重的社會問題。

---

① 《元史》卷二〇二《釋老傳》，第4520頁。
② 張云：《元朝治理西藏地方的宗教政策與制度》之四《西藏僧人法事活動探幽》，《元朝中央政府治藏制度研究》，黑龍江教育出版社，2003年，第77—82頁。
③ 《元史》卷一七五《張珪傳》，第4080頁。
④ 《元史》卷二二《武宗紀一》，第492頁。

（2）建寺。忽必烈建造了大護國仁王寺、大聖壽萬安寺、大興教寺等，爲皇室祈福。成宗亦於大德八年在大都建造大天壽萬寧寺。此寺建成後，"中塑秘密佛像，其形醜怪，后（成宗皇后卜魯罕——引者）以手帕蒙覆其面，尋傳旨毀之"。① 顯然是藏傳佛教尊奉的佛像。在此前，在五臺山建造大萬聖祐國寺（參見本文第二節），寺中有"馬啥剌殿"，②應即馬葛剌殿。這兩所皇家佛寺可能是藏式，也可能是藏漢合璧型的。佛寺建造花費巨大，五臺建寺"土木既興，工匠夫役，不下數萬。附近數路州縣，供億煩重，男女廢耕織，百物踊貴，民有不聊生者矣"。③（3）西番僧人即藏傳佛教僧人大批來內地。大德十年五月，"詔西番僧往還者不許馳驛，給以舟車"。④ "五月十日，通政院使察乃言：迤西站赤不便，自大德九年至十年正月，西番節續差來西僧八百五十餘人，計乘鋪馬一千五百四十七匹，至甚頻數。竊照大都至衛輝二十二站，若將此等回程西僧從水驛以達衛輝，人則換馬，物則行車……庶幾減省鋪馬，站戶少蘇"。中書省"奏准聖旨，遍行合屬依上施行"。⑤ 一年之內，經由驛站來到內地的藏傳佛教僧人就有八百五十餘人，以致驛站馬匹難以負擔。按此推算，成宗一朝來往內地的西番僧人應不下於一萬人次。這無疑是很驚人的數字。

　　成書於14世紀中期的藏文史籍《紅史》，收錄了"元成宗完澤篤賜給西藏僧人的《優禮僧詔書》"："長生天氣力裏，大福蔭護助裏，皇帝聖旨。曉諭中書省官人每根底、樞密院官人、御史臺官人、行中書省、行御史院官人每根底、廉訪司官、守城官、地方官每根底、軍官、軍人、大小頭人、衆多部落：成吉思汗和窩闊台皇帝定

---

① 《元史》卷一一四《后妃傳一》，第2873頁。
② 福吉祥：《妙嚴大師善行之碑》，牛誠修：《定襄金石考》卷三，1932年印本。
③ 《元史》卷一七六《李天禮傳》，第4102頁。
④ 《元史》卷二一《成宗紀四》，第470頁。
⑤ 《經世大典·站赤》，《永樂大典》卷三五四一二，中華書局1986年影印本。

制,依照釋迦牟尼之教法諸班第每皆不納三種差,告天祝禱,爲皇帝祈福。忽必烈皇帝信奉三寶,使釋迦牟尼教法遍布人世間,使僧衆皆爲皇帝祈福祝禱。雖如此反復下詔,仍有守城官員和部落頭人不曉其意,依勢侵奪寺廟和佛殿,欺凌僧人。從今以後,管領部落之官員和百姓們,應遵釋迦牟尼教法,再不得欺凌僧人,不得踐踏寺廟和寺院,當心侍奉着。爲侍奉西番之僧人,忽必烈皇帝在位時,軍犯營中有一名馬明之人,因拉執僧人衣領,受到重罰。今後,如有俗人以手犯西僧者,斷其手;以言語犯西僧者,割其舌。自頒發此詔書之後,對不敬奉僧人和踐踏寺廟和寺院的人,請派遣到各地的官員和僧人長老者聯名奏來,朕知後必加懲處。此詔書於鷄年陰曆三月二十八日上都有時分寫來。"①按,此詔僅見於藏文史籍,漢文文獻未載。但武宗至大二年(1309)六月甲戌,"皇太子言:'宣政院先奉旨,毆西番僧者截其手,詈之者斷其舌,此法昔所未聞,有乖國典,且於僧無益。'"②足證此詔非虛。鐵穆耳對藏傳佛教的尊奉,可以説更勝過忽必烈。這種做法,必然助長藏傳佛教僧人的胡作非爲,造成很壞的社會影響,以致到了武宗時代,皇太子即後來的仁宗愛育黎拔力八達不得不出來加以糾正。

二 繼續"崇教抑禪"

對待"漢地"佛教,忽必烈原來重視禪宗,禪宗中臨濟宗的海雲和曹洞宗的福裕,都受到青睞。但在信奉藏傳佛教之後,忽必烈改

---

① 蔡巴·貢噶多吉:《紅史》,陳慶英、周潤年譯,東嘎·洛桑赤列校注,西藏人民出版社,1988年,第129—130頁。此詔後有"至元二十三年"幾個字,校注者認爲:"此處紀年似爲至正二十三年重抄元成宗的聖旨。"

② 《元史》卷二三《武宗紀二》,第512頁。

而推行"崇教抑禪"的方針,有意壓低禪宗,抬高佛教中的其他宗派。在"漢地"各宗派中,華嚴宗受到重視。① "帝詔講華嚴大德,於京城大寺開演,彰顯如來之富貴"。② "崇教抑禪"是忽必烈宗教政策的重要内容。成宗嗣位後,對於"崇教抑禪",似乎没有明確的表示。但從現有的記載來看,在"漢地"的佛教各宗派中,他同樣比較看重華嚴宗。大都的華嚴宗以寶集寺、崇國寺爲主。忽必烈建大聖壽萬安寺,以寶集寺的知揀爲主持。成宗建萬寧寺,知揀的門人德謙"以詔居萬寧寺"。③ 定演爲崇國寺住持,成宗"賜京城官地,鼎建大伽藍一所,殿奉千佛創法寶藏"。④ 於是大都有南北兩處崇國寺。

值得注意的是成宗建造五臺萬聖祐國寺及其與洛陽白馬寺的關係。忽必烈統治後期,膽巴應召自潮州回到大都。"上謂師曰:'師昔勸朕五臺建寺,今遣侍臣伯顏、司天監蘇和卿等相視山形,以圖呈師。'師曰:'此非小緣,陛下發心寺即成就。'未幾,上宴駕。"⑤ 按,五臺山歷來被認爲是佛教聖地,文殊菩薩的道場。藏傳佛教薩迦派極爲注重文殊信仰,薩班和八思巴都崇信文殊菩薩,1257 年八思巴曾親赴五臺山朝拜,寫下五篇讚文。⑥ 膽巴本人入中原後一度在五臺山"建立道場",祠祭摩訶伽剌,已見前引文獻。成宗即位後,秉承忽必烈遺志,以皇太后名義在五臺建寺。元貞元年(1295)閏四月,"爲皇太后建佛寺於五臺山"。爲此動員了大都等

---

① 陳高華:《元代江南禪教之爭》,《隋唐遼宋金元史論叢》第 2 輯,上海古籍出版社,2012 年。
② 《佛祖歷代通載》卷二二《弘教集》。
③ 《佛祖歷代通載》卷二二《德謙傳》。
④ 釋西云:《特賜佛性圓融崇教傳戒華嚴大師壽塔記》,《北京圖書館藏中國歷代石刻拓本滙編》第 48 册,中州古籍出版社,1989 年,第 34 頁。
⑤ 《佛祖歷代通載》卷二二《膽巴傳》。
⑥ 才讓:《八思巴與聖地五臺山:讚詩〈寶鬘〉譯解》,《西域歷史語言研究集刊》第 7 輯,科學出版社,2014 年。

十路的人力物力，"應其所需"。① "元貞二年夏六月，皇太后車駕親幸五臺"。② 大德元年三月，"五臺山佛寺成，皇太后將親往祈祝，監察御史李元禮上封事止之"。③ 實際上皇太后仍然前往五臺新寺祈祝，並未中止："元貞元年，〔阿尼哥〕建三皇廟於京師，又建萬聖祐國寺於五臺。裕聖臨幸，賞白金萬兩。"④ 五臺山新建佛寺命名爲大萬聖祐國寺，此寺落成後，成宗任命河南白馬寺主持文才兼任主持。

　　文才屬華嚴宗，成宗授予"真覺國師"稱號，這是海雲、福裕都沒有得到的優遇。⑤ 大德八年（1304），成宗建萬寧寺，命文才的弟子了性爲主持。⑥ 釋寶嚴，"嗣真覺國師，傳賢首宗教……及真覺以詔居大萬聖祐國寺，公與〔弟〕金從至洛汭。及居大萬聖祐國寺，又從至臺山。真覺殁，詔以公繼其位"。⑦ 僧法洪，"真覺國師松堂公居大白馬寺，公往依之"。"大德中，總統司請爲釋源白馬寺長講，號大德法主。"法洪後來成爲大都皇家佛寺的主持，食一品祿，"貴幸莫比矣"。⑧ 可以看出，成宗大力提拔出自洛陽白馬寺的華嚴宗僧人。成宗的態度實際上與膽巴有密切的關係。"聖上大德改元之四年冬十月，釋源大白馬寺告成，詔以護國仁王寺水陸田在懷孟六縣者千六百頃充此恒産，永爲皇家子孫祈福之地。"起初，帝師八思巴在一次僧衆集會上詢問："佛法至中國，始於何時，首於何刹？"與會的僧人行育"引永平之事以對，且以營建爲請"。"永平"

---

① 《元史》卷一八《成宗紀一》，第 393 頁。
② 《妙嚴大師善行之碑》，《定襄金石考》卷三。
③ 《元史》卷一九《成宗紀二》，第 410 頁。
④ 程鉅夫：《涼國敏慧公神道碑》，《雪樓集》卷七，清宣統影洪武本。
⑤ 《佛祖歷代通載》卷二二《文才傳》。
⑥ 《佛祖歷代通載》卷二二《了性傳》。了性和上述德謙任萬寧寺主持誰先誰後，有待考證。
⑦ 《佛祖歷代通載》卷二二《寶嚴傳》。
⑧ 許有壬：《釋源宗主洪公碑》，《至正集》卷四七，清宣統石印本。

是東漢明帝的年號，當時西域僧人來中國，在洛陽建白馬寺。八思巴因此向忽必烈建議重修白馬寺，"特敕行育綜領修寺之役"。但因經費缺乏，進展緩慢。"帝師聞之，申命大師丹巴董其事。丹巴請假護國仁王寺田租以供土木之費，詔允其請。裕宗文惠明孝皇帝時在東宮，亦出帛幣相助。"丹巴即膽巴。裕宗文惠明孝皇帝即成宗鐵穆耳之父真金。白馬寺重修後，"位置尊嚴，繪塑精妙，蓋與都城萬安、興教、仁王三大刹比績焉"。在重修過程中，行育去世，文才繼之，"以畢寺之餘功"。"落成之際，仁王寺欲復所假田租。文才即遣僧奭言於丹巴曰：'轉經頌禧，寺所以來衆僧也。有寺無田，衆安仰？'丹巴令宣政院官達實愛滿等奏請，遂有賜田之命，且敕有司'世世勿奪'云。"①大護國仁王寺是忽必烈夫婦在大都建造的一座皇家佛寺，規模宏大，得到土田和各種賞賜極多。膽巴（丹巴）居然能説動忽必烈將仁王寺的部分官田田租轉交給白馬寺作爲修建費用，而當白馬寺落成、仁王寺要求返還官田時，膽巴出面求情，成宗又同意將這些田土賜給白馬寺。仁王寺在皇家佛寺中享有特殊地位，②却要對白馬寺處處讓步，從中可以看出膽巴在忽必烈和成宗鐵穆耳心中的地位。而白馬寺因膽巴的關係，也和皇室挂上了鈎。成宗起用文才、了性、寶嚴等白馬寺華嚴宗僧人，根本上還是因爲膽巴的關係。據記載，萬聖祐國寺建成後，"以爲名山大寺，非海内之望，不能尸之，詔求其人於帝師迦羅斯巴。會師（文才——引者）自洛陽來見帝師，喜曰：'祐國寺得其人矣。'詔師以釋源宗主兼居祐國"。③ 按，文才在祐國寺僅"歲餘"即去世，時爲大德六年，則其出任祐國寺主持即白馬寺重建落成之時，應在大

---

① 閻復：《大元重修釋源大白馬寺賜田功德之碑》，見迺賢《河朔訪古記》卷下，《文淵閣四庫全書》本。
② 陳高華：《元代大都的皇家佛寺》，本書已收。
③ 《佛祖歷代通載》卷二二《文才傳》。

德四年。當時帝師是乞剌思八斡節兒，與文中"帝師迦羅斯巴"不符。我認爲很可能亦是膽巴之誤。也就是說，膽巴與五臺山有很深的淵源，又是白馬寺的保護人，由於膽巴的推薦，白馬寺的住持文才得以兼任五臺祐國寺的住持。①

對於"漢地"的禪宗，從現有記載看來，鐵穆耳似乎接觸不多。釋普仁號雪堂，屬佛教臨濟宗，是大都永泰寺彌陀院的住持。普仁名震一時，有十所大寺"皆禮請住持"。"初，今上在潛邸，師嘗奉命持香禮江浙名藍。法航所至，州府寮屬作禮供養，日積幣書費，購所謂五千餘卷，滿二十藏，爲函一萬有奇。浮江逾淮，輦運畢至，凡所統十大寺，率以全藏授，仍請衛法璽書，寺給一通，其用心博哉！"②"今上"即成宗，可知他在稱帝前即與雪堂有往來。慶壽寺是大都臨濟宗第一刹，海雲曾任主持。"元貞元年，成宗有詔迎西雲大宗師住大都大慶壽寺。"西雲是海雲的再傳弟子，"進承清問。經歷三朝……由是臨濟之道愈擴而大"。③ 但西雲的影響遠不能和海雲相比。

南宋滅亡後，忽必烈在江南亦推行崇教抑禪。至元十四年二月，"詔以僧亢吉祥、憐真加、加瓦並爲江南總攝，掌釋教"。④ "亢吉祥"即行育。⑤ 憐真加即楊璉真伽。加瓦生平不詳。以他們三

---

① 《中國佛教通史》第十一卷云："據文才自述：'予近稟下，上師西域烏思人，少出家，誦五分律並誦諸部般若，學《瑜伽》《顯揚》《攝大乘》等諸論。中年遇帝師拔思巴上師，又稟密藏灌頂主戒，常課曉夕禪定三十餘次，說法施食，日無少暇，亦嘗再四問師所解，以經律論及密略出五百部，盛業不能盡述。'"下注此段文字出自"文才：《肇論新疏游刃》卷中，《續藏經》第54册，第304頁中"。（江蘇人民出版社，2010年，第149頁）按，這段文字中的"上師""師"顯然指的是膽巴，"亦嘗再四問師"的是文才，由此可見文才與膽巴的親密關係。我查閱的《肇論新疏游刃》見《續藏經》第二編第一套第三册。
② 李謙：《鄭州洞林大覺禪寺藏經記》，方履籛：《金石萃編補正》卷四，光緒二十年印本。
③ 趙孟頫：《臨濟正宗之碑》，《趙孟頫文集》卷九，第175頁。
④ 《元史》卷九《世祖紀六》，第188頁。
⑤ 行育生平見竺沙雅章《宋元佛教文化史研究》第一部第六章《元代華北之華嚴宗》，汲古書院，2000年。

人爲首的江南佛教管理機構稱爲江淮釋教總攝所,後升爲江南諸路釋教總統所,楊璉真伽爲總統,地位在其餘二人之上。楊璉真伽秉承忽必烈的旨意,多方控制江南佛教,積極推行崇教抑禪。至元二十五年楊璉真伽組織江南禪教代表人物到大都,在忽必烈面前辯論,結果"升教居禪之右"。①忽必烈還從北方選派教僧到江南設御講,擴大影響。至元二十八年權臣桑哥失勢,楊璉真伽受牽連被罷,江南釋教總統所聲勢大減,處於癱瘓的狀態。忽必烈另立江南行宣政院,管理江南佛教。成宗即位後,於大德三年五月,罷江南諸路釋教總統所,行宣政院成爲南方佛教的唯一管理機構。釋教總統所與行宣政院的區別,前者主事爲僧人,後者由江浙行省官員兼任。實際上成宗一朝江南行宣政院沒有多大作爲。②

在成宗嗣位前後,江南佛教界發生了一件"崇教抑禪"的大事。"天台國清寺實智者大師行道之所,或據而有之,且易教爲禪,師(性澄——引者)不遠數千里走京師,具建置之顛末,白於宣政院,卒復其舊。以秘密教不傳於東土,因禀戒法於膽巴上師,既入其室,而受覺海圓明之號。又從哈尊上師傳修習法門,而究其宗旨。元貞乙未入覲於上都,賜食禁中,復以國清爲言,宣政院爲奏請降璽書加護,命弘公主之。"③天台國清寺是天台宗的祖庭,竟然"易教爲禪",可見江南禪宗勢力之大。由於性澄的奔走,國清寺由禪宗寺院復歸天台宗。這顯然是二十五年大都禪教辯論產生的效應。而性澄奔走能夠生效,無疑與他拜在膽巴門下學習秘密教法有關。文中的"哈尊上師"即南宋少主趙㬎,史載,至元二十五年十月,"瀛國公趙㬎學佛法於土番"。④據上述記載,則趙㬎在大都已

---

① 劉仁本:《送大璞玘上人序》,《羽庭集》卷五,《文淵閣四庫全書》本。
② 鄧銳齡:《元代杭州行宣政院》,《中國史研究》1995年第2期。
③ 黃溍:《上天竺湛堂法師塔銘》,《金華先生文集》卷四一,《四部叢刊》本。
④ 《元史》卷一五《世祖紀十二》,第316頁。

修習秘密教法，而且很可能與膽巴不無關係。忽必烈派往江南的教僧"御講"在成宗一朝仍在繼續。江南禪宗在成宗時代似乎沒有明顯的變化，這一時期江南禪宗僧人與朝廷的關係總的來說比較疏遠。廬山東林寺主持祖闓，"元貞元年，奉詔赴闕，入對稱旨，賜璽書，號通慧禪師，並金襴法衣，以榮其歸。大德九年，靈隱虛席，行宣政院俾師主之"。① 祖闓爲何事入都無記載可考，江南僧人賜璽書、賜號和金襴法衣在此後幾朝相當普遍，但在成宗朝却是罕見的。

三　佛寺賦役制度的演變②

忽必烈時代，佛教寺院的賦役前後有所變化。初期規定各種宗教人户種田納地稅，貿易納商稅。至元十四年改爲免納地稅。至元二十七至二十八年，元朝在原南宋管轄地區登記户籍，同時規定："江淮寺觀田，宋舊有者免租，續置者輸稅。"③至元三十年重申，佛寺、道觀新購納稅地土和布施的田土都要交稅糧；各類宗教人士做買賣依百姓例納稅。

至元三十一年四月，成宗即位。五月十六日下旨："成吉思皇帝、月古合皇帝、先皇帝聖旨裏：'和尚、也里可溫、先生每，不揀甚麼差發休教者，告天祝壽者'麼道來。如今依着在先聖旨體例，不揀甚麼差發休教着者，告天祝壽者。"④成宗頒布這道聖旨是膽巴建議的結果。"甲午四月，成宗皇帝踐阼，遣使召師。師至慶賀畢，

---

① 黃溍：《靈隱悅堂禪師塔銘》，《金華先生文集》卷四一。
② 這一節是以我的《元代佛教寺院賦役的演變》（《北京聯合大學學報》2013年第3期）中有關部分爲基礎改寫的，今收入本書。
③ 《元史》卷九三《食貨志一·稅糧》，第2359頁。
④ 《元典章》卷三三《禮部六·釋道·僧道休差發例》。

奏曰：'昔成吉思皇帝有國之日，疆土未廣，尚不徵僧道稅糧。今日四海混同，萬邦入貢，豈因微利而棄成規。倘蠲其賦則身安志專，庶可勤修報國。'上曰：'師與丞相完澤商議。'奏白：'此謀出於中書省官，自非聖裁，他議何益。'上良久曰：'明日月旦就大安閣釋迦舍利像前修設好事，師宜早至。'翌日，師登內閣，次帝師坐。令必闍赤朗宣敕旨，顧問師曰：'今已免和上稅糧，心歡喜否？'師起謝曰：'天下僧人咸霑聖澤。'"①"甚麼差發休教著"就是免除地稅、商稅和雜泛差役，也就是說佛、道、也里可溫的全部田土都可以免除稅糧。道士和也里可溫無疑是沾了僧人的光。② 這實際上違背了成吉思汗、窩闊台汗時代的法令，也和忽必烈晚年的政策不符。執行這樣的規定，必然給朝廷造成很大的損失。成宗要膽巴與丞相完澤商議再作決定，可見他意識到行政系統官員會反對，是猶豫的。但在膽巴提出"聖裁"的鼓動下，纔會有詔旨的頒布。

情況很快便發生變化。元貞元年（1295）閏四月，中書省、宣政院上奏："和尚、也里可溫、先生、答失蠻等地糧、商稅所辦錢物，若不再行明諭，恐在下官府合徵納者妄作免除，不應徵納者却行追收，致使僧道人等生受。乞降聖旨。"於是，成宗批准頒發了專門的"條畫"，共四條：③

一，西番、漢兒、畏兀兒、雲南田地裏和尚、也里可溫、先生、答失蠻，擬自元貞元年正月已前，應有已未納稅地土，盡行除免稅石。今後續置或影佔地土，依例隨地徵稅。

一，江南和尚、也里可溫、先生、答失蠻田土，除亡宋時舊有常住、並節次續奉先皇帝聖旨撥賜常田地土不納租稅外，歸附之後諸人捨施或典賣一切影占地畝，依舊例徵納稅糧，隱匿

---

① 《佛祖歷代通載》卷二二《膽巴傳》。
② 這件聖旨沒有提到答失蠻，令人不解，可能是脫漏。
③ 《元典章》卷二四《戶部十·租稅·僧道稅·僧道租稅體例》。

者嚴行治罪。

一，和尚、也里可温、先生、答失蠻買賣不須納税，却不得將合納税之人等物貨，妄作己物夾帶影蔽。違者取問是實，犯人斷罪，物貨没官。其店肆塌房，客旅停塌物貨依例銷報納税。

一，上都、大都、揚州，在先欽奉聖旨撥賜與大乾元寺、大興教寺、大護國仁王寺酒店、湖泊出辦錢物，令有司通行管辦，赴官送納，寺家合得錢物官爲支付。無得似前另設人員，侵損官課。

元貞元年是乙未年，以十二生肖配十二地支，未屬羊，按蒙古人習慣，乙未羊爲羊兒年，此件聖旨在以後常被提及，稱爲"羊兒年聖旨"，有很大影響。① 後來，仁宗皇慶元年四月，中書省上奏説："爲僧、道、也里可温、答失蠻納税糧的上頭，在先省官與宣政院官互相聞奏不一的上頭，完澤篤皇帝時分，羊兒年裏，完澤丞相等省官，答失蠻等宣政院官，吃剌思八斡即兒帝師根底商量呵，'除亡宋時分舊有常住，並奉世祖皇帝做常住與來的地土外，其餘歸附之後，諸人捨施是或典買來的，一切影占，依舊納税糧者。'麽道，奏過定體了來。"②可知圍繞佛寺賦役中書省與宣政院、帝師之間是有不同意見的，羊兒年聖旨是中書省和宣政院、帝師共同商量的結果，顯然中書省的意見占了上風。這道聖旨條畫的前面二條是關於地税(税糧)的徵收辦法，重申忽必烈晚年定下的原則，即舊有的常住田土不收税，新添的收税。同時對"常住田土"做出明確的界定。這是爲了防止各種宗教寺院擴充田土，造成國家税糧的不斷流失。從地域來説，"西番、漢兒、畏兀兒、雲南田地裏"的寺院要比

---

① 《元史·成宗紀》中没有此件聖旨内容的記載。
② 《通制條格校注》卷二九《僧道·商税地税》，方齡貴校注，中華書局，2001年。

江南寺院受到更多的照顧，顯然是對南人的歧視。第三條明確各種宗教寺院經商免稅，但不許夾帶影蔽"合納稅之人等物貨"即包庇他人經商活動。至元三十年忽必烈下詔寺院經商要納稅，這是重大的變動。第四條是有關幾處皇家佛寺財產的規定。大乾元寺在上都，大護國仁王寺、大興教寺在大都。皇帝賞賜給三家佛寺的酒店、湖泊的收入以前均由寺院自行管理。現在這些酒店、湖泊的收入要上交政府的有關部門，再按規定將"合得錢物"撥給寺院。這一改變是防止寺院"侵損官課"，保證政府的收入。

但是，上述法令並未認真貫徹，不斷有所變化。以稅糧來說，許多佛寺對於續置田土和施人民田納稅的法令置若罔聞，仍拒不交納稅糧。與此同時，元朝皇室和帝師自行破壞，不少佛教寺院通過各種渠道獲得免除稅糧和雜泛差役的護持詔書。例如，五臺山大壽寧寺從大德元年至大德五年先後有皇帝聖旨、皇太后懿旨、帝師法旨，允許該寺"鋪馬祗應休拿者，倉糧商稅休與者"。① 爲此，大德六年十一月，"詔江南寺觀凡續置民田及民以施入爲名者，並輸租充役"。② 大德八年正月聖旨："今後衆和尚與稅糧的勾當，省官人每並宣政院官人每奏來的上頭，依着羊兒年行來的聖旨體例裏行者。除這的外，僧人的不揀甚麼勾當有呵，依着薛禪皇帝定來的體例行者。"③ 接連頒布聖旨，重申羊兒年聖旨有關的規定，說明羊兒年聖旨並没有認真執行。大德八年十一月，"丁卯，復免僧人租"。④ 這次免租内容不詳。但稱爲"復免"，應是免除僧人包括續置田土在内的全部稅糧。這是又一次反復。

就商稅而言，羊兒年聖旨允許寺院經商免稅。大德四年

---

① 《祁林院聖旨碑》，《常山貞石志》卷一七，清道光刊本。
② 《元史》卷二〇《成宗紀三》，第443頁。
③ 《元典章》卷三九《刑部一·刑制·刑名·和尚犯罪種田》。
④ 《元史》卷二一《成宗紀四》，第461頁。

(1300),中書省和幾處行省長官聯合上奏:"僧、道、也里可溫、答失蠻,將着大錢本,開張店鋪,做買賣却不納稅,他每其間夾帶着別個做買賣的人呵,難分間,多虧兌課程有。"他們建議:各種宗教寺院"自己穿的、食的、所用的買要呵,並寺院裏出産的物貨賣呵,不納呵,他每也勾也者。將着大錢本開張店鋪做大買賣不納稅呵,不宜。因而夾滯着不干礙的人也者。似這般的每,依例交納稅呵,怎生?"成宗批示:"交納稅。"①這是商稅政策的一次調整。各種宗教寺院做買賣不納稅,"多虧兌課程"亦即使國家的商稅收入大爲減少。中書省等建議加以區分,一般的商業活動仍可免稅,但"將着大錢本開張店鋪做大買賣"則要納稅。大德五年,"宣政院奏:'省官人每奏過,教僧、道、也里可溫、答失蠻,依例納稅有。'麼道,俺根底與文書來。俺與剌馬商量得,也里可溫、答失蠻,將着珠、答納等寶貨做買賣有,寺家的壹、兩個店鋪做些小買賣,修理寺院與上位祝壽僧人的齋糧裏用有。僧、道依在前的聖旨體例裏不教納稅,也里可溫、答失蠻依着省官人每奏來免的教納稅呵,怎生?'麼道,奏了來。"這是宣政院針對大德四年中書省等意見做出的反映,要求僧、道免徵商稅,也里可溫、答失蠻"做大買賣"則徵稅。"做大買賣"指的是"將着珠、答納等寶貨做買賣",應指從事海外貿易而言。宣政院强調,這是"與剌馬商量"的意見,"剌馬"即喇嘛,藏傳佛教僧人的稱呼,當時似專指帝師。② 宣政院的建議結果如何,史無明文。大德八年四月丙戌,"命僧道爲商者輸稅"。③ 這是中書省又一次上奏的結果。中書省列舉忽必烈中統五年、至元三十年、大德四年有關商稅的詔令,以及大德五年"宣政院奏",然後說:"俺商量來,國家費用的錢糧浩大,近年以來,所入數少,不敷支用。合依在

---

① 《通制條格校注》卷二九《僧道·商稅地稅》。
② 《山居新話》。《南村輟耕錄》卷二《受佛戒》。
③ 《元史》卷二一《成宗紀四》,第 459 頁。

前成吉思皇帝聖旨、哈罕皇帝聖旨、蒙哥皇帝聖旨、世祖皇帝聖旨、皇帝聖旨，已了的僧、道、也里可溫、答失蠻，做買賣呵，教納商稅呵，怎生？"成宗下旨："那般者。"① 由此可以推知，大德五年宣政院關於僧道免商稅的建議得到成宗的同意並實施，對國家財政收入造成不好的影響，故大德八年四月中書省又要重申以前的政策，加以糾正。總之，成宗時代，佛寺經商，經歷了免稅到納稅的幾次變化。

元朝政府加在百姓身上的封建義務，除賦稅外，還有雜泛差役與和雇和買。雜泛主要指力役，差役指承當爲各級衙門服務的里正、主首、庫子等職務。雜泛差役是政府根據戶籍攤派的，没有報酬或很少報酬。和雇指政府雇用民間的車、牛等交通工具，和買包括各級政府機構在民間購買各種物資，無所不有。名爲"和"，意思是協商的、自願的，但實際都是強行攤派。窩闊台汗己丑年（1229）聖旨中稱，僧、道可以免當"雜泛科差"，意即免除雜泛差役。忽必烈時代，僧、道仍免雜泛差役與和雇和買。

成宗時代，元貞元年十二月"己未，詔大都路，凡和雇和買及一切差役，以諸色户與民均當"。② 此詔僅限於大都路，而且"諸色户"是否包括僧户，史無明文。大德五年八月，成宗頒聖旨，針對諸色户影占富強有力之家"不當雜泛差役，止令貧難下户承充里正、主首，錢糧不辦，偏負生受"，要求包括僧、道在內"諸色影蔽有田納稅富豪户計，即與其餘富户一例輪當里正、主首，催辦錢糧，應當雜泛差役，永爲定例"。③ 僧户可以免當雜泛差役，有些民間富户便投奔佛寺，在佛寺包庇下也可以免當雜泛差役。這次的聖旨是要僧、道户等影占的富強有力之家出來應役，但僧户本身還是可以免

---

① 《通制條格校注》卷二九《僧道·商稅地稅》。
② 《元史》卷一八《成宗紀一》，第398頁。
③ 《通制條格校注》卷一七《賦役·主首里正》。

役的。不久，役法有重大變化。大德七年二月"丙戌，詔除征邊軍士及兩都站户外，其餘人户均當徭役"。① 此次詔旨中規定："今後除邊遠出征軍人，並大都、上都其間站户，依着在前已了的言語，休管者。其餘軍、站、人匠、打捕鷹房，並各投下諸王駙馬不揀是誰的户計，和雇和買、雜泛差役有呵，都交一體均當者。"②值得注意的是，上述詔旨中並没有提到僧、道户。同年閏五月，"辛巳，詔僧人與民均當差役"。③ 這應是首次明確僧人要和民户一樣承當雜泛差役與和雇和買。

元代承當雜泛差役、和雇和買是"各驗丁産，先儘富實，次及下户"。④ 根據各户的財産情况進行攤派的。但僧、道户與其他人户不同。"諸處寺觀南方自亡宋以前，腹里、雲南自元貞元年爲格，舊有常住並上位撥賜田土除差外……僧道人等續置了百姓每的當差田地……都交隨産一例均當。"⑤也就是説，佛道寺院續置田土（包括捐贈的田土）需要交納税糧，這部分田土也要應當雜泛差役與和雇和買。

四　僧人、僧官管理

忽必烈崇尚佛教，佛寺和僧官、僧人勢力膨脹，横行霸道，引發衆多矛盾，嚴重影響社會的安定。忽必烈晚年，採取了一些加强佛寺和僧人、僧官管理的措施，但成效不大。成宗即位後，矛盾依舊，有些還有所惡化，有關的管理措施不得不在原有基礎上作進一步

---

① 《元史》卷二一《成宗紀四》，第449頁。
② 《元典章》卷二六《户部十·賦役·編排里正主首例》。
③ 《元史》卷二一《成宗紀四》，第452頁。
④ 《通制條格校注》卷一七《賦役·雜泛差役》。
⑤ 《元典章》卷三《聖政二·均賦役》。

調整。

至元二十八年，楊璉真伽失勢下獄，當局公布其罪行中有一項是"私庇平民不輸公賦者二萬三千戶"。① 僧人可以免除賦役，因此富民往往投奔佛寺，取得僧籍，以求"不輸公賦"。楊璉真伽則以此擴大自己的勢力。即以每戶百畝計（實際絕不止此數），就有二萬三千頃田土不納稅糧，這對國家財政無疑是巨大的損失。地方官府爲了彌補損失常常將虧損的稅糧分攤到其餘民戶頭上，引起社會矛盾激化。至元二十九年六月，江南行宣政院的一件文書中説："僧尼披剃，近年多有一等不諳經教、不識齋戒、不曾諳練寺務避役之人，用財買據，冒然爲僧，未便。議得，今後如有披剃之人，如是通曉經文，或能詩頌書寫，或習坐禪，稍有一能，方許本寺住持、耆老人等，保明申院，以憑給據披剃。"②至元二十九年十二月，中書省奏："杭州省官人每將文書來：'……亡宋時分驗着地畝納稅來的、有氣力的富家每并百姓每等，或見兄弟、孩兒每裏頭，教一個做了和尚、先生呵，做屬和尚、先生每的田地這般不納稅有。又占種着係官田地也不納租子有。教這的每依在先體例裏納租稅呵，怎生？'"忽必烈下旨："依在先體例裏便教納者。"③前一件江南行宣政院文書強調避役爲僧者數多，今後對剃度僧尼要加以控制；後一件中書省奏章引用"杭州省"即江浙行省的報告，建議入僧籍逃稅者照舊納稅，兩者顯然都是針對楊璉真伽的罪行而發的，可見問題之嚴重。

成宗即位後，問題仍普遍存在。大德元年十二月戊戌，"中書省臣同河南平章孛羅歡等言：……又富戶規避差稅冒爲僧道，且僧道作商賈有妻子與編氓無異，請汰爲民……"成宗説："……汰僧

---

① 《元史》卷二〇二《釋老傳》，第 4521 頁。
② 《元典章》卷三三《禮部六·釋道·釋教·披剃僧尼給據》。
③ 《通制條格校注》卷二九《僧道·商稅地稅》。

道之制，卿等議擬以聞"。① 行政系統官員在這裏提出僧人中存在的問題，一是民間富户投入佛寺、道觀，冒充僧人、道士，逃避賦役。一是僧人道士有妻子、經商，與一般民户没有差别。中書省與行省官員認爲，應該對以上兩類僧人加以整頓，也就是勒令還俗，將這兩類僧人改爲民籍。中書省官員等如何"議擬"應對的辦法，史無明文。但後來成宗相繼頒發了不少與此有關的法令。大德三年七月七月，"庚辰，中書省臣言：'江南諸寺佃户五十餘萬，本皆編民，自楊總攝冒入寺籍，宜加釐正。'從之"。② 值得注意的是原來公布楊璉真伽包庇"不輸公賦"者二萬三千户，經過核實增爲五十餘萬，這實在是驚人的數字。"宜加釐正"即是將他們重歸民籍，承擔賦役。大德七年七月丁丑，"罷江南白雲宗攝所，其田令依例輸租"。③ 白雲宗是南宋時興起活躍於江南的一個佛教宗派，屬净土宗。忽必烈時代，通過"檐八上師"（即膽巴——引者）得到朝廷的認可，成立專門的管理機構，一度聲勢很大。④ 鄭介夫上疏説："外有白雲宗一派，尤爲妖妄。其初未嘗有法門，止是在家念佛，不茹葷，不飲酒，不廢耕桑，不缺賦税……今皆不守戒律，狼藉葷酒，但假名以規避差役，動至萬計，均爲誦經禮拜也。"白雲宗的頭頭，"恣行不法甚於僧司、道所"。⑤ "日誘惡少肆爲不法，奪民田宅，奴人子女，郡縣不勝其擾"。⑥ 民間富户投入白雲宗門下以求庇護免除租賦，引起朝廷的不安，於是也採取整頓的措施。這些措施的效果如何呢？大德八年正月，成宗的詔書中説："軍站、民匠諸色户計，

---

① 《元史》卷一九《成宗紀二》，第415頁。
② 《元史》卷二〇《成宗紀三》，第428頁。
③ 《元史》卷二一《成宗紀四》，第454頁。
④ 陳高華：《元代南方佛教略論》，本書已收。
⑤ 鄭介夫：《上奏一綱二十目》，《元代奏議集録（下）》，邱樹森等輯點，浙江古籍出版社，1998年，第112頁。
⑥ 蘇天爵：《高公神道碑銘》，《滋溪文稿》卷一一，中華書局，1997年，第166頁。

近年以來，往往爲僧爲道，影蔽門户，苟避差徭。若不整治，久而靠損貧下人民。今後除色目人外，其願出家，若本户丁力數多，差役不闕，及有昆仲侍養父母者，赴元籍官司陳告，勘當是實，申覆各路給據，方許簪剃。違者斷罪，勒令歸俗。"① 可見楊璉真伽、白雲宗的問題雖然作了處理，但爲僧逃避賦役現象，仍然普遍存在，沒有多少改變。

與此相關的是有妻僧人還俗問題。元代僧人娶妻相當普遍。②忽必烈時代，已不止一次提出對有妻僧人處理的問題。至元十九年十二月，"禮部准諸路釋教都總統所關：'各路僧人，往往求娶妻室，敗壞教門。'議得，除至元七年籍定有妻室亡殁，不得再娶，違者量決六十七下，聽離，仍追元財没官"。③ 至元二十八年十月聖旨："有媳婦的和尚有呵，宣政院官人分揀者。"④ 到了成宗時期，大德元年十二月中書省等建議，有妻僧道汰爲民。⑤ 大德七年七月中書省的一件文書中説："御史呈：'江北淮東道廉訪司申：僧道既處凈門，理宜潔身奉教，却有犯姦作盜，甚傷風化，擬合一體斷遣還俗。'刑部議得：'僧、尼、道士、女冠，有犯姦盜，俱合一體斷罪還俗。'都省准擬。"⑥ 僧人娶妻當然有傷風化，在還俗之列。大德七年九月"丙子，罷僧官有妻者"。⑦ 大德八年十一月，宣政院上奏，廬州僧録沙剌藏卜有妻室，"教打六十七下，更罷了他勾當"，即免去僧録職務。宣政院又説："似這有妻室的每，問得明白了，一件件奏呵，頻繁耳熱的一般有。今後但有妻室的明白了呵，依體例教

---

① 《通制條格校注》卷二九《僧道·給據簪剃》。《元典章》卷二《聖政一重民籍》。
② 陳高華：《僧道多妻妾——元代宗教史的一個側面》，原載《學林漫録》第17集，今收入本書。
③ 《至正條格·斷例》卷八《户婚·僧道娶妻》，韓國學中央研究院編，2007年。
④ 《元典章》卷三三《禮部六·釋道·釋教·和尚不許妻室》。
⑤ 《元史》卷一九《成宗紀二》，第415頁。
⑥ 《通制條格校注》卷二九《僧道·姦盜》。
⑦ 《元史》卷二一《成宗紀四》，第455頁。

斷六十七下,再勾當裏不委付呵,怎生?"成宗聖旨:"那般者。"①文書的大意是説,有妻室的僧官很多,如果一個個都要上奏,皇帝的耳朵也要發熱,以後都由宣政院直接處理,不再向皇帝報告。由此不難想見此類現象之普遍。而處理權限之下放,實際上爲宣政院謀得了更多的利益,僧人娶妻仍是常見的。

忽必烈時代建立了由中央到地方的佛教管理機構,統稱爲僧司衙門。各級地方僧司衙門的官員均由僧人擔任,稱爲僧官。出任僧官的大多是僧人中的敗類,"皆無賴之徒",②藉此謀取私利,上述娶妻便是僧官惡行的一種。後來仁宗愛育黎拔力八達即位後説:"膽八八哈赤也曾説來:好和尚那裏肯做僧官。"③這種情況,膽巴(八)清楚,其他上層人物當然也清楚。大德五年七月,成宗"命御史臺檢照宣政院并僧司案牘"。④忽必烈建立中央到地方的監察系統,其職責之一便是刷卷,也就是審查各級官府的檔案,從中發現問題。但是宣政院和各級僧司衙門却是例外,享有免予刷卷的特權,也就是説不受監察部門的監督,可以逍遥法外。這正是僧官敢於胡作非爲的一個重要原因。成宗命御史臺對宣政院和僧司衙門實施刷卷,就是要監察部門對這些機構的工作進行審查。鄭介夫説,"近令憲司糾刷文卷,僧官跼蹐知懼,而僧人皆喜得安,此明驗也"。⑤可知這一決定對佛教界震動很大。七年三月"甲辰,詔定贓罪爲十二章"。即具體處理官員犯贓罪的辦法。十一月"甲子,命依十二章斷僧官罪"。⑥顯然,原來"十二章"的實施範圍不包括僧官,後來又決定對僧官亦適用,這和刷卷範圍擴大是一致

---

① 《至正條格·斷例》卷八《户婚·僧道娶妻》。
② 鄭介夫:《上奏一綱二十目》,《元代奏議集録(下)》,第111頁。
③ 《通制條格校注》卷二九《僧道·詞訟》。
④ 《元史》卷二〇《成宗紀三》,第436頁。
⑤ 鄭介夫:《上奏一綱二十目》,《元代奏議集録(下)》,第111頁。
⑥ 《元史》卷二一《成宗紀四》,第456頁。

的。但是，元成宗很快就取消了僧司刷卷的規定。大德八年正月的一件聖旨中説："答失蠻爲頭宣政院官人每奏：'薛禪皇帝時分，教行聖旨，皇帝每的勾當裏，不揀是誰，休侵犯者。是與不是呵，宣政院官人每提調着，咱每根底奏者。麽道，教行了聖旨來。如今，多和尚每根底，外頭有的官人每搔擾的一般有。'麽道，奏來。"宣政院告狀，抬出忽必烈來，成宗便變了態度："從成吉思皇帝到今，'教僧人祝壽者'麽道，道來。似這般搔擾的體例那裏有？"明顯表示對行政系統官員干預佛教事務表示不滿，並做出幾項具體規定。其中之一是："又去年，'宣政院並僧官每的文卷照刷者'麽道，道來。如今，'御史臺並廉訪司每官人每休照刷者……'道來。這般宣諭了，和尚每的勾留其間裏侵入來的人，不怕那甚麽？"①一件整頓佛教管理的大事，就這樣不了了之。宣政院取得勝利。"十二章"斷僧官罪的規定，是否實行，史無明文，很可能和刷卷是同樣的命運。

關於僧人的司法管理，先後亦有變化。

成宗時，鄭介夫上書："僧道詞訟，數倍民間，如姦盜殺人諸般不法之事，彼皆有之矣……僧道之盛，莫甚今日，而僧道之弊，亦莫甚今日。"②僧人犯罪比其他人户要多，成爲突出的社會問題。元朝處理僧人詞訟的主要方式是約會制和僧官審判制。成宗大德元年六月丙辰，"詔僧道犯姦盜重罪者，聽有司鞫問"。③ 大德四年，宣政院的一件文書中説："欽奉聖旨節該：'僧俗相犯重刑者，與管民官一處問了。是做重罪過來的，招伏了呵，分付管民官。輕罪過的，一處斷者。和尚自己其間做罪過的，則教和尚頭目斷者。'欽此。本院議得，僧人自相干犯重刑，欽依合令僧司依例結案。"④據

---

① 《元典章》卷三九《刑部一刑制·刑名·和尚犯罪種田》。開頭"皇帝每的勾當裏"，"皇帝"應是"僧人"或"和尚"之誤，見點校本"校勘記"。
② 鄭介夫：《上奏一綱二十目》，《元代奏議集録(下)》，第111頁。
③ 《元史》卷二〇《成宗紀三》，第436頁。
④ 《元典章》卷三九《刑部一刑制·刑名·僧人自犯重刑》。

此可知,涉及僧人的官司,分兩種不同類型:(1)和尚相互干犯的,由"和尚頭目"即僧官處斷;(2)僧俗相犯的,由管民官與"和尚頭目"共同審問,重罪由管民官處斷,輕罪由雙方共同處斷。顯然,大德元年聖旨規定,姦盜重罪由"有司"即行政部門審問,而大德四年的聖旨則是僧俗相犯,僧官與"有司"共同審問,重罪招伏後歸"有司"處理。僧人自相衝突犯重罪的歸僧官。這樣,實際上擴大了僧官在處理僧人犯罪時的權力。

大德六年正月,"詔自今僧官、僧人犯罪,御史臺與內外宣政院同鞫。宣政院官徇情不公者,聽御史臺治之"。① 這是明確監察機構有權干預宣政院的審判,和前面所說"刷卷"性質上是一樣的,都是要加強對佛教管理機構的監督。到了大德七年二月,中書省的一件文書説:②

> 中書省札付,大德七年二月二十四日,奏過事內一件:"爲斷僧人詞訟的上頭、商量者麼道,聖旨有來。俺照得在先行過的文卷呵,爲斷僧道每詞訟上頭,世祖皇帝的聖旨、皇帝的聖旨明白有:'犯姦的、殺人來的、做賊説謊的、犯罪過的僧道每,則交管民官問者。其餘與民相争地土一切争訟勾當,管民官約會他每頭目一同問者。'聖旨有來。在後宣政院官奏過:'不揀甚麼勾當有呵,約會一同問者。'爲那上頭,僧道做賊説謊、圖財因姦致傷人命的僧道多者(有)。似那般約會待問呵,他每約會不來。使人去呵,將使去人打了,更教賊人趂閃了有。因此遷調得訟詞長了,教百姓每生受有。爲那上頭,上位奏過,'則教管民官問者'麼道,世祖皇帝根底、皇帝根底奏過的奏事聽讀了。"奏呵,奉聖旨:"既是那般呵,那般做賊説謊來

---

① 《元史》卷二〇《成宗紀三》,第439頁。
② 《元典章》卷三九《刑部一·刑制·刑名·僧道做賊殺人管民官問者》。

的、致傷人命的僧道，依在先聖旨體例，則交管民官問者。"欽此。

由這件文書可知，原來規定，涉及其他人户的民事案件由管民官和僧官會同審理，即所謂"約會"；凡重大刑事案件則由管民官審理。大德元年聖旨即此意。但宣政院官要求一切案件均"一同問者"，這就是大德四年聖旨的主要内容。因此僧官、僧人囂張，約會時不來，甚至毆打派去約會的人員，唆使罪犯逃避，使審理無法進行。中書省上奏要求恢復原來的規定，明確僧道犯"姦盗重罪"，全由地方官司審問判決，僧司不得過問，成宗同意。這是政策上重大調整。

圍繞着"約會"仍有争論。上述大德八年正月聖旨，宣政院上告行政系統騷擾僧人，成宗下令糾正，明確和尚稅糧依羊兒年體例，"除這的外，僧人的不揀甚麽勾當有呵，依着薛禪皇帝定來的體例行者。……僧人與俗人相争的言語有呵，僧官與管民官一處斷着（者）。傷了人命的僧人有呵，管民官依體例問了處斷者"。① 只要僧俗相争，便要"約會"共同審問，這又回到大德四年聖旨的規定。大德八年十一月，"壬申，詔凡僧姦盗殺人者，聽有司專決"，② 則是再一次否定，又回到大德元年的聖旨上。

大德十年六月二十三日，御史臺奏："江南行臺官人每，文書裏説將來：'勾當裏行的官吏，問人要肚皮，干礙着和尚每過付見證呵，事發之後，爲是和尚麽道，約會他本管的頭目問呵，於事有窒礙，不能結絶有。'麽道。俺商量來……似這般過錢的和尚每有呵，不教約會和尚每的頭目，則教監察、廉訪司就便依例取問呵，怎生？"奉聖旨："那般者。"③ 官員收取賄賂（要肚皮），和尚充當中間

---

① 《元典章》卷三九《刑部一·刑制·刑名·和尚犯罪種田》。
② 《元史》卷二一《成宗紀四》，第461頁。
③ 《通制條格校注》卷二九《僧道·過錢》。

人,這種行爲稱爲"過錢"。罪行暴露以後,因涉及僧人,地方官員便要約會僧人的"本管頭目"即僧官來共同審問。僧官總是推三阻四,以致案件難以了結。御史臺建議此類案件不再約會僧官,由監察機構直接審問處理,得到成宗同意。這是成宗一朝有關僧官僧人司法管理的重要變革。但實際效果如何仍是可疑的。

五　結　語

元成宗鐵穆耳一朝,尊崇藏傳佛教,有些方面比忽必烈更有過之。藏傳佛教僧人膽巴在當時有很大的影響。成宗繼續忽必烈"崇教抑禪"的方針,但似乎有所淡化。在佛寺賦役、僧人管理方面,政策多變,反映出宣政院和中書省之間的矛盾和鬥爭。前者力求擴大佛教的勢力,爲佛寺和僧人謀取盡可能多的利益,後者則從國家管理的需要,對佛寺和僧人加以限制。成宗在佛教管理方面曾實行一些改革的措施,但成效有限;而有些"弊政",如作法事釋囚、大作佛事等,對後朝則有很壞的影響。

(原刊於《中國史研究》2014 年第 4 期)

元仁宗與佛教

元仁宗愛育黎拔力八達,是武宗海山的弟弟。兩人的父親答剌麻八剌,是忽必烈太子真金的第二子。真金早死。忽必烈死後,真金第三子鐵穆耳嗣位,是爲成宗。成宗曾立自己唯一的兒子爲太子,但早死,因而去世時没有合法的繼承人。當時海山在北方領軍,愛育黎拔力八達在大都發動宫廷政變,擊敗其他競争者,擁戴海山爲帝。商定兄終弟及,世代相傳。因此,海山即位後立愛育黎拔力八達爲皇太子。海山在位四年(1307—1310),至大四年(1311)正月病死。愛育黎拔力八達嗣位,在位九年(1311—1319)。

忽必烈篤信佛教,成宗、武宗繼之。仁宗和以前諸帝一樣,也是忠實的佛教信徒。《元史》評説:"仁宗天性慈孝,聰明恭儉,通達儒術,妙悟釋典。嘗曰:'明心見性,佛教爲深;修身治國,儒道爲切。'"[1]仁宗大體上延續忽必烈和成宗、武宗的佛教政策,但和以前諸帝不同的是,他採取了一些整頓和調整的措施。

(一)

忽必烈信奉佛教,特別是藏傳佛教,尊奉藏傳佛教薩迦派領袖

---

[1] 《元史》卷二六《仁宗紀三》,第594頁。

爲帝師。"元興,崇尚釋氏,而帝師之盛,尤不可與古昔同語。"①忽必烈以後的成宗、武宗都是如此。元仁宗繼承了這一傳統。

仁宗時代先後有三位帝師。成宗大德九年(1305),帝師輦真監藏去世,以相加班爲帝師。仁宗皇慶二年(1313)九月,相加班去世,"以相兒加思巴爲帝師"。② 延祐元年(1314),相兒加思巴卒。二年二月,"庚子,以公哥羅古羅思監藏班藏卜爲帝師"。③ 八思巴以後的歷任帝師,實際上是個榮譽職務,享受很高的禮遇,並没有多大權力和作爲。仁宗時代三位帝師也是這樣,但有時也在佛教事務方面發表意見。皇慶二年,"帝師爲頭講主每、衆和尚等"就撤消僧司衙門後寺院狀況表示不滿,向仁宗申訴。元仁宗隨即進行一些調整(見本文第三部分)。④ 延祐元年(1314)十二月,爲了河西地區僧人應當賦役問題,"帝師教搠思吉斡節兒奏了",引起朝廷的重視。⑤ 仁宗對帝師的尊崇超越前代。前任輦真監藏歸葬時,成宗"專遣平章政事鐵木兒乘傳護送,賻金五百兩、銀千兩、幣帛萬匹、鈔三千兩"。皇慶二年帝師相家班去世,歸葬時"加至賻金五千兩、銀一萬五千兩、錦綺雜綵共一萬七千匹"。⑥ 比前一位帝師賻儀高出很多。

在世祖、成宗時代,藏傳佛教僧人膽巴得到特殊的恩寵,有很高的地位。⑦ "武宗皇帝、皇伯晉王及今皇帝、皇太后,皆從受戒法。""今皇帝"即仁宗,"皇太后"即武宗、仁宗之母答己,皇伯晉王

---

① 《元史》卷二〇二《釋老傳》,第4517頁。
② 《元史》卷二四《仁宗紀一》,第558頁。
③ 《元史》卷二五《仁宗紀二》,第568頁。
④ 《元典章》卷三三《釋道·釋教·和尚頭目》,第1134—1135頁。
⑤ 《通制條格校注》卷二九《僧道·河西僧差税》,第714頁。
⑥ 《元史》卷二〇二《釋老傳》,第4521頁。按,《元史·仁宗紀一》載,皇慶元年二月壬申,"遣使賜西僧金五千兩、銀二萬五千兩、幣帛三萬九千九百匹"。(點校本,第550頁)疑係一事。
⑦ 膽巴事迹見陳得芝《元代内地藏僧事輯》(《蒙元史研究叢稿》,第240—245頁),陳高華《元成宗與佛教》(《中國史研究》2014年第4期)。但都没有注意仁宗與膽巴的關係。

即眞金長子甘麻剌。可知仁宗幼年曾從膽巴受戒，即成爲膽巴的弟子。膽巴曾爲眞定龍興寺住持，"元貞元年正月，師（膽巴——引者）忽謂群僧曰：'將有聖人興起山門。'即爲梵書奉徽仁裕聖皇太后，奉今皇帝爲大功德主，主其事。……且預言聖德有受命之符。至大元年，東宮既建，以舊丘田五十頃賜寺爲常住業，師之所言至此皆驗"。"徽仁裕聖皇太后"即眞金之妻闊闊眞。元貞元年（1295）愛育黎拔力八達不過 10 歲，便因膽巴的推薦，成爲龍興寺的功德主。膽巴稱他是"聖人"，"有受命之符"，即可能成爲皇帝。正因爲仁宗與膽巴關係非同一般，故"即位之元年，有詔金剛上師膽巴賜謚大覺普慈廣照無上帝師"。① 元代只有藏傳佛教薩迦派領袖能得到帝師的稱號，膽巴謚"無上帝師"，無疑是特殊的優遇。仁宗在撤消僧司衙門時，還引用"膽八八哈赤"的話作爲依據（見下）。

　　元成宗朝，藏傳佛教領袖人物建議作佛事釋囚，逐漸成爲慣例。皇慶二年二月丁亥，"功德使亦憐眞等以佛事奏釋重囚，不允"。四月乙酉，御史臺臣擧出若干事項"請革其弊"。其中之一是"西僧以作佛事之故，累釋重囚"，"制曰：可"。同年七月"癸巳，以作佛事，釋囚徒二十九人"。② 可見二月"不允"釋囚並非對"釋囚"不滿，而是其他原因所致。延祐元年三月，"乙巳，以僧人作佛事，擇釋獄囚，命中書審察"。③ 延祐五年九月，"甲戌，以作佛事，釋重囚三人，輕囚五十三人"。延祐六年七月，"甲戌，皇姐大長公主祥哥剌吉作佛事，釋全寧府重囚二十七人，敕按問全寧守臣阿從不法，仍追所釋囚還獄"。九月"癸巳，以作佛事，釋大辟囚七人，流以

---

① 趙孟頫：《無上帝師碑》，《趙孟頫文集》，第 226 頁。
② 《元史》卷二四《仁宗紀一》，第 555、556、557 頁。
③ 《元史》卷二五《仁宗紀二》，第 564 頁。

下因六人"。① 以上記載説明在仁宗一朝作佛事釋囚,没有停止過。這是藏傳佛教上層僧人的特權,反映了皇帝對藏傳佛教的寵信。至於延祐六年全寧府事件,則是因釋囚是皇帝的特權,不能允許其他貴族傚法。

在仁宗朝地位顯赫的藏傳佛教僧人,除帝師外還有:(1)搠思吉斡節兒。皇慶元年十月甲子,"雲南行省右丞算只兒威有罪,國師搠思吉斡節兒奏請釋之,帝斥之曰:'僧人宜誦佛書,官事豈當與耶!'"這顯然也是以作佛事名義提出的釋囚請求,但被拒絶應有其他原因。事實上這位國師並未因此失意。皇慶二年三月壬子,"賜西僧搠思吉斡吉兒鈔萬錠"。②延祐元年十二月,"帝師教搠思吉斡節兒"上奏河西僧人免當差發事。③可知此人是帝師身邊的高級僧人。④(2)至大四年(1311)五月癸未,"賜國師板的答鈔萬錠,以建寺於舊城"。閏七月辛亥,"以西僧藏不班八爲國師,賜玉印"。⑤ 兩條記載的"國師"很可能是同一人。(3)必蘭納識里,"北庭感木魯國人,幼熟畏兀兒及西天書,長能貫通三藏暨諸國語。大德六年,奉旨從帝師授戒於廣寒殿,代帝出家"。仁宗時受命翻譯佛教經典,"延祐間,特賜銀印,授光禄大夫"。⑥ 他到過江南,與南方禪宗僧人、天台宗僧人多有接觸。⑦(4)輦真乞剌思,在仁宗朝任都功德使、大司徒,是佛教界的領袖人物。⑧(5)河西藏傳佛教

---

① 《元史》卷二六《仁宗紀三》,第586、590、591頁。
② 《元史》卷二四《仁宗紀一》,第553、555頁。
③ 《通制條格校注》卷二九《僧道·河西僧差税》,第714頁。
④ 搠思吉斡節兒是畏兀兒人,曾主持大都某些佛寺中佛像的塑造,翻譯過不少佛經,寫過一部蒙古語語法著作《心箍》。見烏蘭《〈蒙古源流〉研究》,遼寧民族出版社,2000年,第258頁。
⑤ 《元史》卷二四《仁宗紀一》,第545頁。《經世大典·站赤》載,延祐六年正月十日,宣政院使月魯帖木兒等上奏中提到"藏卜八國師等並宣慰司數次移文上言",藏不班八與藏卜八或是一人。
⑥ 《元史》卷二〇二《釋老傳》,第4520頁。
⑦ 《元代内遷畏兀兒人與佛教》,《中國史研究》2011年第1期。
⑧ 《元代内地藏僧事輯》。

僧人楊璉真伽曾任江南釋教總統，因胡作非爲獲罪，但其子楊暗普在武宗、仁宗兩朝仍得到恩寵，任宣政院使，也是佛教界的領袖人物。①仁宗朝進封秦國公。"忠肅王元年（甲寅，1314，元），帝命王（高麗忠宣王璋——引者）留京師。王構萬卷堂於燕邸。……時有鮮卑僧上言：'帝師八思巴制蒙古字以利國家，乞令天下立祠，比孔子。'有詔公卿耆老會議。國公楊暗普力主其議。王謂暗普曰：'師制字有功，於國祀之，自應古典。何必比之孔氏。孔氏百王之師，其得通祀，以德不以功。後世恐有異論。'言雖不納，聞者韙之。"②後來元朝下令全國建帝師寺，楊安普顯然起了重要作用。（6）沙囉巴，"總丱之歲依帝師發思巴薙染爲僧，學諸部灌頂之法"。曾任江浙、福建等處釋教總統。"至大中，以皇太子令召至京師，詔授光祿大夫、司徒。仁宗皇帝龍德淵潛之日，嘗問法於公，知公之賢，既踐天位，眷遇益隆，詔給廩既館於慶壽寺。詔公所譯皆板行之。公幼而穎悟，諸國語言皆不學而能。……延祐元年十月五日殁。年五十有六。其始疾也，詔賜中統鈔萬緡俾求醫藥。太尉瀋王往視疾焉。既没，又賜幣萬緡以給葬事，遣使驛送其喪歸葬故里。"③這是一位大翻譯家。

世祖、成宗、武宗三朝，大批藏傳佛教僧人由吐蕃地區來到大都，成爲一大社會問題。④在仁宗朝，仍有藏傳佛教僧人不斷前來。至大四年（1311）十一月，御史臺奏："各站往來西番僧人尚多，伏望憐憫站户，令宣政院及西番官府凡此往來者研究分揀，果有德行僧人則來，餘者禁止。馬上囊橐毋令過重，省惜鋪馬之

---

① 陳高華：《略論楊璉真加和楊暗普父子》，《陳高華文集》，上海辭書出版社，2005年，第211—226頁。
② [朝鮮]鄭麟趾：《高麗史》卷二四《忠宣王》。孫曉主編：《高麗史》標點校勘本，人民出版社，西南師大出版社，2014年，第1080頁。
③ 《佛祖歷代通載》卷二二，第729—730頁。
④ 參看《元成宗與佛教》。

力,誠爲便益。"仁宗同意。延祐元年(1314)五月八日,中書省上奏,往河西送經,"所慮大都迤西驛傳遞送西番僧人舍利,往返頻數,困乏莫甚"。傳遞西番僧人舍利竟然造成驛傳系統困乏,從一個側面反映出進入内地番僧爲數之多。同年十月二十七日,"中書省又奏:'西番僧乞剌思八班等六人,元起鋪馬十一匹赴都。今欲回還,止有三人,復索原來馬數。兵部止給八匹。馳馱過重,行至涿州,爲監察所劾,每馱稱斤一百七十。事下刑部,詞伏,擬杖六十七。'宣政院官俺普言於上曰:'是僧遠來,以此過重,請增鋪馬三匹,速令回去。'奉旨准"。元朝站赤制度,馬一匹馱一百斤,西番僧人用馬馱一百七十斤,必然損傷站馬,故要判刑。但俺普(即楊安普)出面説情,不僅免責,而且增加鋪馬。延祐三年正月十四日,"都功德使輦真乞剌思、站班奏奉聖旨:搠思羅師父門徒唆南監藏者,欲回朶甘思之地。本僧每年率三十衆爲朕起建具送好事一月,其令省部斟酌應付鋪馬以行。兵部議得:所索鋪馬,別無欽賚御寶聖旨。具呈都省給降"。四月十二日,中書省奏:"班吉斡節兒講主之下三丹講主有疾,奉旨令同輦真乞剌思師父回還西番。三丹及其徒共四人起鋪馬四匹。又搠思羅師父徒弟唆南監藏等六人,起馬六匹。"延祐四年九月,"大都路良鄉驛言:自閏正月二十五日涿州驛送到晉王位下來使鎖秃等四人,又西番大師加瓦藏卜等七人到驛,各索走驢馬匹,提領、百户皆被鞭箠,越次選取驢馬供給。二月一日,復有西番僧短木、察罕不花八哈失等二十一人,起正馬三十二匹、回馬十匹,需求、走驢馬匹,箠撻站赤,恃威選馬,無所控訴"。① 以上記載可以説明西番僧人往來中原與吐蕃地區數量之多。他們享有特權,鞭箠站官、站赤、越次取馬,以及馬匹負擔過重等事,不斷發生,成爲

---

① 《經世大典·站赤六》,《永樂大典》卷一九四二一。

驛站的一大負擔。

對於中原和江南原有的佛教宗派，忽必烈採取崇教抑禪的政策，即抑制禪宗、提高其他宗派的地位。大都幾所皇家佛寺的主持，都出自寶集寺系統。寶集寺是一所華嚴宗寺院。世祖時，知揀爲寶集寺主持，得到忽必烈賞識。元成宗時，"對於'崇教抑禪'，似乎沒有明確的表示。但從現有的記載來看，在'漢地'的佛教各宗派中，他同樣比較看重華嚴宗"。① 仁宗時代，這種情況仍然繼續。大都皇家佛寺大崇恩福元寺住持德謙、大聖壽萬安寺住持德嚴，都出於知揀門下。② 屬於寶集寺系統的還有"覃懷之龍興"。③ "覃懷"即元懷孟路（後改懷慶路）。元仁宗及其母被成宗貶逐時曾居此地。仁宗即位後，答己在懷孟路建興龍寺作爲紀念。"龍興"應是"興龍"之誤。④ 可見仁宗對華嚴宗寶集寺系統的重視。但是，仁宗對禪宗亦有很大的興趣。大都大慶壽寺是北方禪宗的重鎮。北溪智延是慶壽寺方丈西雲子安的門人。"仁宗皇帝在春宮，聞禪師名，俾駙馬太尉瀋王傳令，以居彰德之天寧，仍即慶壽開堂演法。……會西雲示寂，朝廷以慶壽禪宗第一刹，非德器之重、道眼之明、力量足以荷擔大事者，莫宜尸之。乃詢於叢林大知識，僉謂禪師西雲上足，當補其處。仁宗方以萬機之暇，游心聖教，且雅知禪師，敕近臣函香，有司具威儀，送之入寺。賜號佛心普慧大禪師。……上每幸慶壽，數顧而與之語，特授榮禄大夫、大司空，領臨濟宗事。前後賜以金玉佛像、經卷及它珍玩之物數十事，秘府所蓄名畫凡涉於佛氏故事者，悉出以示

---

① 陳高華：《元成宗與佛教》。
② 程鉅夫：《旃檀佛像記》，《雪樓集》卷九，清宣統影洪武本。陳高華：《再説元大都的皇家佛寺》，《清華元史》第三輯，商務印書館，2015 年，第 72—75 頁。
③ 《宗原堂記》，《析津志輯佚》第 71 頁，北京古籍出版社，1983 年。
④ 趙孟頫：《敕建大興龍寺碑銘》，《趙孟頫文集》卷九，第 172 頁。

之。"①大都仰山棲隱寺是禪宗寺院,著名禪宗僧人萬松行秀曾任該寺住持。"今上在春宮,嘗三幸其寺,命有司作尊勝塔於東嶺,及建明遠、觀光二亭,以備臨幸。洎登極,亟命工部尚書臣鄭伯顏領大匠修其寺,凡土木之故而敝者,圖畫之;久而漫者,咸易而新之。……樹碑於門,頌天子聖德。既又賜蘇杭水田五千畝爲常住業。"②"今上"即仁宗。上都大龍光華嚴寺始建於蒙哥汗八年(1258),是一座禪宗寺院,年久失修,"未有所改作。仁宗在東宮,躬庋其宇下,左右顧瞻,懼弗稱世祖致崇極於覺皇之意,俾有司斥而大之"。③ 江南天目山臨濟宗僧人高峰原妙名聲遠播,"延祐三年四月十有九日,三藏法師般剌那室利言:臣僧往年游江南,歷禪刹多矣,獨天目山大覺正等寺爲高峰妙禪師道場,地勢清高,人力壯偉,實杭州一大伽藍。而高峰之道,遠續諸祖,座下僧常數十百人,皆清齋禪定,有古叢林之風。高峰既寂,其教至於今不少衰,獨寺未有紀載之文。臣僧請下文學之臣文之,以刻諸石,誠聖世一盛事也"。根據他的建議,仁宗命大文學家趙孟頫"爲文以紀之"。趙孟頫因作《天目山大覺正等禪寺記》。④ 元代著名學者虞集記高峰門人中峯事迹云:"三藏法師沙津愛護持必納雅實理遊方時,常從師參詰,及事三朝,每爲上道之。"⑤可知般剌那室利即前述必納雅實理。由於般剌那室利(必納雅實理)推薦,仁宗對高峰有所了解,命文臣爲之作文,這在當時對僧人來說是很高的榮譽。臨濟宗僧人元叟行端,"名聞京國"。"延祐丙辰,遷靈隱。有旨設水陸大會於金山,命師升堂說法。竣事,入

---

① 黃溍:《北溪延公塔銘》,《金華先生文集》卷四一,《四部叢刊本》,第2頁上—下。
② 趙孟頫:《仰山棲隱寺滿禪師道行碑》,《趙孟頫文集》外集,第209—210頁。
③ 黃溍:《上都大龍光華嚴寺碑》,《金華黃先生文集》卷八,第1頁下—第2頁上。
④ 《趙孟頫文集》外集,第204—205頁。
⑤ 《智覺禪師塔銘》,《道園學古錄》卷四八,《四部備要》本,第6頁上。

覲於便殿,從容奏對,深契上衷,加賜佛日普照之號。"①金山水陸大會見本文第二部分。元叟在大會以後到大都謁見仁宗,無疑是仁宗下旨招致。

(二)

仁宗當政以後,尊奉藏傳佛教之外,還有許多支持、鼓勵佛教的措施。

(1) 建造和資助佛寺。自忽必烈起,元朝皇帝在大都建佛寺,爲自己及家族祈福,已成慣例。世祖建大護國仁王寺、大聖壽萬安寺(白塔寺)、興教寺,成宗建大天壽萬寧寺,武宗建大崇恩福元寺。忽必烈還在上都建龍嚴寺和乾元寺。成宗大德四年(1300),仁宗爲思念祖母闊闊真(真金之妻),在大都建造佛寺。武宗時,仁宗爲皇太子,將這所佛寺擴建,稱爲大承華普慶寺。此寺"跨有數坊,……大抵撫擬大帝所爲聖壽萬安寺而加小,其磐礎之安,陛戺之崇,題栔之鶱,藻繪之繪巧不劣焉"。②"大帝"即忽必烈。普慶寺形制與忽必烈創建的聖壽萬安寺相近而規模較小,但所用材料、內部裝修並不遜色。至大四年十月,仁宗賞賜該寺"金千兩,銀五千兩,鈔萬錠,西錦、綵段、紗、羅、布帛萬端,田八萬畝,邸舍四百間"。同月,"詔置汴梁、平江等處田賦提舉司,掌大承華普慶寺貨產"。③ 延祐三年七月,仁宗又"賜普慶寺益都田百七十頃"。④ 即位後不久,仁宗又營造大永福寺,此寺又名青塔寺。皇慶元年

---

① 黃溍:《徑山元叟禪師塔銘》,《金華先生文集》卷四一,第14頁上。
② 姚燧:《普慶寺碑》,《姚燧集》卷一一,查洪德編輯點校,人民文學出版社,2011年,第159—160頁。
③ 《元史》卷二四《仁宗紀一》,第547頁。
④ 《元史》卷二五《仁宗紀二》,第547頁。

(1312)或更早,已經動工。永福寺建造時很長,到仁宗去世、英宗嗣位後纔落成。①

對於大都地區原有的某些佛寺,仁宗給予各種贊助。延祐五年十月"壬辰,建帝師巴思八殿於大興教寺,給鈔萬錠"。六年三月,"壬午,賜大興教寺僧齋食鈔二萬錠"。② 皇慶元年四月,"給鈔萬錠修香山永安寺"。③ 永安就是後代的香山寺。仰山棲隱禪寺得到仁宗的支持,擴建寺院,賜水田五千畝,前面已説過。

仁宗即位後不久,中書省的一件文書中説:"至大四年十一年月十一日,爲比附各年支持錢糧費用不敷,奏奉聖旨節該:'這幾年頻併聚會,田禾也好生不曾收。如今大聖壽萬安寺裏有世祖皇帝御容,那寺好生損壞了有。不修理呵,不中也者。香山寺在前待修理來。除這兩個寺外,其餘大小造作都交住罷了者。'麽道,聖旨了也。欽此。又於至大四年十一月十五日,啓奉皇太后懿旨節該:'白塔寺損壞了處,修理者,道來。別待有甚麽合造作的勾當,其餘的都住罷了者。'麽道,懿旨了也。"④因爲農業歉收,朝廷不得不停止各種工程建設。仁宗特允大都的大聖壽萬安寺和香山寺例外,皇太后又加上白塔寺。皇慶二年四月二十九日,中書省上奏:"近年起蓋寺觀、各官房舍,勞役軍匠,費用財物甚多。'土木之工,實傷和氣'麽道,監察每文書也説有。商量來,即目天旱缺食,除内府係官倉庫並必合修理的交修理,其餘一切不急之役截日除罷呵,怎生?"仁宗下詔:"白塔寺是世祖皇帝蓋來的寺,不修理怎中?"於是中書省又奏:"白塔寺也在必合修理數目内有,見行修理有。"⑤ 又

---

① 關於仁宗新建二寺的情況,詳參《再論元大都的皇家佛寺》,《清華元史》第三輯,第44—50頁,今收入本書。
② 《元史》卷二六《仁宗紀三》,第586、588頁。
③ 《元史》卷二四《仁宗紀一》,第551頁。
④ 《元典章》卷五九《工部二·公廨·住罷造作》,第2004頁。
⑤ 《元典章》卷五九《工部二·公廨·住罷不急工役》,第2004—2005頁。

一次重申，"不急之役"均停止，但白塔寺修理必須進行。幾所佛寺享受特殊的待遇。

元朝實行兩都制。上都（在今内蒙正藍旗境内）是元朝的夏都。忽必烈建上都，"乾、艮二隅立二佛寺，曰乾元，曰：龍光華嚴。"兩寺實際上也是皇家佛寺。前面説過，仁宗爲皇太子時下令擴建龍光華嚴寺，延祐三年賜田百頃。① 經過十餘年努力，仁宗去世時尚未完工，到英宗時纔完成。② 延祐六年（1319）六月，"賜大乾元寺鈔萬錠，俾營子錢，供繕修之費"。③ 上都還有一座開元寺，延祐三年正月，"賜上都開元寺江浙田二百頃"。④

其他地區也有一些佛寺得到皇帝的支持。至大四年十二月乙未，"以和林税課建延慶寺"。⑤ 這座佛寺應該建造在漠北和林。皇慶元年三月戊申，"賜汴梁路上方寺地百頃"。同年六月壬申，"賜崇福寺河南官地百頃"。⑥

（2）舉行佛事。元朝宫廷中經常舉行各種佛教儀式。"延祐四年，宣徽使會每歲内廷佛事所供，其費以斤數者，用麪四十三萬九千五百、油七萬九千、酥二萬一千八百七十、蜜二萬七千三百。自至元三十年間，醮祠佛事之目，僅百有二。大德七年，再立功德司，遂增至五百有餘。僧徒貪利無已，營結近侍，欺昧奏請，布施莽齋，所需非一，歲費四萬，較之大德，不知幾倍。"⑦除内廷佛事外，皇帝、皇太后遣人到各地寺院降香、散齋、舉行水陸大會等，絡繹不絶。例如延祐元年、二年接連在鎮江金山舉行水陸大會，"修大齋

---

① 《元史》卷二六《仁宗紀三》，第572頁。
② 袁桷：《華嚴寺碑》，李軍等校點：《袁桷集》卷二五，吉林文史出版社，2010年，第395頁。
③ 《元史》卷二六《仁宗紀三》，第589頁。
④ 《元史》卷二五《仁宗紀二》，第572頁。
⑤ 《元史》卷二四《仁宗紀一》，第549頁。
⑥ 《元史》卷二四《仁宗紀一》，第551、552頁。
⑦ 《元史》卷二〇二《釋老傳》，第4523頁。

會七晝夜"。① "延祐初,詔建水陸大會於金山,二浙名浮圖及賢士大夫皆集"。② 水陸法會是漢地佛教最重要儀式之一,旨在普渡衆生。最初就是梁武帝在金山寺舉行的。仁宗在金山寺舉行水陸法會,表示他對漢地佛教的認同,起到籠絡江南佛教徒的作用。

延祐元年五月,中書省奏:"功德使司言:'奉旨遣答里馬失里等前詣奉派人詣杭州仙靈等寺降香,請給鋪馬。臣等議得,五嶽四瀆,名山大川,歲時降香,固當乘傳將命。其餘小寺院,或所不宜。合無罷行?'上曰:'答里馬失里勿去,省差宣使一人可也。'對曰:'此等寺院非大刹,上仁如此,致香恐不宜。'上曰:'朕實命之,但勿令僧司遣使,從爾差宣使賫行,今後似此令人降香,爾再奏者。'"杭州仙靈(林)寺是世祖時楊璉真伽在南宋皇城基礎上改建的五寺之一,屬慈恩宗。③ 但在杭州,並非大刹。仁宗爲什麽會對仙林寺發生興趣,令人費解。也許出於楊安普的推薦。延祐二年六月,中書省奉旨,派朵歹等"往五臺散莽齋,給鋪馬一十五匹。又遣闊兒魯、班丹等至五臺山開讀藏經,給馬八匹"。中書省"擬給金字圓牌二面"。左丞相阿散"以爲舊制金字圓牌乃軍情大事所用,今讀藏經、散莽齋,恐不宜給"。仁宗下旨:"權宜令去。今後軍情公事外,其餘毋得行用。"④ 元朝皇室對五臺山佛寺特別關心,兩位皇太后先後前去朝拜,仁宗爲皇太子時曾隨其母皇太后答己去五臺山禮佛。故派人去五臺散齋、讀經並非偶然。值得注意的是,動用驛站的交通工具(馬、車等)要有兵部頒發的牌符,作爲憑證。金字圓牌是最高等級的牌符,只有軍情大事纔能頒發。爲了往五臺山佛寺做佛

---

① 俞希魯:《至順鎮江志》卷九《佛寺·丹徒縣》,楊積慶等校點,江蘇古籍出版社,1990 年,第 371 頁。
② 宋濂:《無夢和上碑銘》,《宋文憲公全集》卷二〇,《四庫備要》本,第 12 頁上。
③ 陳高華:《再論元代河西僧人楊璉真加》,《中華文史論叢》第 82 輯(2006 年第 2 期),今收入本書。
④ 《經世大典·站赤六》,《永樂大典》卷一九四二一。

事,居然動用金字圓牌,遭到丞相反對仍然堅持,可知在仁宗心目中佛事是何等重要。

(3) 書寫金字藏經,印造佛經和往各地寺院送經。仁宗用大量金銀,書寫《藏經》。延祐五年二月戊午,"給書西天字《維摩經》金三千兩"。"西天字"即梵文。三月戊寅,"給金九百兩、銀百五十兩,書金字《藏經》"。① 兩次書寫佛經動用黃金三千九百兩,這是很驚人的數字。② 仁宗和皇太后不時下令印造佛經,轉送各地寺院。延祐元年二月庚申,"立印經提舉司"。三年四月戊子,"升印經提舉司爲廣福監"。③ 五年四月庚戌,"升印經提舉司爲延福監,秩正三品"。④ 元制,中書省六部階正三品。文化方面重要機構,國子監從三品,"掌歷代圖籍並陰陽禁書"的秘書監,秩正三品。⑤ 專印佛經的機構居然與六部、秘書監品階相當,高於國子監,可見仁宗對印經的重視程度。皇慶二年十月十五日,"兵部呈:見欽奉聖旨,印訖《普賢行願品疏》抄科經文,分散諸路使者,合起鋪馬五十一定。……自至大四年十月至皇慶二年七月,功德使司及提調印經官節次遣使送經計四十五起,給馬二百七十八定,載經站車一百七十六輛,事誠冗濫"。因而"擾亂僧俗,侵損站赤"。中書省建議"合令各處回使,就便押經俵散"。仁宗下詔同意。但實際上仍差專人送經。延祐元年三月,兵部的一件文書説,收到"提調印經官"行文,"欽奉聖旨,已印經文選速古兒赤王安童、寶兒赤脱火赤等前去江西、江浙等處散施,請給驛事"。速古兒赤、寶兒赤都是皇帝怯薛中的人員,也就是説仁宗直接指派怯薛成員送經。與此同

---

① 《元史》卷二六《仁宗紀三》,第582、583頁。
② 元成宗時,每年全國財政收入中,金一萬九千兩。見《元史》卷九三《食貨志一》,第2352頁。
③ 《元史》卷二五《仁宗紀二》,第563、573頁。
④ 《元史》卷二六《仁宗紀三》,第583頁。
⑤ 《元史》卷八七《百官志三》、九〇《百官志六》,第2193、2296頁。

時，都功德使司也派人送經，要求動用站車鋪馬。中書省認爲，"去年差官諸路送經者四十餘起，猶有未回"。送經"一則郡縣迎接，妨廢公務。二則出無定處，恣其所向。三則事無程期，經年不返。站赤消乏，皆由於此"。"今後宜令提調官明具經數，所散何寺，從中書省公差有職役之人送至行省，轉遞散施，似爲便益"。可知送經一事弊端甚多，是導致站赤貧困的重要原因，但一直沒有停止。同年五月，中書省奏："杭州所進八藏經文，前者月魯鐵木兒奏，令送至河西之地，移文省部逐旋發去。今又奉旨復送六藏經文前去。所慮大都迤西驛傳遞送西番僧人舍利，往返頻數，困乏莫甚，請停六藏經，俟秋收之後，徐議發去。"奉旨："今姑止之。後收量各站氣力，逐旋遣送。"①仁宗忙於印經送經，太后答己亦熱衷於此。她"命刻《大藏經》於武昌，既成，輦至京師。印本流傳天下，名山巨刹則賜之。皇帝即位之三載，爲皇慶二年，夏四月，袁州南泉山大慈化禪寺住持普蓮宗主明照慧覺大師慈昱以是請，乃命有司具舟車，亟載驛置，即其寺而賜焉"。② 皇帝、皇太后都忙於印經、送經，爲自己祈福，完全不顧給驛站帶來的沉重負擔。

（4）推行素食。佛教反對殺生，主張吃素。世祖至元十七年（1280）正月、五月，"各禁斷十個日頭宰殺來"。次年又繼續禁斷。疑應與佛教有關。仁宗即位後，至大四年十一月十九日，藏傳佛教僧人上奏："西天田地裏，在先傳流將來的道理説呵，三月初八日佛降生的日頭，當月十五日佛入涅槃的日頭，這日頭真個顯驗，旦的刺納兒經文裏有。西天田地裏，這日頭裏不教宰殺，做好事有來。三月初三日，皇帝聖節有。一就自三月初一日爲始，至十五日，大都爲頭各城子裏，禁斷宰殺半月，羊畜等肉休教入街市賣者，也休交買者。不揀幾時做常川斷屠呵，皇帝洪福根底的重大福有。"仁

---

① 《經世大典·站赤六》，《永樂大典》卷一九四二一。
② 程鉅夫：《大慈化禪寺大藏經碑》，《雪樓集》卷一九。

宗下旨："那般者。是大好事勾當有。這裏都省裏行與各行省、各城子裏文書者。每年三月裏，常川禁斷宰殺半月者。斷屠的日頭其間，羊畜等肉休教入街市賣者。"①皇慶二年二月己卯，"各寺修佛事日用羊九千四百五十，敕遵舊制，易以蔬食"。② 延祐六年十二月十六日，宣徽院奏："宣徽院裏吃常川肉茶飯的諸王、公主、駙馬、后妃每根底，每月初一、初八、十五、二十三日，這四個日頭吃肉那不吃？"仁宗下旨："這四個日頭，咱每根底抬湯呵也抬素茶飯有。把齋的日頭裏，宰殺性命呵，不是不當那？如今但是常川肉的每根底，每月四個齋戒日頭裏，休與肉者，交吃素者。行與省家文書，交省家各衙門裏轉行照會。"③宣徽院管理宮廷和諸王、駙馬和飲食，向仁宗請示四齋日（初一、初八、十五、二十三）是否可以吃肉。仁宗答覆：這四天宮中（"咱每根底"）都吃素，平時吃肉的貴族，這幾天都應吃素，而且要中書省通知各衙門照辦。可見仁宗對此很積極。但這件聖旨實際上有多大作用，則是可疑的。

（三）

上面所說，都是仁宗尊敬佛教的一些行爲。但是，仁宗也有另一面。登基以後，他下令撤消各級僧司衙門，還採取一些限制和規範佛寺和僧人特權的措施。

武宗至大二年（1309）六月甲戌，"皇太子言：'宣政院先奉旨，毆西番僧者截其手，詈之者斷其舌。此法昔所未聞，有乖國典，且於僧無益。僧俗相犯，已有明憲，乞更其令。'又言：'宣政院文案不

---

① 《通制條格校注》卷二八《雜令·屠禁》，第676—677頁。
② 《元史》卷二四《仁宗紀一》，第555頁。
③ 《元典章》卷五七《新集·刑部·雜禁·四個齋戒日頭吃素》，第2256頁。

檢覈，於憲章有礙，遵舊制爲宜。'並從之"。① 可見他對當時狂熱的推崇藏傳佛教的氣氛相對來說還是有所保留，強調崇佛不能違背"國典""舊制"。至大四年正月庚辰（八日）武宗死。作爲皇太子的愛育黎拔力八達迅速接管政權。正月間他主要對中央機構和人事進行調整，撤消尚書省，處死武宗時代一批重臣，任命自己的親信執掌權力。二月，他便作出了"罷江南行宣政院"，"罷總統所及各處僧録、僧正、都綱司"的決定。②"至大四年二月二十七日，特奉皇太子令旨一件：'除宣政院、功德使司兩個衙門外，這裏有的管和尚的總統所的衙門革罷了，他每的印，如今便銷毁了者。又各處路分裏、州縣裏有的僧録司、僧正、都綱等，但是和尚的衙門，都教革罷了，拘收了他每的印，銷毁了者。不揀有甚合歸斷的等勾當有呵，管民官歸斷者。'"③令旨所述，一是撤消地方各級僧司衙門，包括行宣政院、總統所和僧録司、僧正、都綱等。二是關於僧人詞訟問題，即僧人詞訟都歸"管民官"審判處理。當時仁宗尚未正式即位，故仍用"皇太子令旨"的名義，實際上等於皇帝的聖旨。

　　三月，仁宗正式即位。四月，又頒發詔書，"罷僧、道、也里可温、答失蠻、頭陀、白雲宗諸司。"④詔書全文是：

> "和尚、先生、也里可温、答失蠻，不教當差發。告天，咱每根底祝壽者。"道來。和尚、先生、也里可温、答失蠻、白雲宗、頭陀教每根底，"多立着衙門的上頭好生搔擾他每"麽道，説有。爲那般上頭，除這裏管和尚的宣政院、功德使司兩個衙門外，管和尚、先生、也里可温、答失蠻、白雲宗、頭陀教等，各處路府州縣裏有的他每的衙門，都教革罷了，拘收了印信者。歸

---

① 《元史》卷二三《武宗紀二》，第512頁。
② 《元史》卷二四《仁宗紀一》，第539頁。
③ 《元典章》卷三三《禮部六・釋道・革罷僧司衙門》，點校本第1128頁。
④ 《元史》卷二四《仁宗紀一》，第542頁。

斷的勾當有呵,管民官依體例歸斷者。今後依着聖旨體例,和尚、先生、也里可溫、答失蠻在前不曾交當的差發,休交當者。管民官休教他每當里正、主首者。休倚氣力者。這般宣諭了呵,別了的人有罪過者。這和尚、先生、也里可溫、答失蠻等,倚着"這般宣諭了也"麼道,不依自己教門行,做無體例勾當呵,不羞、不怕那甚麼?①

這一次範圍擴大,涉及各種宗教。詔書説的主要也是兩件事,一件是撤消各種宗教的地方的管理機構,二是各種宗教人士的詞訟都由"管民官"處理。但另加了一項内容,即"管民官"不要增加宗教人士的賦役("差發")負擔,特别是差役("休教他每當里正、主首者")。

這件事震動很大,不斷有人持反對意見,"待再立僧司衙門"。十月間,仁宗要求中書省會同有關部門就此討論。聽取討論的意見後,隨即下旨:"臺官人每説,他每暗藏着,待復立僧司衙門的,哏説的是有。乾净的好和尚每在寺裏住着念經,與咱每祝壽也者。不乾净的歹和尚每,要做僧官有。在前我栲栳山回來時,到潞州呵,平陽的僧録臘月八日,就潞州我的陸水寺裏,殺羊唤歹婦女每吃酒。又和尚每告他,則潞州裏要了玖拾餘定鈔來。膽八八哈赤也曾説來:'好和尚那裏肯做僧官。'各寺院裏已有護持來的聖旨,則那的他每根底,不勾也那甚麼? 他每不做罪過,依本分行呵,誰侵犯他每。別個的不索多説,依前則教有司問者。"②御史臺官員反映有人等待恢復僧司衙門。成宗態度很堅定,他指出,只有"不乾净的歹和尚每"纔要做僧官。他舉出自己看到的僧官爲非作歹的事例,並引用膽八(巴)的話作證。元代許多佛寺都有皇帝頒發

---

① 《元典章》卷三三《禮部六·釋道·革僧道衙門免差發》。點校本第 1127—1128 頁。
② 《通制條格校注》卷二九《僧道·詞訟》,第 709—710 頁。

的護持聖旨,不准侵犯寺院的利益。仁宗強調説,這難道還不夠嗎? 僧人"不做罪過,依本分行呵",没有人會侵犯他們。詔書最後重申僧人詞訟"教有司問者。"仁宗堅持原來的決定,態度十分嚴厲。

元代的佛教史籍説:"仁宗皇帝居儲宫日,目擊其蔽,降旨除宣政院外,一例革之,是亦不負靈山付囑也。"①仁宗在成宗時代曾遭貶逐,對民間疾苦有所了解,故作出撤消僧司衙門的決定。這件事在上層亦有支持者。漢人李孟是仁宗的親信,他"久在民間,備知閭閻幽隱,損益庶務,悉中利病,遠近無不悦服"。仁宗嗣立,真拜中書平章政事。"司空、司徒、太尉,古之三公。自大德以來,封拜繁多,釋、老二教,設官統治,權抗有司,撓亂政事,僧道尤苦其擾。孟言:'……僧道士既爲出世法,何用官府繩治!'乃……罷僧道官。天下稱快"。② 哈兒魯人柏鐵木爾從小追隨仁宗,仁宗即位後爲侍御史,"先是,議罷僧道官,王力贊之,僧道來謁者皆拒不納"。③ 但當時佛教勢力很大,在上層支持這一決策的人不會很多。仁宗自己的決心無疑是最重要的。

除了廢除僧司衙門之外,仁宗還有其他限制佛教寺院和僧人特權的措施。一件是禁違制度僧。在至大四年,撤消僧司衙門之前十餘天,二月辛亥,"禁宣政院違制度僧"。④ 仁宗頒發的令旨説:

> 至大四年二月初九日,啓過事内一件:"在前曲律皇帝時分,宣政院官人每奏了:'江南有頭髮的行者,交披剃爲僧者。'麽道,欲待開聖旨去的其間,前中書省官人每奏了:'完澤篤皇帝時分,待做和尚的,他每替頭裏若有當差的、侍養父母的弟

---

① 念常:《佛祖歷代通載》卷三六,第 729 頁。
② 《元史》卷一七五《李孟傳》,第 4087—4088 頁。
③ 黄溍:《文安忠憲王家傳》,《金華先生文集》卷四三,《四部叢刊》本。
④ 《元史》卷二四《仁宗紀一》,第 538 頁。

兄孩兒每呵,本處官司明白給據執照文字,交做和尚來。各處行文書勘當了,那其間定奪。'麼道,奏過,交止住來。去年,脫脫等宣政院官人每又奏了:'這裏差人去,江南有的行者,披剃為僧。若有心為僧的人有呵,也披剃為僧者。麼道,騎着鋪馬,吃着首思,哏搔擾百姓有。'那裏來的使臣每、高參政等説:'江南多有似這般披剃為僧的人每,軍、匠、民、站等户哏有窒礙,若不止住呵,不中。'麼道,説有。俺商量來:如今這裏差人去,將元差去的人每交回來,披剃的每交止住。今次已披剃了的交分揀,依在先完者篤皇帝聖旨體例,勘當了定奪呵,怎生?"啓呵,"那般者"。麼道,令旨了也。①

二月辛亥就是二月初九日。仁宗尚未即位,名義上仍是皇太子,故用"啓",不用"奏",用"令旨"不稱"聖旨"。"曲律皇帝"是武宗的蒙語廟號。"完澤(者)篤皇帝"是成宗的蒙語廟號。佛寺中未剃度的服雜役的工人,統稱"行者"。武宗時期,宣政院上奏要將江南寺院中的行者披剃為僧,皇帝同意,頒布聖旨。但中書省認為,成宗時代曾明文規定,必須家中還有可以承當差役、侍養父母的弟兄,纔能出家為僧,因此上述聖旨未能實行。"去年"亦即至大三年,宣政院官員又提出要將江南行者披剃為僧,而且擴大範圍,"若有為僧的人有呵,也披剃為僧者"。依此則寺院就可以任意將各類百姓都剃度為僧。這就意味着承當賦役的百姓不斷減少,寺院的僧人急劇增多。對國家來説是很不利的。但武宗再次批准,並派使者南下推行,這些人利用驛站系統,"騎着鋪馬,吃着首思,哏搔擾百姓有"。② 這個決定遭到江南官員的反對,中書省在仁宗即位前夕建議,將派到南方的使者召回,停止剃度,已剃度者按成宗時

---

① 《元典章》卷三三《禮部六·釋教·僧道簪剃給據,又》。點校本第1133頁。
② "鋪馬"指驛站的馬匹,"首思"蒙語音譯,原意是湯汁,用來指驛站供應的飲食。

的聖旨進行清理,即必須家中另有人承當門户纔許出家。仁宗批准建議,顯然是作爲武宗朝弊政加以糾正。這就是"禁宣政院違制度僧"。

第二件是重申寺院税糧的徵收原則。仁宗即位後注意僧寺土地兼併問題。至大四年十月"丁丑,禁諸僧寺毋得冒侵民田"。①至大四年十月初十日,中書省奏過事内一件:"'和尚每根底與來的常住地土,不揀誰休争者。'麽道。宣政院官奏過,開讀了聖旨來。將百姓每的田地,'是常住'麽道,昏賴的也有。倚着與來的常住混雜,不教争呵,不中也者。"奏呵。仁宗聖旨:"不教争呵,不中。似這般相争的,教廉訪司官歸斷者。"②以宣政院爲一方,以中書省爲另一方,圍繞寺院兼併土地問題發生争論。宣政院持有皇帝(應是武宗)聖旨,不准失去土地的百姓控告寺院。中書省認爲寺院田土中有些是"昏賴"即强奪來的,應允許百姓控告。仁宗傾向於中書省一方,允許上告,並交由監察部門處理。

與此相關,又發生寺院田土税糧問題。皇慶元年四月壬午,"敕:僧人田除宋之舊有並世祖所賜外,餘悉輸租如制"。③詔書的全文是:

> 皇慶元年四月十七日,中書省奏:"爲僧、道、也里可温、答失蠻納税糧的上頭,在先省官與宣政官互相聞奏不一的上頭,完澤篤皇帝時分,羊兒年裏,完澤丞相等省官,答失蠻等宣政院官,吃剌思八斡即兒帝師根底商量呵,'除亡宋時分舊有常住,並奉世祖皇帝聖旨做常住與來的地土外,其餘歸附之後,諸人捨施,或典買來的,一切影占的,依舊納税糧者。'麽道,奏過定體了來。後頭宣政院官,曲律皇帝時分'休教納税者',麽

---

① 《元史》卷二四《仁宗紀一》,第547頁。
② 《元典章》卷一九《户部五·田宅·民田·和尚與百姓争地》,第676頁。
③ 《元史》卷二四《仁宗紀一》,第551頁。

道,奏了的上頭,省官人每'依着羊兒年裏定擬了的體例,交納者'。麼道,又奏過教行了來。去年也奏來。如今江浙省官人每俺根底説將來:'僧人每休教納税者。麼道,宣政院官奏了,與了執把聖旨、懿旨有。怎生呵是?'麼道,説將來有。俺商量來,'種田納地税,做買賣納商税'的是成吉思皇帝聖旨有。如今依着羊兒年省官、宣政院官、帝師根底商量着行來的體例裏教行,與了的執把聖旨、懿旨教拘收了。必闍赤官人每根底説了:'今後與聖旨、懿旨呵,除亡宋時分有的,並奉世祖皇帝聖旨做常住與來的外,其餘的依體例教納税糧。'明白教寫與呵,怎生?"奏呵。

"那般者。依先例教行者。"麼道,聖旨了也。欽此。①

這件詔書回顧了朝廷中關於僧人田賦税糧的爭論。在成宗(完澤篤皇帝)時,經過各方討論商定,佛寺中宋代已有的田土和世祖賞賜的田土可以免税,江南入元以後捨施、購買或影占的土地則要納税。這就是"羊兒年(乙未,元貞元年,1295)體例"。武宗時宣政院官奏請寺院田土全部免税,皇帝同意,但後來中書省上奏仍依羊兒年體例執行,又改了過來。現在江浙行省報告,宣政院官員得到皇帝聖旨、皇太后懿旨,允許僧人田土全部免税,請示如何處理。中書省認爲:種田納地税是成吉思皇帝聖旨,應照羊兒年體例辦,收回允許僧人免税的聖旨、懿旨。仁宗同意,下旨照"先例"即羊兒年體例辦。值得注意的是,這道聖旨中的"皇帝聖旨"應是仁宗自己頒發的,他作了更正。在佛寺税糧問題上,宣政院和中書省不斷發生矛盾。宣政院一貫爭取全部免税,中書省強調部分免税(羊兒年體例)。這一次仁宗又站在中書省一邊。

第三件是對寺院住持加以整頓。皇慶二年正月,御史臺上奏:

---

① 《通制條格校注》卷二九《僧道・商税地税》,第725—726頁。

"監察每文字裏説有,各處寺院裏住持的長老每委付呵,有德行知佛法的、衆和尚保舉的,經由有司交做有。如今罷了的僧官,更有罪過的,有媳婦孩兒每和尚,投托着宣政院官人每奏了,教他每各處寺院裏做住持有。俺商量來,這般歹和尚每教寺院裏住了呵,侵使常住的錢糧,壞了寺院去也。似這般不曾經由有司,衆和尚不曾保舉的,教省家行文書將他每革罷了,依着舊例保舉來的委付呵,怎生?"罷了的僧官,有罪、有家的和尚,都走後門,通過宣政院安排到佛寺去當主持。御史臺要求整頓,將他們革除。仁宗同意。中書省行文各地執行。① 這件文書特別提到"罷了的僧官",顯然是撤消僧司衙門時被罷免的。説明此次對寺院住持的整頓,是撤消僧司衙門行動的繼續。

以上這些措施引起僧官和佛教界上層人物的強烈反對。仁宗不得不作出回應。

  皇慶二年六月十七日,欽奉聖旨:
  爲僧官教和尚每生受、經文的勾當怠慢的上頭,除宣政院外,其餘僧司衙門革罷了來。如今帝師爲頭講主每、衆和尚等交奏:"和尚每根底交納税糧,着鋪馬祗應,寺院裏安下使匠,越着生受。經文的勾當、爲上位祈福祝壽的勾當裏,好生有阻礙。"麽道,説有。今後管民官休管和尚每者。依着在先聖旨體例,姦盜詐僞、致傷人命,但犯重罪過的,管民官問者。除這的之外,和尚每自其間不揀甚麽相告的勾當有呵,各寺院裏住持的和尚頭目結絶了者。僧俗相争田土,告的勾當有呵,管民官與各寺院裏住持的和尚頭目一同問了斷者。合問的勾當有

---

① 《元典章》卷三三《禮部六·釋道·釋教·保舉住持長老》,點校本第1134頁。有的著作認爲,這件文書是説"各地寺院的住持經由本寺衆僧的保舉、推薦,再由地方僧署審核批准。對那些未經有效程序批准,或有罪的、犯戒的寺院住持,地方僧署也有權吊銷其主持任職資格"。(《中國佛教通史》第十一卷,第35—36頁)與原意不符。這件文書發布時,地方僧司衙門都已廢除了。這件文書的錯誤標點是導致誤解的重要原因。

呵，管民官衙門裏聚會斷者。和尚頭目約會不到呵，管民官依體例斷者。他每誰遲悮了勾當呵，監察、廉訪司官人每依例體察者。和尚每'無衙門'麼道，管民官休攪擾者。納稅糧呵，依着羊兒年體例，亡宋時分有來的常住田地並薛禪皇帝與來的田地内，休納稅糧者。收附江南已後，諸人布施與來的、置買來的、租典來的田地有呵，依在先體例裏納稅糧者。鋪馬祗應，不揀甚麼雜泛差發休當者。更各寺院裏定體來的講主長老每，休替換者。或在先委付來的和尚身故了呵，委付本寺裏好學識的講主長老者。本寺裏無呵，別個寺裏好學識的講主長老内，衆僧美愛的委付者。這般宣諭了，別了的管民官、和尚每，不怕那甚麼？①

"帝師爲頭"的上層僧人上奏説，撤消僧司衙門後，地方官府增加了寺院種種負擔，對寺院的佛事活動有礙。他們的用心顯然是想恢復各地僧司衙門。爲此，仁宗發布聖旨，申明有關政策。主要是：（1）"管民官休管和尚每者"。也就是地方官不要干預寺院的事務。（2）和尚觸犯刑律由地方官司審理；和尚之間糾紛由寺院住持處理；僧俗相争，由地方官府和寺院住持共同審理。（3）寺院田地的税糧，依"羊兒年體例"辦理。（4）寺院的講主長老不要替換。如死亡由本寺講主長老承襲；本寺無則由衆僧推選其他佛寺的有學問的講主長老充當。

仁宗的詔書完全沒有提地方僧司衙門，説明他堅持撤消的決定。原來各地寺院、僧衆由各級僧司衙門管理，撤消了各級僧司衙門，中央的宣政院不可能直接管理各地寺院，地方官府就乘虛而入。這件聖旨宣布"管民官休管和尚者"，就是寺院由主持管理，不許地方官府干預。也可以説，擴大了各寺主持的權力。對於寺院

---

① 《元典章》卷三三《禮部六·釋道·釋教·和尚頭目》，第1134—1135頁。

的講主長老(通常就是住持),不再提對不合格者的罷免,而是改爲"休替換者"。這顯然是承認既成事實,無疑也是一種讓步。在僧人訴訟和寺院田地稅糧兩大問題上,中書省和宣政院歷來多有爭論。詔旨大體上重申中書省一方的意見,對寺院和僧人的特權有所限制。可以認爲,仁宗既堅持原來的一些決定,但也作出了不同程度的妥協。這樣,圍繞僧司衙門及有關問題的爭論終於劃上了句號。

有元一代,統治者尊奉佛教。佛教的上層人物爲寺院謀求好處,無所不至,必然損害國家的利益,從而與行政系統發生衝突。具體來說,常常表現爲中書省與宣政院之間的矛盾。元朝諸帝往往依違於兩者之間,搖擺不定。元仁宗一則對中原傳統文化有一定的認識;二則曾被放逐,對民間疾苦多少有一些了解。因而能夠斷然採取若干限制、規範佛寺和僧人行爲的措施。這在元朝諸帝中應該說是很難得的。特別是撤消僧司衙門一事,在當時影響是很大的。

元順帝至正四年(1344)閏二月,權臣脫脫"領宣政院事。諸山主僧請復僧司,且曰:'郡縣所苦,如坐地獄。'脫脫曰:'若復僧司,何異地獄中復置地獄邪!'"[①]三十年後,有些上層僧人還想恢復僧司衙門,但沒有得逞。說明仁宗主張撤消僧司衙門是合理的。

(原刊於《元代北京漢藏佛教研究》,宗教文化出版社,2018年)

---

① 《元史》卷一三八《脫脫傳》,第3344頁。

元英宗與佛教

元英宗碩德八剌,是仁宗愛育黎拔力八達的嫡子。仁宗延祐三年(1316)十二月立爲皇太子。延祐七年(1320)正月仁宗死,碩德八剌嗣位。次年改年號爲至治。至治三年(1323)八月,英宗在宮廷政變中被殺。在位不到四年。

元順帝時,黄溍奉命爲英宗朝中書右丞相拜住作神道碑,記録拜住家世和一生事迹。拜住是英宗最信任的大臣。碑文中説,英宗曾命人畫拜住的像,他在畫上題寫唐人皮日休的詩:"吾愛房與杜,魁然真宰輔。黄閣三十年,清風億萬古。"①房、杜即唐太宗時代的名臣房玄齡和杜如晦,兩人對"貞觀之治"有很大的貢獻。從題詩可以看出,英宗要以唐太宗爲榜樣,在政治上有所作爲;同時也説明説英宗對中原傳統文化有一定了解。英宗即位後,確實做了一些推行"漢法"的措施。但是另一方面,英宗又是蒙古舊制的忠實奉行者。上述神道碑還記録了一件事。英宗即位後,"或勸上純任釋氏之法以治天下。上問王(拜住——引者):'何如?'王曰:'釋氏之道,貴清静寂滅,可以自治,而不可以治人。帝王之仁義禮樂,乃所以爲治也。'上默然"。② 顯然,英宗傾向"任釋氏之法",而對拜住主張"仁義禮樂"即儒家政治學説是有所保留的。此篇《神道碑》是官方認可的。由這件事可見,英宗和以前諸帝一樣,篤信

---

① 黄溍:《鄆王神道碑》,《金華先生文集》卷二四,《四部叢刊》本,第5頁上。
② 《鄆王神道碑》,《金華先生文集》卷二四,第5頁上。

佛教，忠實於與佛教信仰（主要是藏傳佛教）有密切聯繫的蒙古舊制。而當二者發生衝突時，總是傾向於選擇蒙古舊制。

一　尊崇帝師，建八思巴廟

　　元世祖忽必烈崇尚藏傳佛教，尊奉藏傳佛教薩迦派領袖八思巴爲帝師。此後成宗、武宗、仁宗三朝相繼奉行帝師制度，在薩迦派中選任帝師。英宗嗣位時，帝師是公哥羅古羅思監藏班藏卜（今譯：貢噶羅追堅贊貝桑布）。① 至治元年（1321）三月，"遣使賜西番撒思加地僧金二百五十兩、銀二千二百兩、袈裟二萬，幣、帛、旛、茶各有差"。② 撒思加即今西藏薩迦，元代是薩迦派發源地。英宗這次巨額賞賜的對象無疑是薩迦派僧人。同年十二月，"命帝師公哥羅古羅思監藏班藏卜詣西番受具足戒，賜金千三百五十兩、銀四千五十兩、幣帛萬匹、鈔五十萬貫"。③ "具足戒"又稱"大戒"，是成爲正規僧人的戒律。據西藏史籍記載，公哥羅思監藏班藏卜"智慧超群，所閱讀之經典過目不忘"，11歲即應元武宗召來到大都。當時年幼，未曾受具足戒，故在24歲時返回吐蕃受戒。英宗兩次賜物之多且貴重，可見對帝師和薩迦派的尊敬。公哥羅古羅思監藏卜在吐蕃受戒，並"用接受的大量布施，造金汁書寫的藏文大藏經《甘珠爾》，並將他收集到的大量印度學者所寫的論釋譯成藏文。其次他還用部分財物爲先師設立了期供，向在世之上師們奉獻禮物。尤其是他返回薩迦大寺後，給數萬名僧人每人發放一錢黃金

---

　　① 此人之父達尼欽波桑波貝是八思巴的侄子，一度流放江南，後奉命回薩迦，主持教派法座。
　　② 《元史》卷二七《英宗紀一》，第611頁。
　　③ 《元史》卷二七《英宗紀一》，第615頁。

的布施，並爲數萬名僧人參加的發心大法會做了布施，爲衆僧種下圓滿佛法之種子，完成利他之偉大事業"。① 他用來慷慨布施的財物，主要應是英宗三月和十二月兩次所賜，但在藏族史籍中對此没有提及。

與帝師返回薩迦同時，至治元年十二月己未，英宗"封唆南藏卜爲白蘭王，賜金印"。② 瑣南藏卜又作唆南藏卜，是桑波貝之子，帝師之兄，尚公主，是元朝皇室的駙馬。後來此人領西番三道宣慰司事。唆南藏卜死後，其弟、侄承襲了白蘭王的封號。瑣南藏卜得封白蘭王，無疑由於其特殊的家族背景。③ 此事顯示了元朝皇室對薩迦派的重視。

延祐七年四月庚申，"以西僧牙八的里爲元永延教三藏法師，授金印"。④ 元朝制度，正、從一品官用銀印，僧人授正一品用玉印，帝師、灌頂國師用玉印，只有諸王纔能用金印，⑤ 白蘭王用金印。這個"西僧"應是藏傳佛教僧人，但稱爲"法師"如何能得授金印，有待研究。

建造八思巴寺（殿），是英宗尊崇藏傳佛教的一項重要措施。延祐七年（1320）十一月丁酉，"詔各郡建帝師八思巴殿，其制視孔子廟有加"。⑥ 此事一説是"宣政院臣奏請"，一説出於河西僧人高沙羅巴的建議。⑦ 英宗爲此頒發聖旨：

> 延祐七年十一月二十七日，拜住丞相特奉聖旨："八思巴

---

① 阿旺貢噶索南著，陳慶英等譯註：《薩迦世系史》，中國藏學出版社，2005年，第172頁。
② 《元史》卷二七《英宗紀一》，第615頁。
③ 蔡美彪：《白蘭王印》，《八思巴字碑刻文物集釋》，中國社會科學出版社，2011年，第328—331頁。
④ 《元史》卷二七《英宗紀一》，第601頁。
⑤ 《元典章》卷二九《禮部二·印章》，第1039頁。
⑥ 《元史》卷二七《英宗紀一》，第607頁。
⑦ 法洪：《敕建帝師碑》，《佛祖歷代通載》卷二二，第723頁。

帝師，薛禪皇帝時分蒙古文書起立來的上頭，'蓋寺者'説來。前者蓋了有來。如今交比文廟蓋的大，隨處行文書，都教大如文廟，八思巴帝師根底教蓋寺者。"麽道，聖旨了也。欽此，都省咨請欽依施行。①

"薛禪皇帝"是忽必烈的稱號。聖旨説忽必烈時便行蒙古文書爲八思巴帝師蓋寺。"前者蓋了有來"則應是指仁宗時曾下令爲八思巴蓋寺。理學家吳澄説："仁宗皇帝命天下各省各路起立帝師寺，以示褒崇。今上嗣服，再頒特旨，聖心養注，俾加隆於文廟，不與其餘不急造作同。"②鎮江帝師寺建成後，青陽翼作《紀》説："延祐三年六月，先皇帝採摭群言，博議朝著，丕視功載，錫之榮號，作廟勒碑，月謁歲祭，通乎天下。"則仁宗時已有作廟立碑之舉。③《元史·仁宗紀》記，延祐五年十月"壬辰，建帝師巴思八殿於大興教寺，給鈔萬錠"。④ 從以上記載，可知仁宗時確有建造八思巴寺的安排。英宗則大規模推行爲八思巴立廟的措施。

但英宗頒布的這件聖旨，文字是有些模糊的。聖旨先提過去蓋寺的詔令，再説"如今交比文廟蓋的大"。但接着又説："都教大如文廟，八思巴帝師根底教蓋寺者。""交比文廟蓋的大"和"大如文廟"，明顯是不同的。從聖旨文字來看，皇帝原話應是前者，也就是新蓋的八思巴寺要比文廟大。收錄這件聖旨的《元典章新集》，以"帝師殿如文廟大"作小標題，是不妥的，《元史·英宗紀》説"視孔子廟有加"纔符合本意。上引吳澄説："俾加隆於文廟。"無疑是説八思巴廟要比文廟大。另一位著名學者柳貫説："至治初元，天子申敕列郡，大建新廟，務極崇侈，以稱國家褒

---

① 《元典章新集·工部·工役·帝師殿如文廟大》，《元典章》，第 2259—2260 頁。
② 吳澄：《撫州路帝師殿碑》，《吳文正公文集》卷二六，明成化二十年刊本，第 26 頁上。
③ 《至順鎮江志》卷九《佛寺·寺·本府帝師寺》，第 358 頁。
④ 《元史》卷二六《仁宗紀三》，第 586 頁。

揚振厲之意。""務極崇侈",顯然也是加大之意。建八思巴廟的規模要大過孔子的文廟,就是説,在英宗看來,藏傳佛教的地位在儒家之上。從這件事來看,對於英宗推行"漢法"是不能過高估計的。

吴澄説英宗命"天下各省各路"立廟,柳貫説"列郡"建廟,可知朝廷要求省會和各路治所在地都建八思巴廟。聖旨下達後,不少地方便興工建寺,首先是兩都。至治元年三月,"丙子,建帝師八思巴寺於京師。"五月丙子,"毁上都回回寺,以其地營帝師殿"。① 毁回回寺建八思巴寺,大概是急於求成之故。不少地方也聞風而動。如鎮江路,"至治元年秋八月,郡奉詔立寺祠帝師。越明年五月,寺成"。鎮江路和所屬録事司、各縣官員"各率其工若民以致事,無敢後"。② 但路以下州、縣,則不見建造帝師寺的記載。

英宗在全國建八思巴寺,對於擴大藏傳佛教的影響,在一定時間内無疑有作用。但這完全是一項官府工程,缺乏群衆基礎,難以持久。"然一時應詔,皆取之民間,務欲速成,故工夫多草率,莫爲久計,及至元已漸陵替。""至元"(後至元)是順帝的年號(1335—1340年)。從"至治"到"至元"(後至元)不過二十年左右,八思巴廟建築已出現問題,逐漸衰圮。至正丁亥(七年,1347),原來"極高大雄偉,規模宏麗"的南雄(路治今廣東南雄)的帝師殿,已"傾圮殆盡,幾爲瓦礫之墟",離建造不到三十年。③ 可見英宗的意圖並没有實現。

---

① 《元史》卷二七《英宗紀一》,第611頁。
② 《至順鎮江志》卷九《僧寺・本府帝師寺》,第358頁。
③ 劉鶚:《重修帝師殿記》,《惟實集》卷二,《文淵閣四庫全書》本。

二　與中原、江南佛教各宗的關係

　　世祖忽必烈時，推行"崇教抑禪"的政策，扶植禪宗以外佛教各宗派，抑制禪宗的勢力。華嚴宗的影響明顯擴大。洛陽白馬寺是佛教傳入中國後建立的首座寺院，因而有"釋源"之稱。住持仲華文才是華嚴宗僧人，受到元成宗的賞識，兼任五臺山萬聖佑國寺住持，得到真覺國師的封號。① 仲華文才死後，其徒法洪嗣位。法洪俗姓劉，隴西鞏昌成州人。元仁宗時，以法洪爲白馬寺住持，賜號"釋源宗主"。後召入大都，爲西山龍泉寺住持。法洪奉旨撰《帝師殿碑》，②實際是將華嚴宗與藏傳佛教薩迦派緊密結合在一起。至治元年二月"丁卯，以僧法洪爲釋源宗主，授榮禄大夫、司徒"。③ "已而進階光禄，加大司徒，刻銀爲印，食一品禄，承制總選名僧，校讎三藏書。領江淮官講凡三十所，於是貴幸莫比矣"。④ "校讎三藏書"，是英宗時舉辦的一件大事，下面將有説明。"江淮官講三十所"是忽必烈的安排，派遣北方佛教禪宗以外各宗的高僧到江南各處去講學，實際是爲了擴大佛教禪宗以外各宗派的影響，貫徹"崇教抑禪"的政策。"帝平宋，已（以）彼境教不流通，天下揀選教僧三十員，往彼説法利生，由是直南教道大興"。⑤ 法洪負責校讎佛經和江南官講兩件事，可見其在全國佛教界中地位之顯要。英宗建壽安山寺（大昭孝寺），落成後，又以法洪任住持，"於是車駕臨幸，置酒流杯池上，丞相東平王（拜住——引者）及公侍。天顔甚懌，顧

---

①　仲華文才生平見《佛祖歷代通載》卷二二，第725頁。
②　《佛祖歷代通載》卷二二，第732—733頁。
③　《元史》卷二七《英宗紀一》，第610頁。
④　許有壬：《釋源宗主洪公碑銘》，《至正集》卷四七，第70頁上。
⑤　《弘教集》，《佛祖歷代通載》卷二二，第723頁。

左右若曰：'朕有賢相，又得此奇人，至可樂也。'因手簪花其帽，諭所以畀付之意。故事，官寺方丈每歲望幸，主者不敢居。特敕大臣設宴，命公入處以寵異之"。① 以上種種，都説明法洪在朝廷中有特殊地位。

關於法洪的其他記載不多。江南名僧楚石梵琦應召入大都書寫金字藏經，有詩《寄洪司徒》，"洪司徒"即法洪："親扶佛日上高冥，着絳袈裟眼獨青。"詩中用"青眼"典故，很可能楚石得到法洪賞識。② 元朝中期著名詩人揭傒斯有一首詩，題目是《有一近侍，西域人，頗讀書，好畫竹石，多技能。家在汧、渭間，有母尚存。以久客京師，將歸省，士大夫多爲詩文以誇道之。釋源宗主洪司徒亦西人，獨作五言詩三十六韻，以大義責之，謂多技爲童豎之事，不足貴。辭嚴義正，卓犖可尚也。予亦爲賦長句》。③ 題中"釋源宗主洪司徒"無疑就是法洪，詩題中之"亦西人"應與開頭的"西域人"一致，而法洪祖籍隴西成州（今甘肅成縣）。令人不解，有待研究。但由此可知法洪能作詩，與當時文化界名流有交往。

中原佛教中，原來禪宗勢力很大。大都慶壽寺是北方禪宗臨濟宗的祖庭，十三世紀中期，慶壽寺住持海雲深得蒙古宫廷的倚重。忽必烈的太子真金，即由海雲命名。元世祖忽必烈原來重視禪宗，但出於政治需要，後來主張"崇教抑禪"，使其成爲朝廷的政策。但忽必烈的重點是扶植禪宗以外各派，對禪宗加以一定的壓制、形成新的平衡而已。元成宗、武宗、仁宗三朝，慶壽寺的住持先是西雲子安。西雲之後，其弟子北溪智延、魯雲行興相繼爲住持。元仁宗對臨濟宗仍加以籠絡，"刻玉爲印以賜西雲，其文曰：臨濟

---

① 許有壬：《釋源宗主洪公碑銘》，《至正集》卷四七，第69頁上—70頁下。"方丈"指佛寺住持居處。
② 《楚石北游詩》，吴定中等校注浙江古籍出版社，2010年，第17頁。
③ 《揭傒斯全集·詩集》卷六，李夢生標校上海古籍出版社，1985年，第173頁。

正宗之印。獨加師榮禄大夫、大司空，領臨濟一宗事"。① 西雲去世，仁宗"敕近臣函香，有司具威儀"，送北溪智延入慶壽寺嗣位，"特授榮禄大夫、大司空，領臨濟宗事。前後賜以金玉佛像、經卷及他珍玩之物數十事。秘府所蓄名畫，凡涉於佛氏故事者，悉出以示之"。英宗嗣位後，"以禪師先朝舊德，每入見必賜坐，訪以道要"。並命他參與校勘三藏與金書佛經之事。② 魯雲行興一度"以省墳墓歸鄆城。久之，英宗踐阼，首命召還京師，俾於聖壽萬安寺與一時高德名流校讎三藏"。他接替北溪爲大慶壽寺住持，"開堂之日，又刻玉爲印以賜之，其一曰'慶壽長老'，其一曰'領慶壽一宗'，蓋異數也"。③ 但慶壽寺的這幾任掌門人没有多大作爲，其影響已大不如海雲時代了。

雲門宗也是禪宗的一派。延祐六年(1319)二月，"特授僧從吉祥榮禄大夫、大司空，加榮禄大夫、大司徒僧文吉祥開府儀同三司"。④ 這位"從吉祥"就是大都雲門宗的掌門人雲山慧從，是大都聖安寺的住持，頗受元仁宗重視。⑤ 從封號來看，其政治地位與臨濟宗的掌門人相等。"英宗皇帝以師(雲山慧從——引者)先帝之舊，隆遇特甚。時當清暑上京，召師至水精殿譯佛法至要，大悦上意。師將還都，命大官設祖帳於南屏山，賜予甚夥。"⑥ 至治三年，江南名僧楚石梵琦受召赴大都參加金字藏經之役，有詩《贈聖安長老從雲山》："棕毛小殿屢傳宣，請説雲門派下禪。即日賜金三萬兩，連朝開法九重天。"棕毛殿在宫城隆福宫内，可知皇帝確有召見

---

① 趙孟頫：《臨濟正宗之碑》，《趙孟頫文集》，第175頁。
② 黄溍：《北溪延公塔銘》，《金華先生文集》卷四一，第1頁下—2頁下。
③ 黄溍：《魯雲興公舍利塔銘》，《金華先生文集》卷四一，第4頁下—5頁下。
④ 《元史》卷二六《仁宗紀三》，第588頁。
⑤ 雲山慧從事迹，見劉曉《金元北方雲門宗初探》，《歷史研究》2010年第6期。
⑥ 樊從義：《大明寺碑略》，《畿輔通志》卷一七九，見《全元文》第59册，鳳凰出版社，2004年，第29頁。

從雲山談經賞賜之事，①"賜金"應是賜鈔。又有《寄雲山長老》："山中真宰相，不待築沙堤。"南朝陶弘景隱居句曲山中，國有大事，皇帝向他咨詢，號稱山中丞相。楚石以從雲山和陶弘景相比，當然是溢美甚至是諂媚之辭，但也可看出，此人很可能參與寫金經之役，在政治上有一定活動能力。得授"開府儀同三司"的文吉祥應是大都大寶集寺住持妙文講主，他是華嚴宗僧人，②和聲勢顯赫的釋教都總統知揀是師兄弟。"至元二十二年，世祖皇帝建聖壽萬安寺於新都，詔揀公開山主之，仍命同門圜融清慧大師妙文主領祖刹，修治弊壞。"③知揀和妙文是大都寶集寺系統華嚴宗的代表人物。妙文受封開府儀同三司，是文職官員最高階。④但延祐六年妙文受官之年即去世。寶集寺僧人在文宗朝未見有活動者。

英宗與江南僧人似沒有多少聯繫。他發起校經、寫經，從江南召來不少僧人。其中杭州南天竺演福寺住持湛堂姓澄"驛召至京師，入對明仁殿。被旨於青塔寺校正經、律、論三藏。有司供張，歲時錫予，爲禮殊厚。駕幸文殊閣，引見問勞賜食。正旦及天壽節，再朝於大明殿，賜以《無量壽經》等若干卷"。校經事畢後，"仍降璽書加護，進號佛海大師。一時文學侍從之臣，皆賦詩以美之"。⑤但英宗與其他參與者似無直接的交往。天目山獅子院高峯原妙、中峯明本師徒在江南佛教界名聲最大。高峯原妙去世後，中峯明本是江南禪宗的宗師。"仁宗皇帝聞而聘之，不至，製金襴袈裟賜之，曰：佛慈圓照廣慧禪師。賜獅子院名曰：正覺禪寺。英

---

① 陶宗儀著，李夢生校點：《南村輟耕錄》卷二一《宮闕制度》，上海古籍出版社，2012年，第 234 頁。
② 妙文生平見《佛祖歷代通載》卷二二，第 732 頁。
③ 《析津志輯佚》，北京古籍出版社，1983 年，第 71 頁。
④ 《元史》卷九一《百官志七》，第 2319 頁。
⑤ 黃溍：《上天竺湛堂法師塔銘》，《金華先生文集》卷四一，第 7 頁下。

宗皇帝亦封香製衣，即所居而修敬焉。"①但英宗與中峯明本亦無直接接觸。

英宗時期，先後取締了白雲宗和白蓮教兩種民間佛教團體。白雲宗出現於北宋末期，入元以後，其首領沈明仁與官府相勾結，一度得到朝廷的承認，成立總攝所加以管理。延祐二年，沈明仁受封爲榮祿大夫、司空。② 其封號與北方臨濟宗、法門宗掌門人相同。白雲宗不斷擴大勢力，"凌轢州縣，爲姦利不法者"。③ 因此在仁宗延祐七年正月便遭朝廷取締。同月仁宗死，英宗嗣位。二月丁卯"白雲宗總攝沈明仁爲不法坐罪，詔籍江南冒爲白雲僧者爲民"。④ 白雲宗從此衰落。白蓮教是南宋初年開創的，在民間傳播迅速。入元以後，受朝廷保護。但因教徒參與一些反抗鬥爭，加上其活動"夜聚明散，佯修善事，扇惑人衆作鬧行有"，因而在武宗至大元年被朝廷取締。⑤ 經過一番活動，仁宗嗣位後恢復了合法地位。但至治二年閏五月，朝廷又下令"禁白蓮佛事"。⑥ 白蓮教由此完全成爲民間的秘密團體，在發動反抗鬥爭中起了重要作用。

從爭取信徒來說，民間佛教團體的存在和擴大必然對正統佛教團體形成威脅。正統佛派各宗派對白雲宗、白蓮教一類民間宗教組織都是排擠的，朝廷禁止白雲宗和白蓮教活動，既防止社會的動蕩，也爲了保護正統佛教的利益。

---

① 虞集：《智覺禪師塔銘》，《道園學古錄》卷四八，《四部備要》本，第 5 頁下。
② 《元史》卷二五《仁宗紀二》，第 571 頁。
③ 虞集：《蘇公墓碑》，《道園學古錄》卷十五，第 2 頁上。
④ 《元史》卷二七《英宗紀一》，第 598 頁。
⑤ 方齡貴校注：《通制條格校注》卷二九《僧道・俗人做道場》，中華書局，2001 年，第 730 頁。
⑥ 《元史》卷二八《英宗紀二》，第 622 頁。楊訥：《元代的白蓮教》，《元史論叢》第二輯，中華書局，1983 年。

三　支持佛教發展的措施

英宗和以前諸帝一樣，也有多項支持、鼓勵佛教發展的措施。

（一）建造佛寺。自忽必烈起，元朝諸帝都熱衷建造佛寺，爲自己和家族祈福。忽必烈建造的有大護國仁王寺、大聖壽萬安寺、大興教寺（石佛寺），成宗建大天壽萬寧寺，武宗建大崇恩福元寺，仁宗建大承華普慶寺、大永福寺。英宗在延祐七年三月嗣位，九月就下令"建壽安山寺，給鈔千萬貫"。① "大昭孝寺者，英宗之爲太子，嘗至其處，喜其山水明秀。左右或言，'此山本梵，刹山也，後爲道士有'。耳目屬意焉。至是以鈔二萬錠賜道士，使別營構。因觀基煉石鑿山，大啓佛宇，功德無量，欲資以慰薦祖宗在天之靈，旨意甚銳"。② 至治元年二月，監察御史觀音保等"諫造壽安山寺"，兩人被殺，兩人杖後流放奴兒干地。③ 監察官員因諫造佛寺竟處死刑、流刑，這在元朝還是首次，在中國古代歷史上也是罕見的。雖然其中有朝廷內派系鬥爭的因素，但也説明英宗對佛教不是一般的信仰，已到狂熱的程度。

英宗很關心壽安山佛寺的建造，曾多次派遣軍人參與，僅其中兩次即有萬人之多。他親自前去工地視察，並下令"冶銅五十萬斤作壽安山佛像"。④ 壽安山佛寺的建造，耗費了大量人力財力。英宗死後，泰定帝嗣位，在一次因災異召開的百官集議中，參與者"極論當世得失"，有人指出："比者建西山寺，損軍害民，費以億萬計。

---

① 《元史》卷二七《英宗紀一》，第605頁。
② 許有壬：《釋源宗主洪公碑銘》，《至正集》卷四七，第70頁上。
③ 《元史》卷二七《英宗紀一》，第610頁。
④ 《元史》卷二七《英宗紀一》，第615頁。

刺綉經幡，馳驛江浙，逼迫郡縣，雜役男女，動經年歲，窮奢致怨。"①"西山寺"就是壽安山寺。可知造壽安山寺給國家財政和百姓生活都造成很大的困難。

（二）校正佛典。忽必烈曾集中各族名僧，對勘藏、漢佛經，編成《至元法寶勘同總錄》一書，影響很大。英宗對佛教經典也有很大興趣。延祐七年十月"庚申，敕譯佛書"。② 但所譯何書不詳。至治元年三月"壬午，遣呪師朵兒只往牙濟、班卜二國取佛經"。③所取佛經亦不可考。

至治元年（1321），英宗集中一批僧人，校正經律論三藏。前面提到的杭州湛堂姓澄法師，"至治辛酉，驛召至京師，入對明仁殿，被旨於青塔寺校正經、律、論三藏。……校正事畢，特賜金襴袈裟，加以御用衣段"。④ 大都慶壽寺主持北溪智延，"英宗皇帝以禪師先朝舊德，每入見必賜坐，訪以道要。命於永福寺與諸尊宿校勘三藏，將鏤銅爲板以傳"。⑤ 大永福寺即上述青塔寺。⑥ 魯雲行興與北溪智延"爲法門兄弟"，一度歸家鄉鄆城。"英宗踐阼，首命召還京師，俾於聖壽萬安寺與一時高德名流校讎三藏。禪師博洽而精詳，魯魚亥豕，多所是正，聲譽籍甚，上聞而爲之嘉嘆不已，被旨主竹林。"⑦但從現有記載來看，此次校勘佛經，參與者似限於南、北漢族僧人，未見其他民族僧人參加，規模不能與世祖時相比。

（三）金書佛經。世祖、仁宗都有書寫金字佛經之舉。至治元年三月"乙酉，寶集寺金書西番《波若經》成，置大內香殿"。⑧ 這應

---

① 《元史》卷一七五《張珪傳》，第 4077 頁。
② 《元史》卷二七《英宗紀一》，第 606 頁。
③ 《元史》卷二七《英宗紀一》，第 611 頁。
④ 黄溍：《上天竺湛堂法師塔銘》，《金華先生文集》卷四一，第 7 頁下。
⑤ 黄溍：《北溪延公塔銘》，《金華先生文集》卷四一，第 2 頁下。
⑥ 《佛祖歷代通載》卷二二，第 732 頁。
⑦ 黄溍：《魯雲興公舍利塔銘》，《金華先生文集》卷四一，第 4 頁下。
⑧ 《元史》卷二七《英宗紀一》，第 611 頁。

是仁宗時舉辦的工程,此時完成。至治三年二月,"丁亥,敕金書《藏經》二部,命拜住等總之"。① 這次金書《藏經》與壽安山寺有直接的關係:"皇帝即位之三年,詔改五花觀爲壽安山寺,選東南善書者書經以鎮之。"受詔者三百餘人。② 可見規模是很大的。拜住時任中書右丞相,是最高的行政長官。以拜住主持金書《藏經》,説明英宗對此事的重視。"選東南善書者",就是從江浙一帶挑選大批書法家。如湖州僧人楚石梵琦:"會元英宗詔粉黄金爲泥,書《大藏經》。有司以師善書,選上燕都。"③楚石抵大都後,有詩云:"白玉爲堂深着我,黄金作字細書經。"④嘉興祥符寺僧梅屋念常,"至治癸亥夏五,乘驛赴京,繕寫黄金佛經"。梅屋念常在大都見聞既多,"由以動司馬撰書之志",便以司馬光編《資治通鑑》爲榜樣,編纂了佛教史籍《佛祖歷代通載》。⑤ 參與其事的除了僧人外,還有儒生,如著名書法家、畫家崑山人朱德潤:"國家用浮屠法,集善書者以金泥寫梵書,有旨命君綜其事,蓋旌其能書也。及成,而英廟陟配矣。"⑥大都慶壽寺住持北溪智延,參與校勘三藏,"後因屑金書《藏經》,慮前賢撰集之書,或有僞濫,復命之删定焉。"⑦

著名學者吴澄對金書佛經之事表示不同意見。"(至治)三年,英宗即位,東平王拜住爲丞相,勵精爲治,黜陟臧否,朝廷赫然。超拜先生(理學家吴澄——引者)爲翰林學士、知制誥同修國史,階太

---

① 《元史》卷二八《英宗紀二》,第 629 頁。
② 楚石梵琦:《初入經筵呈諸友三首并序》,《楚石北游詩》,浙江古籍出版社,2010年,第 10 頁。
③ 宋濂:《佛日普照慧辨禪師塔銘》,《宋文憲公全集》卷六,《四部備要》本,第 15 頁下。
④ 《初入經筵呈諸友三首并序》,《楚石北游詩》,第 12 頁。
⑤ 釋覺岸:《華亭梅屋常禪師本傳通載序》,《全元文》第 36 册,第 385 頁,鳳凰出版社,2004 年。
⑥ 周伯琦:《朱府君墓誌銘》,《存復齋文集》附録,《四部叢刊續編》本,第 2 頁下。"陟配"指帝王之死。
⑦ 黄溍:《北溪延公塔銘》,《金華先生文集》卷四一,第 2 頁下。

中大夫。遣直省舍人劉字蘭奚奉詔召先生於家。……先生拜命即行，五月至京師。六月入院。時詔學士散散集善書者粉黄金寫浮圖《藏經》，有旨自上都來，使左丞速速詔先生爲之序。先生曰：'主上寫經之意，爲國爲民，甚重事也。但追薦冥福，臣所未知。蓋釋氏因果利益之説，人所喜聞。至言輪回之事，彼之高者且不談其意，止爲爲善之人死則上通高明，其極品則與日月齊光；爲惡之人死則下淪污穢，其極下則與沙蟲同類。其徒遂爲超生薦拔之説，以蠱惑世人。今列聖之神，上同日月，何待子孫薦拔？且國初以來，凡寫經追薦之事，不知其幾。若超拔未效，是無佛法矣；若超拔已效，是誣其祖矣。撰爲文辭，不可以示後世。'左丞曰：'上命也。'先生請俟駕還，復奏之。會上崩，不及奏而止。"① 在朝廷上下崇奉佛教的氣氛下，吴澄敢於公開表示不同意見，這是難能可貴的。英宗篤信佛教，而又"果於刑戮"，曾因建西山寺殺、流監察御史數人，已見前述。如果英宗不死，吴澄會遭什麼處罰，是很難説的。

（4）作佛事。英宗在位時間不長，但不時舉行各種佛教儀式。僅即位之初的延祐七年（1320），見於記載的，便有十次左右。佛事地點以宮中殿閣居多，此外還有京城四門、萬壽山以及寧夏等處。時間最長的一次是十月壬子，"作佛事於文德殿四十日"。② 有的佛事爲禱雨、免疫，更多是祈死者上天堂，爲生者祈福。個别明確是"修秘密佛事"，即藏傳佛教儀式，更多的没有説明何種儀式，但亦應以藏傳佛教爲主。③

英宗時還舉行水陸法會。水陸法會又稱水陸道場，旨在超度水陸一切亡靈，是漢地佛教最隆重的一種儀式，每次七天。水陸法會傳説啓建於南朝梁武帝，宋朝逐漸興盛，普及南北。元時水陸法

---

① 虞集：《吴公行狀》，《道園學古録》卷四四，《四部備要》本，第6頁上一下。
② 《元史》卷二七《英宗紀一》，第606頁。
③ 《元史》卷二七《英宗紀一》，第597—608頁。

會仍然流行。傳說梁武帝曾在鎮江金山龍游寺設水陸會，是水陸大會的開始。成宗大德六年（1302）三月壬寅，"命僧設水陸大會七晝夜"。① 這是見於記載的元朝皇室首次舉行水陸法會，地點不詳。武宗至大己酉（二年，1309），命臨濟宗僧人應深主持金山龍游寺，"且敕使修水陸大會，如梁之儀"。② 元仁宗延祐元年二月，"欽旨順母后以金山爲水陸建始地，特降侈儀，修大齋會七晝夜"。"明年八月丙戌，乃再欽旨如元年例，仍建水陸大會用追答内弼之勤"。③ 則延祐元年、二年均在金山舉行水陸大會。"内弼之勤"應指皇太后答己輔佐之功。④

據《元史・英宗紀》載，至治三年四月"壬戌朔，敕天下諸司命僧誦經十萬部。……[甲戌]，放籠禽十萬，命有司償其直。……[己卯]，敕京師萬安、慶壽、聖安、普慶四寺，揚子江金山寺，五臺萬聖佑國寺，作水陸佛事七晝夜"。⑤ 壬戌是四月一日，甲戌是四月十三日，己卯是十八日。命僧誦經、放籠禽（放生）也是佛教儀式（佛事），和水陸佛事三者間隔時間很短。這樣連續舉行多種佛教儀式、特別是在六座全國聞名的大寺舉辦水陸佛事，是很隆重也是前所未有的。似可認爲，當時發生某種大事，以致英宗要以舉行大型佛事加以祈禱。陳垣先生認爲，佛教史籍記載，至治三年四月，英宗"賜瀛國公合尊死於河西"。⑥ 英宗在四月間連續舉行上述佛事，"皆似與此事有關。""然則瀛國公之不得其死，殆可信也。"⑦王堯先生指出，合尊是藏語音譯，義爲王室子弟出家的僧人。這是對

---

① 《元史》卷二〇《成宗紀三》，第441頁。
② 虞集：《萬佛閣記》，見《至順鎮江志》卷九《僧寺・丹徒縣龍游寺》，第372頁。參見虞集：《金山萬壽閣記》，《虞集全集》（王頲點校，天津古籍出版社，2007年），第797頁。
③ 僧應深撰碑，見《至順鎮江志》卷九《僧寺・丹徒縣龍游寺》，第371頁。
④ 上一句"順母后"亦指此，但似有脱文或錯字。
⑤ 《元史》卷二八《英宗紀二》，第630頁。
⑥ 《佛祖歷代通載》卷二二，第734頁
⑦ 《中國佛教史籍概論》卷六《佛祖通載》，中華書局，1962年，第149—150頁。

瀛國公的尊稱。英宗殺瀛國公在多種藏族文獻中都曾提及。① 但英宗殺南宋小皇帝，不見於漢人史籍，應是元朝官方存心隱瞞；如爲此連續大搞佛事，豈非有意張揚？這個問題似需進一步研究。

上述參加校正經、律、論三藏的江南僧人湛堂姓澄法師，"校正事畢，特賜金襴袈裟，加以御用衣段。已給驛券，將南還，俄有旨即白塔寺建水陸大會，丞相東平忠獻王留升座説法，衆咸悦服。事聞，寵賁尤渥，仍降璽書加護，進號佛海大師"。② 白塔寺的正式名稱是大聖壽萬安寺，簡稱萬安寺。湛堂參加的就是至治三年在大都白塔寺舉行的水陸大會。揚子江金山寺即上述金山龍游寺。此寺"至治三年復建水陸大會"。據住持僧應深記載，英宗"乃詔有司，如延祐元年例，嚴備浄儀，入金山古壇，建水陸大會七日，始事以七月戊戌，畢於乙巳"。③ 可知至治三年大規模水陸法會確是舉行了的。

英宗一朝舉行的佛事，有藏傳佛教系統的，也有中原傳統的。兩者並行不悖。至治三年夏，"上時巡，甫至上京，夜寐不寧，趣大作佛事。……既而負罪懼誅者，復陰訹群僧，言國當有厄，非作佛事而大赦，無以禳之。王（拜住——引者）叱曰：'爾輩不過圖得金帛而已，又欲庇有罪耶？'姦黨聞之皆失色。"接着就在回京途中發生内亂，英宗、拜住被殺。④ "夜寐不寧"，很可能對即將發生的内亂有所警覺，但却求助於"大作佛事"，可知"佛事"是英宗的精神支柱，而"佛事"又與朝廷的政治鬥争密不可分。

藏傳佛教注重文殊信仰，山西五臺山是文殊菩薩的道場，八思巴曾赴五臺山朝拜，寫下讚文。元成宗秉承忽必烈遺志，以皇太后名義在五臺山建寺，爲此動員了"漢地"十路的人力物力。此寺建

---

① 王堯：《南宋少帝趙㬎遺事考辨》，《藏漢文化考述》，中國藏學出版社，2011年，第61—77頁。
② 黄溍：《上天竺湛堂法師塔銘》，《金華先生文集》卷四一，《四部叢刊》本，第7頁下。
③ 《至順鎮江志》卷九《僧寺·丹徒縣》，第371—372頁。
④ 黄溍：《郢王神道碑》，《金華先生文集》卷二四，第5頁下。

成後,命名萬聖佑國寺,任命洛陽白馬寺住持文才兼任主持。武宗嗣位後,皇太后親往五臺山祈祝,皇太子愛育黎拔力八達隨行。英宗即位後,延祐七年九月甲申,"禁五臺山樵採"。① 至治二年五月"甲申,車駕幸五臺山"。② 六月丁卯朔,"車駕至五臺山,禁扈從宿衛毋踐民禾"。③ 這是元朝在位的皇帝正式造訪五臺山,必然舉行佛事。但英宗此次活動情況,缺乏記載。

（5）免役。元代百姓有土地的,都要承擔雜泛差役,包括力役（人力、車馬）和差役（里正、主首、庫子等）。但佛寺如何應當雜役在朝廷中一直存在爭論,主要是佛寺續置土地的待遇問題,政策不斷改變。仁宗時軍人和僧、道購買百姓的"當差田地"要"一例均當"。④ 而英宗即位後,在延祐七年六月"詔免僧人雜役"。⑤ 也就是僧人購買百姓的土地可以免當雜泛差役,從而爲佛寺兼併百姓土地提供了有利條件。這是英宗初年權相鐵木迭兒接受佛寺賄賂的結果:"世祖之制,凡有田者悉役之,民典賣田,隨收入户。鐵木迭兒爲相,納江南諸寺賄賂,奏令僧人買民田者,毋役之以里正、主首之屬,迄今流毒細民。"⑥鐵木迭兒很快失勢並死去,但這一規定在英宗死後,纔得到改正。⑦

小　　結

英宗在位期間,禮遇帝師,廣建八思巴廟,擴大藏傳佛教的影

---

① 《元史》卷二七《英宗紀一》,第605頁。
② 《元史》卷二八《英宗紀二》,第622頁。
③ 《元史》卷二八《英宗紀二》,第623頁。
④ 《元典章》卷三《聖政二·均賦役》,第76頁。
⑤ 《元史》卷二七《英宗紀一》,第603頁。
⑥ 《元史》卷一七五《張珪傳》,第4082頁。
⑦ 陳高華:《元代佛教寺院賦役的演變》,《北京聯合大學學報》2013年第3期。

響。在中原,寵信華嚴宗僧人,籠絡禪宗、雲門宗領袖,但與江南僧人聯繫很少。文宗還採取建造壽安山寺、校讎佛典、書寫金經、多次舉辦佛事和僧寺土地免當雜役等多項有利於佛教的措施。英宗一朝的佛教政策,是前朝的繼續,沒有大的改變。

(原刊於《隋唐遼宋金元史論叢》第 10 輯,上海古籍出版社,2020 年)

元代的諸路釋教總統所

有元一代,佛教興盛。朝廷設置了專門機構,管理佛教事務。在中央,設置了總制院(後改宣政院)和功德使司。總制院(宣政院)以下,設有諸路釋教都總統所,管理"漢地"佛教事務。但是,《元史·百官志》中有關宣政院的記載,完全沒有提到釋教總統所,因而過去常被論者忽略。近年頗有研究著作涉及這個佛教管理機構,但有關論述似還有進一步探討的餘地。本文擬就此提出一些看法,希望有助於這個問題的討論。

一、蒙古前四汗時期的佛教管理

衆所周知,忽必烈即位後,成立了總制院,後改宣政院,作爲管理全國佛教事務的機構。總統所也是忽必時代建立的。那末,在忽必烈成立總制院和總統所以前,蒙古前四汗時期(成吉思汗、窩闊台汗、貴由汗、蒙哥汗)曾否設置過佛教管理機構呢?謝重光、白文固兩位先生的《中國僧官制度史》(下稱《制度史》),是第一部系統論述我國古代僧官制度的專著,第八章"元代的僧官制度"中第一節"元代的中央僧署和僧職",首先便是"釋教總統所的演變",其中説:"窩闊台汗時期,曾以僧海雲'掌釋教事'。中統元年初,漢僧裕和尚謁見忽必烈,受任'總教門事'。他們稱'掌釋教事'或'總教門事'而不稱'僧總統',反映出當時還沒有'總統所'及'僧總統'一說。"①任宜敏先生的《中國佛教史・元代》(下稱《佛教史》)則說："自太祖成吉思可汗至憲宗蒙哥朝,蒙古帝國是否設置過全國性的管理佛教事務的機構,因文獻資料奇缺,無法考證。"但在介紹臨濟宗海雲時又說："貴由即可汗位後,頒詔命海雲禪師統天下僧衆,賜白金萬兩。太子還專門將他請到蒙古汗廷和林,延居太平興國禪寺,以非常之禮尊之。憲宗蒙哥即位後,再次降詔,命其'掌釋教事',負責管理全國佛教事務。"②新近出版賴永海先生主編的《中國佛教通史》第十一卷(下稱《通史》)說："釋教總統所是元代設置最早的中央僧務機構。早在蒙古汗國時期,成吉思汗的繼位者貴由就在即位之初,詔命海雲印簡禪師'統僧'。辛亥年,蒙哥憲宗皇帝即位,頒降恩詔命海雲印簡'掌釋教事'。與此同時,憲宗皇帝也詔尊密宗大師那摩'爲國師,授玉印,統天下釋教'。這實際上是最高的中央僧司,是後來釋教總統所的來源。"③三種著作所說不一,差距甚大。

《制度史》和《佛教史》《通史》都提到海雲(即海雲印簡),我們有必要對此人的事迹作一些梳理。海雲是佛教禪宗中臨濟宗的僧人,金元之際的一個奇特人物。關於海雲生平,有三種傳記資料。一種是王萬慶撰寫的《大蒙古燕京大慶壽寺西堂海雲禪師碑》(下稱《王碑》)。此碑文作於海雲去世以前。但原碑文字殘缺甚多。④一種是《佛祖歷代通載》(下稱《通載》)中的海雲傳,⑤內容與王碑大體相同,但較簡略,情節亦有一定出入,應另有所本。還有一種

---

① 《中國僧官制度史》,青海人民出版社,1990年,第211頁。此書簡明扼要,其中把釋教總統所放在醒目的地位,對以後的佛教史著作有明顯的影響。
② 《中國佛教史・元代》,人民出版社,2005年,第12、214—215頁。
③ 《中國佛教通史》,江蘇人民出版社,2010年,第11卷,第24頁。
④ 此碑尚存,文字殘缺甚多,有侯塄校本,見蘇天鈞《燕京雙塔慶壽寺與海雲和尚》,《北京史研究(一)》,北京燕山出版社,1986年。
⑤ 見念常《佛祖歷代通載》卷二一,《大正大藏經》本。

是程鉅夫的《海雲簡和尚塔碑》（下稱《程碑》），這是作者奉元仁宗之命撰寫的，文字不多。① 據《通載》記，蒙古軍南下攻金，海雲與其師中觀被俘，很快便得到受命經略中原的蒙古大將木華黎賞識。成吉思汗在中亞時曾下詔："道與摩花理國王：爾使人來説底老長老、小長老，實是告天的人，好與衣糧養活者，教做頭兒，多收拾那般人，在意告天，不揀阿誰休欺負，交達里罕行者。""小長老之名自此始。"②"摩花理國王"即成吉思汗麾下大將木華黎，當成吉思汗西征時受命經略"漢地"。"老長老"即中觀，"小長老"即海雲。"達里罕"是蒙語音譯，意爲自由自在，即不承擔賦役之意。《王碑》亦記成吉思汗詔，但文字較簡略，顯然作過加工。《通載》中説"教做頭兒，多收拾那般人，在意告天"，似有以中觀、海雲師徒任"漢地"佛教領袖之意。但《王碑》只説"可好存濟，無令欺辱"，没有"教做頭兒"的意思。而《程碑》則説："天兵破嵐州，以師及沼公歸，賜號寂照英悟大師，號之曰小長老。""沼公"即中觀，文中完全没有提到成吉思汗詔書。三者比較，很難以何者爲準，因而也就無法確定海雲的地位。在窩闊台汗時期，《通載》云："辛卯十一月，受合罕皇帝宣賜，師稱心自在行。"《王碑》云："歲在辛卯，合罕皇帝聞師之名，特遣使臣阿先脱忽憐賜以'稱心自在行'之詔。""辛卯"是窩闊台汗三年（1231）。"稱心自在行"和上面所説"達里罕"意義相同，即免當賦役。似可以肯定的是，海雲在成吉思汗及其繼承者窩闊台汗兩代，得到某些優遇，並没有正式的頭銜，但自此便與蒙古上層建立了相當密切的聯繫。

到了貴由汗時代，海雲與大蒙古國上層的關係更加密切。《通載》云："壬寅，護必烈大王請師赴帳下，問佛法大意。""乙巳，奉六皇后旨，於五臺爲國祈福。""丁未，貴由皇帝即位，頒詔命師統僧，

---

① 《雪樓集》卷六，清宣統影洪武本。
② 《佛祖歷代通載》卷二一。

賜白金萬兩。師於昊天寺建大會爲國祈福。太子合賴察請師入和林，延居太平興國禪寺，尊師之禮非常。""壬寅"是乃馬真后元年（1242）。"乙巳"是乃馬真后四年（1245），"六皇后"即窩闊台汗寵愛的乃馬真皇后，窩闊台汗死後，乃馬真后攝政四年。"丁未"是貴由汗二年（1247）。《王碑》中説："戊申，詔復賜白金萬兩，命師集天下禪教師僧啓圓戒大會於慶壽。""歲在壬寅，護必烈大王請師至行帳，問佛法之理。""戊申"是貴由汗三年（1248）。《通載》與《王碑》兩者所記貴由賜金時間略有差異。比較兩者記載，則貴由汗命海雲"統僧"，似係指召集僧人舉行法事而言。《程碑》説，海雲"歷事太祖、太宗、憲宗、世祖，爲天下禪門之首"，没有提到定宗，這不是偶然的遺漏，而是透露出海雲與貴由之間關係的某種信息。《通史》在另一處又説："定宗帝即位，下詔命海雲禪師爲僧統，執掌天下釋教事。"①"僧統"很容易使人理解爲僧官名稱，但"統僧"不是"僧統"，"執掌天下釋教事"顯然是從"僧統"推論出來的，都與資料原意有出入。

　　海雲真正獲得大蒙古國朝廷任命應在蒙哥汗時，對此三種傳記資料是一致的。《王碑》開頭便説："天啓大朝……至太宗合罕皇帝、蒙哥皇帝咸有命，海雲爲天下僧衆之首。"②後面又説："蒙哥皇帝即位，頒降詔恩，顯遇優渥，命師復領天下僧衆。"《通載》也説："辛亥，蒙哥皇帝即位，頒降恩詔，顧遇優渥，命師復領天下僧事，蠲免差役，悉依舊制。"《程碑》説："壬子夏，授以銀章，領天下宗教事，非所樂也，以其徒朗公輩攝之。"③"爲天下僧衆之首"、"領天下僧衆（事）"意思是相同的，"領天下宗教事"則是誇大，實際上是"漢地"的佛教事務。《元史·憲宗記》記蒙哥汗即位後，"以僧海雲掌

---

① 《中國佛教通史》第11卷，第56頁。
② 蘇天鈞文引侯塄《王碑》校本，開頭數行排列有問題，此處據原碑拓片。
③ 程鉅夫：《海雲簡和尚碑》，《雪樓集》卷六。

釋教事"。① 可以和以上三種記載相印證。各種有關文獻都説明蒙哥汗時代海雲被統治者指派，成爲僧人的領袖，亦即後來所説的僧官。

海雲受蒙哥命管理"漢地"佛教事務，還可以從其他一些記載得到證實。如與海雲同時有一個很活躍的僧人至温，"時憲宗命海雲主釋教，詔天下作資戒會。師（至温——引者）持旨宣布中外而輔成之"。② 又如五臺山都僧判英悟大師雄吉祥，"辛亥年，授太原路五臺山都僧統劄付。壬子年，授海雲和尚劄付"。③ 辛亥年是蒙哥汗元年（1251），壬子年是蒙哥汗二年（1252）。原來雄吉祥的五臺山都僧判一職是由太原路五臺山都僧統任命的，而在海雲受命"掌釋教事"後，便由海雲來任命了。海雲管理佛教事務，應有相應的機構，但有關機構的狀况，有無正式的名稱，無記載可考。

《通史》和《佛教史》提到蒙哥時代另一個佛教領袖人物是密宗大師那摩。那摩是迦葉彌兒（今克什米爾）僧侣。"太宗禮遇之，定宗師事那摩……憲宗尊那摩爲國師，授玉印，總天下釋教。"④《佛教史》説："海雲圓寂後，又以克什米爾僧人那摩爲國師，'授玉印，總天下釋教'。"⑤ 據此，則似那摩在海雲死後接替他的職務，管理佛教。那摩又稱南無，他東來的年代不可考，爲國師的準確時間亦無記載可考。那摩"累蒙蒙哥皇帝眷遇隆厚"，癸丑（蒙哥汗三年，1253）春正月，"飛詔南下……首駐錫於燕"，"越明年"來到真定，住持大龍興寺，己未年（蒙哥汗九年，1259）仍在。⑥ 一般認爲，那摩和海雲同時或先後受蒙哥汗任命，但不可能是在海雲死後繼任。《通

---

① 《元史》卷三《憲宗紀》，第45頁。
② 虞集：《佛國普安大禪師塔銘》，《道園學古録》卷四八，《四部備要》本。
③ 邢允修：《集賢庵創建觀音堂功德之碑》，《定襄金石考》卷三，民國二十一年（1932）印本。
④ 《元史》卷一二五《斡脱赤傳》，第3075頁。
⑤ 《中國佛教史·元代》，第84—85頁。
⑥ 趙從證：《重修大龍興寺功德記》，《常山貞石志》卷一五，清道光刻本。

史》説:"憲宗同時封海雲和那摩統領天下釋教似乎有所抵牾。野上俊静認爲,海雲所掌者乃是中原漢地佛教,而那摩則爲最高僧官,統領整個大蒙古國的佛教。"①《通史》作者顯然同意野上俊静的意見。陳得芝先生亦認爲"其説當是"。② 按,海雲授銀印,那摩授玉印,有明顯區别。忽必烈稱帝後,推崇藏傳佛教薩迦派首領八思巴,"尊爲國師,授以玉印"。③ 與蒙哥汗時代那摩的待遇相同。④ 可知那摩身份應同於忽必烈時代初期的八思巴,其地位必在海雲之上。

蒙哥時代還有一個地位重要的僧人雪庭福裕,就是《制度史》所説的"漢僧裕和尚",但此書没有提到他在蒙哥時代的活動。《佛教史》説前四汗時期是否設置全國性佛教管理機構"無法考證",但在介紹福裕時又説:"憲宗即位後,詔詣帳殿,奏對稱旨,受命'總領釋教',極受蒙元皇室之倚重。"⑤對於"總領釋教"没有作説明。《通史》在追述釋教總統所淵源時也没有提到福裕,但在介紹"蒙古汗王與漢傳佛教"時説:"少林福裕是與蒙哥接觸最多的漢地禪師。憲宗即位後不久即招福裕入殿問法,而福裕則對答稱旨,得到憲宗帝的贊賞,並任命他擔任'總領釋教'。"⑥兩書都承認福裕地位非同一般,那末,在叙述大蒙古國前四汗時期佛教管理時不應忽略。下面試對福裕在蒙哥汗時代的活動,作一些討論。

關於福裕的生平,最重要的文獻是程鉅夫奉元仁宗之命撰寫的《嵩山少林寺裕和尚碑》。但此碑文字有兩種版本。一種收在程氏文集《雪樓集》中。另一種是少林寺石刻的碑文。⑦ 兩者所記有

---

① 《中國佛教通史》第11卷,第24頁。
② 《元代内地藏僧事輯》,《蒙元史研究叢稿》,人民出版社,2005年,第235頁。
③ 《元史》卷二〇二《釋老傳》,第4518頁。
④ 據《至元辯僞録》(《磧砂藏》本)卷三載,戊午年忽必烈在開平主持佛道辯論時,那摩與拔合斯八均稱"國師",則拔合斯八在蒙哥時代已有國師頭銜。
⑤ 《中國佛教史·元代》,第294頁。
⑥ 《中國佛教通史》第11卷,第10頁。又,該書第100頁亦有類似説法。
⑦ 《少林開山光宗正法大禪師裕公之碑》,《中國少林寺·碑刻卷》,中華書局,2003年,第80—81頁。

不少差别。① 文集云："戊申，太宗詔住和林興國。辛亥，憲宗召至北庭行在所，居累月，其言上當帝心。洎世祖即阼，命總教門事，賜號光宗正法，俾建精舍於故里曰報恩，給田若物以飯衆。"②但嵩山少林寺碑刻的文字則云："戊申，定宗詔住和林興國。未期月，憲宗召至帳殿，奏對稱旨，俾總釋教，授都僧省之符。"按，兩者記載明顯有不少矛盾之處。戊申是貴由汗三年（1248），因此，文集所説"戊申，太宗詔住和林興國"顯然是錯誤的，應以石刻碑文爲是。文集説，辛亥（1251）蒙哥汗召福裕至帳殿，"其言上當帝心"，又説世祖即位後命福裕"總教門事"，碑刻則云蒙哥命福裕"總領釋教，授都僧省之符"，亦有差異。

如本節開頭所述，《制度史》完全没有講福裕在蒙哥時代的活動，《佛教史》、《通史》都説他受命"總領釋教"，却没有提到"都僧省"頭銜。根據上引碑刻文字，"總領釋教"和受"都僧省"之號是聯繫在一起的。我們有必要對"都僧省"這一頭銜作一些討論。當時確有人稱福裕爲"都僧省"。如釋惠山，"禮祖庭少林住持雪庭長老爲師。……其雪庭大和尚嘗被恩照住持天都大萬壽寺爲都僧省，師左右雪庭，不憚劬勞，數赴龍沙"。③ 釋惠道："徑往大都，於大萬壽寺禮都僧省雪庭大和尚爲師。"④以上資料可以説明"都僧省"稱號並非虚構。幸運的是，嵩山少林寺碑刻中保存了蒙哥汗授予福裕"都僧省"稱號的聖旨：

> 禿魯、黑台不花兩個傳奉蒙哥皇帝聖旨，道與少林長老：俺與你都僧省名字去也。則不是管漢兒和尚，不揀畏兀兒、西

---

① 周清澍先生説，文集對福裕"主要事迹或隻字不提，或模糊不清，叙事也忽前忽後，反復顛倒。少林寺塔林的石刻福裕碑文之内容雖略有增加，仍不足以顯示他一生的主要事迹"（《論少林福裕和佛道之爭》，《清華元史》第一輯，商務印書館，2011年）。
② 《雪樓集》卷八。
③ 白居敬：《山公庵主塔銘》，《中國少林寺·碑刻卷》，第79頁。
④ 白居敬：《道公庵主塔銘》，《中國少林寺·碑刻卷》，第72頁。

番、河西,但是來底和尚每都管底上頭,喚都僧省。不揀那裏來底呵,咱每根底來底、不合來底,都僧省少林長老識者。合來底,都僧省少林長老與文書者。和林里有底和尚每,俺每根底提名字,喚着呵,都來者。不喚呵,休教來者。依着釋迦牟尼佛法裏,和尚每根底管不得呵,都僧省小名要做甚麽。聖旨了也。癸丑年十二月初七日開。①

癸丑年即蒙哥汗三年(1253)。福裕曾被蒙哥召至"北庭行在所"亦即"帳殿",聖旨中説"來底和尚每都管底上頭,喚都僧省"。這就把"都僧省"的職責講清楚了。凡是來到蒙哥帳殿的漢人、畏兀兒、西番、河西和尚都歸"都僧省"管理。大蒙古國都城和林(今蒙古國額爾德尼召附近)建有興國寺,福裕任住持。聖旨中特别提到和林的和尚,"俺每根底提名字,喚着呵都來者,不喚呵,休教來者",即指興國寺僧人而言。聖旨中規定,和尚能不能前來帳殿,都要經"都僧省"同意,發給文書,未受召唤者不許來。由此便可理解聖旨前面一段文字的意思,"都僧省"者,大汗帳殿中各類僧人之總管也。周清澍先生認爲:"我懷疑'都僧省'同'總領釋教'或'總教門事'是兩種職務,後者類似憲宗元年授予海雲的'掌釋教事',不應同時另授福裕。"②確是如此。"都僧省"應是臨時性的頭銜,福裕離開大汗營帳後便不存在了。也就是説,不能因爲福裕一度享有"都僧省"的頭銜,便説賦予他"總釋教"的職權,甚至與海雲有同等的地位。後來佛道辯論時,福裕上奏自稱"野人",就没有冠上"都僧省"的頭銜。③

但是,福裕能稱爲"都僧省",説明他受到蒙古統治者的重視。海雲晚年多病,因而在受命後並無多少作爲。丙辰年(蒙哥汗六年,1256)"患風恙,半身不舉"。丁巳年(蒙哥汗七年,1257)去世。

---

① 《中國少林寺·碑刻卷》,第86—87頁。
② 《論少林福裕和佛道之爭》,《清華元史》第一輯,第42頁。
③ 釋祥邁:《至元辯僞録》卷三、卷四,《磧砂藏》本。

上面所説海雲任職後,"非所樂也,以其徒朗公輩攝之",實際應是患病所致。蒙哥汗時代,"漢地"佛道之爭十分激烈,乙卯年(蒙哥汗五年,1255)福裕通過畏兀兒人安藏舉報全真道"破滅佛法,敗傷風化",蒙哥汗爲此召集僧道代表人物舉行辯論,佛教方面領頭的是"那摩大師、少林長老(即福裕——引者)",道教爲首的是全真道李志常。辯論結果佛勝道敗。丙辰年(蒙哥汗六年,1256)五月,"那摩大師再共少林長老"等"並上合刺鶻林(即和林——引者),預待李志常等共對朝廷,與先生每大行辯論"。道士一方不敢前去。戊午年(蒙哥汗八年,1258)蒙哥命其弟藩王忽必烈在開平(今内蒙古正藍旗境内,忽必烈王府所在地,忽必烈稱帝後改名上都)"普召釋道兩宗"辯論,佛教方面參與者是"少林長老爲頭衆和尚每",還有"那摩國師、拔合斯八國師"等。這次辯論又以道教失敗告終。可以看出,那摩、福裕在佛道之爭中充當"漢地"僧侣領袖的角色,而海雲及其弟子則没有參與其事。

綜上所述,可以認爲,在前三汗時期,大蒙古國雖然有一定的意向,但没有在"漢地"明確委任管理佛教事務的官員。到蒙哥汗時期,纔正式任命那摩和海雲管理佛教事務,海雲管理"漢地"佛教事務,那摩地位在海雲之上。但海雲由於多病,實際作用有限。另一位"漢地"僧人福裕與蒙古宮廷關係密切,雖然没有正式名義("都僧省"是臨時的頭銜),却在事實上充當了"漢地"僧人領袖的角色。從現有記載來看,這一時期並没有"總統所"和"總統"的名稱。

二、中央總統所設置的時間和地位

《制度史》説:"釋教總統所是忽必烈最早設置的中央級的僧務

機構,創置的時間約在中統元年(1260)。窩闊台汗時期,曾以僧海雲'掌釋教事'。中統元年初,漢僧裕和尚謁見忽必烈,受任'總教事'。① 他們稱'掌釋教'或'總教門事'而不稱'僧總統',反映出當時還沒有'總統所'及'僧總統'一說。稍後,西藏僧八思巴至上都,被尊爲國師,'授以玉印,任中原僧總統',②管天下釋教。這是'僧總統'一職的首次見到。茲後全國性僧官便統一名之'總統',僧總統的官署稱總統所,反映在至元初的碑文石刻中多有'諭總統所'或'總統所言'等話語,如至元二年(1265)忽必烈曾'諭總統所',要其視僧人通經多少,擇優遴選僧官。③ 可見上述論點信而有徵。"④《中國佛教史·元代》同意《制度史》的看法:釋教總統所"其創置時間約在中統元年(1260 年)"。⑤《中國佛教通史》則說:"謝重光、白文固兩位先生認爲,中統元年就出現'僧總統'一職,擔任此職的就是'法主'。史書上明確出現'僧總統'一職的則是在至元二年(1265)。"⑥

可以看出,《制度史》斷言總統所創置於中統元年,主要依據是《佛祖歷代通載》的記載。但查《通載》所載王磐等撰《八思巴行狀》,原文是:"世祖皇帝登極,建元中統,尊爲國師,授以玉印,任中原法主,統天下教門。"並無"總統"字樣。⑦《元史·釋老傳》說:"中統元年,世祖即位,尊爲國師,授以玉印。命製蒙古新字,字成上之。……遂升號八思巴曰大寶法王,更賜玉印。"⑧也沒有提到他曾任總統。以此爲據是有問題的。

---

① 原注:《補續高僧傳》卷二二《雪庭裕和尚傳》。
② 原注:《佛祖歷代通載》卷二一。
③ 原注:見《佛祖統紀》卷四八。
④ 《中國僧官制度史》,第 211 頁。
⑤ 《中國佛教史·元代》,第 12—13 頁。
⑥ 《中國佛教通史》第 11 卷,第 25 頁。
⑦ 《中國佛教通史》已指出此誤,見該書第 11 卷,第 25 頁。
⑧ 《元史》卷二〇二《釋老傳》,第 4518 頁。

现存文献中,没有总统所创置于中统元年的明确记载。现存两条涉及中统年间总统所的资料,一条是,五台山僧判雄吉祥,"中统二年,受宣授都总统剳付"。① 另一条是,滑州净行寺北弥勒院主持海实,"中统三年,受总统具牒度为尼,称尚座,仍号清慧大师"。② 前者是任命僧官,后者是发放僧尼度牒,都是总统所的重要职责。据此,可断言总统所的设置应不晚于中统二年(1261)。

少林寺有一件"鸡儿年六月初一日"圣旨,值得注意:

> 长生天的气力里,皇帝圣旨:宣抚司每根底,城子里村子里达鲁花赤每根底、官人每根底、经过的使臣每根底、军官每根底、军人每根底、和尚每根底、民户每根底,宣谕的圣旨。……这少林长老、宝积坛主、姬庵主、圣安长老、金灯长老等五个人,拔合思巴八合赤已下但属汉儿田地里住坐底众和尚每根底管领,依着释迦牟尼佛的道子里告天,俺每根底祝寿与者,么道。这少林长老根底把着行踏的圣旨与来。……又和尚每不拣是何公事呵,拔合思巴八合赤的言语里,经的体例里,少林、坛主等五个头儿依理归断与者。你每众和尚每,这五个头儿的言语、经的体例休别了,依理行踏者。……又,这少林、坛主等五个头儿特委付来,么道,无体例的公事休行者。行呵,俺根底奏说者,怎生般道底,俺每识也者。③

"鸡儿年"是中统二年(1261)。碑文内容是任命五位"汉地"僧人管理"汉儿田地里住坐底众和尚每",其地位在八思巴八合赤之下。④ 这和总统所的职能(管理"汉地"僧人)、地位(在总制院以下,总制

---

① 邢允修:《集贤庵创建观音堂功德之碑》,《定襄金石考》卷三。
② 高书训:《重修滑州净行寺北弥勒院碑》,《(民国)滑县志》卷七,转引自《全元文》(凤凰出版社,2004年)第36册,第172页。
③ 《中国少林寺·碑刻卷》,第86—87页。
④ 八合赤,蒙语音译,师傅、长老之意。

院或宣政院長官由國師擔任）是完全一致的。五人之中，"少林長老即雪庭福裕，寶積壇主或即燕京寶集寺三學都壇主行秀，姬庵主與金燈長老未詳何人，但後者因與雪庭福裕共同參加佛道大辯論而聞名，聖安長老則爲大聖安寺住持。上述五人很可能就是漢地佛教各派勢力的代表，而大聖安寺所代表的正是雲門宗"。① 值得注意的是開頭提到"宣撫司每根底"，中統元年四月，忽必烈即帝位。五月，立十路宣撫司，作爲地方一級行政機構。二年十一月，罷十路宣撫司。② 可知上述聖旨必在中統二年十一月以前頒發。這件聖旨中雖然没有"總統""總統所"字樣，但其内容與二者必有密切關係。以此和上面兩條記載相印證，可以斷定總統司建立於中統二年或元年。

《元史·世祖記》載，至元二年二月甲子，"詔諭總統所：'僧人通五大部經者爲中選，以有德業者爲州郡僧録、判、正副都綱等官，仍於各路設三學講、三禪會。'"③另據元代政書《通制條格》載："至元二年二月，欽奉聖旨條畫内一款：僧人每三年一次試五大部經，仰總統所選擇深通經義有名師德，於各路置院，選試僧人，就設監壇，大德登壇，受具足戒，給付祠部，然後許令爲僧。仍將選中僧人，造簿申總統所類攢，呈省聞奏。"④上述《元史·世祖紀》記載中"僧人通五大部經者爲中選"，正是這一條文的縮寫。《通制條格》又載："至元二年二月，欽奉聖旨條畫内一款：'遇有僧尼還俗者，仰元禮師長追取公據、袈裟，牒送本處官司，與民一體應當差役，無致兩耽。'"⑤《通制條格》的兩條記載時間相同，内容都與佛教有關，

---

① 劉曉：《金元北方雲門宗初探》，《歷史研究》2010 年第 6 期。
② 《元史》卷四《世祖紀一》，第 76 頁。
③ 《元史》卷六《世祖紀三》，第 106 頁。
④ 《通制條格》卷二九《僧道·選試僧人》，見方齡貴《通制條格校注》，中華書局，2001 年，第 703 頁。
⑤ 《通制條格》卷二九《僧道·還俗》，見《通制條格校注》，第 707 頁。

可知出於同一件聖旨條畫。① 《元史》上述記載中"以有德業者爲州郡僧錄、判、正副都綱等官"和"於各路設三學講、三禪會"亦應是至元二年聖旨條畫中的條文。比較以上《元史》和《通制條格》的記載，可以認爲，至元二年二月這件聖旨條畫，是專門爲總統所頒發的，其中明確規定了總統所的各項職責，包括：僧人選試，地方僧官任用，各路設三學講、三禪會，僧尼還俗處理辦法等。忽必烈即位後，積極推行"漢法"，仿效中原制度，設置各種管理機構，同時就其職責頒布有關的聖旨條畫。如至元七年(1270)二月成立司農司，同年十二月改爲大司農司，隨即頒布《勸農立社事理條畫》，規定了大司農司的職責。② 至元二年二月頒布釋教總統司的聖旨條畫，亦可視爲"漢法"的組成部分。《條畫》的頒布，一則說明總統所在此以前已經設立，二則說明總統所的運作全面展開。

這裏順便對《元史》中提到的三學講和三禪會作一些說明。

"三學"即學佛者修持的戒、定、慧，戒學屬律，定學屬經，慧學屬論，概括了佛學的主要內容。③ "三學會"應是講授佛學知識的組織。釋定志，"又奉敕命於隨路起立三學官講。中統四年十二月內隨衆師德見帝，帝問師講何經旨，師演說華嚴七字，帝甚喜"。④ "三學官講"與"三學會"無疑即一事。定志在"三學官講"中講演的是華嚴宗的知識。大都寶集寺主持行秀、圜明、知揀，都以領諸路釋教都總統，兼有"三學都壇主"頭銜。⑤ 顯然他們都曾主持"三

---

① 日本植松正教授的《元代條畫考(二)》中以"僧人條畫"爲題，收入以上兩條，見《香川大學教育學部研究報告》第一部第四十六號(1979年3月)。
② 陳高華等點校：《元典章》卷二三《户部九·農桑·立社·勸農立社事理》。
③ "三學會"並非元代首倡，西夏即有"番漢三學會"，見史金波《西夏佛教史略》，寧夏人民出版社，1988年，第154頁。
④ 釋念圓：《定志塔銘》，《北京圖書館藏中國歷代石刻拓本滙編》第48冊，中州古籍出版社，1990年。
⑤ 《析津志輯佚》，北京古籍出版社，1983年，第71頁。

學"講座。忽必烈平南宋後,在江南各地立御講三十(一説三十六)所,應由北方的"三學會"發展而來。

三禪會。少林寺碑刻中有皇慶二年"請疏三道",分別是大都三禪會、河南府路總管府、登封縣"勸請古巖就公長老住持"少林寺。其中大都三禪會請疏具名的是"大萬壽寺住持靈峰、大聖安寺住持雲溪、大慶壽寺嗣祖西雲"和集賢大學士榮禄大夫陳顥。① 大萬壽寺是曹洞宗的寺院,福裕曾任主持。大聖安寺是雲門宗的寺院。大慶壽寺則是臨濟宗的寺院,海雲曾任主持。可知三禪會即禪宗三派(曹洞、雲門、臨濟)首領的會議。②

《元史·百官志》稱:"宣政院,秩從一品。掌釋教僧徒及吐蕃之境而隸治之。……至元初,立總制院而領以國師。二十五年,因唐制吐蕃來朝見於宣政院之故,更名宣政院。"③但這條關於總制院(宣政院)及其下屬機構的記載完全沒有提到總統所。究其原因應是,《元史》各志主要以官修政書《經世大典》爲據,《經世大典》成書於元文宗至順二年(1331),而總統所在至大四年(1311)已經撤消(見下),故被忽略了。儘管如此,從一些具體事例,還是可以清楚説明總統所和元朝管理佛教的最高機構總制院(宣政院)之間的關係。(1)至元十五年(1278),總統所總統正宗弘教大師和慶壽長老二人疏請崧巖玉公長老住持大法王寺,疏文是:"皇帝聖旨裏,國師下宣授諸路釋教都總統勸請崧巖玉公長老住持河南府崧山大法王禪寺,爲國焚修祝延聖壽無疆者。"疏文後有"宣授諸路釋教總統所印"。④ (2)至元二十一年(1284),總制院官桑哥等"奏:'大都遵化縣般若院是先生每根底回將來的院子,如今與崇國寺,交差和

---

① 《中國少林寺·碑刻卷》,第88頁,《金石萃編補正》卷三已收。
② 劉曉:《金元北方雲門宗初探》。
③ 《元史》卷八七《百官志三》,第2193頁。
④ 《元法王寺請玉公長老疏》,《金石萃編補正》卷三。

尚每住呵，怎生？'奉聖旨：'那般者。'"①至元十七年（1280）佛道辯論，道教失敗，忽必烈判決道教將霸占的二百餘所佛教寺院退出，遵化般若院便是其中之一。桑哥建議將原被道教強占的遵化般若院交崇國寺管理，忽必烈批准。總制院下文將此事通知崇國寺。這是一件總制院的文書。與此同時，大都路僧錄司"承奉總統所札付該：'二月十五日大殿内，總制院官桑哥相公對崇國講主省會本所官正宗弘教大師，屬薊州的般若院係二百三十七處數内回付到院子，見無主人。您總統每將那院子便分付與大都崇國寺家，教做下院者。'奉此，總所合下，仰照驗依奉桑哥相公鈞旨處分事理，將般若院交付崇國寺，永遠爲主施行。奉此，使司除已行下薊州僧正司依上交付外，所有崇國寺收把執照，合行出給者"。② 由以上文書可知，總制院官桑哥命令總統所官"將那院子便分付與大都崇國寺家，教做下院者"，總統所下達桑哥的指示，於是大都路僧錄司便正式通知崇國寺，發給執照。（3）僧人萬安廣恩住持順德府大開元寺，得到忽必烈重視，承認他自立宗派，即大開元一宗。"今天子（指元成宗——引者）嗣服，敕[宣政院使]答失蠻仍舊提調大開元一宗，直隸宣政院，釋教都總統所毋得管領。"③大開元一宗原在釋教總統所管轄之下。成宗時爲了提升其地位，改爲直隸宣政院。（4）大德十年（1306）長清靈巖寺下院文榜，開頭是"皇帝聖旨裏，帝師下諸路釋教都總統所據泰安州靈巖寺監寺僧思川告"。④（5）至大二年總統所授予陳慶恩圓融廣慧大師稱號的文告，開頭

---

① 《一二八四年大都崇國寺聖旨碑（一）》，蔡美彪：《元代白話碑集錄》，科學出版社，1953年，第32頁。
② 《一二八四年大都崇國寺聖旨碑（二）》，《元代白話碑集錄》，第33頁。
③ 王思廉：《萬安恩公碑》，《（民國）達縣志》卷一九，轉引自《全元文》（江蘇古籍出版社，1998年）第10册，第10頁。大開元一宗屬佛教净土宗，有關情況見《元代文化史》，廣東教育出版社，2009年，第69—71頁。
④ 《一三〇六年長清靈巖寺下院榜示碑》，《元代白話碑集錄》，第53頁。

是"皇帝聖旨裏,帝師下諸路釋教總統所"。①(1)、(4)、(5)都説明諸路釋教總統所在"國師""帝師"之下。"至元初,立總制院,而領以國師。"②八思巴原稱國師,死後尊爲大元帝師,後繼者均稱帝師。諸路釋教都總統所在"國師"、"帝師"之下,也就是在總制院之下。(2)、(3)則明確表示總統所是總制院的下屬機構。還可以提及的是,畏兀兒人乞台薩理"入爲釋教都總統,拜正議大夫、同知總制院事"。③按,總制院(宣政院)置院使二員,同知二員。④同知是副職。乞台薩理以同知院事兼釋教都總統,也可説明總統所是總制院的下屬機構。

應該説明的是,從上述至元十五年疏文後的印章可以看出,這個機構全名是諸路釋教都總統所,但人們常常簡稱爲釋教總統所或總統所。上引乞台薩理"至元十二年入爲釋教都總統,拜正議大夫、同知總制院事"。⑤ 正議大夫正三品。但此處正議大夫指釋教都總統,還是同知總制院事,似不清楚,而且此傳文有疑點(見下)。程鉅夫《陳氏先德之碑》云:"武宗命[陳顥]以資德大夫爲釋教都總統。"⑥資德大夫正二品,這應該是釋教都總統的品階。

三、中央總統所何時廢止

最近賴天兵先生的論文《關於元代設於江淮江浙的釋教都總統所》認爲:"元代的僧官制度有改造金朝舊制的一面,設有僧録

---

① 《圓融廣慧恩公塔銘》後附,《北京圖書館藏中國歷代石刻拓本滙編》第49册。
② 《元史》卷八七《百官志三》,第2193頁。
③ 《元史》卷一三〇《阿魯渾薩理傳》,第3174頁。
④ 《元史》卷八七《百官志三》,第2193頁。
⑤ 《元史》卷一三〇《阿魯渾薩理傳》,第3174頁。
⑥ 《雪樓集》卷七。

司、僧正司與都綱司，同時又增設了新的機構，如總制院（1264年設立，1288年改爲宣政院）、行宣政院、白雲宗總攝所。"接着引用了《中國僧官制度史》關於中央總統所的一段話，並說："如果正規的、中央一級的釋教總統所存在的話，那麼在總制院設立之後不久，它就應該被撤銷，較長時間存在的是地方上的釋教（都）總統所。"①從此文的假設語氣（"如果……的話"）來看，賴先生對"正規的、中央一級的釋教總統所"是否存在顯然是有所保留的。據《元史·百官志》記載："至元初，立總制院，而領以國師。"②總制院設立應是至元元年或稍後。如按賴文所言，總統所如曾存在，其撤銷應在至元初。

但事實是，世祖一代，在設立總制院以後，甚至在至元二十五年（1288）改名宣政院後，總統所一直存在。此後成宗、武宗二朝，亦有不少中央總統所活動的有關記載。現舉例如下。

在忽必烈時代，至元二年發布總統司條畫，已如上述。至元三年（1266）四月，"詔以僧機爲總統，居慶壽寺"。③ 僧機待考。慶壽寺是海雲居留之處，很可能，總統所就設在慶壽寺。壬申（至元九年，1272）釋慧慶升少林寺監寺。"癸酉秋，升提點。如京師，上言總統所，乞雪庭佚老少林。從之。"④"癸酉"是至元十年。雪庭即福裕。福裕回少林寺養老，需經總統所同意，可見其權力。⑤ 前文

---

① 賴天兵：《關於元代設於江淮/江浙的釋教都總統所》，《世界宗教研究》2010年第1期，第56頁。
② 《元史》卷八七《百官志三》，第2193頁。
③ 《元史》卷六《世祖紀三》，第110頁。
④ 薛友諒：《正宗弘法大師大名路僧録慶公功行之碑》，《中國古代碑帖拓本》，北京大學圖書館，香港中文大學文物館，2001年。承葉德榮先生贈送碑文影印件，謹致謝意。
⑤ 至元八年忽必烈於大都舉行"二宗論議"，揚教抑禪，禪宗勢力下降。見拙作《略論楊璉真加和楊暗普父子》（《元史研究論稿》，中華書局，1991年，第392—393頁）。周清澍先生認爲，忽必烈崇尚藏傳佛教後，福裕地位下降，"他最後幾年，實際上是以'倦於接納'爲藉口，無顏再出頭露面了"（《論少林福裕和佛道之爭》，《清華元史》第一輯，第71頁）。福裕歸隱少林，需其弟子出面向總統所申請，充分説明他已不受重視。

徵引的至元十五年"國師下宣授諸路釋教都總統勸請崧巖玉公長老住持河南府崧山大法王禪寺",以及至元二十一年崇國寺碑刻,都是總統所活動的例證。

成宗時期。釋德雲,至元三十年(1293)充濟南路僧錄,"元貞丙申,宣授諸路釋教都總統所授通理妙明禪師之號"。① 釋法洪,"大德中,總統司請爲釋源白馬寺長講,號大德法主"。② 大德十年(1306),靈巖寺下院净然神寶寺因有人在"寺家山場内置立炭窑,斫伐樹木,損壞常住產業,久而荒廢,搔擾僧衆,有礙念經告天祝延聖壽祈福等事",向總統所申訴。總統所發布文榜:"今據見告,訴所合行榜省諭諸人,欽依聖旨事意,如有違犯之人,仰所在官司就便痛行治罪施行。"榜示碑是以"皇帝聖旨裏,帝師下諸路釋教都總統所"名義發布的。③

武宗時期。靈巖寺住持古巖普就,"大德丁未歲,欽受聖旨、皇太子恩旨,護持山門,總統所又錫妙嚴弘法大師號"。④ 丁未是大德十一年(1307),這一年成宗去世,無子,侄愛育黎拔力八達發動政變,擁其兄海山爲帝。五月,海山即位。六月,立愛育黎拔力八達爲皇太子。此件碑文中有"皇太子恩旨",可知必在六月以後。少林寺提點蓋公,"於至大元年,蒙總統所前去江南白雲宗,爲祖翁雪庭語録開造印版"。⑤ 至大二年(1309),諸路釋教總統所授陳慶恩爲圓融廣慧大師。⑥ 陳顥,"武宗命以資德大夫爲釋教都總統"。⑦

---

① 智京:《雲公碑銘》,《(乾隆)歷城縣志》卷二四,轉引自《全元文》第28册,鳳凰出版社,2004年,第291頁。
② 許有壬:《釋源宗主洪公碑銘》,《至正集》卷四七,清宣統石印本。
③ 《一三〇六年長清靈巖寺下院榜示碑》,《元代白話碑集録》,第53頁。
④ 釋思慧:《古巖就公和尚道行碑》,《中國少林寺·碑刻卷》,第89頁。
⑤ 《少林寺蓋公提點塔銘》,轉引自葉德榮《宗統與法統》,廣東人民出版社,2010年,第309頁。
⑥ 《慶恩塔銘》,《北京圖書館藏中國歷代石刻拓本滙編》第49册,第3頁。
⑦ 程鉅夫:《陳氏先德之碑》,《雪樓集》卷七。

《制度史》云:"中央釋教總統所罷於何時,囿於文獻缺載,暫無考。"①《佛教史》亦云:"至於中央一級的釋教總統所罷於何時,則未見文獻記載。"②《通史》在講述"總統所的罷除"時,將中央和地方的總統所混爲一談。③ 日本桂華淳祥教授明確指出,中央總統司罷於至大四年(1311)。④ 這是正確的。

至大四年(1311)正月,武宗海山因病去世,其弟愛育黎拔力八達嗣位,是爲仁宗。仁宗進行一系列改革,其中一個重要内容,就是對原有衙門加以調整。這一年二月丁卯,愛育黎拔力八達下令"罷總統所及各處僧録、僧正、都綱司,凡僧人訴訟悉歸有司"。⑤桂華教授以此爲據。其實,此件令旨原文保留了下來:

> 中書省咨:至大四年二月二十七日,特奉皇太子令旨一件:"除宣政院、功德使司兩個衙門外,這裏有的管和尚的總統所衙門革罷了,他每的印,如今便銷毁了者。又各處路分裏、州縣裏有的僧録司、僧正、都綱等,但是和尚的衙門,都交革罷了,拘收了他每的印,銷毁了者。不揀有甚合歸斷的等勾當,有呵,管民官歸斷者。"麽道,令旨了也。⑥

愛育黎拔力八達與武宗海山是兄弟,兩人相約帝位兄死弟繼,故海山生前立愛育黎拔力八達爲皇太子。皇帝發布的命令稱爲"聖旨",皇太子發布的命令稱爲"令旨"。至大四年正月海山死,愛育黎拔力八達執掌朝政,但到三月纔正式即位,故二月間以皇太子名

---

① 《中國僧官制度史》,第212頁。
② 《中國佛教史·元代》,第13頁。
③ 《中國佛教通史》第11卷,第26頁。
④ 桂華淳祥:《石刻史料よりみた元代華北の仏教統領機構について——諸路釋教都總統を中心に》(《13,14世紀東アジア諸言語史料の総合的研究》,第94—116頁,2007年3月,研究代表者:森田憲司)。
⑤ 《元史》卷二四《仁宗紀一》,第539頁。
⑥ 《元典章》卷三三《禮部六·釋道·革罷僧司衙門》。《中國佛教史·元代》引用這件令旨,文字有很大差異,特別是漏掉了有關總統所的内容,令人不解(見該書第17頁)。

義發布的命令,仍稱"令旨"。其中説:"這裏有的管和尚的總統所衙門革罷了","這裏"無疑指都城大都而言,革罷的正是中央的釋教總統所。賴天兵氏以爲"元仁宗至大四年地方上的總統所應撤罷",這顯然是誤解。①

四、總 統 考

總統所從建立到撤銷約五十年。在此期間先後出任總統者爲數甚多,但没有準確的記載。日本桂華淳祥教授最近對此作了細緻的考證。他將考得的總統分爲兩類,第一類是從石刻史料中考出的,有定志、行秀、圔明、知揀、昭沖、子安、休巖、東川讓、福滿等,都是僧人。第二類是從其他記載中搜集到的,有合台薩理、乞台薩理、輦真朮納思、陳顥等人。② 下面我們對桂華教授論文中提到的總統人物作一些討論。③

先説第一類充當總統的僧人。下面按寺院分别叙述。

(1) 崇國寺。定志是香河隆安寺善選的弟子,"忽都虎大官人與海雲長老作疏,請本師住崇國寺,師充提點事"。"忽都虎"即成吉思汗義弟失吉忽秃忽,蒙古滅金後,忽都虎受命爲中州斷事官,是"漢地"的統治者。由此可知善選在佛教界的地位。善選去世後,定志繼爲燕京崇國寺的住持,成爲律宗的代表人物。中統四年覲見忽必烈,"賜清慧寂照大師號"。後在"至元辛丑,奉宣授諸路釋教都總統,掌領僧衆教門事。丁卯九月……示寂"。④ 按,至元

---

① 賴天兵:《關於元代設於江淮/江浙的釋教都總統所》,《世界宗教研究》2010年第1期,第56頁。
② 桂華淳祥上引文。
③ 總統的有關資料大多在桂華文中已引用,本文論述時作了一些修訂、補充。
④ 僧定圓:《志公大師塔銘》,《北京圖書館藏中國歷代石刻拓本滙編》第48册。

無辛丑。定志死於"丁卯九月",丁卯是至元四年。故辛丑應是乙丑之誤。乙丑是至元二年(1265)。

（2）慶壽寺。慶壽寺是禪宗臨濟宗寺院,海雲曾任主持,後來繼任者都是海雲的法子、法孫。可考任總統者二人。一是筠庵昭沖。《明公和尚碑》記,僧慧明曾向海雲求法。"乙卯春,慶壽虛席,燕京府僚及海雲疏命師（慧明——引者）主之。"至元七年二月,慧沖去世。"嗣襲法道者七人,首曰昭沖,奉旨住大慶壽寺,承海雲之道,爲僧門總統。"此碑立於至元十年(1273),碑後題名有"宣授諸路釋教都總統頌海雲後事大都大慶壽寺住持嗣法筠庵昭沖立石"。① 上引至元十五年(1278)八月請玉公長老住大法王寺疏後具名者是正宗弘教大師,慶壽長老。② 這時的"慶壽長老"應是昭沖。至元二十二年(1285)正月普救寺疏"請左丞相公永爲本寺都功德主",具名五人中有"宣授諸路釋教都總統大慶壽長老筠庵"。③ 至元二十二年至二十四年(1287)忽必烈下令編纂《至元法寶勘同總錄》,"宣授諸路釋教都總統道通真智大禪師昭吉祥奉詔證義"。④ 可知筠庵昭沖任總統時間至少有十餘年。二是西雲子安。大德八年(1304),西雲撰《特賜佛性圓融崇教大師壽塔記》,記後題名:"特賜佛光慈照明極净惠大禪師諸路釋教都總統慶壽嗣祖西雲撰"。⑤ 元仁宗時,程鉅夫撰《大慶壽寺大藏經碑》云:"寺住持西雲師名子安,法行高卓,累朝所器重,賜號佛光慈照明極净慧大禪師,官榮禄大夫、大司空,領臨濟一宗事。"⑥沒有提到他任總統之事。可能因此前總統所已撤銷之故。釋普度撰《廬山蓮宗寶

---

① 釋祥邁:《華嚴寺明公和尚碑》,《山右石刻叢編》卷二五。
② 《金石萃編補正》卷三。
③ 《普救寺疏》,《山右石刻叢編》卷二七。
④ 《至元法寶勘同總錄》卷一。
⑤ 《北京圖書館藏中國歷代石刻拓本滙編》第48冊。
⑥ 程鉅夫:《大慶壽寺大藏經碑》,《雪樓集》卷一八。

鑒》,這是佛教白蓮宗的一部重要著作,刊行於仁宗皇慶元年(1312)。書後有"名德題跋",其中有"大慶壽寺都總統西雲和尚跋語"。① 前引皇慶二年大都三禪會勸請古巖就公住持少林寺疏,署名者中有"大慶壽寺嗣祖西雲"。昭沖主要活動於世祖忽必烈統治時期,即13世紀後期;西雲主要活動在成宗、武宗、仁宗時,即14世紀初期。

(3) 大都寶集寺是華嚴宗寺院。行秀、圜明、知揀先後任寶集寺住持。僧志玄在金"承安間統領教門,暨歸國朝,行業高峻,王侯將相,争趨下風,世稱長公。一傳而爲領釋教都總統傳戒三學都壇主行秀,再傳而爲領諸路釋教都總統三學都壇主圜明,繼以領釋教都總統開内三學都壇主開府儀同三師(司)光禄大夫大司徒邠國公知揀"。② 釋善柔有名於時,"憲宗聞其名,號曰弘教通理大師,命主清涼大會於臺山。釋教都總統寶集壇主秀公慕其德,聘攝華嚴講席於京師"。③ "寶集壇主秀公"即行秀。善柔死於至元六年(1269),可知行秀任總統應在六年以前。寶集寺三人中知揀最著名。《佛祖歷代通載》記載了忽必烈與"揀壇主"的兩次談話:"帝問揀壇主云:'何處有佛?'揀奏云:'我皇即是佛。'帝云:'朕如何是佛?'揀云:'殺活在於手,乾坤掌上平。'""帝問揀壇主云:'何處是最上福田?'揀奏云:'清涼。'帝云:'真佛世界。'乃建五大寺爲世福田。"④ "清涼"指清涼山,即山西五臺山。從這兩段對話可以看出知揀善於應對,受忽必烈青睞。"至元二十二年世祖皇帝建聖壽萬安寺,詔棟公開山主之。"⑤《至元法寶勘同總録》編纂者中,"聖壽

---

① 楊訥編:《元代白蓮教資料彙編》,中華書局,1999年,第17頁。
② 《宗原堂記》,《析津志輯佚》,第71頁。
③ 程鉅夫:《奉聖州柔和尚塔銘》,《雪樓集》卷二一。
④ 《佛祖歷代通載》卷二二。
⑤ 《宗原堂記》。

萬安寺都總統佛覺普安大師沙門揀吉祥奉詔證義","揀吉祥"即知揀。① 元仁宗時,太后答己下令在懷孟路建大興國寺,趙孟頫撰《大龍興寺碑》,碑後題"延祐二年……敕封金紫光祿大夫、大司徒、領釋教總統都壇主僧開府儀同三司上柱國邠國公立石"。② 延祐二年是1315年,則知揀在總統所革罷後仍稱總統。先後時間很長,在三十年以上。

（4）萬壽寺。圓讓、福滿是少林寺福裕的"法子""法孫"。少林寺福裕碑後有"法子""法孫"名錄。"法子"居首位是"宣授諸路釋教總統東川圓讓禪師","法孫"中有"宣授諸路釋教都總統汾溪福滿禪師"。③ 東川圓讓爲大都萬壽寺主持,"東川圓寂"後福滿繼之,"聞於上,詔授諸路釋教都總統。師處是職經年,德之所被,不言而化"。④ 大都萬壽寺是禪宗曹洞宗的重要寺院,福裕曾長期主持該寺。其法子、法孫出任萬壽寺主持是很自然的。

第一類總統中還有釋休巖。成宗大德五年（1301）,釋永住撰《大龍興寺重修大覺六師殿記》,碑陰題名有"宣授諸路釋教都總統休巖"。⑤ 但此人生平無考,不知屬於何寺何宗。

下面再就桂華論文中提及的第二類總統作一些討論。

元代佛教文獻中提到合台薩理頗多。桂華教授論文引用了《大元帝師說根本一切有部出家授近圓羯磨儀範》和《大元帝師說根本一切有部苾芻習學略法》,⑥ 前者有至元七年（1270）序,中云:"諸路釋門總統合台薩哩都通暨翰林學士安藏,總以諸國言詮,奉詔譯成儀式。"後者卷末云:"宣授諸路釋教都總統合台薩哩都通翻

---

① 《至元法寶勘同總錄》卷一。
② 《（道光）河内縣志》卷二一《金石志》。
③ 葉德榮:《宗統與法統》,廣東人民出版社,2010年,第310—311頁。
④ 胡居祐《汾溪滿公禪師道行碑》,《金石萃編補正》卷三。
⑤ 《常山貞石志》卷一七,清道光刊本。
⑥ 《磧砂藏》本。

作華言。至元八年上無(元)有五日云。""都通"即"都統",這是畏兀兒僧官的頭銜,畏兀兒佛教世家常見的稱號。① 可知至元七、八年合台薩理已任釋教都總統。至元十五年(1278)諸路釋教總統所勸請玉公長老住持崧山大法王寺,署名之一是"正宗弘教大師"和"慶壽長老"。"正宗弘教大師"就是合台薩理的稱號(見下)。至元十八年(1281)忽必烈下令清查道教經典,參與其事者中有"釋教總統合台薩哩"。② 至元二十二年至二十四年(1285—1287),忽必烈下旨"諭釋教總統合台薩里"召集各族名僧,編纂《至元法寶勘同總錄》,當時他的頭銜是"資德大夫、釋教都總統、正宗弘教大師"。③

《元史·阿魯渾薩理傳》載,畏兀兒人乞台薩理"襲先業,通經、律、論。業既成,師名之曰萬全。至元十二年入爲釋教都總統,拜正議大夫,同知總制院事。加資德大夫、統(總?)制使。年七十卒"。乞台薩理之子阿魯渾薩理"以父字爲全氏"。④ 按,《元史》此傳主要依據是趙孟頫的《全公神道碑》,⑤見《松雪齋文集》卷七。此書元刻本云:阿魯渾薩理"以父字爲全氏。……父諱乞台薩理,早受浮屠法於智全末利可吾坡地沙,圓通辯悟,當時咸推讓之"。而此書的明刻本、城書室本緊接上文之後有一段元刻本沒有的文字:"故其師又名之曰萬全。事世祖皇帝,歷大同路僧衆都提領、釋教都總統、同知總制院事、統制院使,積階資德大夫,號正宗弘教大師。"⑥這段佚文很重要,和上面《至元法寶勘同總錄》中合台薩理

---

① 如畏兀兒人孟速思係佛教世家,便有"都統"稱號(見《元代内遷畏兀兒人與佛教》,《中國史研究》2011年第1期)。
② 《至元辯僞錄》卷五。
③ 《至元法寶勘同總錄》卷一,第3175頁。
④ 《元史》卷一三〇《阿魯渾薩理傳》。
⑤ 《佛祖歷代通載》卷二二載趙子昂撰《敕賜乞台薩理神道碑》,實即《全公神道碑》,文中作了刪節,將阿魯渾薩理事迹都加在乞台薩理身上。這顯然是有意篡改,不是無心的失誤。
⑥ 見《全元文》(江蘇古籍出版社,2000年)第19册,第235頁。按,蘇晉仁《藏漢文化交流的歷史豐碑》(《藏族史論文集》,四川民族出版社,1988年)已指出,合台薩理與乞台薩理"當即一人"。

的頭銜完全一樣,充分說明乞台薩理和合台薩理是同一人。此外,在僧道辯論過程中提到的"諸路釋教泉總統",此人無疑即"釋教總統合台薩理"。① 爲什麽合台薩理被稱作"泉總統"? 這只能從與乞台薩理有關的記載中得到解釋。阿魯渾薩理"以父字爲全氏",說明乞台薩理亦被稱爲"全氏"。"全""泉"音同,"泉總統"即"全總統",亦即乞台薩理。"泉總統"一名可作爲乞台薩理即合台薩理的又一例證。"泉總統"不僅在佛道辯論中扮演重要角色,還在至元二十五年(1288)忽必烈召集江南禪教代表人物會議中充當翻譯。② 這樣,我們可以看出,合台薩理(乞台薩理、泉總統)是忽必烈時代佛教界的領袖人物之一,參與各種重要的佛教活動,後來(可能就在至元二十五年)還由總統升爲統(總)制院使。

據上所述,至元七、八年間合台薩理已有"諸路釋教都總統"頭銜,而《元史·阿魯渾薩理傳》説乞台薩理"至元十二年入爲釋教都總統",這在時間上是矛盾的。問題應出在《元史》上。趙孟頫的《全公神道碑》並沒有類似的文字,顯然是《元史》編者根據其他資料加入的。對此可以進一步研究。

輦真朮納思。至元二十八年二月"癸酉,以隴西四川總攝輦真朮納思爲諸路釋教都總統"。③ 二十九年二月,"庚寅,宣政院臣言:'授諸路釋教都總統輦真朮納思爲太中大夫、土蕃等處宣慰使都元帥。'"④此人從名字來看,應是藏傳佛教僧人。但對他的活動,似缺乏記載。據趙孟頫記,大德癸卯(1303)釋行滿升堂説法,"聲聞大振,四方求法者歸之如流水。梵僧宣政使相迦失里、功德

---

① 《至元十八年十月二十日聖旨》,《至元辯僞録》卷三;《聖旨焚毁諸路僞道藏經之碑》,《至元辯僞録》卷五。
② 《佛祖歷代通載》卷二二。
③ 《元史》卷一六《世祖紀十三》,第344頁。
④ 《元史》卷一七《世祖紀十四》,第360頁。

使大司徒輦真吃刺思相慕爲道友"。① 從資歷來説，這個大司徒輦真乞刺思很可能就是原來的釋教都總統輦真朮納思。

陳顥。這是元代中期一個奇特的人物。《元史·陳顥傳》説陳顥早年"登翰林承旨王磐、安藏之門，磐熟金典章，安藏通諸國語，顥兼習之。安藏乃薦顥入宿衛，尋爲仁宗潛邸説書。……會成宗崩，仁宗入定内難，以迎武宗，顥皆預謀。及仁宗即位，以推戴舊勳，特拜集賢大學士、榮禄大夫，仍宿衛禁中，政事無不與聞"。② 但此傳略去了陳顥的一些重要活動。程鉅夫記録陳顥家族事迹的《陳氏世德之碑》云：顥"從翰林學士承旨安藏，事徽仁裕聖皇后。安藏深釋教，後乃命顥祝髮受戒。及從上罩懷，入侍春坊，益見親用。武宗命以資德大夫爲釋教都總統。上即位，遂易冠服，以榮禄大夫位集賢，恩寵甚渥"。③ 安藏是畏兀兒人，以精通佛學受重用，陳顥正是在他推薦下得以進入宫廷。④ 此段文字中的"上"，指元仁宗愛育黎拔力八達。可知陳顥曾出家爲僧，元武宗時任釋教都總統，元仁宗時始還俗。他的經歷和元初的劉秉忠相似。顯然，武宗時他因是僧人故得任釋教都總統，仁宗時還俗任集賢大學士，大概就不再有這個頭銜了。

除了桂華文中考定的總統之外，我們還可作些補充。（1）上面提到，少林寺"鷄兒年"聖旨應與創建總統司有關，如此説成立，則碑中提到"少林長老、寶積壇主、姬庵主、聖安長老、金燈長老"都應是總統。有些記載明確稱福裕是總統。⑤ "寶積壇主"或即上述"寶集壇主"。最早任總統的"寶集壇主"應是上面所説的行秀。其餘待考。至元二十一年（1284）翰林院官員唐方等"奉敕撰"的《聖

---

① 《仰山棲隱寺滿禪師道行碑》，《趙孟頫文集·外集》，第 209 頁。
② 《元史》卷一七七《陳顥傳》，第 4130—4131 頁。
③ 《雪樓集》卷七。
④ 關於安藏事迹，請看《元代内underlined 畏兀兒人與佛教》。
⑤ 《正公禪師碑記》，《中國少林寺·碑刻卷》，第 73 頁。

旨焚毀諸路僞道藏經之碑》中説：在憲宗時，道家印行老君化胡成佛經及八十一化圖，"意在輕蔑釋教而自重其教，罽賓大師蘭麻總統少林福裕長老，以其事奏聞"。"罽賓"即克什米爾，"蘭麻"即那摩。上述記載可以標點成"罽賓大師蘭麻總統、少林福裕長老"，也可以標點爲"罽賓大師蘭麻、總統少林長老"。此爲官方文書，無疑是可信的，蘭麻和福裕中必有一人稱總統。尚需進一步研究。①
(2) 參與《至元法寶勘同總録》編纂人員中，有"都總統"頭銜者共四人。一個是"沙門揀吉祥"，即知揀。一個是"禪師昭吉祥"，即昭沖。一個是"資德大夫釋教都總統正宗弘教大師合台薩理"，見上述。還有一個是"宣授諸路釋教都總統西蕃講主遠丹巴"。遠丹巴是"西蕃講主"，應是藏傳佛教僧人，其事迹待考。(3)《佛祖歷代通載》載："帝(忽必烈——引者)問淵總統：'還有眷屬無？'回奏云：'終日不曾離。'又問：'還餐酒肉無？'淵奏云：'鉢盂常染腥膻味。'帝云：'好老實人。'"②這位"淵總統"能與忽必烈如此坦率對話，其地位非同一般。很可能就是僧道之争中重要人物"奉福寺淵僧録"，亦即廣淵。據《聖旨焚毀諸路僞道藏經之碑》載，至元十七年(1280)四月，"長春道流謀害僧録廣淵，聚徒持捉毆擊僧衆，自焚廩舍，誣廣淵遣僧縱火，且聲言焚米三千九百餘石，他物稱是。事達中書省，辯其誣"。於是引發了忽必烈對道教的更嚴厲的打擊。③很可能因佛道之争中有突出表現，廣淵由僧録提升爲總統。

　　根據以上考訂，大體可知，中央總統所的總統以僧人爲主，亦有與佛教淵源很深的世俗官員。擔任總統的僧人以"漢地"僧人爲主，亦有其他族僧人。"漢地"僧人主要來自大都的幾處佛寺，分屬

---

① 此碑見《至元辯僞録》卷五。按，《辯僞録》卷二、三、四詳細記述佛道之争經過，但没有提到"總統"。
② 《佛祖歷代通載》卷二二。
③ 《聖旨焚毀諸路僞道藏經之碑》，《至元辨僞録》卷五。

禪宗（包括臨濟宗和曹洞宗）、華嚴宗等。

中央的釋教總統所撤銷，總統亦不再存在。但知揀仍稱總統。畏兀兒僧人必蘭納識里在英宗至治三年（1323）"改賜金印，特授沙津愛護持，且命爲諸國引進使"。① 沙津愛護持"漢名總統"。② 作爲僧官名稱，兩者完全相同，還是有所區別，有待進一步研究。文宗至順元年（1330）"御史中丞趙世安傳旨，召師（集慶崇禧萬壽寺主持曇芳守忠——引者）與大龍翔訢公乘驛入京。既至，國師妙總統、吏部尚書王士弘引見，上於奎章閣賜坐温問"。③ 這位"國師妙總統"是何許人，爲何稱爲總統又有高於總統的"國師"頭銜，也有待探索。也就是說，在至大四年撤銷總統所以後，中央僧官系列中否仍保留總統的頭銜，仍是需要研究的問題。

五、地方的釋教總統所

上面我們討論的是中央設置的釋教總統所。《制度史》說："在中央設置釋教總統所的同時，地方各路也設立了諸路釋教總統所。"④《佛教史》同意《制度史》的觀點。⑤ 事實上，沒有資料可以說明，在中央設立總統所的同時，地方上曾相應設置諸路釋教總統所。

有元一代，地方確曾設置過釋教總統所，最著名的是江浙（或稱江淮）釋教總統所。元朝平江南以後，至元十四年（1277）忽必烈

---

① 《元史》卷二〇二《釋老傳》，第4520頁。
② 楊瑀《山居新話》，《知不足齋叢書》本。
③ 歐陽玄《大龍翔集慶寺長老忠公塔銘》，《曇芳守忠禪師語錄》附錄，《續藏經》本。按，克新《行業記》（出處同上）云："公適京，九月九日，國師妙總統、吏部尚書王士弘引見於奎章閣。"
④ 《中國僧官制度史》，第211頁。
⑤ 《中國佛教史·元代》，第14頁。

"詔以僧亢吉祥、憐真加、加瓦並爲江南總攝,掌釋教"。① 與之相應,設置了江南釋教總攝所。亢吉祥即女真僧人行育,憐真加即河西(唐兀)僧人楊璉真加,加瓦待考。至遲到至元二十四年(1287)三月,亢吉祥(即行育——引者)、加瓦仍爲總攝,而楊璉真加改爲總統,排列地位在二人之上,而江淮釋教總攝所則相應改名爲總統所。由此可知,在地方上,總統所地位高於總攝所。② 二十八年(1291)楊璉真加失勢。元朝在江南設行宣政院,主管佛教事務,其職能與總統所完全重叠。③ 按照元朝的體制,江淮總統所無疑應在行宣政院以下,實際上已無存在的價值。元朝北方臨濟宗僧人雪堂普仁與蒙古上層頗有淵源,而且到過江南:"都城名刹非一,皆莫肯依止,第求永泰寺彌陀院故基,薙草萊,掇瓦礫,葺而居之。今皇兄晉王、駙馬高唐王皆樂爲外護。……今上(成宗鐵穆耳——引者)在潛邸,師嘗奉命禮江浙名藍,法航所至,州府寮屬作禮供養。"至元三十年(1293)元朝任命他爲"江淮福建隆興等處釋教總統,力辭不就"。④ 雪堂普仁本是江淮釋教總統合適的人選,却不願出任,原因不外兩個。一是楊璉真加在江南聲名狼藉,使人對江淮總統這一職位望而生畏。一是隨着江南行宣政院的設立,江淮總統所已無事可爲。成宗元貞元年(1295),土蕃僧人沙羅巴出任江浙等處釋教都總統。釋慧慶是福裕的再傳弟子,"丁亥受襄陽僧録,秩滿遷大名。……丙申春,丞相脱因之子司農卿、膽八大師薦之,宣政院擬浙西總統,丁內艱",⑤未能赴任。丁亥是至元二十四年

---

① 《元史》卷九《世祖紀六》,第 188 頁。
② 陳高華:《再論元代河西僧人楊璉真加》,《中華文史論叢》2006 年第 2 期。此文今已收入本書。
③ 鄧鋭齡:《元代杭州行宣政院》,《中國史研究》1995 年第 2 期。後收入《鄧鋭齡藏族史論文譯文集(上)》,中國藏學出版社,2004 年。
④ 李謙:《鄭州滎陽縣洞林大覺禪寺藏經記》,《金石萃編補正》卷四。
⑤ 薛友諒:《慶公德行之碑》。

(1287)，丙申是元貞二年(1297)。可知元朝政府在沙羅巴以後還想從北方僧人中選派江浙釋教總統。江淮總統從北方僧人中選派，似是元朝一條不成文的規定。唯一例外是一山一寧。大德三年(1299)三月，成宗"命妙慈弘濟大師、江浙釋教總統補陀僧一山齎詔使日本"。① "[大德]三年，遣僧寧一山者，加妙慈弘濟大師，附商舶往使日本，而日本人竟不至"。② 一山、寧一山是同一人，全稱是一山一寧。他是江南普陀山的名僧，"妙慈弘濟大師"是爲了出使日本臨時加的，"江浙釋教總統"的頭銜應該也是如此。可見這是特殊的情況。一山一寧留在日本沒有返回，實際上並未履行江淮總統的職責。③

不少論著對沙羅巴評價很高，原因是他建議撤銷各級僧官。沙羅巴"以詔授江浙等處釋教總統。既至，削去煩苛，務從寬大，其人安之。既而改授福建等處釋教總統。以其氣之正，數與同列乖迕而不合。公謂：'天下何事，況教門乎，蓋吾人之庸自擾之耳。夫設官愈多則事愈煩，今諸僧之苦，蓋事煩而官多也。十羊九牧，其爲苛擾可勝言哉！'建言罷之。以聞，詔罷諸路總統所，議者稱其高"。④ 大德三年(1299)五月，成宗下令"罷江南諸路釋教總統所"。⑤ 所謂"江南諸路釋教總統所"就是江淮(浙)釋教總統所。一般認爲此事便是沙羅巴的建議所致。但要注意的是，沙羅巴強調的是"設官愈多則事愈煩""十羊九牧"，顯然是針對江南行宣政院與總統所重疊設置而言的。所以撤銷的只是江淮(浙)諸路總統所，並非所有地方僧官機構。也就是說，不宜誇大沙羅巴建議的

---

① 《元史》卷二〇《成宗紀三》，第426頁。
② 《元史》卷二〇八《外夷傳·日本》，第4630頁。
③ 關於一山一寧去日本，請參看木宮泰彥《日中文化交流史》，胡錫年譯，商務印書館，1980年，第411—413頁。
④ 《佛祖歷代通載》卷二二。
⑤ 《元史》卷二〇《成宗紀三》，第427頁。

意義。

除了江浙釋教總統所之外，各種有關論著中還提到幾處總統所，也需要討論。

（1）不少論著以爲福建亦設有釋教總統所，根據是上引記載中提到沙羅巴曾"改授福建等處釋教總統"，而且福建福州烏石山等處刻石文字中有"雪巖總統沙羅巴"字樣。① 但此説似需研究。上面提到，雪堂曾被任命爲"江淮福建隆興等處釋教總統"。沙羅巴所譯《彰所知論》卷首題"元帝師發合思巴造，宣授江淮福建等處釋教總統法性三藏弘教佛智大師沙羅巴譯"。② 又有記載説："[至元]二十五年，江淮福建釋教都總統所被上旨，凡故所有寺而今弗存者，俾復爲寺。"③可知江淮（浙）等處釋教總統所管轄範圍包括福建地區在内。如果沙羅巴專任福建釋教總統，那就是説原有的江淮福建等處釋教總統所已一分爲二甚至更多，對此目前尚無資料可以證明。況且，沙羅巴是在"罷江南諸路總統所"以後退隱的，這正好説明他的身份還是江浙總統。至於福建烏石山石刻，只能説明"總統"沙羅巴到過該地，不足以證明他一定是福建總統。

（2）泰定元年（1324）九月，"罷哈思的結魯思伴卜總統所，更置臨洮總管府"。④ 有些論著以爲它是置於臨洮地區的釋教總統所，此説可疑。釋教總統所是佛教管理機構，總管府則是地方行政機構，兩者不是一個系統，不存在"罷""置"的關係。而且，釋教總統所置於行省一級或幾個行省合置，臨洮原是府一級，隸屬於陝西行省鞏昌等處總帥府，⑤府只能設都綱司；即使置總管府，提升到路一級，相應也只能設僧録司。比較合理的解釋是"哈思的魯思伴

---

① 《閩中金石略》卷一三、一四。
② 《彰所知論》卷首，《大正大藏經》本。
③ 黄溍：《龍興祥符戒壇寺記》，《金華先生文集》卷一二，《四部叢刊》本。
④ 《元史》卷二九《泰定帝紀一》，第650頁。
⑤ 《元史》卷六〇《地理志三》，第1429頁。

卜總統所"不是釋教總統所,而是某種特殊的機構。

(3) 文宗天曆二年(1329)十一月,"西夏僧總統封國公沖卜卒,其弟監藏班藏卜襲職,仍以璽書、印章與之"。① 元代没有以"西夏"命名的行省一級建制。② 此"西夏僧總統"也有可能指有"總統"頭銜的西夏僧人。

總之,以上幾處總統所都有疑點,難以確定,有待新資料的發現。

可以補充以往研究的是,雲南行省至少有過三位釋教都總統,因而必有釋教總統所。中慶(今昆明)大勝寺是著名的佛寺,"昆城之内,省憲之南,譙樓之北,有寺名曰大勝。肇自蒙段之時,乃一大道場,緇侣雲集,最□別刹。□□歲,天兵南下,混一之後,爲巧偷豪奪所據,逾三十年也。至元□□,行省參政段昔苴奏聞於上,蒙降德音,創□故基。乃建正殿五間,延袤宏廣,粧像三化身佛像。至元甲午,都□□節思朵蒙掌領釋教,宣演律義,護持□□。元貞乙未,都總統律積速南巴繼來蒞事,修葺佛宇千有餘所,特□大勝寺一主盟緣"。③ "混一之後,此道場爲外道奪居者數載。至元二十一年甲申歲,雲南省參政段苴日聞奏朝廷,聖恩准奏,復歸僧司。至元庚寅,前總統唆南編與雲南行中書省平章也先卜花欽奉薛禪皇帝聖旨,創開故基,建立大殿一所,塑三身化佛。……元貞乙未,都總統律積速南巴繼來蒞事,下車之初,一乃心力修葺雲南諸寺大小一千餘所,特於大勝寺躬爲主盟。"此碑記後署名的是:"主盟修造宣授雲南諸路釋教都總統妙惠圓悟大師節思朵","修造主事宣

---

① 《元史》卷三三《文宗紀二》,第744頁。
② 至元八年曾立西夏中興等路行省,但很快即改名,見《元史》卷六〇《地理志三》,第1451頁。
③ 述律杰:《重修大勝寺碑銘》,《新纂雲南通志(1949)》卷九四,轉引自《全元文》(鳳凰出版社,2004年)第46册,第530頁。

授雲南諸路釋教都總統廣惠大師律積速南巴。"①根據以上兩種記載,至元庚寅(二十七年,1290)雲南釋教都總統唆南編,至元甲午(三十一年)都總統節思朳(朵),元貞乙未(元年,1295)都總統律積速南巴。文中還提到"僧司",應該就是釋教總統所。

綜上所述,有元一代可以確定的曾設置江淮(浙)和雲南兩處釋教總統所,至於其他地區曾否設置,尚有待進一步研究。

(原刊於《文史》2012 年第 3 期)

---

① 《大勝寺修造記》,大理白族文化研究所編:《大理叢書·金石篇》卷一,雲南民族出版社,2010 年,第 114 頁。

元代佛教寺院賦役的演變

在中國歷史上,佛教興盛,以元朝爲最。元朝諸帝,爲尊崇佛教,採取了多種措施:建造大量皇家佛寺,向寺院賞賜巨額田土和其他財産,封藏傳佛教領袖爲帝師、國師,減輕甚至豁免佛教寺院的各種賦役負擔。這些措施,都有重大的影響。

元朝佛教寺院的賦役負擔,前後變化甚多。論者亦有不同意見。[1] 本文作者近年參與元代法律文書《元典章》的整理,略有所得。試以《元典章》和元代法典《通制條格》《至正條格》爲中心,對有元一代佛教寺院賦役的演變過程作一論述。

一、蒙古前四汗時期的佛寺賦役

元代法典《通制條格》載,世祖中統五年(1264)正月,中書奏准節該:

> 已前成吉思皇帝時,不以是何諸色人等,但種田者俱各出納地稅外,據僧、道、也里可温、答失蠻,種田出納地稅,買賣出納商稅,其餘差役蠲免有來。在後哈罕皇帝聖旨裏,也教這般

---

[1] 白文固的《元代寺院僧尼的賦役問題》,見《中國古代僧尼名籍制度》,青海人民出版社,2002年,第207—219頁,對此有所介紹。日本史學界的研究,可參看船田善之:《蒙元時期硬譯公牘文體的格式化》,載《元史論叢》第11輯,天津古籍出版社,2009年,第354—368頁。

行來。自谷由皇帝至今，僧、道、也里可温、達失蠻，地税、商税不曾出納，合無依舊徵納事。①

據此，則成吉思汗時代曾頒發僧、道等各種宗教職業者需交納地税、商税，但可免除差役的法令。"哈罕皇帝"即窩闊台汗時曾重申。而"谷由皇帝"即貴由汗和蒙哥汗時代則不曾交納地税、商税，直至忽必烈執政之初。忽必烈批准了上述中書省的這個奏議，"仰中書省照依成吉思皇帝、哈罕皇帝聖旨體例，僧、道、也里可温、達失蠻、儒人種田者，依例出納地税（白田每畝叁升，水田每畝伍升，買賣者出納商税）。"②

就在《通制條格》所載上述中統五年正月聖旨前面，還有一道"己丑年十一月"的聖旨條畫内一款：

> 僧道年五十以上者，任便修行，五十以下戒行清高者，並依例試經受戒，許爲僧道。……僧人合居佛寺，道士不得居住，不得爭奪；道士合居宫觀，僧人亦不得居住爭奪。其餘寺觀、文宣王、武成王等廟尊像、廟貌、舍宇，並禁拆毁。已上如有違犯者，並斷按答奚罪戾。除僧人、道士之外，其餘詐冒出家之人，仰一概依例應當科差。其僧道種田、作營運者，依例出納地税、商税，其餘雜泛科差，並行免放。③

關於此條"己丑年"，《通制條格》校注者方齡貴先生説："通蒙元一朝有三己丑歲，……查《大元通制》頒行於英宗至治三年（1323），則至正九年之己丑可以排除。又太宗元年遑論滅宋，且未取金，似不能發布此全國性之政令，諒當爲至元十七年佛、道大衝突以後之事，非至元二十六年之己丑莫屬。日譯本並持此説，可

---

① 《通制條格校注》卷二九《僧道·商税地税》，中華書局，2001年，第718頁。
② 同上。
③ 同上。

從。"日本學者植松正作《元代條畫考》,亦採此說。① 這個論斷是可商榷的。首先,現存《通制條格》殘本共 653 條,其中以干支紀年僅 3 條。除了"己丑年十一月"外,還有第 74 條"庚子年",爲窩闊台汗十二年(1240);第 368 條"庚申年四月",即忽必烈即位之年(1260)。這兩條都頒發在忽必烈正式採用年號以前。其餘條目中,有 2 條以十二生肖紀年(第 34 條和第 136 條)。剩下的 648 條均用皇帝的年號紀年。這説明"己丑年"在中統建元前的可能性是很大的。其次,至元十七年(1280)佛道辯論,忽必烈完全傾向佛教,結果佛勝道敗,許多道觀變成佛寺。在這樣背景下元朝皇帝是不可能頒布佛、道雙方互不侵犯聖旨的。根據以上理由,我們認爲上述"己丑年"聖旨爲窩闊台汗頒發,亦即中統五年正月聖旨中所説"也教這般行來"的"哈罕皇帝聖旨"。事實上,這兩件聖旨一脈相承,都明確宣布各種宗教人士種田納地稅、做買賣納商稅,豁免雜泛差役。

但是,在成吉思汗、窩闊台汗時代各種宗教人士、寺院納地稅商稅之說又是可疑的。衆所周知的是,全真道領袖邱處機應詔前往中亞覲見時,成吉思汗問"通事(翻譯——引者)阿里鮮曰:'漢地神仙弟子多少?'對曰:'甚衆。神仙來時德興府龍陽觀中嘗見官司催督差發。'上曰:'應於門下人悉令蠲免。'仍賜聖旨文字一通,且用御寶"。聖旨中説:

  道與諸處官員每,邱神仙應有底修行底院舍等,係逐日念誦經文告天底人每,與皇帝祝壽萬萬歲者,所據大小差發賦稅都休教著者。據邱神仙底應係出家門人等,隨處院舍都教免了差發稅賦者。其外詐推出家隱占差發底人每,告到官司,治

---

① 〔日〕植松正:《元代條畫考(四)》,《香川大學教育學部研究報告》第 1 部第 48 號(1980 年 2 月)。

罪斷案主者。①

"賦稅"應包括地稅和商稅,"差發"泛指各種差役和力役,有時還包括和雇、和買。這是道士、道觀享受免稅的待遇。就佛教來說,蒙古進入中原後,佛教臨濟宗僧人中觀、海師徒與蒙古軍將領有所接觸。據記載,成吉思汗有旨:

> 道與摩花理國王,爾使人來說底老長老、小長老實是告天的人,好與衣糧養活者,教做頭兒,多收拾那般人,在意告天。不揀阿誰休欺負,交達里罕行者。②

"摩花理國王"即成吉思汗麾下四傑之一木華黎,他受命在成吉思汗西征時經營"漢地",負責對金的戰爭。木華黎向成吉思汗報告,發現能"告天"的老、少長老,成吉思汗下令:"教做頭兒,多收拾那般人",就是承認老長老中觀、少長老海雲是"漢地"佛教的領袖。"達里罕"又作"答剌罕",都是蒙語 darqan 的音譯,意爲自由自在,有此稱號者享有"免納徵課"及其他各種特權。③ 從這件詔書看來,成吉思汗顯然給予"漢地"僧人和道士一樣享有免除賦稅的特權。後來元成宗即位時,藏傳佛教僧人膽巴說:"昔成吉思皇帝有國之日,疆土未廣,尚不徵僧道稅糧。"可以印證。

"歲在辛卯,合罕皇帝聞師(海雲——引者)之名,特遣使臣阿先脫忽憐賜以'稱心自在行'之詔。"④"辛卯"是窩闊台汗三年(1231),"合罕"即"哈罕"的同名異譯。"稱心自在行"即上述"達里罕"之意。亦即承認海雲及其門徒可以免稅。另據記載,"丁酉,汰

---

① 李志常:《長春真人西游記》卷下《聖旨》,中華書局,1985年。
② 念常:《佛祖歷代通載》卷二二,《大正藏》本。
③ 〔伊朗〕志費尼著,何高濟譯:《世界征服者史》,內蒙古人民出版社,1981年,第39頁。參見韓儒林《蒙古答剌罕考》,載《韓儒林文集》,江蘇古籍出版社,1986年,第17—49頁。
④ 王萬慶:《海雲禪師碑》,侯塽校本,見蘇天鈞《燕京雙塔慶壽寺與海雲和尚》,載《北京史研究(一)》,燕山出版社,1986年。按《佛祖歷代通載》卷二一云:"辛卯十一月,受合罕皇帝宣賜:師稱心自在行。"二者相同。

三教，僧道試經，通者給牒受戒，許居寺觀。儒人中選者則復其家。公（耶律楚材——引者）初言僧道中避役者多，合行選試。至是始行之"。① "丁酉"是窩闊台汗九年（1237）。僧道試經，通者許居寺觀，正是上述己丑年聖旨中的規定。儒人尚可"復其家"，地位高於儒人的僧、道，定有類似的待遇。僧道可以免役，故有人爲僧道以求避役。

可以認爲，蒙古前四汗時期，一方面蒙古汗廷曾正式宣告，各種宗教人士種地納地稅，做買賣納商稅，但可免當雜泛差役，以示優待。另一方面，大汗又不時賜與各種宗教人士以免稅的特權。這種矛盾的現象使宗教人士、各級官員可以各取所需。事實上，在忽必烈採用"漢法"以後，這種矛盾的現象仍不斷出現，亦可視爲元朝政治生活的一大特色。衆所周知，元代有不少各種宗教寺院的白話聖旨碑傳世，其中一般均援引成吉思汗等諸帝的聖旨。大體說來，有二種形式：一種是"不揀甚麼差發休當者，告天祝壽者"。這種比較普遍；另一種是"除地稅、商稅，不揀甚麼休當者，告天祈福與者"。② 兩者差別甚大。對於成吉思汗、窩闊台汗的聖旨，亦可各取所需。這是我們在利用碑刻資料時必須注意的。

二、世祖時期的佛寺賦役

《元史・世祖紀》載，中統四年（1263）十二月甲戌，"也里可溫、答失蠻、僧、道種田入租，貿易輸稅"。同書又載，至元元年（1264）正月，"癸卯，命諸王位下工匠已籍爲民者，並征差賦；儒、釋、道、也

---

① 宋子貞：《中書令耶律公神道碑》，見《國朝文類》卷五七，《四部叢刊》本。
② 蔡美彪：《一二九六年彰德上清正一宮聖旨碑（二）》，載《元代白話碑集錄》，科學出版社，1955年，第39頁。

里可溫、達失蠻等户，舊免租税，今並征之；其蒙古、漢軍站户所輸租減半"。① 顯然，至元元年正月忽必烈頒布的是有關諸色人户賦税的法令，其中包括中統四年十二月關於各種宗教人士納税的規定。中統五年八月改元至元，至元元年即中統五年，此即前引中統五年正月征收各種宗教人士地税商税的聖旨。

至元四年(1267,兔兒年)八月二十八月山東長清靈巖寺聖旨碑云："除税糧已外，不揀大小差發休當"；"種田呵，地糧納者。地糧納呵，本處城子裏納者。做買賣呵，税錢與者。"②便是上述中統五年八月聖旨的落實，可知納地税商税的規定是得到執行的。在這裏還應提及法國學者沙畹在1907年發現的《龍門神禹廟聖旨碑》。此碑發表後曾經在學術界引起廣泛的討論。此碑碑陽爲至元十二年(1275)聖旨，碑陰爲至元十三年(1276)皇子安西王令旨。碑陰令旨上截八思巴字寫蒙古語，下截爲漢字白話。碑陰漢字白話云："地税、商税，甚麽差發休着者。"即包括地税、商税在内的一切賦役全部豁免。亦鄰真教授指出，八思巴字令旨原文意爲："除了地税、商税之外，不負擔任何賦役。"漢字白話"全乖原意"。③ 蔡美彪教授認爲，"我意此處未必是譯文錯誤，而是道士刻石時有意删去'除'字或'外'字，借以規避賦税。原文應是'除地税商税'或'地税商税外'"。④ 亦鄰真、蔡美彪兩位教授的意見無疑是正確的。忽必烈即位後相當一段時間都對各種宗教人士、廟宇征收地税、商税，八思巴字令旨内容與忽必烈的法令一致，而漢字令旨顯然有意作了篡改。

---

① 《元史》卷五《世祖紀二》，第95—96頁。
② 此碑全文見船田善之《蒙元時期硬譯公牘文體的格式化》，載《元史論叢》第11輯。
③ 亦鄰真：《讀1276年龍門禹王廟八思巴字令旨碑》，載《亦鄰真蒙古學文集》，內蒙古人民出版社，2001年，第440頁。
④ 蔡美彪：《龍門建極宫碑》，載《八思巴字碑刻文物集釋》，中國社會科學出版社，2011年，第19—20頁。

没有多久,忽必烈就改變了這一規定。至元十四年(1277)二月丁亥,"除僧租賦,禁擾寺宇者。"①這是《元史·世祖紀》中的記載,可知此時僧人納地稅的法令已被取消,改爲免地稅。這一變動的詔旨沒有保留下來,但可以從一位少林僧人的碑文中得到證實。釋慧慶爲少林寺提點,"適聚斂者秉政,釋道有賦稅之征。丁丑春,復懇帝師聞於世祖,蠲除之,仍降優詔,師之力也"。②丁丑正是至元十四年(1277)。據元代佛教史籍記載,"阿合麻丞相奏:'天下僧尼頗多混濫,精通佛法可允爲僧,無知無聞宜令例[還]俗。'膽巴師父奏云:'多人祝壽好,多人生怒好?'帝云:'多人祝壽好。'其事乃止"。③阿合麻即阿合馬,是忽必烈的寵臣,善於搜括錢財,又是信奉伊斯蘭教的回回人。前文中"聚斂者"應指阿合麻(馬),他要對僧人徵稅是合乎情理的事。膽巴是藏傳佛教高僧,得到忽必烈寵信。這條記載可以作爲免稅的有力證據。前文中所說"帝師"很可能就指膽巴。

《元典章》記載,至元二十三年(1286)二月:

> 江淮釋教總攝所欽奉聖旨節該:
> "這的每寺院裏,他每底房舍裏,使臣休安下者。鋪馬祗應休拿者。稅糧休與者。不揀是誰,沒體例休倚氣力者。不揀甚麼他每底,休斷拽奪要者。寺院裏休斷人者。官糧休頓放者。"欽此。④

江淮釋教總攝所是管理江浙佛教的機構,至元十四年(1277),元朝對南宋的戰爭尚在進行中,上述僧人免征地稅的法令主要行

---

① 《元史》卷九《世祖紀六》,第188頁。
② 薛友諒:《大名路僧錄慶公功行之碑》,見《中國古代碑帖拓本》,北大圖書館、香港中文大學文物館編,2001年。
③ 《佛祖歷代通載》卷二二,《大正藏》本。
④ 《元典章》卷三三《禮部六·釋道·釋教·寺院裏休安下》,陳高華等點校,中華書局、天津古籍出版社,2011年。

於北方。至元二十三年忽必烈這道聖旨，則明確向南方佛寺宣布，賦予免納地稅（稅糧）的權利。

元代佛教史籍多次表彰忽必烈免除佛寺稅糧的舉動："帝自有四海，天下寺院田産二稅，盡行蠲免，普令緇侶安心辦道。""帝主領天下頒降聖旨，諭一切僧人不揀甚麼差發休當，遵依釋迦牟尼佛道子行持。""臣佐奏：以天下僧尼一例同民。帝問：民籍若干，府庫若干。奏云：不知。上曰：'輔相治道固宜用心，此乃不理，而急於飡菜餕餡之僧人。'其事乃止。"①所謂"一例同民"即同當賦稅差役之意，被忽必烈否定。

至元二十七年（1290）至二十八年，元朝對原南宋統治地區進行户口調查，核定户籍。同時對各種宗教寺院田土的賦稅作出了新的規定："二十八年，又命江淮寺觀田，宋舊有者免租，續置者輸稅，其法亦可謂寬矣。"②元代鎮江的地方志載："皇元崇尚釋氏教，至元庚寅，令民占籍，凡土田之隸於僧者，咸蠲其租入，是庵（鎮江報親庵——引者）之業亦與焉。"③"舊有者免租"是繼續原有關於寺院土地免交租稅的規定，"續置者輸稅"則是針對民間納稅的土地流入寺院而發，目的爲了防止稅糧不致減少。至元二十九年（1292），江浙行省的文書中報告："有氣力的富家每並百姓每等，或見兄弟、孩兒每里頭，教一個做了和尚、先生呵，做屬和尚、先生每的田地這般不納稅有。又占種着系官田地也不納租子有。"中書省與"管和尚的官人每答失蠻等商量來"，"依在先納來的體例裏教納租稅，他每別有緣故呵，教說將來者。"忽必烈下旨："成吉思皇帝聖旨裏，但種田呵，便合納稅，不須那般道。若是實呵，依在先體例裏

---

① 《佛祖歷代通載》卷二二，《大正藏》本。
② 《元史》卷九三《食貨志一》，第 2359 頁。
③ 俞希魯：《至順鎮江志》卷九《庵·丹徒縣》，江蘇古籍出版社，1999 年。

便教納者。"①意思是説,如果報告的情況屬實,就要恢復舊有的種田納稅規定。至元三十年五月,忽必烈又頒發聖旨,對各種宗教團體的賦稅問題作了明確規定:

> 中書省官人每奏:"江浙官人每文字裏説將來有:'蠻子田地裏,每年軍、站的氣力,不揀甚麼用的辦濟呵,多率是百姓每的納稅糧裏成就有。如今那百姓每係官差發根底躲避着,在前合納錢糧的田土根底,和尚、先生每底寺院裏布施與了、賣與了、典與了,更剃了頭髮做和尚也麼道,則它房子裏與媳婦、孩兒每一處住的也有。這般使着見識,在前合納的錢糧,每年漸漸的數目裏開除了,不納的多了也。更係官田土根底占種着,租米不納的也有。亡宋時分和尚、先生每的寺院裏常住田土,他每根底勾有。'"麼道,奏來。這言語是實那,是虛?是實呵,各處行省官人每提調着,他的數目取勘者。無媳婦的和尚、先生每的屬寺院裏常住田土有呵,依着大聖旨體例裏,休納者。有媳婦的和尚、先生每在呵。自今之後,和尚、先生、也里可温、答失蠻不揀誰,在前合納錢糧的田土"買了來、與了來、做布施得了的來"麼道,不納錢糧的,更租佃係官田土不納租米的人每,依在前納的體例裏納者。事後出首了不納的,要罪過者。聖旨俺底。②

這道聖旨前半部分是重復上一年江浙行省的奏章,但内容較多。可知江南百姓托庇佛寺道觀逃避賦役現象嚴重。當時很多百姓將田土布施或賣、典給寺院,這些原來納稅的田土因而在國家的稅册上豁除。還有一些百姓家中有人剃髮爲僧,實際上仍與妻、兒一起生活,也可以僧、道名義免稅。有的寺觀還占着官田却不納

---

① 《通制條格校注》卷二九《僧道·商税地税》,第719頁。
② 《元典章》卷二四《户部十僧道税·僧道避差田糧》。

税。由於這些原因，國家應收的錢糧不斷減少。爲了改變這種情況，忽必烈要求各行省官人調查核實數目，並規定：（1）没有妻室的僧道所屬寺院的"常住田土"亦即上面所説"宋舊有者"可以免税，有妻室僧道所屬寺院的田土則不在其列。（2）寺院購買或接受贈與、布施的"合納錢糧的田土"必須照例納税。可以説，這道聖旨對"宋舊有者免租，續置者輸税"作出了具體的界定。

上面論述忽必烈時代佛教寺院田土納税的前後變化。中統五年的聖旨，明確規定各種宗教人士做買賣要納商税。元代"做買賣"有國内貿易和海外貿易兩類。國内貿易交商税，標準是三十税一。海外貿易實行"驗貨抽分"，細貨（高檔貨物）十抽一，粗貨（普通貨物）十五抽一。至元三十年中書省上奏："僧、道、也里可温、答失蠻，依買賣百姓體例納税呵，怎生？"奏呵，奉聖旨："這言語不曾了來那甚麽？擬定那般者。"①意即重申過去的規定，各種宗教人士做買賣要納商税。同年隨後頒發的《市舶則法二十三條》中説：

> 議得：和尚、先生、也里可温、答失蠻人口，多是夾帶俗人，過番買賣，影射避免抽分。今後和尚、先生、也里可温、答失蠻人口等過番興販，如無執把聖旨許免抽分明文，仰市舶司依例抽分。如違，以漏舶論罪斷没。爲此，於至元三十年四月十三日奏過事内一件："和尚、先生、也里可温、答失蠻每，但做買賣去呵，依着百姓每的體例裏與抽分者。商量來。"奏呵，"這的言語不曾了來那甚麽？擬定那般者。"聖旨了也。②

明確提出各種宗教人士"過番興販"要和其他百姓一樣抽分。同年六月，中書省官人又奏：

> "海答兒等管課程的説，做大買賣的是和尚、也里可温每，

---

① 《通制條格校注》卷二九《僧道·商税地税》，第718頁。
② 《元典章》卷二二《户部八·課程·市舶·市舶則法二十三條》。

却不納税呵,哏損着課程多有,執把着聖旨不肯納税,降御寶聖旨呵,怎生?"奏呵,"與者。在前已了勾當,不是咱每的言語,是成吉思皇帝聖旨有。"麼道,聖旨有來。①

這裏所説和尚、也里可温做大買賣,顯然指海外貿易而言。這些人以聖旨爲護身符(皇帝頒發給佛教、基督教寺院的護持詔書中,常有免税的字樣),不肯抽分,大大影響政府的"課程"(賦税)收入。官員們請求皇帝就此事專門頒布御寶聖旨,重申各種宗教人士做買賣經商納税的政策。忽必烈同意重申"在前已了勾當",並強調這是成吉思汗規定的,並非他的主張。同年十月初九日又有聖旨:"屬寺家的酒店、做買賣的店裏出辦的課程……盡數都交收拾者。"……"不是咱每的言語,是在先已定體例的勾當有。他每根底休與者,無那體例。"②

從以上至元三十年幾件聖旨來看,中統五年聖旨頒布後,各種宗教人士、寺院"做買賣"必須納税的規定並没有認真執行,其主要原因是皇帝不斷給他們發放護持詔書。這種情況嚴重影響朝廷的財政收入,所以至元三十年忽必烈不得不接連重申原有的"做買賣"納税(商税和抽分)的規定。

三、成宗時期的佛寺賦役

至元三十一年(1294)正月,忽必烈去世,四月,其孫鐵穆耳嗣位,是爲成宗。鐵穆耳篤信藏傳佛教,即位之初,召見西番僧人膽巴,膽巴請求蠲免僧人租賦。③ 五月十六日,鉄穆耳下旨:

---

① 《通制條格校注》卷二九《僧道·商税地税》,第723頁。
② 《元典章》卷二二《户部八·課程·酒課·寺院酒店課程》。
③ 《佛祖歷代通載》卷二二《大正藏》本。

> 成吉思皇帝、月吉合皇帝、先皇帝聖旨裏："和尚、也里可溫、先生每，不揀甚麼差發休教着，告天祝壽者。"麽道來。如今依着在先聖旨體例，不揀甚麼差發休教着者，告天祝壽者。①

忽必烈的聖旨中一再說，各種宗教人士收地税、商税是成吉思汗、窩闊台汗（月吉合皇帝）的旨意，而成宗却説成吉思汗、窩闊台汗和忽必烈都有聖旨，各種宗教人士"不揀甚麼差發休教着"。兩人對前朝皇帝的聖旨作出不同的説明。"差發"泛指賦役，意即免除一切賦役。和忽必烈晚年的聖旨相比，是一大轉變。

這道免除一切差發的聖旨，引起了朝廷中爭議。一年以後，成宗元貞元年（1295）閏四月，中書省、宣政院奏"和尚、也里可温、先生、答失蠻等，地糧、商税所辦錢物，若不再行明諭，恐在下官府合徵納者妄作免除，不應徵納者却行追收，只致使僧道人等生受，乞降聖旨"。於是成宗爲寺院賦役頒發聖旨條畫，内容共四條。其中二條是：

> 西番、漢兒、畏兀兒、雲南田地裏和尚、也里可温、先生、答失蠻，擬自元貞元年正月已前，應有已未納税地土，盡行除免税石，今後續置或影占地土，依例隨地徵税。

> 江南和尚、也里可温、先生、答失蠻田土，除亡宋時舊有常住、並節次續奉先皇帝聖旨撥賜常住地土不納租税外，歸附之後諸人捨施或典賣一切影占地畝，依舊例徵納税糧，隱匿者嚴行治罪。②

這次聖旨顯然繼承了忽必烈晚年確立的原則，即寺院原有常住地土免税，以後新添的則要納税。但按地區作了劃分，對西番

---

① 《元典章》卷三三《禮部六·釋道·僧道休差發例》。
② 《元典章》卷二四《户部十·僧道税·僧道租税體例》。

(吐蕃地區)、漢兒(北方農業區)、畏兀兒、雲南地區,元貞元年正月以前各種宗教寺院佔有的田土,不管納稅與否,一律免稅。以後添置的土地和影占的地土,都要徵稅。江南即原南宋地區,各種宗教寺院"亡宋時舊有常住"(即宋亡前已有的田土)和忽必烈賞賜的田土不納租稅,入元以後寺院通過各種方式(諸人施捨、典、買)佔有的土地都要納稅。從時間劃分來說,對前一類地區各種宗教寺院要比對江南各種宗教寺院更加優待。元朝實行四等人制度,即蒙古、色目、漢人、南人,上述規定明顯表示出對南人的歧視。這件聖旨確立的體例影響很大。按照蒙古紀年習慣,元貞元年(乙未)是羊兒年,故此後各種文書中征引時常稱之爲羊兒年聖旨。

　　同年七月,馬昔里吉思在鎮江等處建立七處也里可溫寺院,"璽書護持,仍撥賜江南官田三十頃,又益置浙西民田三十四頃,爲七寺常住"。① 馬昔里吉思向朝廷請求:"係官地内,要了合納的租子,並買來的田地的稅不納官,寺裏做香燭。"意思是七處也里可溫寺院撥賜的官田應交國家的地租都歸寺院,收買的民田不向國家交稅糧。中書省爲此上奏:"爲和尚、先生每、也里可溫、答失蠻每的商稅、地稅,久遠定體行的上頭,皇帝根底奏了,一概遍行聖旨來。若免了他的呵,比那遍行的聖旨相違者有,別個人每指例去也。依體例教納糧者。若他的氣力不敷呵,別對付着。"元成宗下旨:"是也,那般者。"② 馬薛里吉思的請求和閏四月剛頒布的聖旨顯然相違。中書省認爲,已有"遍行的聖旨",如若同意他的請求,別人亦會援例,還是依體例納糧爲好。如有困難,另行處理。元成宗同意。這是貫徹上述羊兒年聖旨所定體例的實例。

　　但是,很多宗教寺院仍然通過各種渠道獲得免除全部稅糧的護持詔書,例如五臺山大壽寧寺從大德元年至大德五年(1301)先

---

① 《至順鎮江志》卷九《寺・本府・大興國寺》,江蘇古籍出版社,1999年。
② 《通制條格校注》卷二九《僧道・商稅地稅》,第720—721頁。

後有皇帝聖旨、皇太后懿旨、帝師法旨,允許該寺"鋪馬祗應休拿者,倉糧商稅休與者"。① 這種情況很多,以致大德六年十一月,成宗"詔江南寺觀凡續置民田及民以施入爲名者,並輸租充役"。② 這道聖旨是重申元貞元年的體例。大德八年正月的一件聖旨中說:"今後衆和尚與税糧的勾當,省官人每并宣政院官人每奏來的上頭,依着羊兒年行來的聖旨體例裏行者。"③不到兩年時間兩次重申元貞元年(羊兒年)的原則。説明該體例並未得到認真執行。然而同年十一月,"丁卯,復免僧人租"。④ 這次免租無疑是指包括舊有常住和續置田土在内的全部田土,應是又一次反復。

關於做買賣納税問題,亦有變化。上述元貞元年閏四月聖旨條畫的第三條是:"和尚、也里可温、先生、答失蠻買賣不須納税,却不得將合納税之人等物貨,妄作己物夾帶影蔽。違者取問是實,犯人斷罪,物貨没官。其店肆塌房,客旅停塌物貨依例銷報納税。"據此,則各種宗教人士"買賣不須納税",但寺院所屬店肆、塌房停頓的貨物要交税。⑤ 與至元三十年的聖旨相比,這是一大改變,明顯放寬。大德四年,中書省和河南、江浙、陝西數省長官聯合上奏:"僧、道、也里可温、答失蠻,將着大錢本,開張店鋪,做買賣却不納税,他每其間夾帶着別個做買賣的人呵,難分間,多虧兑課程有。"這些官員商議提出:"僧、道、也里可温、答失蠻,自己穿的、食的、所用的買要呵,並寺院裏出産的物貨賣呵,不納呵,他每也勾也者。將着大錢本開張店鋪做大買賣不納税呵不宜。因而夾帶着不干礙的人也者。似這般的每,依例交納税呵,怎生?"⑥成宗批示:"交納

---

① 《祁林院聖旨碑》,見《常山貞石志》卷一七,清道光刊本。
② 《元史》卷二〇《成宗紀三》,第443頁。
③ 《元典章》卷三九《刑部一·刑名·和尚犯罪種田》。
④ 《元史》卷二一《成宗紀四》,第461頁。
⑤ 《元典章》卷二四《户部十·僧道税·僧道租税體例》。
⑥ 《通制條格校注》卷二九《僧道·商税地税》,第723—724頁。

税。"實際上繼續元貞元年閏四月的聖旨，允許寺院自身消費的物品和出產的物貨買賣，均可免稅，亦即是説一般的商業活動可以不納稅，但"大錢本""大買賣"要交稅。問題是如何界定"大錢本""大買賣"，顯然朝廷中有不同意見。大德五年，宣政院奏："省官人每奏過，教僧、道、也里可温、答失蠻依例納稅者。麽道，俺根底與文書來。俺與剌馬商量得，也里可温、答失蠻，將着珠答納等寶貨做買賣有，寺家的壹兩個店鋪做些小買賣，修理寺院，與上位祝壽僧人的齋糧裏用有。僧、道依在前的聖旨體例裏，不教納稅，也里可温、答失蠻，依着省官人每奏來的教納稅呵，怎生？"剌馬即喇嘛，指藏傳佛教的上層僧人。宣政院是主管佛教的機構，他們上奏顯然是針對上述大德四年的決定的。宣政院強調佛教"寺院"的店鋪做的是"小買賣"，而也里可温、答失蠻做的是各種"寶貨"的大買賣，因此建議對佛、道寺觀的商業活動免稅，而對也里可温、答失蠻的商業活動徵稅。需要説明的是，"答納"是大珠子，"將着珠、答納等寶貨做買賣有"，係指海外貿易而言。中書省就此事上奏説："俺商量來，國家費用的錢糧浩大，近年以來，所入數少，不敷支用。合依在前成吉思皇帝聖旨、哈罕皇帝聖旨、蒙哥皇帝聖旨、世祖皇帝聖旨、皇帝聖旨，已了的僧、道、也里可温、答失蠻，做買賣呵，教納商稅呵，怎生？"成宗下旨："那般者。"即照此辦理，對所有宗教人士、寺院買賣都徵稅。① 可知成宗時代，寺院的買賣，經歷了一個免稅到納稅的變化，其中矛盾錯綜複雜，有行政機構（中書省、各行省）與各種宗教之間的矛盾，也有佛教與伊斯蘭教、基督教（也里可温）之間的矛盾。但由此顯示，各種宗教寺院經商成風，不僅有國内貿易，而且有大量海外貿易，其納稅與否對國家的財政收入有直接的影響。

---

① 《通制條格校注》卷二九《僧道·商稅地稅》，第 724 頁。

元朝居民承擔的義務，除了各種賦税之外，還有役與和雇、和買。役是雜泛差役的通稱。雜泛指力役，差役指承當里正、主首、庫子等。役是政府强行攤派的，没有報酬。和雇指雇用車、牛等交通運輸工具，和買指各級衙門採購需用的物件。和雇、和買本意是自願的，政府要給予合理報酬，但實際是少給甚至不給報酬，也是强行攤派的，與雜泛差役的性質差不多，因而常常並列。雜泛差役與和雇、和買都是"隨産均當"，即按各户資産（以田土爲主）攤派。雜泛差役是相對固定的，和雇、和買大多是臨時安排的。① 雜泛差役與和雇和買是百姓的沉重負擔，常常比賦税更厲害。前引窩闊台汗己丑年十一月聖旨，僧道除地税、商税外，"其餘雜泛科差，並行免放"。意即免除雜泛差役與和雇和買。中統五年（1264）正月的聖旨，實際上繼續確認"其餘差役蠲免有來"。世祖時代各種宗教寺院都是免役的。成宗元貞元年十一月聖旨：

　　　　據中書省奏："江浙行省陳説：有力富强之家往往投充諸王位下及運糧水手、香莎糯米、財賦、醫人、僧、道、火佃、舶商等諸項户計影占，不當雜泛差役，止令貧難下户承充里正、主首，錢糧不辦，偏負生受。各處行省俱有似此户計，乞一體頒降聖旨"事。准奏。仰照勘不以是何投下諸名色影蔽有田納税富豪户計，從本省分揀，與其餘富户一例輪當里正、主首，催辦錢糧，應當雜泛差役。②

　　大德五年八月，江浙行省又上奏："先爲有力富强之家，諸色名項等户計影占，不當雜泛差役，止令貧難下户承充里正、主首，錢糧不辦，偏負生受，已嘗頒降聖旨，一例輪當。今有各管官司，往往别

---

① 參看陳高華等《中國經濟通史·元代經濟卷》，中國社會科學出版社，2007年，第461—506頁。
② 《元典章》卷二五《户部十一·影避·投下影占户計當差》。

稱事故,聞奏聖旨,執把除免,乞奏定例事。"中書省提出,包括僧、道、也里可溫、答失蠻在內"諸色影蔽有田納稅富豪户計,即與其餘富户一例輪當里正、主首,催辦錢糧,應當雜泛差役,永爲定例"。①皇帝批准。這兩件聖旨,都是針對僧、道等户包庇影占富户不當雜泛差役而發,要求查處,但對於僧、道户免役,仍是承認的。大德七年閏五月辛巳,"詔僧人與民均當差役"。② 則顯然是要僧人、佛寺與民户同樣承當雜泛差役與和雇和買。原詔已不存,但按照元朝賦役的體例,應指僧人、佛寺續置土地而言,至於原有常住田土,仍是可以免役的。這是役法的一大變化。

大德年間,鄭介夫上書,"僧道之盛,莫盛今日,而僧道之弊,亦莫甚今日"。又曰:"今僧道不蠶而衣,不耕而食,皆得全免繇稅。而愚民多以財產托名詭寄,或全捨入常住,以求隱蔽差役,驅國家之實利,歸無用之空門。視民間輸稅之外,又當里正主首,又當和雇和買,非惟棄本逐末,實是勞逸不均。今後寺觀常住稅糧,宜准古法,盡令輸官,俟其有佛法高妙、道行絶倫者,從衆推擧,然後蠲其繇役,除其稅糧,庶可養成清净之風,亦足激勵澆薄之俗也。"③

鄭介夫還主張限田。"僧道恃無差發,因而廣置田宅,侵奪民役,爲禍不小。亦宜立限,分爲三等,大寺觀不得過十頃,中止五頃,下存二頃。有過制者,依上没官,亦足以少抑僧道之僭逾也。""僧道户計,隱占過半,仍復全免,深爲不均。"④鄭介夫的建議,主要是針對僧道免役和包庇富户免役而發的。他提出寺觀交納稅糧

---

① 《通制條格校注》卷一七《賦役·主首里正》,第497頁。
② 《元史》卷二一《成宗紀四》,第452頁。
③ 鄭介夫:《上奏一綱二十目》,載《歷代名臣奏議》卷六七,上海古籍出版社影印明永樂本。
④ 鄭介夫:《上奏一綱二十目》,載《歷代名臣奏議》卷六,上海古籍出版社影印明永樂本。

和限田,亦爲了均役。由此可見當時社會輿論對僧道免役之不滿。

四、武宗至順帝時期佛寺的賦役

大德十一年(1307),成宗死,其侄海山奪得帝位,是爲武宗。十二月,武宗頒發改元詔書,其中云:"僧、道、也里可温、答失蠻,並依舊制納税。"①所謂"舊制",應是指元貞元年的羊兒年聖旨。這就否定了大德八年的免租。至大二年(1309)六月乙亥,"中書省臣言:'河南、江浙省言:宣政院奏免僧、道、也里可温、答失蠻租税。臣等議,田有租,商有税,乃祖宗成法,今宣政院一體奏免,非制。'有旨:依舊制徵之。"②顯然,在武宗即位時申明各種宗教寺院"並依舊制納税"以後,宣政院仍要求的是對所有宗教寺院田土免税,中書省反對。結果武宗同意中書省意見,仍"依舊制"。

至大四年(1311)正月,武宗去世,其弟愛育黎拔力八達嗣位,是爲仁宗。仁宗即位之初對僧人特權頗爲厭惡,嗣位後採取了一些措施,二月,"禁宣政院違制度僧",並撤消各級僧官衙門。十月丁丑,"禁諸僧寺毋得冒侵民田"。③ 此次事件經過是,至大四年十月初十日,中書省上奏說:"'和尚每根底與來的常住地土,不揀誰休爭者。'麽道,宣政院官奏過,開讀了聖旨來。將百姓每的田地,'是常住'麽道,昏賴的也有。倚着與來的常住混雜,不教爭呵,不中也者。"仁宗下旨:"不教爭呵,不中。似這般相争的,教廉訪司官歸斷者。"④

宣政院奏請佛寺常住地土"不揀誰休爭",皇帝下旨同意,這應

---

① 《元史》卷二二《武宗紀一》,第493頁。
② 《元史》卷二三《武宗紀二》,第512頁。
③ 《元史》卷二四《仁宗紀一》,第538頁。
④ 《元典章》卷一九《户部五·田宅·民田·和尚與百姓爭地》。

是武宗時代的聖旨。以此爲據，佛寺便可以"常住"爲名强佔民間的土地。這種情況顯然很嚴重，影響政府的收入。所以中書省認爲"不教争呵，不中也者"。仁宗接受中書省的建議，下旨凡佛寺與他人發生土地糾紛，由監察部門審判決斷。這件聖旨否定了"不揀誰休争"，對僧寺"冒侵民田"下達禁令，反映出佛寺兼並土地成風。

緊接着，皇慶元年（1312）四月壬午，"敕：僧人田除宋之舊有並世祖所賜外，餘悉輸租如制。"①此事經過是：

> 皇慶元年四月十七日，中書省奏："爲僧、道、也里可温、答失蠻納税糧的上頭，在先省官與宣政院官互相聞奏不一的上頭，完澤篤皇帝時分，羊兒年裏，完澤丞相等省官、答失蠻等宣政院官，吃剌思八斡即兒帝師根底商量呵，'除亡宋時分舊有常住，並奉世祖皇帝聖旨做常住與來的地土外，其餘歸附之後，諸人捨施，或典買來的，一切影占的，依舊納税糧者。'麽道，奏過定體了來。後頭宣政院官，曲律皇帝時分'休教納税者。'麽道，奏了的上頭，省官人每'依着羊兒年裏定擬了的體例，交納者'。麽道，又奏過教行了來。去年也奏來。如今江浙省官人每俺根底説將來：'僧人每休教納税者。麽道，宣政院官奏了，與了執把聖旨、懿旨有，怎生呵是？'麽道，説將來有。俺商量來：'種田納地税，做買賣納商税'，的是成吉思皇帝聖旨有。如今依着羊兒年省官、宣政院官、帝師根底商量着行來的體例裏教行，與了的執把聖旨、懿旨教拘收了。必闍赤官人每根底説了：'今後與聖旨、懿旨呵，除亡宋時分有的，並奉世祖皇帝聖旨做常住與來的外，其餘的依體例教納税糧。'明白教寫與呵，怎生？"奏呵，"那般者。依先例教行者"。麽

---

① 《元史》卷二四《仁宗紀一》，第551頁。

道，聖旨了也。欽此。①

這道聖旨透露了武宗時期到仁宗初年元朝上層關於僧人賦稅的爭論。在各種宗教寺院田土納稅問題上，中書省與宣政院的意見不同。羊兒年即元貞元年的聖旨是省官、宣政院官和帝師共同商議的結果，經成宗（完澤篤皇帝）批准，"定體了來"，具有權威性。但是在武宗（曲律皇帝）時期，宣政院官又提出"休教納稅者"，即一切宗教寺院田土全部免稅，省官則堅持按羊兒年的"體例"辦，這顯然就是上引至大二年六月的爭論。"去年也奏來"，應指至大四年十月的事。皇慶元年，宣政院官又上奏："僧人每休教納稅者。"爲此還頒發了免稅的聖旨、懿旨。江浙省官員面對前後互相矛盾的旨意，無所適從，只好向中書省請示。中書省仍然堅持羊兒年的體例，不僅提出收回"休教納稅"的聖旨、懿旨，而且要求以後發布有關寺院田土的聖旨、懿旨，必須按羊兒年體例辦。仁宗同意中書省的意見。

可以看出，宣政院官代表佛教寺院的利益，不斷爭取包括原有常住田土和續置田土在內的全部寺院田土免稅，而中書省爲了保證國家的財政收入，堅持續置田土不能免稅。對佛教頗有不滿的仁宗爲什麼一度會同意宣政院的意見？似可從佛寺免稅同時頒發聖旨、懿旨中得到解釋。聖旨出於仁宗，懿旨則是皇太后答己頒發的。答己是虔誠的佛教信徒。② 佛教上層人物要求答己出面爭取免稅，仁宗不能不同意，故有此舉。但由於中書省官員以祖宗的名義堅持原來的"體例"，仁宗於是便順水推舟，重申"依先例教行者"。

---

① 《通制條格校注》卷二九《僧道・商稅地稅》，第725—726頁。
② 有關答己信佛情況，見陳高華《中國婦女通史・元代卷》，杭州出版社，2011年，第225—226頁。

仁宗皇慶二年(1313)六月乙亥，"詔諭僧俗辨訟，有司及主僧同問，續置土田，如例納稅"。① 此事起因是仁宗廢除了僧司衙門，引起佛教上層人物不滿。"如今帝師爲頭講主每、衆和尚等交奏：'和尚每根底，交納税糧，着鋪馬祗應，寺院裏安下使臣，越着生受。經文的勾當、爲上位祈福祝壽的勾當裏，好生有阻礙。'"②仁宗下旨，就兩件事作出決定。一件是僧人詞訟，凡僧俗相争，"管民官與各寺院裏住持的和尚頭目一同問了斷者"。另一件是僧人税糧，"依着羊兒年體例，亡宋時分有來的常住田地並薛禪皇帝與來的田地内，休納税糧者。收附江南已後，諸人布施與來的、置買來的、租典來的田地有呵，依在先體例裏納税者。鋪馬祗應，不揀甚麼雜泛差發休當者"。③ 這是上層僧人又一次上訴，要求免税，仁宗則堅持原來的體例不變。延祐五年(1318)十月己丑，"敕：'僧人除宋舊有及朝廷撥賜土田免租税，餘田與民一體科徵。'"④這是又一次重申。仁宗在位九年，三次重申羊兒年體例。值得注意的是，以前只有"薛禪皇帝"（世祖忽必烈）所賜可免税，延祐五年十月聖旨却改爲"朝廷撥賜"，也就是説，忽必烈汗以後諸帝賜與佛寺的田土亦在免税之列。

英宗至治二年(1322)三月庚辰，"敕：'江浙僧寺田，除宋故有永業及世祖所賜者，餘悉税之。'"⑤泰定四年(1327)九月丙申，"禁僧道買民田，違者坐罪，没其直"。⑥ 這是用刑罰來禁止江浙僧道購買民田，前所未有，反映出佛道寺院兼並民間土地之嚴重，也説明寺院續置田土必須納税的政策没有多大效果。文宗天曆二年

---

① 《元史》卷二四《仁宗紀一》，第556—557頁。
② 《元典章》卷三三《禮部六·釋教·和尚頭目》。
③ 同上書。
④ 《元史》卷二六《仁宗紀三》，第586頁。
⑤ 《元史》卷二八《英宗紀二》，第621頁。
⑥ 《元史》卷三〇《泰定帝紀二》，第681頁。

(1329)十二月乙未,"詔:諸僧寺田,自金、宋所有及累朝賜予者,悉除其租"。① 雖是重申羊兒年體例,但其中"累朝賜予",實際是重複了延祐五年十月的"朝廷撥賜",也就是再一次肯定放寬免稅範圍。從武宗到文宗,不斷重申羊兒年體例,説明僧寺續置田土納稅問題一直未能很好執行。至正四年(1344)正月,中書省頒布了一件重要文書:

> 户部與刑部議得:"御史臺呈:'浙東道廉使張亞中等言:内外寺觀僧道,近年以來,往往續置民産,影射差徭,侵損民力。雖有禁治,終無定例。如係至元元年十一月二十二日詔書已前,除金、宋舊有常住田土外,以後增置者,即係立革之後,擬合立限勒令吐退,令元主備價收贖。如主貧乏,聽所在官司給據,賣與無違礙之家,隨産納稅當差。限外不行吐退者,嚴加禁治。今後明著革限,僧道不得置買民産,違者許諸人陳告,買主賣主各決五十七下,知情説合牙見人等,減罪二等,價鈔没官,一半付告人充賞。依例改正,仍舊當差納稅,誠爲官民兩便。'以此參詳,國家經費,賦役爲先,僧道身處空門,往往置買民田,影避差徭,靠損民力。合准廉使張亞中等所言,自立限以後,僧道不得置買軍民站赤一應當差田産,違者買主賣主各決五十七下,牙見説合人等各減二等。其價没官,實爲官民兩便。"都省准擬。②

這件文書主旨是禁止僧道置買田産,違者重罰。説明羊兒年聖旨所定體例即"常住"免稅、續置納稅已經完全失敗。元朝政府不得不另謀對策,企圖從源頭盤入上解决問題。泰定四年九月

---

① 《元史》卷三三《文宗紀二》,第746頁。
② 《至正條格・斷例》卷七《户婚・僧道不許置買民田》,韓國韓國學中央研究院刊本。

的禁令開其端,經過文宗時期的反復,此時又重新提出來。但此時元朝統治已處於風雨飄搖之中,這些亡羊補牢的政策實際上不可能得到認真的貫徹,效果有限,很快全國性的農民戰爭便爆發了。

在買賣納税方面,延祐元年七月,元朝頒布新的市舶法則,其中一條是:"諸王、駙馬、權豪勢要、僧、道、也里可温、答失蠻諸色人等,下番博易到物貨,並仰依例抽解。如有隱匿,不行依理抽解,許諸人首告,取問是實,錢物没官,犯人決壹百柒下,有官者罷職,仍於没官物内,壹半付首告人充賞。若有執把免抽聖旨、懿旨,仰行省、宣慰司、廉訪司就便拘收。"①可以説延續了至元三十年市舶法則的有關規定,即宗教人士從事海外貿易必須納税(抽分)。不同的是,三十年法則説:"如無執把聖旨許免抽分明文,仰市舶司抽分。"即有免抽分的聖旨可免抽分。新的規定則是説:"若有執把免抽聖旨、懿旨,仰行省、宣慰司、廉訪司就便拘收。"即持有免抽分的聖旨、懿旨亦無效,都要收回。顯然,比起以前來更爲嚴厲。對照上述皇慶元年四月的争論,是要拘收允許僧人免税的聖旨、懿旨,兩者是很相似的。即答己要給予宗教人士更多的優遇,而仁宗則在同意以後又加以改正。

除了海外貿易,對於各種宗教寺院的國内商業活動,仁宗、泰定帝繼續執行買賣納商税的政策。仁宗延祐五年二月乙卯,"敕上都諸寺、權豪商販貨物,並輸税課"。② 延祐七年十一月庚辰,"禁京城諸寺邸舍匿商税"。③ 泰定元年四月丙寅,"税僧、道邸舍積貨"。④ 文宗即位後,天曆二年三月丁丑,"僧、道、也里可温、尤忽、

---

① 《通制條格校注》卷一八《關市·市舶》,第533—534頁。
② 《元史》卷二六《仁宗紀三》,第582頁。
③ 《元史》卷二七《英宗紀一》,第607頁。
④ 《元史》卷二九《泰定帝紀一》,第646頁。

答失蠻爲商者，仍舊制納稅"。① 但不久即有改變。至順二年三月丙戌，"中書省臣言：'宣課提舉司歲榷商稅，爲鈔十萬餘定，比歲數不登，乞凡僧道爲商者，仍徵其稅。'有旨：'誠爲僧者，其仍免之。'"②值得注意的是，"仍徵其稅"說明"僧道爲商"在此以前已經免納，而文宗的旨意是僧人繼續免納，顯然道士經商則需照原例納稅。此前免納始於何時已不得知，但亦應經皇帝同意，故此時需重新請示。由此，可以認爲，在文宗時期始，僧人經商可免稅，這又是一個變化。從而至少部分地破壞了長期以來各種宗教人士買賣納商稅的體例。

仁宗時代，僧人、佛寺免役規定發生變化。皇慶二年（1313）六月十七日的聖旨，重申寺院納糧依羊兒年體例，"鋪馬祇應，不揀甚麼雜泛差發休當者"。③ 延祐元年（1314），帝師上奏："河西田地裏有的僧人每，當着差發、稅糧、鋪馬、掃里，好生的生受有。依着其餘和尚每的例，不揀甚麼差發休教當者。"中書省認爲，河西人口稀少，當地和尚多半有妻子，還是按原來體例辦。仁宗決定："有妻室的每教當差發、稅糧、鋪馬、掃里者，無妻室的和尚每，休教當者。"④河西地區即原西夏地區的無妻室的党項僧人，也獲得免役的待遇。延祐五年十一月，又就僧、道免役一事頒布聖旨：

> 延祐五年十一月十一日，中書省奏奉聖旨節該："今後依着累次行來的聖旨，民間但是和雇和買、里正主首雜泛差役，除邊遠軍人，大都至上都其間自備首思站户，諸處寺觀南方自亡宋以前，腹裏、雲南自元貞元年爲格，舊有常住并上位撥賜田土除差外，據邊遠軍人元籍去處各有贍軍產業，那裏既已優

---

① 《元史》卷三三《文宗紀二》，第732頁。
② 《元史》卷三五《文宗紀四》，第779頁。
③ 《通制條格校注》卷二九《僧道·詞訟》，第713頁。
④ 《通制條格校注》卷二九《僧道·河西僧差稅》，第715頁。

免了,這軍官、軍人并僧道人等續置了百姓每的當差田地,及財賦總管府承佃附餘地土,並與其餘軍、站、民、匠、醫、儒、竈户、運糧舡户、各枝兒不以是何户計,都交隨產一例均當呵,怎生?"奉聖旨:"那般者。"麼道,聖旨了也。①

可知這次的聖旨,一是重申寺觀免税的範圍,二是強調續置的納税土地必須應當和雇和買、雜泛差役。延祐七年六月辛酉,"詔免僧人雜役"。② 顯然是對前一年聖旨的否定。泰定二年(1325)正月乙未,"中書省臣言:'江南民貧僧富,諸寺觀田土,非宋舊置並累朝所賜者,請仍舊制與民均役。'從之"。③ 按:泰定元年六月,"帝以災異,詔百官集議",中書省臣張珪等上奏百官"集議"的意見,其中之一是:"世祖之制:凡有田者悉役之,民典賣田,隨收入户。鐵木迭兒爲相,納江南諸寺賄賂,奏令僧人買民田者,毋役之以里正主首之屬,迄今流毒細民。臣等議:惟累朝所賜僧寺田及亡宋舊業,如舊制勿徵;其僧道典買民田及民間所施產業,宜悉役之,著爲令。"④泰定帝應是採納"集議"的意見,下令僧寺續置土地與民均役。這是恢復原來的制度。

文宗天曆二年(1329)十二月,甲申,"詔僧尼徭役一切無有所與"。乙未,"詔:'諸僧寺田,自金、宋所有及累朝賜予者,悉除其租。其有當輸租者,仍免其役。僧還俗者,聽復爲僧。'"⑤甲申是十二月初二,乙未是十二月十三日。甲申詔是免除僧尼一切徭役,應包括雜泛差役與和雇和買。乙未詔是將僧寺田土分成兩類,一類是"常住田土"和朝廷賜田,按例可以免租(地税),當然也可以免役;另一類是"當輸租者"即後來續置的田土,本應當役,亦免其

―――
① 《元典章》卷三《聖政二・均賦役》。
② 《元史》卷二七《英宗紀一》,第603頁。
③ 《元史》卷二九《泰定帝紀一》,第653頁。
④ 《元史》卷一七五《張珪傳》,第4074、4082頁。
⑤ 《元史》卷三三《文宗紀二》,第746頁。

役。實際上就是説佛寺所有田土，都可免役。甲申詔和乙未詔實際上是一回事。很可能，甲申詔頒發以後，朝廷官員中有不同理解，因而十天以後再下詔説得更明確。

到了順帝時期，元朝關於佛寺賦役的政策發生重大變化。元統二年（1334）正月癸卯，"敕僧、道與民一體充役"。[1] 即僧道與民户同樣待遇，全部田土（包括舊有"常住"和續置）均需應當雜泛差役與和雇和買。這顯然是對文宗時代僧寺免役的否定。但長期以來僧寺道觀的續置田土當役都無法實行，要求"與民一體充役"肯定是困難重重。

綜上所述，可知有元一代，圍繞僧人、佛寺的納税、免税和當役、免役，一直存在爭論。帝師、宣政院爲一方，要爲僧人、佛寺爭取盡可能多的利益；中書省爲另一方，爲了保證財政收入和統治機構的運轉，必須對僧人、佛寺的經濟活動加以必要的限制。元朝諸帝崇佛，經常依違於兩者之間，既要給佛教寺院種種待遇，又要國家機器能夠運轉，於是有關佛寺賦役的政策，便不斷改變，多次反復。這在中國歷史上是罕見的。納、免之爭，中心是佛寺續置土地的待遇問題。而續置土地的實質，則是佛寺對民間土地的兼并。從僧人、佛寺賦役的前後演變，可以説明佛教在元代的特殊地位；同時也有助於我們認識元代的經濟關係。

（原刊於《北京聯合大學學報》2013年第3期）

---

[1] 《元史》卷三八《順帝紀一》，第820頁。

元代内遷畏兀兒人與佛教

回紇在漠北時信奉摩尼教。9世紀回紇西遷，一支來到高昌（今新疆吐魯番）、別失八里（今新疆吉木薩爾）一帶定居，史稱高昌回鶻。高昌地區原來流行佛教和摩尼教，回鶻人西遷之初，兩教並行，後來逐漸以信奉佛教爲主。13世紀初，蒙古興起。此時的高昌回鶻在漢文文獻稱爲畏兀或畏兀兒，歸附蒙古。有元一代，由於各種原因，很多畏兀兒人相繼遷入内地，生活在中原、關隴以及江南各地，定居下來。

近年元代畏兀兒人的研究取得顯著的進步。拜讀時賢的有關著作，獲益良多，但其中有些問題，似尚有討論的餘地。現在試就内遷畏兀兒人與佛教的關係作一些探討，①希望有助於元代民族史和宗教史研究。

一

元代的文獻叙述畏兀人狀況時説："其國俗素重佛氏。"②内遷的畏兀兒人的宗教信仰也以佛教爲主。内遷畏兀兒人入仕者頗

---

① 有關論著涉及元代畏兀兒宗教者頗多，其中楊富學的《回鶻文獻與回鶻文化》（民族出版社，2003年）論述比較全面，資料豐富，很有價值。
② 歐陽玄：《高昌偰氏家傳》，《圭齋文集》卷一一，《四部叢刊》本。

多，在元朝政治生活中扮演不容忽視的角色。① 入仕的畏兀兒人有一部分進入元朝政權高層。根據記載，其中有些人以佛教爲晉身之階，有的則從事佛教管理職務。著名蒙古史學家屠寄説："有元一代，畏兀文人入中國者，如安藏、阿魯渾薩理、潔實彌爾等皆通知内典，傳譯經論。"②三人都與佛教有密切關係，但情況有别，安藏與阿魯渾薩理均以佛學得以入仕，但安藏入仕後從事傳譯經論之事，阿魯渾薩理則逐漸進入政權核心；潔實彌爾入仕情況不詳，入仕後從事佛教管理事務。

畏兀兒人安藏是元初政壇上一個奇特的人物。他的生平主要見程鉅夫撰《神道碑》。碑文中説，安藏五歲"聞父兄講誦經論即了大義，九歲始從師力學，一目十行俱下，日記萬言。十三，能默誦《俱舍論》三十卷。十五，孔、釋之書皆貫穿矣。十九，被征，召對稱旨，爲特賜坐。世祖即位，進《寶藏論玄演集》一十卷，嘉嘆不已……遂譯《尚書無逸篇》《貞觀政要》《申鑒》各一道以獻，上深納之"。《俱舍論》即《阿毗達磨俱舍論》，三十卷，六百頌，古印度世親著。漢文本係唐代高僧玄奘譯。《寶藏論》係後秦僧肇撰。《寶藏論玄演集》疑是安藏闡述《寶藏論》要旨的一部作品。後來安藏"奉詔譯《尚書》《資治通鑑》《難經》《本草》。成，進承旨，加正奉大夫，領集賢院、會同館道教事"。正奉大夫階從二品。程鉅夫評論説："始以佛法見知天子，至於忠言讜議、敷弘治化者，孳孳焉，悃悃焉，悉本乎孔氏。孔、釋之道，克協於一。"③顯然，安藏最初爲忽必烈信用是與"佛法"有密切關係的。

程鉅夫記述安藏的生平，過於簡略，元代其他文獻中有關安藏

---

① 尚衍斌的《元代畏兀兒研究》（民族出版社，1999年）對此有所論述，見該書第五章《元代中書省及各行省的畏兀兒大臣》、第六章《元代内遷畏兀兒仕宦研究》。
② 屠寄：《蒙兀兒史記》卷一一八"論曰"，中國書店，1984年。
③ 程鉅夫：《秦國文靖公神道碑》，《雪樓集》卷九，清宣統影洪武本。

的記載有限,有不少問題還有待研究。(1) 有的論文説:"安藏,又名安藏札牙答思。"①這是有問題的。原文没有註明此説根據,估計是根據《元史》(中華書局點校本)卷一三四《迦魯納答思傳》得出的結果。點校本傳文云:"翰林學士承旨安藏札牙答思薦於世祖,召入朝。"其實,標點有誤,安藏與札牙答思是兩個人。忽必烈在至元二十二年下令對各種文字佛典加以對勘,後來編成《至元法寶勘同總録》一書。"奉詔旨編修執筆校勘譯語證義諸師名銜"中,有"翰林學士承旨正奉大夫安藏",又有"北庭都護府通顯密教講經律論沙門齋牙答思"。② "齋牙答思"即札牙答思。③ (2) 碑文説"召對稱旨,爲特賜坐"接着便説"世祖即位",令人聯想以爲安藏是忽必烈招聘而來。這是可疑的。衆所周知,蒙哥汗時代,忽必烈在開平(後來的上都,今内蒙古正藍旗境内——引者)主持佛、道二教辯論,這是元代宗教史上的大事。此事起因是,佛教少林長老福裕"因見其本謗訕佛門,使學士安藏獻呈阿里不哥大王,訴其僞妄。大王披圖驗理閲實甚虚,乃奏天子備陳詐冒,破滅佛法,敗傷風化。天子未詳真僞,俾召少林長老及道士李志常於大内萬安閣下,共丞相鉢剌海、親王貴戚等,譯語合剌合孫,並學士安藏,帝御正殿對面窮考,按圖征詰"。④ 此事發生在乙卯年(1255)八月。成吉思汗幼子拖雷與正妻唆魯禾貼尼生有四子,即蒙哥、忽必烈、旭烈兀、阿里不哥。1251年蒙哥即蒙古大汗位,忽必烈和阿里不哥都是宗王(上述文字是忽必烈即位後所作,文中的"天子""帝"都指忽必烈)。少林長老福裕揭發全真教問題的材料通過學士安藏送到阿里不哥手中,再由阿里不哥轉交忽必烈,説明安藏與阿里不哥的關係非同

---

① 王紅梅:《元代畏兀兒翻譯家安藏考》,《敦煌學輯刊》2008年第4期,第75頁。
② 《至元法寶勘同總録》卷一,《磧砂藏》本。
③ 本文作者過去編著的《元代維吾爾哈剌魯資料輯録》一書(新疆人民出版社,1986年)亦採用中華點校本的標點,後來纔發現有問題。
④ 《至元辯僞録》卷三,《磧砂藏》本。

一般,他"十九被征",應是阿里不哥的徵召。①《神道碑》中説:"親王阿里不哥潛謀不軌,天子重以骨肉之情,命公往調護之,而反狀益聞。乃遣近侍孟速思、帖木不花亟召之還,曰:'毋害善人。'"因爲安藏與阿里不哥有特殊關係,所以會被派遣前去"調護"。這段記載隱約透露了安藏的特殊身份。顯然,他在兄弟相争時站到忽必烈一邊,所以後來受到忽必烈的信用。(3)碑文中説:"其門徒之賢者,則太師天藏沙津密護持爲之首。"有一種意見認爲"沙津密護持"系"沙津愛護持"之誤,"天藏"是"三藏"之誤;此門徒即有"沙津愛護持"和"三藏國師"稱號的畏兀兒僧人必蘭納識里。② 這是有問題的。程鉅夫在仁宗延祐三年(1316)奉命作安藏神道碑文,五年(1318)去世。必蘭納識里於英宗至治三年(1323)"特授沙津愛護持",至順二年(1331)加號三藏國師。③ 程鉅夫不可能將在他死後發生的事情寫進他的文章裏。而且必蘭納識里並没有"太師"的頭銜。這個"太師天藏沙津密護持"應另有其人。

畏兀人阿魯渾薩理的祖父阿台薩理"精佛氏學",其父乞台薩理"襲先業,通經、律、論……至元十二年入爲釋教都總統,拜正議大夫、同知總制院事,加資德大夫、統制使"。統制使是總制使之誤,總制使是佛教管理機構總制院的正官。資德大夫階正二品。乞台薩理是元代前期佛教界的重要領袖人物。阿魯渾薩理出身於畏兀佛教世家,自己又"受業於國師八哈思巴,既通其學,且解諸國語。世祖聞其材,俾習中國之學,於是經、史、百家及陰陽、曆數、圖緯、方技之説皆通習之"。他先列名太子真金怯薛,至元二十年(1283)"宿衛内朝",也就是調入忽必烈的怯薛,從此飛黄騰達,數

---

① 安藏曾受阿里不哥之命,將《華嚴經》譯爲畏兀兒文(羽田亨:《トルコ文華嚴経の斷簡》,《羽田博士史學論文集》下卷,第183—205頁,京都,東洋史研究會,昭和三十三年)。亦可説明安藏與阿里不哥的特殊關係。
② 《元代畏兀兒翻譯家安藏考》。
③ 《元史》卷二〇二《釋老傳》,第4520頁。

年之内，官至榮禄大夫（從一品）、平章政事。上升速度之快在政壇上是罕見的。二十八年（1291）權臣桑哥失勢被殺，阿魯渾薩理受牽連，一度被貶。成宗時重新起用，復拜中書平章政事。乞台薩理"業既成，師名之曰萬全"。時人便以"全"爲他的姓，世代相傳。①全氏家族是元代最顯赫的畏兀兒家族之一。阿魯渾薩理的進入仕途，與他的佛教家世與佛學修養分不開。

屠寄提到的另一個以佛教爲進身之階的畏兀兒人是潔實彌爾。元代管理佛教事務的機構有總制院（後改宣政院）、功德使司和延慶司，但先後有一些變化。"至元初，立總制院而領以國師。"②"總制院者，掌浮圖氏之教，兼治吐蕃之事。"③至元十七年（1280）三月乙卯，"立都功德使司，從二品，掌奏帝師所統僧人並吐番軍民等事"。④按此記載，則總制院與功德使司都是管理佛教（僧人）和吐蕃之事，其職能區別何在，是不清楚的。後來總制院改名宣政院："二十五年，因唐制吐蕃來朝見於宣政殿之故，更名宣政院。""宣政院，秩從一品。掌釋教僧徒及吐蕃之境而隸治之。"⑤但功德使司仍然保存。忽必烈在至元十九年（1282）建立詹事院，"備左右輔翼皇太子之任"，實即管理與皇太子真金有關的一切事務。至元三十一年，"太子裕宗既薨，乃以院之錢糧選法工役，悉歸太后位下，改爲徽政院以掌之"。此後幾度改置。延慶司是詹事院下屬的一個機構，"秩正三品，掌修建佛事。……至元二十一年始立，隸詹事院。三十一年，隸徽政院。大德十一年，立詹事院，別立延慶司，秩仍正三品，置卿、丞等員"。⑥畏兀人潔實彌爾入仕之初"給事東

---

① 《元史》卷一三〇《阿魯渾薩理傳》，第3174頁。趙孟頫：《全公神道碑》，《趙孟頫文集》卷七，《四部叢刊》本。
② 《元史》卷八七《百官志三》，第2193頁。
③ 《元史》卷二〇五《姦臣傳·桑哥》，第4570頁。
④ 《元史》卷一一《世祖紀八》，第223頁。
⑤ 《元史》卷八七《百官志三》，第2193頁。
⑥ 《元史》卷八九《百官志五》，第2243—2244頁。

宫"。"中書省奏立延慶司,授公朝列大夫、同知延慶司事。"朝列大夫階從四品,這應該是延慶司初建時的任命。成宗時,"授資善大夫、同知宣政院事,領延慶使……進授榮禄大夫、宣政使,領延慶使。至大初,命譯佛經,賜鈔五萬貫。興聖太后謂公爲先太后舊臣,復令領延慶使……延祐間……仍舊職,而升延慶司爲正二品"。① 資善大夫階正二品,榮禄大夫階從一品。潔實彌爾在延慶司初立時爲同知延慶司事,後來升爲延慶使,並兼任宣政院同知、宣政使,任職時間在二十年以上,官階由從四品升到從一品,但始終不曾離開延慶司。他的仲兄玉篤實,"官於功德使司,初以奉訓大夫爲經歷,未幾,同知司事,轉少中大夫。繼授正議大夫,同知總制院。又授正奉大夫、宣政副使,而同知功德使事並如前。後乃同知宣政院事,轉資政大夫、資德大夫"。資政大夫、資德大夫均爲正二品。潔實彌爾之子答兒麻失里,官至榮禄大夫、宣政院使,和其父同。② 一家父子兄弟三人長期在宣政院、功德使司、延慶司擔任重要職務,這樣狀況在元代是不多見的,其與佛教關係之密切可以想見。

除了屠寄所説三人之外,畏兀兒人孟速思、脱列、迦魯納答思、必蘭納失里等人的入仕也有深厚的佛教背景。

孟速思是"別失八里人,世出畏吾兒族……父諱阿里息思,爲本部都統"。③ "太祖時,國字未立,凡詔誥、典祀、軍國期會,皆襲用畏兀書,時武都智敏王(即孟速思——引者)居部中,年十五,盡通其學,冠諸部,名動京師。乃征詣闕,召對稱旨,詔侍睿宗。世祖南征,以爲斷事官。及即位,有翼戴之勤,再命爲丞相,不拜。然内

---

① 吴澄:《齊國文忠公神道碑》,《吴文正公集》卷三二,明成化刊本。
② 吴澄:《齊國文忠公神道碑》。
③ 程鉅夫:《武都智敏王述德之碑》,《雪樓集》卷六。

外尊禮,咸視丞相"。① 孟速思是成吉思召致的,"詔侍睿宗"。"睿宗"即成吉思汗第四子、忽必烈之父拖雷。孟速思之子阿失帖木兒後來"爲裕宗宿衛起家"。"裕宗"即忽必烈之子真金。由此似可推知,孟速思應是拖雷怯薛的成員,拖雷死後轉入忽必烈怯薛。孟速思有兩個妻子,一個妻子是畏兀人,另一個妻子怯牒倫,"甕吉剌氏,昭睿順聖皇后諸妹也"。② "昭睿順聖皇后"就是忽必烈的皇后忽必。蒙古甕吉剌部首領"生女世以爲后,生男世尚公主"。③ 孟速思能與甕吉剌首領家族連姻,可見其與忽必烈有着非同尋常的關係。

有關文獻説孟速思進用是因爲他精通"畏兀書",没有提到佛學。但這個家族與佛教有很深的淵源。孟速思之父阿里息思"爲本部都統",高昌回鶻時期,著名佛經翻譯家僧伽薩里(勝光法師)便稱爲都統,④ 這應是當地僧官的一種稱號。也就是説,孟速思之父阿速息思應是别失八里的僧官。有意思的是,在《至元法寶勘同總録》的"諸師名銜"中,"翰林學士嘉議大夫脱因都統奉詔譯畏兀兒語",這個"脱因都統"無疑就是孟速思的長子脱印。⑤ 脱因(印)有"都統"的頭銜,很可能這是家族世襲的稱號。20 世紀初,在新疆吐魯番發現木刻版畫,上面有 47 個人像,都是孟速思家族的成員。其中有的人物穿僧衣,有的在行香,多數人都合掌。研究者定

---

① 程鉅夫:《武都忠簡王神道碑》,《雪樓集》卷七。
② 程鉅夫:《武都忠簡王神道碑》,《雪樓集》卷七。
③ 《元史》卷一一八《特薛禪傳》,第 2915 頁。
④ 耿世民:《回鶻文〈玄奘傳〉及其譯者勝光法師》,《新疆文史論集》,中央民族大學出版社,2001 年,第 330 頁。
⑤ 《至元法寶勘同總録》卷一。楊富學先生説:"脱因,疑即虞集《道園學古録》卷一六《大宗正府也可札魯火赤高昌王神道碑》中的脱因……雖二者時代相合,但名銜有別。録此存疑。"(《回鶻文獻與回鶻文化》,第 213 頁)按,虞集文中的脱因,是個"善騎射""以謀勇見任使"的人物。其家族歷任顯職,均與佛教無關。

名爲《孟速思家族供養圖》。① 此圖充分説明孟速思家族與佛教的關係。上述戊午年(1258)開平舉行的僧道辯論,"共爲證義"者有"丞相蒙速速",顯然就是孟速思。②

孟速思的長子脱因先後在功德司、宣政院任職。至元"十八年九月,都功德司脱因、小演赤奏言"。③ 這是文獻中關於都功德使司官員名字的首次記載。但有關記載没有説明脱因擔任都功德司的何種職務。至元二十四年十一月壬辰,"以桑哥爲金紫光禄大夫、尚書右丞相,兼總制院使,領功德使司事"。④ 至元二十五年,"桑哥又以總制院所統西蕃諸宣慰司,軍民財穀,事體甚重,宜有以崇異之,奏改爲宣政院,秩從一品,用三臺銀印。世祖問所用何人,對曰:臣與脱因。於是命桑哥以開府儀同三司、尚書右丞相,兼宣政使,領功德司事,脱因同爲使"。⑤ 桑哥是忽必烈寵信的權臣,他推薦脱因任宣政院使,無疑與脱因的家世有關。不久桑哥失勢被殺,脱因擔任此職到何時是不清楚的。

畏兀兒人脱烈曾任功德使。據記載:"公諱達里麻吉而的,世爲回紇人……父脱烈,世祖皇帝求賢四方,高昌王以脱烈應詔。既見上,奏對稱旨,以爲御位下怯里馬赤,備宿衛。尋擢嘉議大夫、功德使,領帝師堂下兼奏吐蕃事。丞相桑葛微時嘗依功德使,後燭其憸衺,絶不與通。桑葛憾之。已而桑葛驟見信用,且嫉其能出己上,即搆誣以罪……桑葛既誅之明年,授公奉議大夫、功德副使。"⑥ 另有記載云:"夫人偉月倫石護篤,字順貞,系出偉吾氏……

---

① 北村高:《關於孟速思家族供養圖》,《元史論叢》第 5 輯,中國社會科學出版社,1993 年。
② 《至元辯僞録》卷三。
③ 《至元辯僞録》卷五。
④ 《元史》卷一一四《世祖紀十一》,第 301 頁。
⑤ 《元史》卷二〇五《姦臣傳·桑哥》,第 4574 頁。一説桑哥也是畏兀兒人,但目前尚無定論。
⑥ 危素:《古速魯公墓誌銘》,《危太樸文續集》卷五,《嘉業堂叢書》本。

祖諱脱烈,事世祖皇帝爲功德使,以勞績被褒錫甚厚。桑葛秉政,嫉其能而惡其不已,誣構以罪,遂遇害。"①可知畏兀兒人脱烈曾爲功德使,因遭桑哥陷害被忽必烈處死。據《元史·世祖紀》:至元十九年十一月戊寅,"罷都功德使脱烈,其修設佛事妄費官物,皆征還之"。② 此事應即脱烈被處死的前奏。脱烈之妻"阿里合赤,贈中書右丞相蒙速思公之女"。③ 蒙速思即孟速思。脱烈是孟速思的女婿,兩個連姻的畏兀兒家族分別掌管宣政院和功德使司的要職。

迦魯納答思"畏吾兒人,通天竺教及諸國語。翰林學士安藏、札牙答思薦於世祖,召入朝"。迦魯納答思奉世祖命向西番國師學"其法"及其語言文字,翻譯經典和外國表章。擢翰林學士承旨、中奉大夫,階從二品。成宗時遷榮禄大夫(從一品)、大司徒。仁宗時加開府儀同三司(正一品)。④ 至元二十四年《勘同總録》的"諸師名衔"中稱:"北庭都護府通二國言音解顯密教迦魯拏答思奉詔譯西蕃語。"⑤"西蕃語"即藏族語言文字。他没有其他頭衔,似可認爲,此時剛被引進。後來他官至一品,在畏兀兒文臣中是異數,只有必蘭納識里可以比擬。

必蘭納識里"初名只剌瓦彌的理,北庭感木魯國人。幼熟畏兀兒及西天書,長能貫通三藏暨諸國語。大德六年,奉旨從帝師授戒於廣寒殿,代帝出家,更賜今名"。仁宗時授光禄大夫(從一品),進"授開府儀同三司,仍賜三臺銀印,兼領功德使司事"。開府儀同三司階正一品。"至治三年,改賜金印,特授沙津愛護持,且命爲諸國引進使。至順二年,又賜玉印,加號普覺圓明廣照弘

---

① 黄溍:《魏郡夫人偉吾氏墓誌銘》,《金華先生文集》卷三九,《四部叢刊》本。
② 《元史》卷一二《世祖紀九》,第248頁。
③ 《古速魯公墓誌銘》。
④ 《元史》卷一三四《迦魯納答思傳》,第3261頁。
⑤ 《至元法寶勘同總録》卷一。

辯三藏國師。"玉印是帝師纔享有的待遇。其聲勢之顯赫，僅次於帝師。至順三年因捲入宗王謀反案被殺。① 從大德六年（1302）到至順三年（1332），必蘭納識里充當佛教界領袖人物達三十年之久。

上面所述是元朝上層中一些與佛教有特殊關係的人物。還有一些與佛教有關的機構，畏兀兒人也參與管理："畏吾兒僧閭閭，嘗爲會福院提舉，乃國朝沙津愛護持（漢名總統）南的沙之子。世習二十弦（即箜篌也），悉以銅爲弦。余每叩樂工，皆不能用也。"②"至元十一年建大護國仁王寺及昭應宮，始置財用規運所，秩正四品。十六年，改規運所爲總管府。至大元年，改都總管府，從二品。尋升會福院，置院使五員。延祐三年，升正二品。天曆元年，改爲會福總管府，正三品。"③大護國仁王寺和昭應宮是忽必烈時代建立的皇家寺院，佔有大量資產。會福院就是掌管寺院資產的機構，所以僧人閭閭能在其中任職。畏兀人買閭，曾"事仁廟於東宮"，歷任多種職務。"大承華普慶寺者，仁廟所建佛祠也。出金谷之產以資之，豐贍無算，特命以爲都總管。仁廟賓天，奉神御於寺中，至今領焉。"④大承華普慶寺也是一所皇家佛寺。大承華普慶寺都總管府後改名崇祥總管府，秩正三品。⑤ 其性質與會福院同。

綜上所述，有兩種現象值得重視。首先，兼通佛學和多種語言文字，是這一時期不少畏兀兒人共有的文化特色。安藏、阿魯渾薩里、孟速思、迦魯納答思、必蘭納識里都是如此。功德使脫烈曾爲"御位下怯里馬赤"，"怯里馬赤"意爲通事，即口譯者，顯然也是兼

---

① 《元史》卷二〇二《釋老傳》，第 4520 頁。
② 楊瑀：《山居新話》，《知不足齋叢書》本。
③ 《元史》卷八七《百官志三》，第 2208 頁。
④ 虞集：《大宗正府也可札魯火赤高昌王神道碑》，《道園學古錄》卷一六。
⑤ 《元史》卷八七《百官志三》，第 2309 頁。

通二者。① 在畏兀兒人原來生活的高昌、北庭等地，學習佛學是畏兀兒人學習文化的主要途徑。漢地和吐蕃地區的佛學已有悠久的傳統，具有龐大的體系和衆多的經典。畏兀兒地區的佛教的知識積累則相對薄弱，畏兀兒人要想在佛學上有所成就，必須諳習二種甚至更多的語言文字。這就是衆多畏兀兒名家二者兼通的原因所在，也可以視爲這一時期畏兀兒佛教一大特色。"今高昌之人，内侍禁近，外布行列，語言文字之用，尤榮於他族，而其人亦多貴且賢。"②畏兀兒人爲元朝統治者擢用，往往因爲同時擅長二者。其次，元朝中樞管理佛教的各種機構中，畏兀兒人都佔有重要地位，有的任職二、三十年，有的父子叔侄相繼任職。甚至到元朝末年，還有畏兀兒人擔任宣政院使。③ 長期以來，討論元朝佛教的管理，大多注意吐蕃僧人的地位和作用，近年党項僧人的地位亦受到重視，其實畏兀兒人在其中的影響是不能低估的。

至於元朝中央機構中任職的其他畏兀兒官員，信奉佛教，無疑也是普遍的。可以舉一些例子。畏兀人亦黑迷失，他的生平主要見《元史》本傳。此人"至元二年，入備宿衛"。後來多次奉命出使海外，世祖末，"以榮禄大夫、平章政事爲集賢院使，兼會同館事"。④ 傳文没有提到他的宗教信仰，但其他資料説明他曾從事多項佛事活動，如資助佛經出版、捐資建寺、看經等（見本文第三部分），無疑是虔誠的佛教徒。又如，元末畏兀兒人阿憐帖木兒，"善國書"，明宗、順帝都尊之爲師。元統二年四月中書省拘收部分賜

---

① 關於怯里馬赤（通事），可參看蕭啓慶《元代的通事和譯史》（見《元朝史新論》，臺北允晨文化實業有限公司，1999年，第323—384頁）。
② 虞集：《大宗正府也可札魯火赤高昌王神道碑》，《道園學古錄》卷一六。
③ 元朝末年，沙剌班（阿憐帖木兒之子）"累拜中書平章政事、大司徒、宣政院使"（《元史》卷一二四《哈剌亦哈赤北魯傳》），第3048頁。
④ 《元史》卷一三一《亦黑迷失傳》，第3199頁。

與權貴的地土，其中"阿憐帖木兒八哈赤寺的五十頃田內，二十五頃還官"。① 八哈赤即師傅，阿憐帖木兒八哈赤寺應是阿憐帖木兒修建或他爲主持的佛寺，故以他的名字稱呼。這和下面將要提到的"沙藍藍姑姑寺"相似。阿憐帖木兒或曾出家，至少也是個虔誠的佛教徒。

元代，畏兀兒人出任各級地方官員者爲數甚多，從現有文獻即可看出他們中有不少佛教信徒。可以浙西爲例。天目山的中峰明本是元代中期江南禪宗的代表人物。中峰去世以後，天如惟則主持平江師子林，實際上成爲中峰的繼承人。在中峰、天如的衆多弟子中，有不少畏兀兒官員。在向天如"執弟子禮"的行省平章中，有"江浙之道童"，②就是"高昌人"。③ 畏兀兒人阿台脫因，曾任江浙、江西行省平章，封秦國公。其子買住號簡齋，曾任江西行省平章。孫普達實立，任浙東海右廉訪副使。④ 祖、孫三代與中峰、天如師徒有很深的淵源。⑤ 買住説："予胄出高昌，依佛爲命。""昔普應國師倡道天目，時予先君秦國公方平章江浙，以其素學參扣於國師。"普應國師即中峰明本。阿台脫因曾專門到天目山參拜。買住則與天如關係密切，"所寓與師林相密邇，時時扣門瞻禮請益"。他爲天如"手書二扁，名説法之堂曰立雪"，取程門立雪之意，表明對天如的敬仰。⑥ 另據記載："普達實立副使、脫鐵睦爾副使、買奴海牙同知、茫哥剌宣差、馮總管等率衆官士大夫來師子林設齋，請普説。"⑦"普説"就是解説佛法。天如與普達實立有書信往來，信中

---

① 《至正條格·條格》卷二五《田令·拔賜田土》，韓國韓國學中央研究院校注本。
② 歐陽玄：《師子林菩提正宗記》，《天如和尚語録》附録，《續藏經》本。
③ 《元史》卷一四四《道童傳》，第3442頁。
④ 鄭元祐：《江西行省郎中高昌普達實立公墓誌銘》，《僑吳集》卷七，明弘治刊本。
⑤ 楊富學《回鶻文獻與回鶻文化》一書中已指出這一家族以及回鶻（畏兀兒）僧人與明本、天如師徒的關係，見該書第399—400頁。
⑥ 鄭元祐：《立雪堂記》，《僑吳集》卷一〇。
⑦ 《天如和尚語録》卷二。

説："當時小軒中爐香共坐,語及肺腑,即知是佛法中再來人也。"並爲他解答疑難。① 天如曾爲上海道漕運萬户寫祭文,文中説："佛法倚之爲金湯。""公如天人,世家高昌,爲秦國公之賢嗣。"②則此人應是秦國公即阿台脱因之子,買奴的兄弟。總之,這一家都是忠實的佛教信徒。

上述與普達實立一起設齋的有茫古剌宣差。茫古剌還曾單獨與惟則交往。"茫哥剌宣差相公請普説……菩薩戒弟子茫哥剌室利宣差相公爲亡父翰林承旨學士朵兒赤相公諱日營齋。"③天如在《大佛頂首楞嚴經會解》後題:"菩薩戒弟子茫哥剌室利相公,高昌貴族之後也,宦寓吳門,志在禪學。"④可知茫哥剌亦是畏兀兒人。此外,著名畏兀兒散曲作家貫雲石,出身名門,退職後在浙西居留,與中峰亦有來往:"天目山,見本中峰禪師,劇談大道,箭鋒相當。每夏,坐禪包山,暑退,始入城。"⑤

在北方真定地區,有不少畏兀兒官員熱衷於修建佛寺,表達了他們的信仰所在,見本文第三部分。

二　元代内遷的畏兀兒僧人

元代文獻談到畏兀兒地區時説:"其地好佛,故爲苾芻者多。"⑥在內遷的畏兀兒人中,僧人爲數甚多,屢見於各種記載。

戊午年(1258)忽必烈在開平(即後來的上都,今内蒙古正藍

---

① 《與普達實立副使》,《天如和尚語録》卷八《答仲温副使病中疑問》。
② 《天如和尚語録》卷九《祭海道萬户某相公》。
③ 《天如和尚語録》卷九《宗乘要義》。
④ 《石渠寶笈續編》第一函第三册"元刊大佛頂首楞嚴經會解"條。
⑤ 歐陽玄:《貫公神道碑》,《圭齋文集》卷九。
⑥ 《佛祖歷代通載》卷二二《舍藍藍傳》。

旗——引者)主持佛道辯論,參與者中有"河西國僧,外五路僧,大理國僧"。① "河西國僧"即原西夏地區的僧人。"大理國僧"即雲南原大理國地區的僧人,忽必烈在癸丑年(1253)出征雲南,大理僧人應在班師時隨之而來。元代前期有人說:"回鶻,今外五。"②可知"外五路"是畏兀兒的異譯。這是畏兀兒僧人參與蒙古上層宗教活動的首次記載。

《元史·成宗紀》記,大德五年(1301)七月癸丑,"詔禁畏吾兒僧、陰陽巫覡、道人、呪師,自今有大祠禱,必請而行,違者罪之"。③成宗下詔"禁"的是什麽,語意不明。幸好詔旨原文尚在:"大德五年七月,中書省。准蒙古文字譯該,答失蠻、阿忽台言語:'皇帝聖旨裏,師婆每自意的行神祭賽多了有。如今畏兀兒和尚每根底,呪師每根底,陰陽人每根底,師婆每根底,先生每根底,若有大祭賽呵,不問了,休教祭賽者。這般宣諭了呵,若不問了,自意的行大祭賽呵,有罪過者。'欽此。"④師婆指蒙古女巫。呪師指念咒驅鬼治病者。陰陽人從事占卜、相宅等活動。先生指道士。成宗下詔:畏兀兒和尚、呪師、陰陽人、師婆、先生(道士)舉行大的祭祀活動,都要申報批准,自行舉行大祭祀者有罪。這件文書特別提出畏兀兒僧人而不是一般僧人,以之與呪師、陰陽人、師婆、先生並列,原因何在,有待進一步研究。但至少說明當時畏兀兒僧人的大型祭祀活動相當頻繁,以致引起當政者的注意,試圖加以控制。由此可知,畏兀兒僧人在內地宗教界已是具有相當影響的一股勢力。

元仁宗時,"高昌僧恃丞相威違法娶婦南城,[監察御史]答里麻詰問之,奮不顧利害,風紀由是大振"。⑤ 答里麻也是畏兀兒人。

---

① 《至元辯僞錄》卷三。
② 王惲:《玉堂嘉話三》,《秋澗先生大全集》卷九五,《四部叢刊》本。
③ 《元史》卷二〇《成宗紀三》,第 436 頁。
④ 《通制條格校注》卷二八《雜令·祈賽等事》,第 675 頁。
⑤ 《元史》卷一四四《答里麻傳》,第 3431 頁。

答里麻敢於"詰問",便贏得聲譽,此事説明元代中期有的畏兀兒僧人與丞相勾結,在大都很有勢力。天曆元年(1328)九月戊寅,文宗圖帖穆爾"命高昌僧作佛事於延春閣"。同年十二月辛丑,"命高昌僧作佛事於寶慈殿"。① 天曆二年(1329)十月甲辰,"畏兀僧百八人作佛事於興聖殿"。② 元朝大都皇城中有三大建築群,即宫城、隆福宫和興聖宫。宫城分南北兩部分,南部以大明殿爲主體,北部以延春閣爲主體。大明殿是舉行各種重大儀式的場所,延春閣常用於各種宗教儀式和舉行宴會。興聖殿是興聖宫的主要建築。興聖宫原是武宗爲答己太后建造的,答己死後成爲皇帝活動的地方。元文宗即位後,便以興聖宫爲起居之地。③ 寶慈殿位置待考。④ 從《元史》諸帝本紀來看,有元一代宫廷中作佛事是常有的事,但明確記載宫廷佛事僧人民族成分的,只有"西僧"、"畏兀僧"兩類。"西僧"指的是藏傳佛教僧人,在元代,藏傳佛教薩迦派領袖被尊爲帝師,"西僧"亦享受特殊待遇。文宗一朝,見於記載的宫廷佛事10餘起,其中"西僧"佛事6起,"畏兀僧"佛事3起,由此可見畏兀僧人地位僅次於"西僧",與衆不同。元文宗時還發生一件大事。至順三年(1332)四月乙丑,"安西王阿難答之子月魯帖木兒坐與畏兀僧玉你達八的剌板的、國師必剌忒納失里沙津愛護持謀不軌,命宗王大臣雜鞫之。獄成,三人皆伏誅,仍籍其家"。⑤ 必剌忒納失里即本文第一部分的必蘭納失里。這一叛逆案件撲朔迷離,有待探索,但三個罪人中竟有兩個是畏兀兒僧人,不能不令人驚奇。和以上幾件事聯繫在一起,似可看出元代中期畏兀兒僧人在政治上頗

---

① 《元史》卷三二《文宗紀一》,第711頁。
② 《元史》卷三三《文宗紀二》,第722頁。
③ 陳高華:《元大都的皇城與宫城》,《元史論叢》第13輯,天津古籍出版社,2010年。
④ 元英宗即位於延祐七年三月庚寅(十一日)。同月甲午(十五日),"作佛事於寶慈殿"(《元史》卷二七《英宗紀一》,第600頁)。
⑤ 《元史》卷三六《文宗紀五》,第803頁。

有影響。

元代不少畏兀兒僧人地位顯赫。本文第一部分介紹元朝上層與佛教有特殊關係的一些人物，其中必蘭納失理代帝出家，無疑有僧人身份。另一位阿魯渾薩理之父乞台薩理，"至元十二年，入爲釋教都總統"。乞台薩理即合台薩理。① 至元十八年（1281）九月，忽必烈下令查禁道教經典，主事者有"釋教總統合台薩理"。② 至元二十二年到至元二十四年編纂《至元法寶勘同總錄》，主事者也是"釋教總統合台薩理"。③ 有關記載並沒有明確說他出家爲僧。但元朝制度，任總統者一般都是僧人。在《至元法寶勘同總錄》的"奉詔旨編修執筆校勘譯語證義諸師名銜"中，"資德大夫釋教都總統正宗弘教大師合台薩理奉詔譯語證義"，"正宗弘教大師"是高級僧人纔有的稱號。因此，合台薩理應是僧人身份。有的著作說，安藏是"元代維吾爾族藏傳佛教僧人"。④ 本文第一部分引用的資料稱之爲"安藏學士"。在《勘同總錄》的"諸師名銜"中安藏只有官銜，沒有佛教頭銜，與合台薩理明顯不同，似難斷定他是僧人。當然，也有可能像忽必烈的謀士漢人劉秉忠一樣，原是僧人，後來還俗。孟速思之子脫因有官銜，雖稱都統，但應是家族沿襲的稱呼，故不是僧人。"諸師名銜"中，迦魯拏答思既無官銜，也無佛教頭銜，當然也不是僧人。"諸師名銜"中有一個齋牙答思，他的頭銜是"北庭都護府通顯密教講經律論沙門"，無疑是僧人。但對這位有很高地位的畏兀兒僧人，我們沒有更多的了解。本文第一部分還提到會福院提舉閭閭是一個畏兀兒僧人。元代中期還有畏兀御史

---

① 參見蘇晉仁《藏漢文化交流的歷史豐碑》，載《藏族史論文集》，四川民族出版社，1988年，第6頁。
② 《至元辯僞錄》卷五。
③ 《至元法寶勘同總錄序》。
④ 《佛教大辭典》，江蘇古籍出版社，2002年，第568頁。

出家爲僧。①

元代還有一個畏兀兒女尼舍藍藍:"師諱舍藍藍,高昌人。其地隸北庭。其地好佛,故爲宓芻者多……海都之叛,國人南徙,師始八歲,從其親至京師,入侍中宫。真懿順聖皇后愛其明敏,恩顧尤厚。成宗之世,事皇太后於西宫,以侍從既久,勤勞之多,詔禮帝師迦羅斯巴斡即兒爲師,薙染爲尼……内而妃主外而王公,皆敬之師禮,稱曰:八哈石。北人之稱八哈石,猶漢人之稱師也。仁宗之世,師以桑榆晚景,自謂出入宫掖數十餘年,凡歷四朝事三后,寵榮兼至,志願足矣,數請靜退居於官外,求至道以酬罔極,太后弗聽。力辭弗已,詔居妙善寺。以時入見,賜予之物不可勝紀。"②"四朝"指世祖、成宗、武宗、仁宗。"三后"即真懿順聖皇后,忽必烈之妻察必;成宗時代的皇太后闊闊真,她是忽必烈之子真金的妻子;仁宗時代的太后答己,她是武宗、仁宗之母。迦羅斯巴斡即兒是元朝第五代帝師。第四代帝師亦攝思連真"[至元]三十一年卒,乞剌斯八斡節兒嗣……大德七年卒"。③ 乞剌斯八斡節兒即迦羅斯巴斡即兒。闊闊真死於大德四年(1300)二月。舍藍藍奉太后之命"薙髮爲尼"應在成宗即位(1294)到大德四年之間。顯然,舍藍藍出家以後很長一段時間她仍在宫中生活,直到仁宗時代(1312—1320年)纔退出宫外,居於妙善寺。元末大都的地方志記載:"妙善寺在咸宜坊,沙藍藍姑姑寺。"④也就是說,妙善寺又稱爲沙藍藍姑姑寺,這説明妙善寺與沙藍藍的親密關係。"姑姑"和"八哈石"一樣,也應是宫廷中對舍藍藍的稱呼,可知其身份是很特殊的。元順帝元統二年(1334)四月,中書省決定向王公駙馬寺院拘收部分賜田,其

---

① 楚石梵琦:《楚石北游詩》。
② 《佛祖歷代通載》卷二二,《大正大藏經》本。
③ 《元史》卷二〇二《釋老傳》,第4518—4519頁。
④ 《析津志輯佚》,北京古籍出版社,1983年,第78頁。按,原書標點:"妙善寺在咸宜坊沙藍藍。"另起一行:"姑姑寺。"不妥。

中"畏兀兒哈藍寺的三百一十三頃五十九畝田内,一百一十三頃五十九畝還官"。①"哈"與"舍"字形相近,"畏兀兒哈藍寺"應即舍藍藍寺。這所佛寺顯然是受到朝廷特殊優遇的。

以上爲北方(主要是大都)畏兀兒僧人的狀況。江南亦有不少畏兀兒僧人的踪迹。下面便是幾個事例。

(1) 楊維禎《惠安禪寺重興記》説:"秀之惠安寺在郡治四二百五十步……我朝至正戊子,寺以民火延毀,赤地無餘。高昌觀師領寺事……發弘誓以興復爲己任。"經過七年努力而成。"觀字無相,鑒空其號也。吉安路達魯花赤忽都海牙公之孫,安陸府同知蠻子海牙公之子。幼即有禪性,不茹葷血。元統元年授皇后旨,賜金襴袈裟,落笄髮,受戒具。至正七年,承行院劄,主本寺法席,嗣於本寺隱巖静顯師云。"②秀即嘉興,至正戊子是順帝至正八年(1348)。

(2) 宋濂《仁和圓應庵記》説:"杭之仁和去城東五里所有浮屠庵曰圓應,乃雪庵禪師之所築也……師本辯章寶寶公之子,生有異徵,年十五,慨然慕道,思以善法度人,往依帝師法子朵兒班大師,薙落爲僧。遂杖錫南游,徧參閩、浙諸尊宿,得法於伏龍山千巖長老,去棲越范蠡巖。巖有虎,一夕避去。師初不知書,静定之久,發爲頌贊,自然與遂合。以是之故,人愈趨之,而庵成無難者……師初名字羅帖木兒,今改可傳,字無授,高昌人。雪庵乃其徒所號,蓋尊之也。"③"辯章"即平章,中書省或行省平章政事的簡稱。禪宗僧人元長,字無明,號千巖,是名僧中峰明本的弟子,後居義烏(今浙江義烏)伏龍山聖壽寺名重一時。"王公大臣嚮師之道,如仰日

---

① 《至正條格·條格》卷二五《田令·撥賜田土》,韓國學中央研究院校注本。
② 《東維子文集》卷二〇,《四部叢刊》本。
③ 《宋文憲公全集》卷一六,《四部備要》本。

月。名傾朝廷,三遣重臣降名香以寵嘉之。"①畏兀僧可傳原是藏傳佛教的弟子,後來却投到江南禪宗的門下。

(3) 郭畀《雲山日記》卷下記:至大二年正月十六日,在京口(今江蘇鎮江)靈濟院遊玩,"有一畏吾僧年方二十五,却著江南禪衣,游方問道,步趨儼然南僧也"。②

(4) 釋妙聲《送爲上人序》中説:"西域諸國皆知事佛,惟高昌爲至,自王公以下多削染爲僧。方其盛時,以道德智尤爲有國者所尊信足爲吾教之重者,比比有焉。善爲上人本其國人,世爲顯宦,由其父爲常熟監州而爲吴産,自幼厭紈綺之習,慨然有志於方外。今年二十餘,而氣質渾厚,猶有北方承平世家故態,信乎其爲受道之器者矣。受業西山之天池,獨恨無良師友以相激勵,將游四方而博求之,而來乞言爲先容。"③妙聲"元末居景德寺,後居常熟慧日寺,又主平江北禪寺……妙聲入明時年已六十餘,詩文多至正中所作"。④ 善爲是"常熟監郡"即常熟州達魯花赤之子,"爲吴産"應是生長於平江(今江蘇蘇州)。

(5) 中峰明本是江南禪宗領袖人物,中峰死後其弟子天如惟則繼起。本文第一部分已指出他們與畏兀兒官員有很多交往,有不少畏兀兒僧人向中峰求法,見於中峰文字有:"高昌顯月長老,梵名烏鉢剌室利。"⑤"慈護長老乃高昌三藏喜庵妙公之母氏也,曾參鐵山瓊和尚。"後來又投到中峰門下。⑥ "高昌沙門有字雲海者解後吴臺,求一言以訂其字。"⑦此外,前面提及,"三藏法師沙津愛護

---

① 宋濂:《佛慧圓明廣照無邊普利大禪師塔銘》,《宋文憲公全集》卷四二。
② 《横山草堂叢書》本。
③ 《東皋録》卷中,《文淵閣四庫全書》本。
④ 《四庫全書總目》卷一六九《集部·别集類二二》。
⑤ 《天目中峰廣録》卷九《自贊》。按,同書卷四上《法語》作"伊吾顯月長老"。《頻伽精舍大藏經》本。
⑥ 《天目中峰廣録》卷四上《法語》。
⑦ 釋惟則:《雲海説》,《天如和尚語録》卷六。

持必納雅實理游方時,常從師參詰"。① 天如的《自贊》中有一篇是"高昌國無敵長老請,名勝幢"。②

中峰的一篇文章提到:"善達密的理長老譯名慈寂,號照堂,請贊。"③天如對這位僧人的情況有如下敘述:"余友照堂寂長老,至元丁丑三月廿一日卒於吳門之能仁庵。其行義感於人,人哀之不能已,發而爲詩若辭,散漫於三吳林罄間。天台竹居可西堂哀而集之,目之曰:'義感。'過松江,請於余曰:'詩辭無以見出處、授受之詳,公與照堂同參天目,幸詳之,使觀者有所考。'余曰:照堂,高昌名族之裔也。其宗姻鄉黨之士,去故國而布列於大朝都邑者,皆達官,其俗尚佛教,好施與,又好引援進取以相榮,蓋去國已遠,見鄉人雖疏亦親,故彼氏之爲沙門者,往往得厚施,或得厚名位,而照堂一無取焉。唯道是嗜,凡顯密二宗大聲實之士,悉從事之,盡其學未厭其志。延祐間,南來天目,扣直指之學於幻住先師,日有深造,遂眷眷不忍棄去,草衣蒲履、冰蘗相持者有年。逮先師告寂,始北歸。諸達官響其道,爭羅致之,然猶兢兢潔己,非誠求道者不與語,非其人不與交,與交必盡其義。嘗以《幻住廣錄》三十卷進,上覽之大悅,賜入藏,謚先師曰普應國師。既間關往復成其事。復入天目,願守國師之塔以老焉。及有疾,同居者強其出山就藥,遂終於吳門云。"④這篇文章講述了照堂與中峰的師徒情誼,令人感動。元統二年,照堂(善達密的理)通過"奎章閣承制學士臣沙剌班"將《天目中峰和尚廣錄》呈送與順帝,使此書得以收入《普寧藏》,中峰因此獲得普應國師的稱號。⑤《照堂長老義感集》不是照堂的著作,而是友人紀念照堂的詩文。值得注意的是,照堂爲進獻《廣

---

① 虞集:《智覺禪師法雲塔銘》,《道園學古錄》卷四八。
② 《天如惟則禪師語錄》卷五。
③ 《天目中峰廣錄》卷四上。
④ 《照堂長老義感集序》,《天如和尚語錄》卷六。
⑤ 揭傒斯:《天目中峰和尚廣錄序》,《天目中峰廣錄》卷首。

錄》，向順帝上表時自稱"大普慶寺臣僧善達密的理"，①可以認爲，他北歸後的身份是大普慶寺主持。前一部分説過，畏兀兒人買閭曾任大承華普慶寺都總管府的負責人，大普慶寺可能與畏兀兒僧人有密切的關係。

從上述在江南活動的畏兀兒僧人情況來看，有幾個特點。第一，都活動在元代中期、晚期。元朝前期，内遷的畏兀兒僧人主要在北方，中期以後，不少人南下。第二，江南活動的畏兀兒僧人一般是初期内遷畏兀兒人的後代，往往是權貴的子弟。三是來到江南的畏兀兒僧人所學以禪宗居多。元朝統一以後，党項僧人南下是衆所周知的事實，如楊璉真伽、管主八。從以上記載來看，畏兀兒僧人在江南亦有一定勢力的，應受到重視。

三　内遷畏兀人的佛事活動

有元一代，内遷的畏兀兒佛教徒和僧人，對於佛事活動是很熱衷的，歸納起來，有以下幾個方面。

1. 翻譯佛教經典。"高昌之俗……地與西域接，故其聲音文字詳於諸國。"②有元一代，畏兀兒人中出現了不少翻譯人才，產生了大量翻譯作品。佛經翻譯成就特別突出。至元二十二年，忽必烈下令將佛經"蕃、漢本"加以校勘，後來編成《至元法寶勘同總録》一書。"奉詔旨編修執筆校勘譯語證義諸師"共 29 人，内漢地僧 15 人，西蕃僧 6 人，西天 1 人，畏兀兒 5 人，族別不明 2 人。畏兀兒 5 人是合台薩理、安藏、脱因、迦魯拏答思、齋牙答思。合台薩理是

---

① 《進〈天目中峰和尚廣録〉表》，《天目中峰廣録》卷首。
② 袁桷：《馬公神道碑》，《清容居士集》卷二七，《四部叢刊》本。

召集者。漢地僧人的職責是"執筆""校證""校勘""證義"。西蕃僧人是"證義""證明""校勘證義"。西天僧人是"證明"。合台薩里和安藏的職責是"譯語征義",迦魯拏答思"譯西番語",脱印"譯畏兀兒語",齋牙答思"證西天語"。還有一個族屬不明的彈壓孫和迦魯拏答思一樣"譯西蕃語"。① 可以看出,在這一重大宗教經典整理工程中,真正起到各種文字翻譯作用的是畏兀兒人。

迦魯納答思"畏吾兒人,通天竺教及諸國語。……召入朝,命與國師講法。國師西番人,言語不相通,帝因命迦魯納答思從國師習其法及言與字,期年皆通。以畏吾字譯西天、西番經論,既成,進其書,帝命鋟版,賜諸王大臣"。② 他翻譯的《文殊所説最勝名義經》畏兀字本殘卷迄今仍存。③

必蘭納識里事迹見上述,"皇慶中,命翻譯諸梵經典。……其所譯經,漢字則有《楞嚴經》,西天字則有《大乘莊嚴寶度經》《乾陀盤若經》《大涅槃經》《稱讚大乘功德經》,西番字則有《不思議禪觀經》,通若干卷"。④ 西天字即梵文,西番字即吐蕃文字(古藏文)。必蘭納識里應是將漢字、梵文、吐蕃文字佛經譯成畏兀字或蒙古畏兀字。值得指出的是,必蘭納識里與江南佛教的關係。中峰明本是江南佛教代表人物,"三藏法師沙津愛護持必納雅實理遊方時,常從師參詰,及事三朝,每爲上道之"。⑤ 必納雅實理即必蘭納識里的異譯。據天台僧人我庵本無《楞嚴集注序》,回鶻僧人般若室利曾與本無"對讀譯止觀"。⑥ 另據元末明初學者宋濂記:"高昌都

---

① 《至元法寶勘同總録》卷一。
② 《元史》卷一三四《迦魯納答思傳》,第 3260 頁。
③ 牛汝極:《維吾爾古文字與古文獻導論》,新疆人民出版社,1997 年,第 219—210 頁。一説爲安藏所譯。
④ 《元史》卷二〇二《釋老傳・必蘭納識里》,第 4520 頁。
⑤ 虞集:《智覺禪師塔銘》,《道園學古録》卷四八。
⑥ 趙曉梅、土登班瑪主編:《中國密宗大典補編》第 6 册,中國藏學出版社,1993 年,第 135 頁。轉引自卓鴻澤《"演揲兒"爲回鶻語考辨》,《西域歷史語言研究集刊》第 1 輯,科學出版社,2007 年,第 237—238 頁。

統有般若空利者,每謂學兼華梵,出入經論,世無能敵之。與師(天台宗僧人普福弘濟——引者)共譯《小止觀》,文采煥發,高昌爲之報然自失。"①般若空利應即般若室利之誤。高昌都統般若設利即畏兀僧必蘭納識里。我庵本無與普福弘濟都是天台高僧湛堂姓澄的弟子。② 由以上幾條記載,可知必蘭納識里到過江南,與南方禪宗、天台宗僧人多有接觸,並曾與天台宗僧人合作翻譯天台宗的經典《小止觀》。

安藏亦有佛典翻譯作品,《華嚴經》漢文譯本有四十華嚴、六十華嚴、八十華嚴三種,回鶻文譯本目前所見有四十華嚴、八十華嚴兩種。回鶻文四十華嚴系安藏所譯,八十華嚴譯者可能也是安藏。③ 安藏還將《聖救度佛母二十一種禮讚經》譯成漢文,此經的畏兀文譯本可能亦出於安藏之手。④ 敦煌出土一件元代畏兀文殘信中提到,安藏翻譯《大般若波羅密多心經》,應是畏兀文譯本。⑤

成宗時,畏兀人潔實彌爾爲宣政使領延慶使,"至大初,命譯佛經,賜鈔五萬貫"。⑥ 但是本人從事翻譯,還是主持譯事,則無記載可考。英宗時,阿憐帖木兒"以舊學日侍左右,陳說祖宗以來及古先哲王嘉言善行,翻譯諸經,紀錄故實,總治諸王駙馬番國朝會之事"。⑦ "翻譯諸經"應指翻譯佛經。他曾將《北斗七星經》譯成畏兀兒文。⑧ 此外,還有不少元代譯成畏兀字的佛經,如《瑜伽師地

---

① 《普福法師天岸濟公塔銘》,《宋文憲公全集》卷二八。
② 見卓鴻澤《"演揲兒"爲回鶻語考辨》一文。
③ 耿世民:《回鶻文〈八十華嚴〉殘經研究》,《新疆文史論集》,第448—461頁。
④ 耿世民:《回鶻文〈聖救度佛母二十一種禮讚經〉殘卷研究》,《新疆文史論集》,第463—475頁。
⑤ 《敦煌學大辭典》"回鶻文殘信"條,上海辭書出版社,1998年,第494頁。
⑥ 吳澄:《齊國文忠公神道碑》,《吳文正公集》卷三二。
⑦ 《元史》卷一二四《哈剌亦哈赤北魯傳附阿鄰帖木兒傳》,第3048頁。
⑧ 《回鶻文獻與回鶻文化》,第338頁。

論》、《轉輪王曼荼羅》等。①

據蒙文史籍記載，曲律皇帝（元武宗）"令僧人捌思吉·斡吉兒·法光譯師譯出了經卷和本續的大部分"。② 捌思吉斡吉兒在《元史》中稱爲"國師"，又稱之爲"西僧"。③ 據有的記載說他是畏兀兒人，翻譯過不少佛經，較著名的有《入菩提行經》，由藏文譯成蒙文，部分殘頁尚存。他還寫過著名的蒙古語語法著作《心箍》。④

2. 繕寫、刊印佛經。舍藍藍"以黄金繕寫番字藏經般若八千頌、五護陀羅尼十餘部，及漢字華嚴、楞嚴、畏元（兀）字法華、金光明等經二部"。⑤ 亦黑迷失"謹寫西天銀字經一藏，進上當今皇帝，回賜大都普慶寺看讀"⑥。宋代福州開元寺印造《毗盧藏》，武宗至大元年（1308）泉州佛寺曾集資用開元寺版印行。仁宗延祐二年（1315）建寧路建陽縣報恩萬壽堂"募衆雕刻毗盧大藏經版"，現存《毗盧藏》佛經卷末有"都大勸緣榮禄大夫特加開府儀同三司吴國公也黑迷失"一行。⑦ 可知亦黑迷失爲《毗盧藏》重印做出了貢獻。在此以前，也黑迷失曾建議保留白蓮宗佛寺，免遭拆毀（見下），他與白蓮宗似有相當親密的關係，很值得注意。

3. 建造修葺佛寺。舍藍藍"以其物創寺於京師曰妙善，又建寺於臺山曰普明，各置佛經一藏，恒業有差"。"又於西山重修龍泉寺，建層閣於蓮池。"⑧"臺山"應是五臺山，西山應是大都（今北京）西山。亦黑迷失"仍就都城新創吉祥法王寺一區，贍地一頃，栗園

---

① 牛汝極：《維吾爾古文字與古文獻導論》，新疆人民出版社，1997年，第222頁。
② 《蒙古源流》卷四，見烏蘭《〈蒙古源流〉研究》，遼寧民族出版社，2000年，第235頁。
③ 《元史》卷二四《仁宗紀一》，第553、555頁。
④ 敖特根：《敦煌莫高窟北區出土蒙古文文獻研究》，民族出版社，2010年，第219—254頁。關於捌思節斡脱兒的族屬，存在不同意見。
⑤ 《佛祖歷代通載》卷二二《舍藍藍傳》。
⑥ 《一百大寺看經記》，《閩中金石略》卷一一。
⑦ 《毗盧藏》大寶積經卷首題記，引自楊訥《元代白蓮教研究》，上海古籍出版社，2004年，第105頁。
⑧ 《佛祖歷代通載》卷二二。

一所,印經一藏,施鈔二百定"。①

畏兀兒人沙剌班在元朝末年曾任中書平章政事、宣政院使,已見前述。沙剌班支持高麗金剛山普賢庵建造:"元朝奎章公於泰定間,因事到王京,遂游楓岳,訪諸蘭若。堅時修葺本庵(金剛山普賢庵——引者),公喜其奇絕,召[庵主智]堅而前曰:'此山名天下,而山中勝地,此又爲之最。師姑督工,吾其爲檀越。'公既還朝,堅亦不出十餘年。至元丙子,本庵比丘達正入都,公見而喜之,出楮幣俾供伊蒲塞之饌,以緡計者五千有奇。因謂曰:'師且將去,吾當續施。智堅已謂吾忘也,普賢至今在心目,師來自遲耳。'……公名沙剌班,今爲奎章閣大學士、翰林學士承旨。"②

真定路畏兀兒官員屢有修建佛寺之事。中山府有名刹大開元寺。"我大元蒙古皇帝歲次丙辰,國師那摩大師聖旨賜白銀重修是塔,級有佛象。風雨歲寒,漸見凋落。自咸平元年至天倅尼皇帝歲次丁酉,改大德元年,有三百年矣。有中義大夫、宣差中山府達魯花赤麥達達作都功德主重修佛像。大夫爰祖別,八里人也。先父名脱忽里,聖旨牌管領漢兒田地畏兀兒斷事官,公乃其子也……一日因休假,登是浮圖,每念佛像,存誠修飾,方以耆年,焕然一新。"③中山府(今河北)屬真定路。"天倅尼"即元成宗鐵穆耳的異譯。

"小雲石脱忽憐,畏吾人,仕其國爲吾魯愛兀赤,猶華言大臣也。太祖時,與其父來歸,從征回回國。還,事睿宗於潛邸。真定,睿宗分地,以爲本路斷事官。"④"小雲失脱忽憐……從西征,有功,令侍睿宗皇帝於藩邸,莊聖皇后子視之,以爲斷事官。真定,睿宗分

---

① 《一百大寺看經記》。
② 李穀:《金剛山普賢庵法會記》,《稼亭集》卷二,《韓國文集叢刊》本。
③ 《大元中山府大開元寺重修佛塔記》,見賈敏峰、王麗華《定州開元寺塔歷代維修情況介紹》,《文物春秋》2009年第2期,第47—48頁。
④ 《元史》卷一三四《小雲石脱忽憐傳》,第3262頁。

地，遂以爲達魯花赤，俾世襲其職。"①小雲石脱忽憐家族世代任真定路達魯花赤，不少人還出仕中書省和行省平章、参政等職，聲勢顯赫。吾魯愛兀赤又譯吾魯阿烏只。睿宗即成吉思汗第四子拖雷。真定是拖雷的分地，小雲石脱忽憐應是拖雷的親信，故被委任爲分地的斷事官。大蒙古國時期，斷事官是地方決策者。欒城縣"有佛刹曰善眾，隋唐之盛，高僧惠休、辯敷、辯英，皆著迹於此。玄奘未西之前，亦嘗挂錫。歷代廢興，靡有常定。國初監郡大資兀魯愛兀赤公升此而有瑕丘之樂，乃大興完繕。自時厥後，繼繼承承，增葺略備"。② 小雲失脱忽憐之孫哈珊（一作哈散）繼任真定路達魯花赤，後升甘肅行省平章政事。大龍興寺是真定的大刹，元仁宗特賜龍興寺長明燈錢。③ 其中"大覺六師殿者宋元豐之創建也，罹金正隆雖補修之，歲月既深，不無摧圮。迨我大元聖朝萬物惟新，爰有金剛法寶上士摩訶膽巴師父行符佛行，心實佛心，以慈悲爲本懷，以興修爲行業，捨白金千兩，資□營建，仍命宣微大師僧錄整公、雄辯真覺大師僧判安公二人董其事……經始於至元己丑，落成於癸巳之春。"重修大殿外護功德主是"榮禄大夫、甘肅省平章政事阿散相公並娘子撒的斤"。④

武宗至大元年（1308）五月，元朝下令"禁白蓮社，毁其祠宇，以其人還隸民籍"。⑤ 這是對佛教白蓮宗的沉重打擊。"也黑迷失見拆毁呵，回來曲律皇帝根底，交宣政院官人每奏，既是供養佛像，休拆毁了，與大寺做下院者。"⑥由於也黑迷失的活動，白蓮宗寺院得以保存，很快恢復重建。

---

① 黄溍：《亦輦真公神道碑》，《金華先生文集》卷二四。
② 贍思：《欒城縣善眾寺創建方丈記》，《常山貞石志》卷二一。
③ 永思：《聖旨特賜大龍興寺長明燈錢記》，《常山貞石志》卷一九。
④ 永住：《特賜大龍興寺重修大覺六師殿記》，《常山貞石志》卷一七。
⑤ 《元史》卷二二《武宗紀一》，第498頁。
⑥ 果滿：《廬山復教集》卷上《抄白全文》。見楊訥編《元代白蓮教資料彙編》，第186頁。北村高《元代色目人"亦黑迷失"の仏教活動》（載《木村教授古稀記念僧伝の研究》，永田文昌堂，1981年）對此有所論述。

4. 其他功德。舍藍藍"於吐蕃五大寺、高昌國旃檀佛寺、京師萬安等，皆貯鈔幣，以給燃燈續明之費。又制僧伽黎文數百，施番、漢諸國之僧。其書寫佛經凡用金數萬兩，創寺施捨所用幣數以萬計"。① 也黑迷失"敬就都城、西京、汴梁、真定、河南、汝州、刑（邢）州、順德府、明州補陀山、朝裏寧夏路、西涼府、甘州、兩淮、江浙、福建諸路一百大寺，各施中統鈔一百定，年收息鈔，輪月看轉三乘聖教一藏。其餘寺院庵堂接待，或捨田施鈔看念四大部、華嚴、法華等經，及點照供佛長明燈……又以中統鈔一百定，就嘉興路崇德州置苗田一百二十五畝，歲收租米一百石，捨入杭州靈芝寺。續施鈔二百定，與泉州承天、開元二寺。以上置田出息，爲歲念藏經費。又將元買興元路仙游縣租田二千餘石，散施泉州、興化各處寺院遞年看轉藏經"。② 據陳得芝教授估計，亦黑迷失施鈔、田數目，總數約達一萬五千定。③ 這是一個龐大的數字。即以上述崇德州情況推算，一萬五千定可置田二萬畝左右，歲收一萬五千石至二萬石。舍藍藍的支出可能更多。兩人捐施的對象，涉及吐蕃、高昌、寧夏、大都等地，遍及全國。以個人之力完成如此大的工程，在佛教史亦是罕見的。

四

長期以來，我們討論元代佛教，大多注意漢地佛教各宗派和吐蕃地區藏傳佛教各宗派的事迹。事實上，這一時期，畏兀兒人篤信佛教，他們的佛教活動亦應受到重視。元朝是規模空前的統一多

---

① 《佛祖歷代通載》卷二二。
② 亦黑迷失：《一百大寺看經記》。關於也黑迷失的佛事活動，參見北村高《元代色目人"亦黑迷失"の仏教活動》。
③ 《從亦黑迷失身份看馬可波羅》，《燕京學報》新 26 期。

民族國家,畏兀兒人的佛教活動,從一個方面反映出這一時期各民族之間經濟文化交流的加强。

　　信奉佛教無疑是内遷畏兀兒人宗教信仰的主流。但並非人人如此。廉希憲出身畏兀兒望族,是忽必烈時代的名臣。他與忽必烈有一段對話:"上(忽必烈——引者)嘗語王(廉希憲——引者)曰:'受戒國師,因參内典,開益神智。'對曰:'臣幸蒙聖訓,久受孔子戒矣。'上曰:'孔子何戒?'曰:'臣也盡忠,子也盡孝。'上領之。"① 廉希憲是"先朝貴臣孟蘇速"即孟速思的女婿,但他深受儒家文化熏陶,故對佛教信仰抱消極態度。據西方文獻,忽必烈時代有兩個景教僧侣:大都(今北京——引者)人拉班掃馬和科尚(今山西東勝——引者)人馬可,曾到西方朝聖。有的記載說兩人是畏兀兒人。② 此事有待進一步研究,但内遷畏兀兒人中有人信奉景教是完全可能的。在畏兀兒故地别失八里一帶,一直有景教活動的蹤迹。③ 在畏兀兒人原來生活的别失八里,有不少伊斯蘭教徒。④ 内遷的畏兀兒人中也有伊斯蘭信徒,例如,順帝元統元年的進士中,有一位别羅沙,貫西域别失八里人氏,父占思丁,母回回人氏,娶答失蠻氏,夫妻無疑都是伊斯蘭教徒。⑤ 此外,陕西鳳翔有"雅臘蠻神之廟。雅臘蠻者,高昌部大山有神,高昌人留關中者移祀於此云"。⑥ 雅臘蠻神是宗教神祇,還是民間崇拜,有待研究。

(原刊於《中國史研究》2015 年第 1 期)

---

　① 元明善:《廉文正公神道碑》,《國朝文類》卷六五,《四部叢刊》本。
　② 〔英〕穆爾著,郝鎮華譯:《一五五〇年前的中國基督教史》,中華書局,1984 年,第 110 頁。伯希和認爲,馬可是汪古部人。見《唐元時代中亞及東亞之基督教徒》,《西域南海史地考證譯叢》第一編,中華書局,1962 年,第 59 頁。
　③ 周良霄:《元和元以前中國的基督教》,《元史論叢》第 1 輯,中華書局,1982 年,第 143—144 頁。
　④ 《世界征服者史》上册,何高濟譯,内蒙古人民出版社,1981 年,第 55—59 頁。
　⑤ 《元統元年進士録》,《宋元科舉三録》本。
　⑥ 虞集:《詔使禱雨詩序》,《道園學古録》卷六。

元代大都的皇家佛寺

一

金代中都佛教興盛，寺院林立。但在蒙古軍攻佔中都是時，不少佛教寺院遭到破壞，例如著名的"閔（憫）忠、崇國二寺"，"俱爲兵毀"；①大慶壽寺亦遭"摧殘"。蒙古國統治"漢地"後，在相當長一段時間內，全真道受到重視，而佛教則相對受到冷落，破壞了的寺院未能恢復，殘存的佛寺如大慶壽寺也爲"軍民人匠之所佔據"。②到了蒙哥汗時代（1250—1259年），情況發生了變化，蒙古統治者轉而傾向佛教，先後由蒙哥汗和他的兄弟忽必烈主持的"僧道辯論"，佛教取得了明顯的優勢。忽必烈繼承汗位（1260）後，繼續推行崇佛抑道的方針。至元十八年（1281）他下令焚毀道經，是對道教的沉重打擊，許多道觀因此改成了佛寺。與此同時，原金中都地區許多破壞了的佛寺得到重建，大都新城內外還新建了不少佛寺。③忽必烈以後的元朝諸帝，無例外地都是佛教的忠實信奉者。由於統治者的大力提倡，佛教在有元一代得到空前的發展，所以當

---

① 危素：《澄慧國師傳戒碑》，《危太樸文續集》卷三，《嘉業堂叢書》本。
② 王萬慶：《海雲和尚道行碑》，見《北京史研究（一）》，燕山出版社，1986年。
③ 《元一統志》卷一《大都路》，趙萬里輯本。

時有人説："蓋佛之説行乎中國,而尊崇護衛,莫盛於本朝。"①

元朝新建的佛寺,有的是貴族、官僚捐獻,有的是僧人募化而成,還有一些則是歷代皇帝發起修造的。後一類由皇帝主持修造的佛寺,可以稱爲皇家佛寺,當時一般則稱之爲"官寺"。皇家佛寺地位特殊,影響很大,主要集中於大都地區。它的存在,是元代佛教的一大特色,值得認真研究。

二

大都皇家佛寺的興建,始於忽必烈統治時期。至元七年(1270)十二月,由忽必烈皇后察必發起在大都城西郊高良河畔修建的大護國仁王寺,可以説是元代皇家佛寺的濫觴。至元十六年(1279)十二月,忽必烈在大都城内建聖壽萬安寺,民間俗稱白塔寺,流傳至今。此外,忽必烈下令修建的還有興教寺和宣文弘教寺。② 自此以後,元朝歷代皇帝都要在大都興建佛寺,爲自己祈福,成爲一種特有的傳統。元成宗修建了天壽萬寧寺,元武宗修建的是崇恩福元寺,元仁宗修蓋了大承華普慶寺,元英宗造了大永福寺和大昭孝寺,泰定帝修的是天源延聖寺,元文宗修建了大承天護聖寺。只有元朝的末代皇帝順帝,没有爲自己建成佛寺,這顯然因爲社會混亂和全國農民戰争爆發之故。③ 這些皇家佛寺多數在城内或近郊,也有少數在西山風景區。

---

① 危素:《揚州正勝寺記》,《危太樸文集》卷五。
② 興教寺見程鉅夫《涼國敏慧公神道碑》(《雪樓集》卷七),《順天府志》卷七引《大都圖册》。宣文弘教寺見泰定三年(1326)九月中書省臣奏(《元史》卷三〇《泰定帝紀二》,第673頁)。關於此寺記載極少,清人朱彝尊認爲即西山宏教寺。參看《日下舊聞考》卷一〇三《郊坰》。
③ 順帝至正十四年(1354)"建清河大壽元忠國寺以江浙廢寺田歸之"(《元史》卷四三《順帝紀六》,第914頁)。但此寺未見於其他記載,疑未建成。

營建皇家佛寺，"金帛谷粟，一出於國之經費。受役庀徒，則民與兵"。① 每代皇帝都力求勝過前代，爲此耗費了大量人力物力。聖壽萬安寺的"佛像及窗壁皆金飾之，凡費金五百四十四兩有奇，水銀二百四十斤"。其他耗費不難想見。② 崇恩福元寺"大殿……玉石爲臺，黃金爲跌，塑三世佛。後殿五佛，皆範金爲席，臺與跌與前殿一。""至其榱題梲桷，藻繪丹碧，緣飾皆金，不可貲算。楯檻衡縱，捍陛承宇，一惟玉石，皆前名刹所未曾有。"③由這二例可以了解皇家佛寺建造之奢侈。皇家佛寺是國家的建設工程，因此常常動員軍隊服役。英宗在壽安山修大昭孝寺（今卧佛寺），役使軍人三千名以上；而修建大承天護聖寺，役使軍人達四千三百人。再加上民夫和工匠，修造佛寺花費的勞動力無疑是很驚人的。巨大的人力物力耗費，給百姓帶來了很大的痛苦。英宗修大昭孝寺時，監察御史鎖咬兒哈的迷失等四人"上章極諫，以爲東作方始，而興大役，以耗財病民，非所以祈福也。"結果兩人被殺，兩人杖責貶逐。④泰定三年（1326）十月，中書省臣言："養給軍民，必籍地利。世祖建大宣文弘教等寺，賜永業，當時已號虛費。而成宗復構天壽萬寧寺，較之世祖，用增倍半。若武宗之崇恩福元、仁宗之承華普慶，租權所入，益又甚焉，英宗鑿山開寺，損兵傷農，而卒無益。夫土地祖宗所有，子孫當共惜之。臣恐兹後籍爲口實，妄興工役，徼福利以逞利欲，惟陛下察之，帝嘉納焉"。⑤ 興建皇家佛寺，是國家財政的沉重負擔，給軍民帶來很大的騷擾，以致在政府中引起了強烈的反對意見。但是元朝歷代皇帝並不因此中止，英宗用殺逐諫臣以杜絕衆人之口，可見當時圍繞建寺之爭達到何等激烈的程度，而泰定

---

① 虞集：《大承天護聖寺碑》，《道園學古錄》卷二五。
② 《元史》卷一五《世祖紀十二》，第 311 頁。
③ 姚燧：《崇恩福元寺碑》，《國朝文類》卷二二。
④ 《元史》卷一二四《塔本傳附鎖咬兒哈的迷失傳》，第 3045—3046 頁。
⑤ 《元史》卷三〇《泰定帝紀二》，第 674 頁。

帝的"嘉納"不過是一句空話。

　　元代一般寺院的經費，主要依靠土地上的收入（地租）來維持的，此外也經營商業和高利貸。它們的土地來源有四，一是前代遺留下來的，二是貴族、官僚和民間的捐獻，三是購買（更多是仗勢兼并）民間的土地，四是皇帝的賜與。但第四種來源對大多數寺院來說是不存在的。皇家佛寺的經費來源，與一般寺院不同，主要靠皇家的撥賜，其次是貴族、官僚和民間的捐獻。每所皇家佛寺建成後，統治者都要撥賜大量土地和財物。大聖壽萬安寺落成後，"上（忽必烈——引者）臨視，大喜，賜京畿良田畝萬五千，耕夫指千，牛百，什器備"。① 仁宗"賜大普慶寺金千兩，銀五千兩，鈔萬錠，西錦、彩緞、紗、羅、布、帛萬端，田八萬畝，邸舍四百間"。② 不久，該寺又得到賜與的益都（今山東益都）田百七十頃。③ 英宗賜大永福寺"金五百兩，銀二千五百兩，鈔五十萬貫，幣、帛萬匹"。④ 大護國仁王寺建成後，"中宮（指忽必烈後察必——引者）乃斥粧奩營產業以半殖之，已而效地獻利者隨方而至"；據元代中期統計，該寺有水田旱地十萬頃以上，此外還有許多山林、河泊、津渡、陂塘、酒館、礦冶（玉石、銀、鐵、銅、鹽、硝鹼、白土、煤炭），隸屬於寺院從事各項生產的有三萬七千餘户。這些產業分布在全國各地。⑤ 文宗建大承天護聖寺，賜益都等處田土十六萬二千餘頃，又超過了大護國仁王寺。⑥ 元代皇家佛寺佔有土地如此之多，這在中國歷史上是極其罕見的。

　　元代一般寺院的土地資產，都是寺院自行管理。大的寺院中

---

① 程鉅夫：《涼國敏慧公神道碑》。
② 《元史》卷二四《仁宗紀一》，第547頁。
③ 《元史》卷二五《仁宗紀二》，第574頁。
④ 《元史》卷二七《英宗紀一》，第610頁。
⑤ 程鉅夫：《大護國仁王寺恒產之碑》，《雪樓集》卷九。
⑥ 《元史》卷三四《文宗紀三》。

設有莊主、園主等職事人員，便是負責土地經營的。而大都皇家佛寺的土地和其他資產則是由政府設置專門機構進行管理的。大護國仁王寺建成後不久，就設置了大護國仁王寺總管府，總理一切財產；對於分布在各地的土地資產，則設立提舉司、提領所分治。①大護國仁王寺總管府後改名會福總管府。以後建造的新寺，也都建立相應的總管府，如管理聖壽萬安寺的是壽福總管府，管理承華普慶寺的是崇祥總管府，管理承天護聖寺的是隆祥總管府（後升隆祥使司）等。這些總管府秩正三品，"凡錢糧之出納，營繕之作輟，悉統之"。管理這些總管府的機構是太禧宗禋院，從一品。② 皇家佛寺的土地一般採取租佃的形式，由總管府征收田租。這些總管府憑借皇家佛寺的權勢，在征收地租時特別殘暴，壽福總管府"田入隸浙西數郡，此歲浙西被水，有司按實當檢放，而院（總管府一度改院——引者）猶責償未已"。③ 由此一例，可見其餘。

三

元朝諸帝建造佛寺，目的在於爲自己和家人祈福。佛寺建成後，舉行"佛事"（佛教儀式）便是他們的主要工作。元成宗大德年間，"佛事"的名目已有五百餘，後來不斷增加，"歲費千萬，較之大德，不知幾倍"。④

皇家佛寺大多設有神御殿。"神御殿，古原廟也，以奉安先朝之御容"。所謂原廟，指皇室祭祀祖先時王廟之外別立之廟，起於

---

① 程鉅夫：《大護國仁王寺恆產之碑》，《雪樓集》卷九。
② 《元史》卷八七《百官志三》，第 2207 頁。
③ 柳貫：《劉彥明墓誌銘》，《柳待制文集》卷一一。
④ 《元史》卷二〇二《釋老傳》，第 4523 頁。

漢代。宋代列帝神御之殿原來分散在各寺觀之中，後來都迎入宮中，建殿供奉。① 金朝供奉已故諸帝"御容"的原廟也設在宮中。② 到了元代，已故列帝的"御容"都在皇家佛寺中建殿供奉。神御殿又稱影堂，影即指"御容"而言。"影堂所在：世祖帝后大聖壽萬安寺，裕宗帝后亦在焉。順宗帝后大普慶寺，仁宗帝后亦在焉。成宗帝后大天壽萬寧寺。武宗及二后大崇恩福元寺，爲東西二殿。明宗帝后大天源延聖寺。英宗帝后大永福寺。也可皇后大護國仁王寺。"③裕宗是忽必烈之子真金，曾立爲太子，但死在忽必烈前。順宗是真金的第二子答剌麻八剌，武宗、仁宗之父。真金和答剌麻八剌生前都沒有當上皇帝，但因兒子稱帝，故得追謚廟號，也和列代皇帝一樣建有神御殿。"也可皇后"即忽必烈之母唆里禾帖尼。她受到特殊的崇敬，因而也建有神御殿。可以看出，各代帝后的神御殿都設在他們自己建造的佛寺中。泰定帝沒有神御殿。這是因爲在他死後發生政變，帝位爲武宗之子圖帖睦爾（文宗）所奪。圖帖睦爾認爲泰定帝的即位是不合法的，不許進入太廟，當然不會爲他設置神御殿。泰定帝建造的天源延聖寺也就成了文宗之兄明宗和世琜的神御殿所在。有諷刺意義的是，文宗自己死後也遭受到同樣的命運。繼立的順帝是明宗的兒子，他先爲文宗在承天護聖寺建造神御殿，但不久便宣布文宗是謀害明宗的凶手，從太廟中撤去神主，承天護聖寺中的文宗神御殿當然也不能保留了。神御殿每年定期舉行祭祀典禮。設置神御殿，這是皇家佛寺特殊地位的一個標志。

皇家佛寺中的聖壽萬安寺、興教寺還是朝廷百官"習儀"的地方。每逢元旦、天壽節（皇帝生日）、皇帝即位等重大典禮，三日以

---

① 《宋史》卷一〇九《禮志一二》，中華書局點校本，1977年，第2624頁。
② 《金史》卷三三《禮志六》，中華書局點校本，1975年。
③ 《元史》卷七五《祭祀志四》，第1875頁。

前都要在聖壽萬安寺或興教寺排練,以免到時出錯。① 由此可見皇家佛寺規模宏大,類似宮殿;同時也說明這些佛寺與國家機構之間關係的密切。

在中國古代,寺院往往是城市中居民集會,游賞的場所。這是他們的一項社會職能。皇家佛寺富麗莊嚴,規模宏大,很自然便成爲大都居民游賞的名勝。其中最有名的是承天護聖寺。它座落在玉泉山下、西湖之畔,水光山色,與佛殿樓閣互相輝映,"休誇天上瑤池,只此人間兜率",被稱爲"西湖景"。② 一直繼續到明代。

四

元文宗至順二年(1331)五月太禧宗禋院上奏:"累朝所建大萬安等十二寺,舊額僧三千一百五十人,歲例給糧。今其徒猥多,請汰去九百四十三人。"③據此,則累朝所建皇家佛寺的僧人定額,平均爲二百六十人左右,但實際已在三百四十人以上。這裏所說的顯然是指持有正式度牒的僧人,如果加上爲佛寺及上層僧侶服役的道人、行者之流,皇家佛寺的人員數目是很可觀的。

元代的佛教寺院都有嚴密的組織。寺院的住持通常是要經所在地區各寺院的上層僧侶集會"公同推舉"的。④ 但皇家佛寺的住持,則都由皇帝親自指定當時有名的大德高僧擔任。從現有的一些記載來看,被指定主持大都新建皇家佛寺的主要是律宗的僧人。他們主要出自寶集寺。寶集寺位於大都南城(原金中都),始建於

---

① 《元史》卷六七《禮樂志一》。
② 《朴通事諺解》卷上。《奎章閣叢書》本。
③ 《元史》卷三五《文宗紀四》,第784頁。這裏所說的"十二寺"包括一部分在外地建造的皇家佛寺。
④ 請參看拙作《元代佛教與元代社會》,《中國古代史論叢》1981年第1期。

唐。遼、金二代，寶集寺是這一地區律宗的中心。入元以後，仍保持重要的地位。"至元二十二年，世祖皇帝建聖壽萬安寺於新都，詔揀公開山主之，仍命同門圓融清慧大師妙文主領祖刹（指寶集寺——引者）。……吾寺自揀、文二師分主大刹，若聖壽萬安、天壽萬寧、崇恩福元、天源延壽，洎覃懷之龍興，以至海內十六名刹，何啻千百，雖支分派別滋多，實皆出於寶集。"①據此可知，萬安、萬寧、福元、延壽諸皇家佛寺的住持，都出自寶集寺。"揀公"即知揀，是一位得到忽必烈寵遇的律宗僧人。"帝問揀壇主云：'何處有佛'？揀奏云：'我皇即是佛'。帝云：'朕如何是佛'！揀云：'殺活在於手，乾坤掌上平'。"②知揀顯然長於逢迎，能夠博得忽必烈的歡心，所以會被選中住持萬安寺。知詔的弟子德謙，"初以詔居萬寧寺，後以詔居崇恩寺。萬寧成宗所創，崇恩武宗所創也。兩居大寺，前後一紀。……自以重居官寺，久佩恩榮，而浮圖之道恬退爲高，乃以讓其弟子，退居幽僻"。③可見德謙的弟子繼續主持官寺，但其名號已不可知。寶集寺系之外，另一位律宗僧人法聞曾受命主持大普慶寺。④

被挑選成爲大都皇家佛寺住持的，還有華嚴宗的僧人。成宗建五臺山大萬聖佑國寺，以洛陽白馬寺的華嚴宗僧人文才主之。文才死，其弟子了性奉詔居萬寧寺。文宗建大承天護聖寺，"召五臺山萬聖寺釋師惠印，特賜榮禄大夫、司徒，主教於寺"。⑤惠印應亦與文才有關。白馬寺的住持法洪奉召進京，先主西山龍泉寺，後改大永福寺，遷主壽安山大昭孝寺。法洪應與文才同是華嚴宗

---

① 《宗原堂記》，見《析津志輯佚・寺觀》。
② 《佛祖歷代通載》卷二一。
③ 《佛祖歷代通載》卷二二。
④ 《佛祖歷代通載》卷二二。
⑤ 虞集：《大承天護聖寺碑》。

僧人。①

　　金、元之際,原中都地區禪宗有很大勢力。蒙古國初期很活躍的萬松和海雲,都是禪宗僧人,他們與蒙古汗庭有密切的聯繫。忽必烈太子真金的名字,就是海雲起的。但是,忽必烈稱帝後,採取抑禪扶教的方針,禪宗的勢力有所下降。皇家寺院住持的選擇,顯然是貫徹這一方針的結果。關於忽必烈對待禪、教的態度,竺沙雅章教授已有很好的研究,這裏就不多説了。

（原刊於《世界宗教研究》1992 年第 2 期）

---

① 許有壬:《釋源宗主洪公碑銘》,《至正集》卷四七。

再論元代大都的皇家佛寺

　　元朝諸帝都熱衷於建造佛寺,這些佛寺主要集中於都城大都。皇家佛寺規模宏大,經濟上得到宮廷和國家財政的支持,皇室經常在這些寺院中舉行重要的佛事儀式和政治活動。大都皇家佛寺研究不僅是元代宗教史的重要課題,也是元代政治、經濟和社會文化史的重要內容。二十年前,本文作者寫過《元代大都的皇家佛寺》,就其中幾個問題作過簡單的論述。① 近年讀書,對大都皇家佛寺的有關資料重加疏理,略有所得,寫成此文。其中未解之謎尚多,衷心希望學界友朋有以教我。②

(一) 忽必烈時代的大都皇家佛寺

　　忽必烈時代皇室在大都新城及其近郊建造的佛寺可考者有3處。
　　(1) 大護國仁王寺。至元七年(1270)十二月"建大護國仁王

---

　　① 陳高華:《元代大都的皇家佛寺》,《世界宗教研究》1992年第2期,今收入本書。
　　② 王璧文(璞子)先生的《元大都寺觀廟宇建置沿革表》(原載《中國營造學社匯刊》第6卷第4期,後收入《梓業集》,紫禁城出版社,2007年。下文提及時簡稱《沿革表》)是元大都皇家佛寺研究的開創之作,貢獻很大。近年有關論著很多,難以一一羅列。本文在討論時將分別作適當介紹。

寺於高良河"。① "庚午至元秋七月,貞懿皇后詔建此寺"。② 高良河即高梁河,在新城西郊。"貞懿皇后"即忽必烈之妻察必。"庚午"是至元七年。至元十一年(1274)三月,"建大護國仁王寺成。"③至二十二年(1285)正月,"辛卯,發諸衛軍六千八百人給護國寺建造"。④ 顯然,該寺主體部分完成後,仍有建造。這所佛寺是忽必烈的皇后察必主持興建的,其子真金(後立爲太子——引者)"襄善贊美,所以奉慈尊梵王,弘法海之盛心,無所不用其極"。佛寺建成後,"中宮乃斥妝奩營產業以豐殖之,已而效地獻利者隨方而至。物衆事繁,建總管府統於内,置提舉司、提領所分治於外"。⑤ 實際上,大護國仁王寺的資産主要來源是皇室賞賜的官田和其他國有產業。例如,襄陽宜城有南宋時屯田數千頃,"有命作恒業於大護國仁王寺,以爲隆福宮焚修之費,官以提領,歲課所入之租"。⑥ 屯田本是國有土地,這時撥歸佛寺所有,並設專門機構管理。這個機構稱爲襄陽等處水陸地土人户提領所,後改爲襄陽營田提舉司(從五品)。該寺所屬的江淮等處營田提舉司,稱爲營田,亦應是官田。還有大都等路民佃提領所,性質不明,可能來自官員或民間"獻利者"。⑦ 此外,記載可考的還有河南懷孟六縣還

---

① 《元史》卷七《世祖紀四》,第 132 頁。
② 《析津志輯佚》,北京古籍出版社,1983 年,第 100 頁。
③ 《元史》卷八《世祖紀五》,第 154 頁。
④ 《元史》卷一三《世祖紀十》,第 272 頁。
⑤ 程鉅夫:《大護國仁王寺恒產之碑》,《雪樓集》卷九,影元本。《沿革表》云:"《日下舊聞考》卷九八引《道園學古録大護國仁王寺恒產之碑》:……[璧文按:《道園學古録》(商務《四部叢刊》)影明景泰本)不載此碑]"。按,《日下舊聞考》卷九八引《劉正奉塑記》,註明出自《道園學古録》。緊接着引"又《大護國仁王寺恒產之碑》",並未另行註明出處。《沿革表》以爲同上亦出自《學古録》,實係誤解。
⑥ 何文淵:《重修武靈溪二堰記》,《(萬曆)襄陽府志》卷四八。引自《全元文》第 35 册,鳳凰出版社,2004 年,第 257 頁。按,隆福宫原是太子居處,後爲皇太后住所,此文成於仁宗延祐四年,"隆福宫"指皇太后答己而言。
⑦ 《元史》卷八七《百官志三》,第 2209 頁。按,大德七年"八月己丑,罷護國仁王寺元設江南營田換舉司"(《元史》卷二一《成宗紀四》,第 454 頁)。江淮營田提舉司與江南營田提舉司是否同一機構,有待考證。

有屬於該寺的水陸田千六百頃，來源不明。① 可知護國仁王寺的貲産分布襄陽、江淮、大都和河南各處。

元代著名建築師泥波羅（今尼泊爾）人阿尼哥經帝師八思巴推薦，得到忽必烈信任，"工事無不命之。""若護國仁王之莊嚴無上，……皆公心匠之權輿"。② 可知大護國仁王寺的建造，出於阿尼哥之手。"至元七年，世祖皇帝始建大護國仁王寺，嚴梵天佛象以開教於天下，求奇工爲之，得劉正奉於黃冠師。正奉先事青州根道録，傳其藝非一。及被召，又從阿尼哥國公學西天梵相，神思妙合，遂爲絶藝。凡兩都名刹有塑土範金摶換爲佛者，一出正奉之手，天下無與比者。"③劉正奉即劉元，官至昭文館大學士、正奉大夫（從二品）。他是元代最傑出的雕塑名家，也爲護國仁王寺的建造作出了貢獻。

元代佛教史籍《佛祖歷代通載》説："帝嘗問帝師云：'修寺建塔有何功德？'帝師云：'福蔭大千。'由是建仁王護國寺，以鎮國焉。"④帝即忽必烈，帝師即藏傳佛教高僧八思巴。大護國仁王寺因此又名鎮國寺。同書又説："帝命皇后娘娘鎮國寺行香，後問衆僧云：'諸庭放光，此處何無？'言訖，定光塔上毫光燭天終日不散。""皇后娘娘"即忽必烈的皇后察必。忽必烈時代的鎮國寺就是大護國仁王寺。後來興建的大崇恩福元寺也稱鎮國寺，爲了加以區別，大護國仁王寺便稱爲西鎮國寺，而大崇恩福元寺則稱爲南鎮國寺。"西鎮國寺乃察必皇后創，蓋功德之寺"。⑤ 似可認爲，大護國仁王寺由忽必烈發起，察必皇后主持修建，皇子真金大力支持，協力建成。王堯教授指出，藏文稱大護國仁王寺爲施主寺，"蓋取阿育王

---

① 迺賢：《河朔訪古記》卷下，《文淵閣四庫全書》本。
② 程鉅夫：《涼國敏慧公神道碑》，《雪樓集》卷七。
③ 虞集：《劉正奉塑記》，《道園學古録》卷七，《四部備要》本。
④ 《佛祖歷代通載》卷二二，《大正藏》本。
⑤ 《析津志輯佚》，第 214 頁。

與佛陀結緣的故事。佛陀稱阿育王爲施主，又稱護國仁王。元代喇嘛也稱忽必烈爲施主，護國仁王"。①

"國朝都城之外，西建此寺及昭應宫，寺宇宏麗雄偉，每歲二月八日，大闡佛會，莊嚴迎奉，萬民瞻仰焉。"②二月八日是傳説中佛祖誕辰，忽必烈下令是日舉行大規模佛事活動："中統壬戌春，詔都城二月八日大建佛事，臨通衢結五采流蘇，樓觀集教坊百伎，以法駕迎導。"③壬戌是中統三年（1262）。自忽必烈下詔始，二月八日"大建佛事"就成爲都城的一道獨特的風景，而在大護國仁王寺（鎮國寺）建成後，主要活動便以該寺爲中心舉行。"國家歲以二月八日迎佛於城西高良河，京府盡出富民珠玉奇玩狗馬器服俳優，雜子女百戲，眩鬻以爲樂。禁卒外衛，中宫貴人大家設幕以觀，廬帳蔽野，諸王近侍貴臣寶飾異服，馳駿盛氣以相先後。國家一日之費鉅萬，而民間之費稱之。桑哥者，本大浮圖師之譯者，得見幸遇，故其事尤侈。織染提舉儲普華者，高良寺中之人也，並緣爲貪虐尤甚。公（趙思恭——引者）以御史執而治之，以桑哥之令求解不得。桑哥召而辱之，詰之曰：'女不欲爲天子求福耶？'禍且不測。公徐曰：'儲普華欺上虐下，爲天子斂怨，非求福也。'桑哥不能屈而罷。爾後頗知國用之耗，或間歲一省，或略應故事，不復如昔之盛。"④高良寺即大護國仁王寺，因位於高良（梁）河畔而有此名。可知此日

---

① 《山東長清大靈巖寺〈大元國師法旨碑〉考釋》，《王堯藏學文集》卷二，中國藏學出版社，2012年，第233—234頁。
② 《順天府志》，第5—6頁，引《大都圖册》，北京大學出版社，1983年。按，此書係清末繆荃孫自《永樂大典》中抄出，題爲《順天府志》。他斷定"此必修於永樂初年，故得編入《大典》"。《藝風藏書記》卷三，上海古籍出版社，2007年）。後人大多因襲繆説，以爲此乃永樂時成書的《順天府志》。實誤。此書爲《永樂大典》中之"順天府"條，輯集各種著作中有關記載而成，不是一種獨立的地方志著作。見姜緯堂《辨繆抄順天府志的來歷》，載《文史》第32輯。其中輯集的元代各種己佚的著作，如《元一統志》《析津志》《大都圖册》等，都是研究元大都的珍貴文獻，具有很高價值。
③ 程鉅夫：《拂林忠獻王神道碑》，《雪樓集》卷五。
④ 虞集：《天水郡伯趙公神道碑》，《道園類稿》卷四二。《元人文集珍本叢刊》本。按，《道園學古録》卷四二（《四部備要》本）作"四月八日"，誤。

佛會是以"爲天子求福"名義舉行的。事實上,二月八日迎佛在此後仍然興盛。據元末文獻記載:"二月天都初八日,京西鎮國迎牌出,鼓樂鏗鏘儕髯策。金身佛,善男信女期元吉。""[二月]八日,平則門外三里許,即西鎮國寺。寺之兩廊買賣富甚太平,皆南北川廣精粗之貨,最爲饒盛。於内商賈開張如錦,咸於是日。南北二城,行院、社直、雜戲畢集,恭迎帝坐金牌與寺之大佛游於城外,極甚華麗。多是江南富商,海内珍奇無不湊集,此亦年例故事。"①由以上兩段文字來看,以大護國仁王寺爲中心舉行的二月八日佛會前後似有變化,早期是王公貴族富民聚集炫富玩樂的場所,後來則變成商業交易爲主,類似後代的廟會。後一段記載中"迎牌"之牌應即"帝坐金牌",但不知爲何物。②

緊隨二月八日佛會以後的是每年二月十五日"游皇城"活動,這是由官府主辦的另一項規模盛大佛教儀式,隊伍"首尾排列三十餘里,都城士女,閭閻聚觀"。成了大都民衆的狂歡節。"先二日,於西鎮國寺迎太子游四門,舁高塑像,具儀仗入城"。也就是説,"游皇城"是以西鎮國寺爲起點的。③

元朝皇室遵奉的"國俗舊禮"中,有一項奇特的活動:"每歲十二月下旬,擇日,於西鎮國寺墻下,灑掃平地,太府監供彩幣,中尚監供細氈鍼綫,武備寺供弓箭環刀,束秆草爲人形一,爲狗一,剪雜色綵段爲之腸胃,選達官世家之貴重者交射之,非别速、札剌爾、乃蠻、忙古台、列班、塔達、珊竹、雪泥等氏族,不得與列。射至糜爛,以羊酒祭之。祭畢,帝、后及太子、嬪妃並射者各解所服衣,俾蒙古

---

① 《析津志輯佚》,第 214—215 頁。
② 按,延祐七年十二月,"己巳,敕罷明年二月八日迎佛"。(《元史》卷二七《英宗紀一》,第 609 頁)由此可知"二月八日迎佛"一直流行,而英宗此項禁令大概僅限於"明年"即至治元年,後來仍然舉行。
③ 《元史》卷七七《祭祀志六·國俗舊禮》,第 1927 頁。

巫覡祝贊之。祝贊畢,遂以與之,名曰脱災。國俗謂之'射草狗'。"①這種儀式無疑是一種薩滿教的習俗,它只限於皇室和少數蒙古上層人物参加,既神秘又隆重,却選擇"於西鎮國寺内墙下"舉行,亦足以説明大護國仁王寺與皇室關係緊密,有不同於其他佛寺的特殊地位。

　　大都皇家佛寺内都建有影堂(神御殿),供奉帝、后的"御容"即肖像。"御容"有的織成,有的是紙本繪畫。繪"御容"是中原的傳統,織"御容"則是元代獨有。②忽必烈死後,阿尼哥"追寫世祖、順聖二御容,織幀奉安於仁王、萬安之别殿"。③這應是阿尼哥個人的行爲,不是國家的儀式。大德五年正月,"奉安昭睿順聖皇后御容於護國仁王寺"。④"昭睿順聖皇后"即忽必烈之妻察必。按,《元史·祭祀志》載,"神御殿,舊稱影堂,所奉祖宗御容,皆紋綺局織錦爲之。影堂所在,……也可皇后大護國仁王寺"。⑤"也可皇后"即昭睿順聖皇后察必。⑥熊自得的《析津志》"行香"篇是關於元末神御殿的重要文獻,但其中没有大護國仁王寺察必神御殿的記載,令人不解。⑦至治三年(1323)十一月癸丑,泰定帝"敕會福院奉北安王那木罕像於高良河寺"。⑧因此,在大護國仁王寺(西鎮國寺、高良河寺)建立神御殿的除了察必之外還有那木罕。察必

---

①　《元史》卷七七《祭祀志六·國俗舊禮》,第1924—1925頁。
②　尚剛教授的《蒙、元御容》(《故宫博物院院刊》2004年第3期)、馬明達教授的《元代帝后肖像畫研究》(《暨南史學》2005年第4輯)從工藝史和美術史的角度對元朝"御容"作了詳盡細緻的考證,請参看。
③　《涼國敏慧公神道碑》。
④　《元史》卷二〇《成宗紀三》,第433頁。
⑤　《元史》卷七五《祭祀志四·神御殿》,第1875頁。
⑥　我在《元代大都的皇家佛寺》中説也可皇后即忽必烈之母唆魯禾帖尼,這是不對的,感謝中村淳氏的批評(《元大都敕建寺院概述》,《東洋史研究》第58卷第1號,中譯見《蒙古學信息》2003年第1期)。
⑦　洪金富:《元析津志·原廟·行香篇疏證》,載臺北《史語所集刊》第79本第1分。以下引此篇均據洪文,不另出注。
⑧　《元史》卷二九《泰定帝紀一》,第640頁。

享受這一待遇,因爲她是此寺的發起者。那木罕(一作南木罕)是察必的第四子,曾受命鎮守北邊,封晉王。① 其畫像今存。② 泰定帝爲他建立影堂,這是特殊的待遇,其中必有原因。有的學者認爲,這是因爲大護國仁王寺是察必的家廟。③ 此説似可討論。影堂是一種皇室特有的制度,與家廟有别。而且家廟均以男性爲中心,似不能以女性爲主。這是一。其次,如是察必家廟,爲何没有她其餘兒子的影像? 有的學者認爲,這與那木罕、甘麻剌(泰定帝之父)相繼受封晉王有關,是泰定帝爲了"標明自己即位的正統性"。④ 此説似嫌牽强。泰定帝也孫帖木兒之父甘麻剌是真金長子,即位詔書中説:"惟我是薛禪皇帝嫡派,裕宗皇帝長孫,大位次里合坐地的體例有,其餘争立的哥哥兄弟也無有。"⑤可見血統纔是正統性最有力的支柱。因此,這個問題尚有待破解。值得注意的是,武宗即位後,就敕"南木罕太子及妃、晉王及妃,依帳殿内所畫小影織之。"此處"晉王"無疑即泰定帝之父甘麻剌。武宗下旨織造南木罕、甘麻剌像是否即爲奉安影堂作準備? 又,《析津志》的"行香"篇中有兩條關於那木罕的記載:"那木罕主人,憨忌,高梁河寺,正官,六月初二日。""那木罕主人,周年,高梁河寺,正官,七月初四日。""主人"的稱呼,只見於那木罕,是否有特殊的涵義,也需研究。

藏族史籍《薩迦世系史》説,八思巴及後來帝師在大都的住處是大都大寺或稱"梅朵熱哇"(意爲花苑),可能就是大護國仁王

---

① 屠寄:《蒙兀兒史記》卷七六《忽必烈汗諸子列傳》,中國書店,1984年。劉迎勝教授《從北平王到北安王》對其生平有詳細考證,見《元史及民族與邊疆研究集刊》第21輯,上海古籍出版社,2009年。
② 尚剛《蒙、元御容》載此畫像。
③ 《從北平王到北安王》。
④ 《元大都敕建寺院概述》,第30頁。
⑤ 《元史》卷二九《泰定帝紀一》,第640頁。

寺。① 藏傳佛教高僧膽巴得到成宗的尊奉，"元貞乙未四月，〔膽巴〕奉詔住大護國仁王寺，敕太府具駕前儀仗，百官護送。寺乃昭睿皇后所建，其嚴好若天宮内苑移下人間。"膽巴死後火化，"舍利歸葬仁王寺之慶安塔焉"。② 至正元年(1341)，藏傳佛教高僧國師管着兒咸藏向山東長清大靈巖寺頒發護持法旨，後署"高良河大護國仁王寺裹有時分寫來"。③ 顯然，大護國仁王寺是國師居住之地。

前已述及，忽必烈和皇后察必賞賜大護國仁王寺大量土田、錢物，爲此設立專門機構進行管理。原稱財用規運所(正四品)，後改爲總管府、都總管府(從二品)、會福院(正二品)。④ 成宗元貞元年(1295)閏四月，朝廷頒布整頓各種宗教寺院賦役的聖旨，其中一項是："上都、大都、揚州，在先欽奉聖旨撥賜與大乾元寺、大興教寺、大護國仁王寺酒店、湖泊出辦錢物，令有司通管辦，赴官送納，寺家合得錢物官爲支付。無得似前另設人員，侵損官課。"⑤原來撥賜仁王寺的酒店、湖泊由寺院直接經營，此次則改爲地方政府征收，再將應得錢物交與佛寺。這是對寺院資產管理加以限制。有的學者認爲這是"元政府動用國家力量維護護國仁王寺的寺産"，似可商榷。⑥ 大護國仁王寺在河南的賜田後來轉撥與洛陽白馬寺："聖上大德改元之四年冬十月，釋源大白馬寺告成。詔以護國仁王寺水陸田在懷孟六縣者千六百頃充此恒産，永爲皇家子孫祈

---

① 陳慶英：《元朝帝師八思巴》，中國藏學出版社，1992年，第160頁。
② 《佛祖歷代通載》卷二二。佛教史籍《佛祖統記》《佛祖歷代通載》都説至元七年詔請膽巴金剛上師住仁王寺。但這是可疑的。這一年仁王寺剛開始動工。趙孟頫《膽巴碑》云："至元七年，與帝師巴思八俱至中國。"《佛祖歷代通載》卷二二所載《膽巴傳》則云："巴入中國，詔住五臺壽寧。"都沒有提到七年住仁王寺之事。《膽巴碑》有拓本傳世，任道斌《趙孟頫文集》(上海書畫出版社，2010年)已收。
③ 王堯：《山東長清大靈巖寺大元國師法旨碑考釋》，《文物》1981年第11期。
④ 《元史》卷八七《百官志三》，第2208頁。
⑤ 《元典章》卷二四《户部十·租税·僧道税·僧道租税體例》。
⑥ 《從北平王到北安王》。

福之地。"白馬寺是前代古刹，在世祖時重修，"修寺之役，經度之始，無所取財。……帝師聞之，申命大師丹巴董其事。丹巴請假護國仁王寺田租以供土木之費，詔允其請。……落成之際，仁王寺欲復所假田租，文才（白馬寺住持——引者）即遣僧奭言於丹巴曰：'轉經頌禧，寺所以來衆僧也，有寺無田，衆安仰？'丹巴令宣政院官達實愛滿等奏請，遂有賜田之命，且敕有司世世勿奪云"。① 懷孟六縣水陸田千六百頃原賜與大護國仁王寺，後因丹巴（即膽巴）請求，忽必烈下令將千六百頃田租轉歸白馬寺作爲修建之用。白馬寺修成後，大護國仁王寺要求收回田租，但丹巴爲白馬寺奏請，將千六百頃轉賜給白馬寺。由此看出，朝廷賜給寺院的田土，所有權仍歸國家所有，可以收回轉賜。大護國仁王寺都總管府管理不善，"田失故額，租賦不登，寺之賴日以削"。武宗至大元年（1308），皇太后答己"罷總管府，置會福院"，遣官分道核實，查清寺產僅水陸地即有10萬餘頃，另有山林、河泊、礦產、酒館多處，内外人戶3萬7千餘，房舍2千多間。貲產之豐盛，在元代皇家佛寺中首屈一指。② 主管此事的是會福院使安普和忽馬兒不花，安普因此進封秦國公。③ 這個安普無疑即世祖時代江南總統楊璉真伽之子楊安普。楊安普一直得到元朝皇室的寵信，是欽定的佛教界領袖人物，他出任會福院使決非偶然。④ 順帝至正六年（1346）十二月，"詔復立大護國仁王寺昭應宮財用規運總管府，凡貸民間錢二十六萬餘定"。⑤ 可知朝廷還允許大護國仁王寺經營高利貸。

---

① 《河朔訪古記》卷下。
② 元文宗時建大承天護聖寺，賜田16萬餘頃，爲大都各寺之冠。但文宗所賜集中在山東，大多應是荒廢的田土，而大護國仁王寺所得，或爲屯田，或爲浙西官田，大多是沃土。而隸屬的人戶、房舍以及湖泊、山林、礦冶數量之多更是驚人的。
③ 程鉅夫：《大護國仁王寺恒產之碑》，《雪樓集》卷九。
④ 參見拙作《略論楊璉真加和楊暗普父子》，《元史研究論稿》，中華書局，1991年，第385—400頁。
⑤ 《元史》卷四一《順帝紀四》，第876頁。

大護國仁王寺在都城之西,高梁河畔,應無問題。但其遺址所在則有争議。多數論者以爲在和義門(今西直門)外,其具體地點則看法不一,有的説在今國家圖書館周圍,有的説在五塔寺附近。還有一種意見認爲,《析津志》載,"平則門外三里許,即西鎮國寺"。則此寺應在平則門(今阜成門)外,今玉淵潭公園東側、阜成門西三里之偏北處。① 文獻記載有限,似難得出明確的結論。遺址的確定,恐有待考古工作的進展。

元朝實行兩都制,皇帝每年前往上都避暑,夏末秋初返回。離上都前要舉行灑馬奶子儀式。"宰相省院臺官聞上位於某日灑馬奶子,大都住夏,宰輔於是日出西山,謂之巡山。比回,於鎮國寺等處茶飯。"②此鎮國寺無疑是西鎮國寺即大護國仁王寺。泰定帝致和元年(1328)三月"庚辰,命僧千人修佛事於鎮國寺"。③ "天子龍飛在御,承平日久,思所以祈天永命,仰惟前代,時若詔選經生,於鎮國寺用金字書所謂五千四十八卷者,而王生與焉。故事,經生例得校官出身。時河南盗起,延及江南,王生家江右,念母甚切,求書徑歸,不待選"。④ 按,順帝至正三年(1343)十二月"丙申,詔寫金字《藏經》"。⑤ 王生應選經生當即此事。以上兩處記載中的"鎮國寺"似以西鎮國寺可能性較大。

(2)大聖壽萬安寺(白塔寺)。至元九年(1272),"是歲……建大聖壽萬安寺"。⑥ 動工前,"帝制四方,各射一箭,以爲界至"。⑦ 此寺亦由阿尼哥主持建造。"十六年,建聖壽萬安寺浮圖初成,有

---

① 關於大護國仁王寺地址的争論見顧寅森:《元大護國仁王寺名稱、地址考略》(《元史及民族與邊疆研究集刊》第 23 輯,上海古籍出版社,2011 年)。顧氏主張後一種意見。
② 《析津志輯佚》,第 205 頁。
③ 《元史》卷三〇《泰定帝紀二》,第 685 頁。
④ 蔣易:《贈寫金字經王師尹序》,《鶴田集》卷上。引自《全元文》第 48 册,第 60 頁。
⑤ 《元史》卷四一《順帝紀四》,第 869 頁。
⑥ 《元史》卷七《世祖紀四》,第 144 頁。
⑦ 《佛祖歷代通載》卷二二。

奇光燭天。上臨觀，大喜，賜京畿良田畝萬五千，耕夫指千，牛百，什器備。"①"浮圖"即白塔，塔身呈瓶狀，爲藏傳佛教特有的盛行於薩迦時期的"噶當覺頓"類型，白塔建造時得到帝師亦憐真直接指導。② 聖壽萬安寺因此又稱白塔寺，此名沿襲至今。十六年（1279）十二月，"建聖壽萬安寺於京城。帝師亦憐真卒，敕諸國教師禪師百有八人，即大都萬安寺設齋圓戒，賜衣"。③ 二十二年十二月，"戊午，以中衛軍四千人伐木五萬八千六百，給萬安寺修造"。④ 僅此一事可以想見其規模。至元二十五年（1288）四月，"萬安寺成，佛像及窗壁皆金飾之，凡費金五百四十兩有奇、水銀二百四十斤"。⑤ 據上所述，聖壽萬安寺建造始於至元九年，白塔落成於至元十六年，全寺建成於至元二十五年，前後達十六年之久，工程規模浩大。至元二十七年、二十八年忽必烈都曾下令在萬安寺作佛事。皇慶二年（1313）八月，仁宗下令"大聖壽萬安寺内五間殿八角樓四座"塑造佛像一百四十尊，内有"馬哈哥剌佛"多尊。"其佛像計並稟搠思哥斡節兒八哈失塑之。"⑥"馬哈哥剌"又譯作"摩訶葛剌"，"漢言大黑神也"，是藏傳佛教尊奉的神。⑦

忽必烈在白塔落成時曾賜良田、耕夫，見上述。按照慣例，寺成之日必有大量賞賜，但未見記載。大德五年（1301），成宗賜"萬

---

① 《涼國敏慧公神道碑》。
② 宿白：《元大都〈聖旨特建釋迦舍利靈通之塔碑文〉校注》，《藏傳佛教寺院考古》，文物出版社，1996年，第328頁。關於白塔形制及建造時指導者的討論，見安海燕：《元大都大聖壽萬安寺白塔之裝藏、裝飾》，《西域歷史語言研究集刊》第6輯，科學出版社，2013年。
③ 《元史》卷一〇《世祖紀七》，第218頁。
④ 《元史》卷一三《世祖紀十》，第282頁。
⑤ 《元史》卷一五《世祖紀十二》，第311頁。
⑥ 《元代畫塑記》，《中國美術論著叢刊》，人民美術出版社，1964年。按，此書原爲元朝政書《經世大典工典》"畫塑"門，文廷式自《永樂大典》中鈔出，王國維收入《廣倉學窘叢書》，題爲《元代畫塑記》。《叢刊》本將此人名標點爲"搠思哥、斡節兒、八哈失"，不妥。"八哈失"意爲師傅。仁宗皇慶元年十月，"雲南行省右丞算只兒威有罪，國師搠思吉斡節兒奏請釋之，帝斥之曰：'僧人宜誦佛書，官事豈當與耶！'"二年三月，"賜西僧搠思吉斡節兒鈔萬錠"（《元史》卷二四《仁宗紀一》，第553、555頁），應即此人。
⑦ 柳貫：《護國寺碑銘》，《柳待制文集》卷九，《四部叢刊》本。

安寺地六百頃,鈔萬錠"。① 仁宗時,"上以聖壽萬安寺世皇神御殿所在,當領祠官以奉祀享,有旨立壽福院,擢公(林堅——引者)判官,階承德郎。寺有先朝賜田若於頃,主者多爲姦利欺隱。公乘傳偏走畿甸,按籍求之,盡復其舊"。② 則賜田已歸壽福院管理。壽福院正二品。

萬安寺建成後,每年元旦朝廷舉行元正受朝儀,"前期三日,習儀於聖壽萬安寺。"新帝舉行即位受朝儀,亦是"前期三日,習儀於萬安寺"。③ 順帝時,張翥詩《四月十四日習儀白塔寺,有旨齋升院判》,④可見元朝末年該寺仍是習儀的場所,而且"習儀"不限於"元正受朝儀"和"即位受朝儀"。張翥升院判(樞密院院判,正五品),都要"習儀",其他官員可想而知。作爲官員的主要"習儀"場所,無疑是萬安寺不同於其他皇家佛寺的一大特色。萬安寺還舉行各種佛事活動。其中有官方的。英宗至治三年(1323)四月"壬戌朔,敕天下諸司命僧誦經十萬部。",同月己卯,"敕京師萬安、慶壽、聖安、普慶四寺,揚子江金山寺,五臺萬聖祐國寺,作水陸佛事七晝夜"。⑤ 陳垣先生指出,這些活動與英宗殺瀛國公有關。⑥ 這是元朝皇帝發起的重大佛事活動,萬安寺在京師四寺之首,可見其地位。高麗名僧惠永,"庚寅,領寫經僧衆一百員,到大元國大都,以金字《法華經》爲贄,拜見世祖皇帝,特承勞慰,寓慶壽寺。礪衆嚴肅,無不敬服。一日,萬安寺堂頭以種種幢蓋莊嚴道場請師講《仁

---

① 《元史》卷二○《成宗紀三》,第434頁。
② 蘇天爵:《林公墓碑》,《滋溪文稿》卷二一,陳高華、孟繁清點校,中華書局,1997年,第347頁。
③ 《元史》卷六七《禮樂志一》,第1666頁。
④ 《蛻庵詩集》卷一,《四部叢刊續編》本。
⑤ 《元史》卷二八《英宗紀二》,第630頁。
⑥ 《中國佛教史籍概論》卷六,中華書局,1962年。參見王堯《南宋少帝趙㬎遺事考辨》,《西藏研究》1981年第1期。

王經》,師升座演説,快若懸河,四衆景仰,如見佛日至"。① 這是萬安寺堂頭(住持)主辦的講經活動。江南名僧湛堂性澄於英宗時奉詔北上,在青塔寺校訂三藏。事竣,"將南還,俄有旨於白塔寺建水陸大會,丞相東平忠獻王留升座説法,衆咸悦服。事聞,寵賚尤渥,仍降璽書加護,進號佛海大師"。② 這是丞相拜住舉辦的佛事,得到元英宗的認可。釋魯雲行興是大慶壽寺住持西雲的弟子,爲海雲寺住持。"俄以省墳墓辭歸鄆城。久之,英宗踐祚,首命召還京師,俾於聖壽萬安寺與一時高德名流校讎三藏。禪師部洽而精詳,魯魚亥豕,多所是正,聲譽籍甚。"③則英宗時曾於萬安寺組織高僧校讎三藏。也有民間的佛事。大都耆耋姚長者受皇室恩寵,"念無以報上德,乃於萬安寺建水陸會"。④

佛教史籍説:"帝一日曰:'栴檀佛像現世佛寶,當建大刹安奉,庶一切人俱得贍禮。'乃建大聖壽萬安寺。"⑤"帝"指世祖忽必烈。據此,則建聖壽萬安寺與栴檀佛像有密切關係。栴檀佛通常被認爲是釋迦牟尼佛逼真的肖像。元仁宗曾命集賢大學士李衎與衆高僧考證栴檀佛源流,結論是:佛像出自印度,經過中亞,來中原後,多次遷徙。蒙古前四汗時期存燕京聖安寺。"世祖皇帝至元十二年乙亥,遣大臣孛羅等備法仗、羽駕、音伎、四衆奉迎,居於萬壽山仁智殿。丁丑,建大聖壽萬安寺。二十六年己丑,自仁智奉迎,居於寺之後殿云。"⑥"是歲(二十六年——引者)……幸大聖壽萬安寺,置

---

① 金晅《高麗弘真國尊塔銘》,《海東金石志》卷八,希古樓刊本。
② 黄溍:《上天竺湛堂法師塔銘》,《金華先生文集》卷四一,《四部叢刊》本。
③ 黄溍:《魯雲興公舍利塔銘》,《金華先生文集》卷四一。
④ 程鉅夫:《姚長者碑》,《雪樓集》卷七。
⑤ 《佛祖歷代通載》卷二二。
⑥ 程鉅夫:《栴檀佛像記》,《雪樓集》卷九。按,李衎於仁宗皇慶二年拜集賢大學士,不久以疾辭,卒於仁宗延祐七年(蘇天爵:《李文簡公神道碑》,《滋溪文稿》卷一○),故程氏此文應作於仁宗時。

旃檀佛像,命帝師及西僧作佛事坐靜二十會。"① 如上所述,至元二十五年此寺落成,故二十六年將佛像奉迎"居於寺之後殿",忽必烈爲此親自來到聖壽萬安寺大作佛事,確是很隆重的。"聖安寶長老送瑞像至内,心不之悦。帝云:'此是皇家佛,汝心何懊惱。'帝回與三十二定白金,以表三十二相也。"② 聖安瑞像無疑即旃檀佛像。

忽必烈去世,其孫鐵穆耳嗣位,是爲成宗。鐵穆耳是皇太子真金的第三子,真金死於至元二十二年(1285)。元貞元年(1295)正月,成宗"以國忌,即大聖壽萬安寺,飯僧七萬"。③ 向僧人施飯,被認爲是功德。"國忌"指忽必烈去世的周年,以"飯僧"爲忽必烈祈福。成宗在萬安寺一次向七萬名僧人施飯,實在是很驚人的,須知當時大都南北城人口不會超過 50 萬。④ 由此亦可想見萬安寺規模之宏大。另有關於旃檀佛的記載説:"元貞元年乙未,成宗皇帝親臨奉供,大作佛事。"⑤ 成宗大作佛事奉供旃檀佛像與"飯僧七萬"也許就是同一件事。"京師旃檀佛,以靈異著聞海宇。王侯公相,士庶婦女,捐金莊嚴以丐福利者,歲無虛日。"⑥ 在元代,旃檀佛流傳的故事從漢文譯成畏兀文,又譯成藏文,收入《丹珠爾》中。⑦ 正是從元代起,旃檀佛成爲漢、蒙、藏各族的共同信仰,産生巨大影響。⑧ 聖壽萬安寺對擴大旃檀佛影響起了極其重要的作用,這在佛教史上是應該大書一筆的。

---

① 《元史》卷一五《世祖紀十二》,第 329 頁。
② 《佛祖歷代通載》卷二二。
③ 《元史》卷一六《成宗紀一》,第 390 頁。
④ 至元七年,大都路(包括城區和屬縣)共有 40 萬人。元代記載,一般説大都有"十萬家",估計應爲 40—50 萬口。參見陳高華《元大都》(《元代大都上都研究》,中國人民大學出版社,2010 年,第 38 頁)。
⑤ 《旃檀佛像記》。
⑥ 陶宗儀:《南村輟耕録》卷一七《旃檀佛》,中華書局,1959 年,第 206 頁。
⑦ 百濟康義著,楊富學、秦才郎加譯:《〈栴檀瑞像傳入中國記〉的回鶻語與藏語譯文》,《中國邊疆民族研究》第 4 輯,中央民族大學出版社,2011 年。
⑧ 〔法〕沙怡然:《從北印度到布里亞特:蒙古人視野中的旃檀佛像》,《故宫博物院院刊》2011 年第 2 期。

慶元(今浙江寧波)阿育王寺的舍利寶塔也是佛教的聖物,塔高一尺四寸,據說内藏釋迦牟尼的舍利,傳説來自印度。"至元十三年春三月,世祖命使者奉塔至開平龍光華嚴寺,尋遷燕都聖壽萬安寺,集僧尼十萬,於禁庭、太廟、青宮及諸官署,建置十六壇場,香鐙華幡之奉,備極尊崇。世祖親幸臨之。……命僧憐占加送塔南還,更賜名香金繒。"①"車駕親臨,瞻敬於聖壽萬安。百寶光明,從壇而起,高貫寺塔,遥燭禁庭。皇情大悦,亟命護送還山,仍賜以名香、金幣。"②"憐占加"應即曾任江南釋教總統的楊璉真伽。③ 同是佛教聖物,都進了聖壽萬安寺,爲什麼將阿育王塔被送回原處?令人難解。阿育王塔南歸後,一直在阿育王寺供奉。

前面説過,阿尼哥"追寫世祖、順聖二御容,織幀奉安於仁王、萬安之别殿。"這應是阿尼哥個人的行爲。大德五年,成宗"又命織成裕宗、裕聖二御容,奉安萬安寺之左殿"。④ 裕宗即忽必烈太子、成宗之父真金,裕聖是真金之妻闊闊真。這是朝廷正式在萬安寺設置真金和闊闊真的神御殿。另有記載説:"成宗時,置世祖影堂於[大聖壽萬安寺]殿之西,裕宗影堂於殿之東,月遣大臣致祭。"⑤可知成宗時還在萬安寺設立世祖神御殿,但時間不詳。又有記載説:"影堂所在:世祖帝后大聖壽萬安寺,裕宗帝后亦在焉。"⑥則除世祖外,還供奉察必皇后。英宗至治元年(1321)七月,"己亥,奉安仁宗御容於大聖壽萬安寺"。⑦ 此處文字疑有誤,應是"仁宗皇帝"。⑧ 仁

---

① 宋濂:《四明阿育王山廣利禪寺碑銘》,《宋文憲公文集》卷二三,《四部備要》本。
② 黄溍:《阿育王山廣利禪寺承恩閣碑》,《金華先生文集》卷八。
③ "至元中,楊璉真總統釋教江淮,有旨取育王塔中舍利進入。"(虞集:《晦機禪師塔銘》,《道園學古録》卷四九)。
④ 《涼國敏慧公神道碑》。
⑤ 《元史》卷五一《五行志二·火不炎上》,第1101頁。
⑥ 《元史》卷七五《祭祀志四·神御殿》,第1875頁。
⑦ 《元史》卷二七《英宗紀一》,第613頁。
⑧ 屠寄《蒙兀兒史記》卷一二《碩德八剌本紀》作:"[七月]己亥,奉安仁宗御容於大聖壽萬安寺。"中國書店,1984年,第146頁。

宗與萬安寺並無關係,不知爲何得以列入。天曆元年十月,"己亥,幸大聖壽萬安寺,謁世祖、裕宗神御殿"。① 天曆二年五月"乙亥,幸大聖壽萬安寺,作佛事於世祖神御殿"。② 另據《析津志》的"行香"篇載:"普顏篤皇帝,白塔寺,正官,[正月]二十一日。""老太后,周年,白塔寺,正官,[二月]二十九日。""裕宗皇帝,憨忌,白塔寺,大小官,[六月]二十日。""世祖皇帝,忌日,白塔寺,大小官,[八月]二十八日。""裕宗皇帝,憨忌,白塔寺,大小官,十二月初十日。"其中"老太后"指察必。可知世祖、察必、裕宗、普顏篤皇帝(仁宗)在白塔寺都有影堂。但《析津志》"行香"篇没有裕宗皇后的記載,疑有缺漏。

至正二十八年(1368)六月"甲寅,雷雨中有火自天墜,焚大聖壽萬安寺"。③ "[二十八年]六月甲寅,大都大聖壽萬安寺災。是日未時,雷雨中有火自空而下,其殿脊東鰲魚口火焰出,佛身上亦火起。帝聞之泣下,亟命百官救護,唯東、西二影堂神主及寶玩器物得免,餘皆焚毀"。④ 但白塔仍然無損。明代重建,改名妙應寺。原供奉在萬安寺的旃檀佛明初轉到大慶壽寺,後又轉到鷲峰寺。清康熙年間建弘仁寺,供奉旃檀佛像。清末,八國聯軍入侵北京,弘仁寺和旃檀佛像均毀於戰火。⑤

(3) 大興教寺。阿尼哥於"至元二十年……建興教寺"。⑥ "國朝建立梵宇,在都城之內,順承門里街西,名曰興教,華嚴宏大,精邃整麗,佛會甲於京師"。⑦ 朝廷舉行元正受朝儀,大多"前期三

---

① 《元史》卷三二《文宗紀一》,第715頁。
② 《元史》卷三三《文宗紀二》,第734頁。
③ 《元史》卷四七《順帝紀十》,第985頁。
④ 《元史》卷五一《五行志二》,第1101頁。
⑤ 一說流落在俄羅斯布里雅特共和國的烏蘭烏德。見王家鵬《帝王與旃檀瑞家》,《紫禁城》第128期;《從北印度到布里亞特:蒙古人視野中的旃檀佛像》。
⑥ 《涼國敏慧公神道碑》引。
⑦ 《順天府志》第5頁引《大都圖冊》。

日"在萬安寺"習儀",但有時也在大興教寺舉行。① 由此可以想見大興教寺的規模。至元二十二年,忽必烈命帝師等"遞藏佛事於萬安、興教、慶壽等寺,凡一十九會"。② 至元二十二年春至二十四年夏,忽必烈召集各族高僧校勘佛經在"大興教寺各秉方言,精加辯質",最後編成《至元法寶勘同總錄》一書。③ 這是元代佛教界的一件盛事,影響深遠。

前面説過,元貞元年(1295)閏四月,成宗整頓各種宗教寺院賦税,其中之一是"欽奉聖旨撥賜與大乾元寺、大興教寺、大護國仁王寺酒店、湖泊出辦錢物,令有司通行管辦,赴官送納,寺家合得錢物官爲支付。無得似前另設人員,侵損官課"。④ 大護國仁王寺擁有大量撥賜貲產,已見前述。上都大乾元寺"制與仁王等",其貲産一定亦很豐富。大興教寺此次與兩寺並列,可以想見其擁有的撥賜酒店、湖泊一定爲數可觀。大德五年二月,成宗"賜昭應宮、興教寺地各百頃,興教仍賜鈔萬五千錠"。⑤ 昭應宫是大體與護國仁王寺同時由察必主持建造的道觀。興教寺得到的賞賜超過了昭應宮。延祐五年(1318)十月,"建帝師八思巴殿於大興教寺"。⑥ 二年以後,英宗"詔各郡建帝師八思巴殿"。⑦ 可知仁宗在大興教寺建帝師殿爲各地普遍建造起了帶頭的作用。延祐六年三月,"賜大興教寺僧齋食鈔二萬錠"。⑧ 至治二年(1322)十月,"建太祖神御殿於興教寺"。⑨ 而詳細記載元末神御殿(影堂)制度的《析津志》的"行

---

① 《元史》卷六七《禮樂志一》,第 1666 頁。
② 《元史》卷一三《世祖紀十》,第 283 頁。
③ 《至元法寶勘同總錄》卷一,《磧砂藏》本。
④ 《元典章》卷二四《户部二·賦税·僧道税·僧道租税體例》。
⑤ 《元史》卷二〇《成宗紀三》,第 434 頁。
⑥ 《元史》卷二六《仁宗紀三》,第 586 頁。
⑦ 《元史》卷二七《英宗紀一》,第 607 頁。
⑧ 《元史》卷二六《仁宗紀三》,第 588 頁。
⑨ 《元史》卷二八《英宗紀二》,第 624 頁。

香"篇没有提到大興教寺的太祖神御殿,而且元末太祖仍與太宗、睿宗同享祭於翰林國史院,因而有的學者斷言興教寺的太祖神御殿並未建成。① 文宗至順三年五月,"詔給鈔五萬錠,修帝師巴思八影殿"。② 有元一代皇家佛寺中僅興教寺建有帝師殿,文宗給鈔修治的應即興教寺中之影殿。詩人張翥在"丙午"年作《四月望觀帝師發思拔影堂慶讚立碑》:③"佛子來西竺,巍然南面尊。法筵花散漫,香殿玉温馨。龍象諸天下,鐘螺竟日喧。朝觀立隨喜,如在給孤園。""丙午"是至正二十六年(1366),離元朝滅亡不過二年。帝師八思巴的影堂仍然舉行紀念活動。

何孝榮先生《試論元朝皇帝崇奉藏傳佛教與大都敕建佛寺》中把石佛寺列爲大都的皇家佛寺之一。④ 何文引用了《元史·祭祀志四》、清人《天咫偶聞》和《析津志》等幾條記載,後二條都是關於石佛寺所在地點。《元史·祭祀志四》有關記載是:太祖、太宗、睿宗御容,俱置翰林院,後遷普慶寺,"[泰定]四年,造影堂於石佛寺,未及遷。至順元年七月,即普慶寺祭如故事。二年,復祀於翰林國史院。重改至元之六年,翰林院言三朝御容祭所甚隘,兼歲久屋漏,於石佛寺新影堂奉安爲宜。中書省臣奏,此世祖定制,當乃其舊,制可"。⑤ 就目前所知,石佛寺還有幾條資料:(1)蕭㪺《趙公墓誌銘》載:趙弼在至元二十年"改嘉議,同知大都留守司、本路都總管、大興府事,兼行工部尚書。以才力不逮,不能並舉數職,辭之再三。又明年,除同知大都留守司兼少府監事如故官,别敕監修白塔、石佛等寺。二十二年升資善,大都留守兼少府監事"。⑥ (2)《元

---

① 《元析津志·原廟·行香篇疏證》。
② 《元史》卷三六《文宗紀五》,第804頁。
③ 《蜕庵詩集》卷一。
④ 何孝榮:《試論元朝皇帝崇奉藏傳佛教與大都敕建佛寺》,《文史》2009年第3期。
⑤ 《元史》卷七五《祭祀志四》,第1877頁。
⑥ 《勤齋集》卷二,《文淵閣四庫全書》本。這條資料很重要,是劉曉同志告知的,謹此志感。

史・兵志二》載:"英宗至治元年正月,帝詣石佛寺,以其墙垣疏壞,遽命副樞尤溫臺、僉院阿散領圍宿士卒,以備巡邏。"①可知石佛寺必建於至治元年以前。(3)《高麗史》載:"[高麗忠肅王七年]十月,帝下王於刑部,既而祝髮,置之石佛寺。十二月戊申,帝流王於吐蕃撒思吉之地。"②"帝"指英宗,"王"指高麗忠宣王王璋。王璋將王位讓給其子,自己長期在大都居住,與元朝皇室關係密切。英宗即位後,逮捕王璋,一度將他削髮囚禁於石佛寺,後來流放到撒思吉(西藏薩迦)。(4)《元史・順帝紀》載:"[至元六年春正月]……甲戌,立司禋監,奉太祖、太宗、睿宗三朝御容於石佛寺。"③與上引《元史・祭祀志四》所述相印證,可知"當乃其舊"應理解爲遷回石佛寺。(5)元末張翥詩題:《庚辰十月朔,奉迎明宗册寶至石佛寺。明日壬辰迎至太廟清祀禮成,賦以紀事》。庚辰是順帝至元六年(1340)。這一年"十月甲申,奉玉册、玉寶尊皇考爲順天立道睿文智武大聖孝皇帝,親祼太室"。④ 張翥詩所述即此事。(6)《析津志》"行香"篇記:"八思齊帝師,忌日,石佛寺,正官,[十月]二十二日。"八思齊即八思巴。

根據以上記載,英宗到過石佛寺,寺中既有三朝皇帝的影堂,又是皇室舉行重大典禮的地方,還曾作爲臨時囚禁高麗國王的場所,其地位顯然與一般佛寺有別,確實是很特殊的。將它定爲皇家佛寺應無問題。元朝慣例,皇家佛寺均以吉祥莊嚴的文字命名,但又以各寺的特色建築或地點爲別名,如白塔寺和及後來的青塔寺、西湖寺等。石佛寺無疑是別名,其正名是什麽,值得研究。我們在現有文獻中没有發現任何皇室下令建造石佛寺的記載。劉曉同志

---

① 《元史》卷九九《兵志二》,第2534頁。
② 鄭麟趾:《高麗史》卷三四《忠宣王二》。
③ 《元史》卷四〇《順帝紀三》,第853—854頁。
④ 《元史》卷四〇《順帝紀三》,第858頁。

從石佛寺的位置推論它應是大興教寺的別名。① 從上面(1)可知，世祖時已有"石佛"之名，而且此寺與"白塔"並列，地位應相當，至元二十一年尚在修建中。符合這些條件的只有大興教寺。不僅如此，在大都的皇家佛寺中，只有大興教寺設有帝師八思巴的神御殿，這和上面(6)的記載正好一致。根據這些理由，劉曉的見解無疑是有說服力的。

此外，還有幾處佛寺值得研究。泰定三年十月"中書省臣言：……世祖建大宣文弘教等寺，賜永業，當時已號虛費"。② 據此，世祖還建有大宣文弘教寺，其地位和規模可能勝過或至少不遜於以上三寺，故"中書省臣"特別提出作爲世祖時代皇家佛寺的代表。然而，現存元代文獻中，沒有發現有關此寺的記載，令人不解。清代官修《日下舊聞考》征引清人朱彝尊的見解，認爲明代太監晏忠所建西山宏教寺"石像禮器制度渾樸，不類明時所鑿，……疑寺即宣文宏教之址，晏忠特從而修飾之爾"。③ 同書另一處則云："大宣文弘教寺，今静宜園之萬安山法海、法華二寺相傳即其遺址。"但這都是假設，有待進一步考證。

阿尼哥於至元"十七年，建城南寺"。④ 另有記載說："帝出郊狩南花園，云：'此處宜建梵刹。'段相依命修造。出狩回駕，寺已刹圓。"⑤帝即忽必烈，段相即段貞，曾任大都留守。至元二十年三月，"御史臺臣言：'平灤造船，五臺山造寺伐木，及南城建新寺，凡役四萬人，乞罷之。'詔'伐木建寺即罷之。'"⑥"城南寺"是否即南花園寺，南城新寺是否與此有關，此寺何名，建成與否，都有待考

---

① 《禮與中國古代社會》。
② 《元史》卷三〇《泰定帝紀二》，第674頁。
③ 《西山宏教寺題壁》，轉引自《日下舊聞考》卷一〇三《郊坰》。
④ 程鉅夫：《涼國敏慧公神道碑》，《雪樓集》卷七。
⑤ 《佛祖歷代通載》卷二二。
⑥ 《元史》卷一二《世祖紀九》，第252頁。

證。世祖死後,大德五年二月戊戌,成宗賜昭應宮、興教寺、上都乾元寺、萬安寺和南寺土地、鈔不等,其中"南寺地百二十頃,鈔如萬安之數"。① 這座南寺能與以上幾座皇家寺觀並列,無疑也是皇家佛寺。它與上述南城新寺有無關係,亦需研究。② 上述宣文弘教也許與南城新寺有關。

(二)成宗、武宗、仁宗、泰定帝時代的大都皇家佛寺

(4)大天壽萬寧寺。成宗建。大德九年二月,"建大天壽萬寧寺"。③ 阿尼哥在"[大德]九年建聖壽萬寧寺,造千手眼菩薩,鑄五方如來"。這大概是阿尼哥最後作品。④ "聖壽萬寧寺"無疑即天壽萬寧寺,應是名稱前後有變化。"大德十年,始置萬寧規運提點所。"後改萬寧營繕司,亦歸壽福院管理。⑤ 成宗皇后卜魯罕,"京師創建萬寧寺,中塑秘密佛象,其形醜怪,後以手帕蒙覆其面,尋傳旨毀之"。⑥ "秘密佛象"應即民間所說的歡喜佛,可知萬寧寺中應有藏傳佛教的佛殿。

明初《圖經志書》記載說:"萬寧寺在金臺坊,舊當城之中,故其閣名中心,今在城之正北。"⑦ 按,明初將原大都城(明初改稱北平)北部收縮,故中心閣位置由正中變成正北。大都城中有中心

---

① 《元史》卷二〇《成宗紀三》,第434頁。
② 洪金富先生引大德五年二月成宗賜田、鈔的記載,"推測[崇恩]福元寺原址原有一廟,俗稱南寺……武宗至大元年,相中此寺,敕行工曹大肆改建,賜新名大崇恩福元寺,但習俗仍以南寺相稱"。可備一說。
③ 《元史》卷二一《成宗紀四》,第462頁。
④ 《涼國敏慧公神道碑》。
⑤ 《元史》卷八七《百官志三》,第2213頁。
⑥ 《元史》卷一一四《后妃傳》,第2873頁。
⑦ 《順天府志》第5頁,引《圖經志書》。

閣，又有中心臺，"在中心閣西十五步。其臺方幅一畝，以墻繚繞。正南有石碑，刻曰：中心之臺，實都中東、南、西、北四方之中也。在原廟之前"。① "原廟"即萬寧寺，中心閣應是萬寧寺的組成部分。

按照慣例，成宗死後，繼位的武宗應在成宗建造的萬寧寺爲之建造影堂。元代政書《經世大典·工典》載："成宗皇帝大德十一年十一月二十七日，敕丞相脫脫、平章禿堅帖木兒等：'成宗皇帝、貞慈靜懿皇后御影，依大天壽萬寧寺內御容織之。'"② 按，成宗鐵穆耳死於大德十一年正月，無子，皇后卜魯罕謀稱制，以安西王阿難答爲輔。忽必烈太子真金有三子：甘麻剌、答剌麻八剌、鐵穆耳。答剌麻八剌有兩子，長海山，次愛育黎拔力八達。成宗死時，海山領兵鎮守北方，愛育黎拔力八達在大都發動政變，貶逐處死卜魯罕，迎海山爲帝，是爲武宗。當年仍用大德年號。上面這條記載中的"敕"便是武宗發布的。成宗前後有兩位皇后，第一位皇后失憐答里，死於大德三年，第二位即卜魯罕。上述"敕"中的"貞慈靜懿皇后"即失憐答里。據此"敕"，則大天壽萬寧寺已有成宗和皇后失憐答里的"御容"，現在織成"御影"，不外兩種可能。一種是寺中已立有神御殿，爲紙本繪成，現以織品代之；另一種是"織"成"御容"，供建造神御殿之用。而失敗被處死的卜魯罕皇后當然沒有資格建立影堂。但《元史》的武宗、仁宗、英宗三朝"本紀"中並沒有爲成宗設置影堂的記載。而在皇位由答剌麻八剌家族轉到甘麻剌家族的以後，泰定四年五月"乙巳，作成宗神御殿於天壽萬寧寺"。③ 據此，則武宗時萬寧寺是否真正建立成宗神御殿還是個值得研究的

---

① 《析津志輯佚》，第104頁。
② 《元代畫塑記》。
③ 《元史》卷三〇《泰定帝紀二》，第679頁。

問題。《元史・祭祀志》載:"神御殿……成宗帝后大天壽萬寧寺。"①《析津志》"行香"篇載:"完者篤皇帝,中心閣,正官,正月初八日。""完澤篤皇帝,憨忌,中心閣,正官,[九月]初七日。"②"完者篤"或"完澤篤"是同名異譯,成宗的蒙語廟號。這兩條記載可能都是反映泰定以後的情況。

在建萬寧寺的前一年即大德八年,阿尼哥"建東花園寺,鑄丈六金身"。③ 這亦應是皇家佛寺,但無其他記載可考。

(5) 大崇恩福元寺。武宗建。武宗即位後,爲酬謝兄弟愛黎拔力八達的功勞,立他爲皇太子。海山和愛育黎拔力八達的父親答剌麻八剌是真金的第二子,答剌麻八剌死於至元二十八年。武宗即位的次年即至大元年(1308),在"城南"建寺。至大二年九月,"以大都城南建佛寺,立行工部,領行工部事三人,行工部尚書二人,仍令尚書右丞相脫虎脫兼領之"。④ 此寺即大崇恩福元寺。至大三年正月二十一日,"敕虎堅帖木兒丞相奉旨新建寺後殿五尊佛咸用銅鑄,前殿三世佛、四角樓洞房諸處佛像以泥塑,仿高良河寺鑄銅番竿一對。虎堅帖木兒、搠思吉月即兒、阿僧哥泊帝師議,依佛經之法,擬高良河寺並五臺佛像從其佳處爲之,用物省部應付"。⑤ 搠思吉月即兒即上述搠思吉斡節兒,同名異譯。阿僧哥是阿尼哥的長子,繼承了他父親的事業。所謂"依佛經之法"應是依照藏傳佛教的建築模式。至大三年六月,"立規運都總管府,秩正三品,領大崇恩福元寺錢糧。置提舉司、資用庫、大益倉隸之"。⑥ "武宗皇帝命以故宋太后湯沐地悉歸於太崇恩福元寺,平章政事伯

---

① 《元史》卷七五《祭祀志四・神御殿》,第1875頁。
② 《元析津志・原廟・行香篇疏證》。
③ 《涼國敏慧公神道碑》。
④ 《元史》卷二三《武宗紀二》,第516頁。
⑤ 《元代畫塑記》。按,《論著叢刊》本此條作"搠思吉、月即兒"。
⑥ 《元史》卷二三《武宗紀二》,第525頁。

顔持不可,上震怒,猶抗論不已"。① 按,至元二十八年十二月己巳,"宣政院臣言:'宋全太后、瀛國公母子以爲僧尼,有地三百六十頃,乞如例免征其租。'從之"。② 武宗要撥給大崇恩福元寺的"故宋太后湯沐地"應指此。③ 但後來文宗又將南宋太后、少帝田土收歸大承天護聖寺,可能由於伯顔等反對,此時武宗的打算未能實現。這所佛寺規模宏偉,裝飾華麗,"皆前名刹所未有。榜其名曰大崇恩福元寺"。至大四年正月武宗病死,此寺尚未竣工。其弟愛育黎拔力八達嗣位,是爲仁宗,下令繼續完成建寺工程。④ 皇慶元年(1312)四月,"大崇恩福元寺成,置隆禧院"。此時應已全部落成。⑤ 大崇恩福元寺的建造共費時5年。

據《元史·百官志》"隆禧總管府"條記載:"至大元年,建立南鎮國寺,初立規運提點所。二年,改爲規運都總管府。三年,升爲隆禧院。""天曆元年,以南鎮國寺所立怯憐口事産提舉司,改爲崇恩福元提點所。"⑥ 從創建時間和機構名稱可以斷定崇恩福元寺又稱南鎮國寺。"天子方建大鎮國寺於京師之南,工役甚廣,江西行省當取香蠟於所部以給用,擇能者馳上,而君(高士貴——引者)在遣中。董寺役者,太保禿堅帖穆爾。"⑦ 文中的"大鎮國寺"即南鎮國寺。"太保禿堅帖穆爾"應即上面提到的虎堅帖木兒。

---

① 黄溍:《定國忠亮公神道第二碑》,《金華先生文集》卷二四。
② 《元史》卷一六《世祖紀十三》,第353頁。
③ 元代常州路(治今江蘇常州)有"哈尊錢糧"(《泰定毗陵志輯佚》,見楊印民輯校《大德毗陵志輯佚(外四種)》,鳳凰出版社,2013年,第50、51頁)。南宋少帝入元後稱合尊大師,此"哈尊"即合尊,"哈尊錢糧"應即少帝名下田土所納錢糧。但世祖已有免租之令,爲何又納錢糧,待考。
④ 姚燧:《崇恩福元寺碑》,《牧庵集》卷一〇。按,《永樂大典·順天府》引《輿地要覽》云:"臣夢祥曰:'是碑文燧於大德十一年所撰,鐫刻樹立,亦既久矣。而我皇上孝恩不匱,復命學士歐陽玄重爲制文,用堅琬琰。'"(《順天府志》,第54頁)"大德十一年所撰"誤,姚燧文應作於仁宗即位後。歐陽玄重撰碑文未見。
⑤ 《元史》卷二四《仁宗紀一》,第552頁。
⑥ 《元史》卷八七《百官志三》,第2207頁。
⑦ 虞集:《高州判墓誌銘》,《道園類稿》卷四六。

至大四年正月,武宗死。仁宗嗣位。十月,仁宗"敕繪武宗御容,奉安大崇恩福元寺,月四上祭"。① "仁宗延祐元年閏三月,隆禧院官言:'初,世祖影殿有軍士守之,今武宗御容於大崇恩福元寺安置,宜依例調軍守衛。'從之。"② 可知此時大崇恩福元寺内之武宗神御殿已落成,而神御殿有軍人守衛。其他神御殿亦應相同。文宗圖帖穆爾是武宗之子。天曆元年(1328)十二月丙午,文宗"幸大崇恩福元寺,謁武宗神御殿"。③ 天曆二年正月,"丙寅,帝幸大崇恩福元寺"。④ 天曆二年二月十三日,文宗"敕平章明理董阿"等"繪畫皇妣、皇后御容";十一月八日,"敕平章明理董阿:汝提調重重文獻皇后、武宗皇帝共坐御影"。⑤ "皇妣"和"文獻皇后"指文宗生母唐兀氏,原爲武宗妃,天曆二年(1329)文宗追諡爲文獻昭聖皇后。文宗下令爲她畫"御容",特別是與武宗"共坐御影",顯然是要將唐兀氏送進神御殿。不久,文宗"復以祖宗所御殿尚稱影堂,更號神御殿"。⑥ 至順二年(1331)三月,"癸巳,詔累朝神御殿之在諸寺者,各制名以冠之。……武宗曰仁壽,文獻昭聖皇后曰昭壽"。⑦ 此次與唐兀氏同時冠名的皇后只有世祖的"昭睿順聖皇后"(即察必)和"南必皇后"二人。可知文宗已爲其母立神御殿。而且可以認爲,這次"制名""更號"主要是爲了抬高唐兀氏的地位。《析津志》"行香"篇載:"曲律皇帝南寺,同前(指前條"正月初八日"——引者)。""莊獻嗣聖皇后,愍忌,南寺,正官,[七月]初九日。""曲律皇后,忌日,南寺,大小官,[七月]十九日。""貞裕徽聖皇后,忌日,福元寺,大小官,[九月]二十二日。""莊獻嗣聖皇后"即明宗生母

---

① 《元史》卷二四《仁宗紀一》,第 547 頁。
② 《元史》卷九九《兵志二》,第 2536—2537 頁。
③ 《元史》卷三二《文宗紀一》,第 722 頁。
④ 《元史》卷三三《文宗紀二》,第 728 頁。
⑤ 《元代畫塑記》。
⑥ 《元史》卷七五《祭祀志四·神御殿》,第 1876 頁。
⑦ 《元史》卷三五《文宗紀四》,第 780 頁。

亦乞列氏，原來也是武宗的妃，後來進封爲后。"曲律皇后"是唐兀氏。"貞裕徽聖皇后"是明宗之妻邁來迪。《元史·祭祀志》說："神御殿，舊稱影堂。……武宗及二后大崇恩福元寺，爲東西二殿。"① 武宗原有二后，即真哥皇后和速哥失里皇后。但上文所說"二后"則應是武宗的二妃，即明宗生母和文宗生母，母以子貴，都被追謚爲皇后，而且進了神御殿，而原來的二后則排除在外。此外該寺還有明宗皇后的神御殿，如記載可信，應是在順帝時安置的。

大崇恩福元寺（南鎮國寺）應在今崇文門外。②

（6）大承華普慶寺。元仁宗建造。成宗即位後，海山領軍鎮守北方，愛育黎拔力八達在大都侍奉祖母闊闊真，頗得寵愛。闊闊真是真金之妻，成宗即位後尊爲太后。大德四年，闊闊真去世，愛育黎拔力八達建寺追思，但寺的規模有限。武宗即位後，以愛育黎拔力八達爲皇太子。至大元年二月，"以皇太子建佛寺，立營繕署，秩五品"。③ 就是將原來的佛寺擴建。同年還建立大承華普慶寺都總管府，後升崇祥院，秩正二品。④ 至大四年正月，武宗死，仁宗繼位。同年十月，"賜大普慶寺金千兩，銀五千兩，鈔萬錠，西錦、綵段、紗、羅、布帛萬端，田八萬畝，邸舍四百間"。同月，"詔置汴梁平江等處田賦提舉司，掌大承華普慶寺貲產"。應是"賜田八萬畝"分布在汴梁路（治今河南開封）和平江路（治江蘇蘇州）等地，故設專門機構管理。⑤ 實際是兩個機構，即平江等處田賦提舉司和汴梁稻田提舉司。⑥ 平江屬浙西地區。⑦ 浙西土地肥沃，水利灌溉發

---

① 《元史》卷七五《祭祀志四》，第 1875 頁。
② 《日下舊聞考》卷五六《城市外城東城》。
③ 《元史》卷二二《武宗紀一》，第 496 頁。
④ 《元史》卷八七《百官志三》，第 2210 頁。
⑤ 《元史》卷二四《仁宗紀一》，第 547 頁。
⑥ 《元史》卷八七《百官志三》，第 2211 頁。
⑦ 元代的浙西，大體包括今江蘇南部和浙江北部。

達,糧食畝產高,皇帝常以浙西官由賞賜王公貴族和寺觀,以示恩寵。普慶寺亦得到這樣的優遇。皇慶二年(1313)十月中書省的一件文書說:"'江南地面裏,平江等處有的係官地內,諸王、公主、駙馬根底,各寺觀裏,並官人每根底與來的,他每委着人,比官司納來的之上多取糧的上頭,百姓每生受。'麼道。臺官每言着呵,今春衆人商量了:'諸王、駙馬根底並各寺觀裏與來的,將合納的租米官倉裏納了,似阿合探馬兒一般,各投下於官倉裏撥與。'奏了。各處行了文書來。前者崇祥院官人每:'將普慶寺裏江南撥與來的田地內出產的子粒,不教其餘的指例,崇祥院管轄的提舉司收着。'麼道。奏了,與俺文書來。俺商量來,將那糧他每收呵,止是那裏糶賣,依已了的聖旨,官倉裏收了,取勘了數目,驗本處開倉時估,撥與價錢呵,怎生?"元仁宗批准。① 受賜平江等處官田的王公貴族和寺觀派人征收地租普遍比原來的定額高得多,佃户受苦。元朝政府改變辦法,讓百姓向官倉按定額交租,受賜者到官倉裏去支取。但是崇祥院的官員提出,普慶寺的平江賜田不受此限,要由提舉司收取。可見崇祥院氣焰囂張,實際上反映普慶寺的地位特殊。而中書省不得不給予照顧,允許崇祥院仍舊收糧,但稍加限制。延祐三年七月,仁宗又"賜普慶寺益都田百七十頃"。② 同年十月,篤信佛教的畏兀兒人亦黑迷失建"一百大寺看經記"碑,其中正月各寺中便有承華普慶寺。碑文中又說:"謹寫西天銀字經一藏進上,當今皇帝回賜大都普慶寺看讀。"③由此可知延祐三年普慶寺擴大規模已完工。

普慶寺"乃命大創佛宇,因其地而擴之,凡爲百畝者二"。"合爲屋方百間。……既成,賜名曰大普慶寺,給田地、民匠、碓磑、房

---

① 《通制條格校注》卷一六《田令·撥賜田土》,第485—486頁。
② 《元史》卷二五《仁宗紀二》,第574頁。
③ 《粵中金石略》卷一一,《菽莊叢書》本。

廊等,以爲常住,歲收其入,供給所需"。① 此寺"跨有數坊,……大抵橅擬大帝所爲聖壽萬安寺而加小,其磐礎之崇,題楶之騫,藻繪之輝巧不劣焉"。② "大帝"即忽必烈的尊稱。普慶寺形制與聖壽萬安寺相近而規模略小,但建築材料、内部裝修並不遜色。

延祐七年正月,仁宗去世,其子碩德八剌嗣位,是爲英宗。"仁宗皇帝延祐七年十二月十七日,敕平章伯帖木兒:'道與阿僧哥、小杜二,選巧工及傳神李肖巖,依世祖皇帝御容之制,畫仁宗皇帝及莊懿慈聖皇后御容,其左右佛壇咸令全畫之。比及周年,先令完備。'"③"莊懿慈聖皇后"是仁宗皇后、英宗生母阿納失失里。英宗下敕爲仁宗和仁宗后畫像顯然是爲建立影堂作準備。畏兀兒人買閭"事仁廟於東宫",仁宗即位後,深得寵信。"大承華普慶寺者,仁廟所建佛祠也,出金谷之産以資之,豐贍無算,特命以爲都總管。仁廟賓天,奉神御於寺中,至今領焉。"④從以上資料來首,則仁宗死後英宗便在普慶寺立神御殿。但《元史・英宗紀》中對此没有記載,應是遺漏。英宗在政變中被殺。真金長子甘麻剌之子也孫鐵木兒嗣位,是爲泰定帝。泰定元年(1324)四月,"作昭獻元聖皇后御容殿於普慶寺"。昭獻元聖皇后即武宗海山與仁宗愛育黎拔力八達之母答己。八月,"遣翰林學士承旨斡赤祀太祖、太宗、睿宗御容於普慶寺"。九月,"丙申,葺太祖神御殿。乙巳,昭獻元聖皇后忌日修佛事飯僧萬人"。以上二事應都在普慶寺舉行。泰定二年十一月丁巳,"幸大承華普慶寺,祀昭獻元聖皇后於影堂,賜僧鈔千錠"。⑤ 泰定帝爲答己作影堂,又在其忌日大作佛事,其中原因有

---

① 趙孟頫:《大元大普慶寺碑銘》,《趙孟頫文集・外集》。
② 姚燧:《普慶寺碑》,《牧庵集》卷一一。
③ 《元代畫塑記》。李肖巖是元代著名肖像畫家,見拙著《元代畫家史料匯編》,杭州出版社,2004年,第426—429頁。
④ 虞集:《高昌王神道碑》,《道園學古錄》卷一六。
⑤ 《元史》卷二九《泰定帝紀一》,第661頁。

待探索。泰定四年二月"甲戌,祭太祖、太宗、睿宗御容於大承華普慶寺,以翰林院官執事"。① 泰定帝死,又發生政變。武宗之子圖帖睦爾嗣位,是爲文宗。天曆二年二月,"丙申,命中書省、翰林國史院官祀太祖、太宗、睿宗御容於普慶寺"。② 至順元年(1330)七月,"丁巳,命中書省、翰林國史院官祀太祖、太宗、睿宗御容於大普慶寺"。③ 時任翰林國史院典籍官的蘇天爵,撰寫的《普慶寺祭三朝御容祝文》,應即爲此而作。④ 以上是《元史》諸帝本紀中關於普慶寺影堂的記載。

《元史·祭祀志》説:"其太祖、太宗、睿宗御容在翰林者,至元十五年十一月,命承旨和禮霍孫寫太祖御容。十六年二月,復命寫太上皇御容,與太宗舊御容,俱置翰林院,院官春秋致祭。……至治三年遷置普慶寺,祀禮廢。泰定二年八月,中書省臣言當祭如故,乃命承旨斡亦齋香酒至大都,同省臣祭於寺。……至順元年七月,即普慶寺祭如故事。二年,復祀於翰林國史院。"又説:"影堂所在,……順宗帝后大普慶寺,仁宗帝后亦在焉。"⑤綜上所述,普慶寺曾是太祖、太宗、睿宗和順宗帝(答剌麻八剌)后(后即昭獻元聖皇后答己)、仁宗帝后的神御殿。太祖、太宗、睿宗神御殿由翰林國史院遷來,後又遷回翰林國史院。因此,普慶寺只有仁宗帝后和順宗帝后的神御殿。但順宗何時在普慶寺立神御殿,史無明文。《析津志》"行香"篇載:"普顔篤皇帝,憨忌,普慶寺,正官,三月初三日。""阿咱失里皇后,憨忌,普慶寺,正官,四月初九日。""順宗皇后,忌日,普慶寺,正官,五月初八日。""順宗皇帝,憨忌,普慶寺,正官,[六月]初四日。""太皇太后,忌日,普慶寺,正官,九月初二日。"

---

① 《元史》卷三〇《泰定帝紀二》,第 677 頁。
② 《元史》卷三三《文宗紀二》,第 730 頁。
③ 《元史》卷三四《文宗紀三》,第 760 頁。
④ 《滋溪文稿》卷二四,第 397 頁。
⑤ 《元史》卷七五《祭祀志四》,第 1876—1877、1875 頁。

"太皇太后,周年,普慶寺,正官,[九月]二十二日。"普顏篤皇帝即仁宗,順宗皇后即昭獻元聖皇后答己,英宗朝尊爲太皇太后。"阿咱失里"應即仁宗皇后阿納失失里。①

前面說過,至治三年四月,英宗指定京師四寺舉行佛事活動,其中就有普慶寺。普慶寺後毀,明成化時太監麻俊即寺基重建,朝廷賜額寶禪寺,在西城寶禪寺胡同。②

(7) 大永福寺。大永福寺亦建於仁宗時。上引何孝榮文以爲延祐三年始建,不確。皇慶元年(1312)十二月,"樞密院臣言:'圍宿軍士不及數,其已發各衛者,地遠至不能如期,可遷刈葦草及青塔寺工役軍先備守衛。'"③"延祐四年(1317)八月十一日,中政院使闊闊歹奏:青塔寺山門內四天王,今已秋涼,正可興工,未審命誰塑。奉旨:劉學士塑之,合用塑畫匠令阿哥撥"。④按,"青塔,永福寺,青琉璃",⑤"敕建大永福寺即青塔寺"。⑥這是因爲寺中有青琉璃塔之故。據上述記載,則此寺建造應在皇慶元年或更早。又可知青塔建成可能在先,故先有青塔寺之名。"劉學士"應是雕塑名家劉元,他曾參與大護國仁王寺的佛像塑造,因此得名,已見前述。"今上皇帝尤重象教,嘗敕正奉非有旨不得擅爲人造它神象者,其見貴異如此。""今上皇帝"即仁宗,劉元官昭文館大學士、正奉大夫,故稱"劉學士"。"延祐五年正月三十日奉[旨]:今歲青塔寺後殿內,先令吳同僉於正面塑大師菩薩,西壁塑千手鉢文殊菩薩,東壁塑千手眼大慈悲菩薩,山門內塑天王。用物移文省部需之。"⑦可知此時青塔寺仍在建造中。"吳同僉"待考。延祐五年十

---

① 《元史》卷一一四《后妃傳一》,第2875頁。
② 《(光緒)順天府志》卷一六《寺觀一》,北京古籍出版社,1987年。
③ 《元史》卷九九《兵志二·圍宿軍》,第2533頁。
④ 《元代畫塑記》。
⑤ 《順天府志》第69頁引《析津志》。
⑥ 《佛祖歷代通載》卷二二。
⑦ 《元代畫塑記》。

一月,"敕大永福寺創殿,安奉順宗皇帝御容"。① 順宗是真金第二子,武宗、仁宗之父答剌麻八剌。延祐七年正月辛丑(1320年2月31日),仁宗去世。二月壬子(3月12日),"罷造永福寺"。"罷造"原因不詳。但緊接着二月戊午(1320年3月18日),"建御容殿於永福寺"。可見已經恢復建造。至治元年(1321年)二月壬子,"大永福寺成,賜金五百兩、銀二千五百兩、鈔五十萬貫、幣帛萬匹"。②

仁宗時,以北溪智延爲大慶壽寺住持。"英宗皇帝以禪師先朝舊德,每入見必賜坐,訪以道要。命於永福寺與諸尊宿校勘。三歲,將鏤銅爲板以傳後,因屑金書《藏經》。"③杭州演福寺住持湛堂姓澄法師是天台宗名僧,"至治辛酉,驛召至京師,入對明仁殿,被旨於青塔寺校正經、律、論三藏。有司供張,歲時錫予,爲禮殊厚。駕幸文殊閣,引見問勞,賜食正旦。及天壽節,再朝於大明殿,賜以《無量壽經》等若干卷。校正事畢,特賜金襴袈裟,加以御用衣段"。④ 可知英宗時曾召集高僧校勘佛典,便安排在剛建成的永福寺內。而金書《藏經》應是賜給永福寺作爲鎮寺之寶的。

英宗在宮廷鬥爭中被害,甘麻剌之子也孫帖木兒即位,是爲泰定帝。泰定帝尊生父爲顯宗。泰定二年正月甲辰,"奉安顯宗像於永福寺,給祭田百頃"。⑤ 即爲甘麻剌在永福寺立神御殿。在此以前,泰定元年二月,"丁巳朔,作顯宗影堂"。但未言此影堂建於何處,應與二年正月即一事。而永福寺原有順宗神御殿是否保存,史無明文。泰定三年十月,泰定帝"奉安顯宗御容於大天源延聖寺"。⑥ 則顯宗影堂在永福寺可能只是臨時安置,在大天源延聖寺

---

① 《元史》卷二六《仁宗紀三》,第587頁。
② 《元史》卷二七《英宗紀一》,第598、610頁。
③ 黃溍:《北溪延公塔銘》,《金華先生文集》卷四一。
④ 黃溍:《上天竺湛堂法師塔銘》,《金華先生文集》卷四一。
⑤ 《元史》卷二九《泰定帝紀一》,第653頁。
⑥ 《元史》卷三〇《泰定帝紀二》,第674頁。

建成後即遷出。另據《元史·祭祀志》記載：﹁影堂所在……英宗帝后大永福寺。﹂①《析津志》﹁行香﹂篇載，﹁速哥八剌皇后，忌日，青塔寺，［六月］二十一日﹂。﹁英宗皇帝，忌日，青塔寺，正官，八月初四日﹂。沒有提到顯宗影堂。速哥八剌是英宗皇后。但永福寺何時建立英宗帝后神御殿，時間待考。

在清代官修的《日下舊聞考》中，一說永福寺在阜成門內，明代即名青塔寺。② 一說：﹁未詳其處。﹂③

（8）大昭孝寺（壽安山寺）。英宗建。延祐七年（1320）正月，仁宗去世。三月，其子碩德八剌嗣位，是爲英宗。九月，﹁建壽安山寺，給鈔千萬貫﹂。十月，﹁庚午，命拜住督造壽安山寺﹂。拜住時任中書右丞相，以他負責監工，可見文宗對建寺的重視。至治元年二月，﹁監察御史觀音保、鎖咬兒哈的迷失、成珪、李謙亨諫造壽安山寺，殺觀音保、鎖咬兒哈的迷失、杖珪、謙亨，竄於奴兒干地﹂。④ 因反對佛寺建造而殺、逐監察御史，這在元朝歷史是前所未有的。此事涉及當時政治鬥爭。﹁至治元年春，詔起大剎於京西壽安山，鎖兒哈的迷失與御史觀音保、成珪、李謙亨上章極諫，以爲東作方始，而興大役，以耗財病民，非所以祈福也。且歲在辛酉，不宜興築。初，司徒劉夔妄獻浙右民田，冒出內帑鈔六百萬貫，丞相帖木迭兒分取其半，監察御史發其姦，由是疾忌臺諫。至是，帖木迭兒之子瑣南爲治書侍御史，密奏曰：﹃彼宿衛舊臣，聞事有不便，弗即入白，今訕上以揚己之直，大不敬。﹄帝乃殺鎖咬兒哈的迷失與觀音保，杖珪、謙亨，黜之，竄諸遐裔。﹂⑤英宗死後，被殺、逐者都得到平反。至治元年（1321）三月，﹁益壽安山造寺役軍﹂。十一月﹁益壽安山寺

---

① 《元史》卷七五《祭祀志四》，第 1875 頁。
② 《日下舊聞考》卷五二《城市》引《五城寺院册》。
③ 《日下舊聞考》卷一五五《存疑》。
④ 《元史》卷二七《英宗紀一》，第 605、606、610 頁。
⑤ 《元史》卷一二四《塔本附鎖咬兒哈的迷失傳》，第 3045—3046 頁。

役卒三千人"。十二月,"冶銅五十萬斤作壽安山寺佛像"。① 至治二年九月戊申(1322年10月24日),"給壽安山造寺役軍匠死者鈔,人百五十貫"。九月辛亥(10月27日),英宗"幸壽安山寺,賜監役官鈔,人五千貫"。② 這些連續的措施,充分說明英宗對建寺的重視。

壽安山寺後命名爲大昭孝寺。"大昭孝寺者,英宗之爲太子,嘗至其處,喜其山水明秀。左右或言:'此山本梵刹也,後爲道士有耳。'因屬意焉。至是以鈔二萬錠賜道士,使列營構。因觀基煉石鑿山,大啓佛宇,功德無量,欲資以慰薦祖宗在天之靈,旨意甚銳。"③由此可知,此山原有道觀,英宗在道觀基礎上改建。改建時"煉石鑿山",工程是浩大的。上述英宗賜造寺軍匠死者鈔,說明造寺工役之艱苦,因此致死者不在少數。江南僧人楚石梵琦在英宗時應召到大都,他説:"皇帝即位之三年,詔改五花觀爲壽安山寺,選東南善書者書經以鎮之。三百餘人,余亦預焉。"④按,至治三年二月,"丁亥,敕金書《藏經》二部,命拜住等總之"。⑤ 佛教史籍亦記:"至治三年,……詔僧、儒金書《藏經》。"⑥楚石梵琦即在書寫者之列。這是他親身見聞,應是可信的。原來的道觀名爲五花觀,壽安山寺是在五花觀原址上重建的。楚石另有詩題爲《五花山寺》,⑦則此山原名五花山,五花觀即因山得名。忽必烈時代編纂的《元一統志》説:"五華觀。京城西北地幾一舍,有山名曰五華,挺秀於玉泉、香山兩峯之間,山腹有平地可居,金世宗命起道院。"這

---

① 《元史》卷二七《英宗紀一》,第611、614、615頁。
② 《元史》卷二八《英宗紀二》,第624頁。
③ 許有壬:《釋源宗主洪公碑銘》,《至正集》卷四七,宣統三年石印本。
④ 《初入經筵,呈諸友三首并序》,《楚石北游詩》,浙江古籍出版社,2010年,第10頁。
⑤ 《元史》卷二八《英宗紀二》,第629頁。
⑥ 《佛祖歷代通載》卷二二。
⑦ 《楚石北游詩》,第27頁。又,元人宋褧詩《從駕觀承天護聖寺》:"荷深七里泊,雲近五華山。"(《燕石集》卷五,《北圖古籍珍本叢刊》本)。

是金朝的皇家道院，規模一定可觀。元末編纂的《析津志》說："英宗朝改爲寺。"①和楚石所說可相印征。楚石說此次書寫佛經是作爲壽安山寺的鎮寺之寶，這是其他文獻中不曾提及的。

至治三年（1323）八月，英宗被殺。泰定帝也孫帖木兒嗣位。泰定元年（1324）二月己未，"修西番佛事於壽安山寺……經僧四十人，三年乃罷"。②泰定元年六月，"帝以災異，詔百官議"。中書平章政事張珪等上奏"極論當世得失"，其中云："比者建西山寺，損軍害民，費以億萬計。刺繡經幡，馳驛江浙，逼迫郡縣，雜役男女，動經年歲，窮奢致怨。近詔雖已罷之，又聞奸人乘間奏請，復欲興修，流言喧播，群情驚駭。臣等議，宜守前詔，示民有信，其創造、刺繡事，非歲用之常者，悉罷之。"③所說"西山寺"無疑指壽安山寺。可知泰定帝當政期間此寺因"損軍害民"、費用過鉅而停建。後來，泰定三年十月，中書省臣說："英宗鑿山開寺，損兵傷農，而卒無益。"④與張珪所說相同。可以看出，英宗鑿山造寺，工程浩大，造成很大的傷亡。另有記載說："泰定初，或謀動搖壽安者，微公（住持法洪——引者）慧力足以攝之，則將不得免焉。"⑤說明泰定帝即位之初，對於是否繼續修建壽安山寺朝廷中有過激烈的爭論。因此之故，修寺工程大概停止了下來。

泰定帝病死，元朝又爆發激烈的權力之爭，武宗海山之子圖帖睦爾用武力擊敗泰定帝之子，繼又毒死其兄和世㻋，登上帝位，是爲文宗。"天曆元年，立壽安山規運提點所。三年，改昭孝營繕司。"⑥天曆三年即至順元年（1330）。規運提點所和營繕司，都是

---

① 《順天府志》，第99頁。
② 《元史》卷二九《泰定帝紀一》，第643—644頁。
③ 《元史》卷一七五《張珪傳》，第4077—4078頁。
④ 《元史》卷三〇《泰定帝紀二》，第674頁。
⑤ 《釋源宗主洪公碑銘》。
⑥ 《元史》卷八七《百官志三》，第2210頁。

營建工程的管理機構。似可認爲,此時壽安山寺已經恢復建造,而且正式命名爲昭孝寺。至順二年(1329)正月丁亥,"以壽安山英宗所建寺未成,詔中書省給鈔十萬錠供其費,仍命燕鐵木兒、撒迪等總督其工役"。同月戊子,"以晉邸部民劉元良等二萬四千餘戶隸壽安山大昭孝寺爲永業戶"。① 燕鐵木兒是文宗寵臣時任中書右丞相,撒敦任知樞密院事。忽必烈太子真金的長子甘麻剌封晉王,守鎮北方。泰定帝也孫帖木兒是他的兒子。泰定帝時尊爲顯宗。文宗即位後,隨即在宗廟中"毀顯宗室"。② "晉邸部民"就是原來元朝分封給甘麻剌位下的人戶,現在都改撥給壽安山寺,作爲清算晉王甘麻剌位下的措施。以燕鐵木兒等督工和改賜晉邸民戶,都説明文宗對此寺的重視,亦用以此表示對被刺身亡的英宗的敬意。此寺最後落成的時間無明確記載,但始於延祐七年(1320),到至順二年(1329)已有10年,建造時間之長,在元代皇家佛寺中是不多見的。有記載説:"至正二年,今上皇帝御龍舟游幸玉泉諸山,至壽安。以公(住持法洪——引者)先朝耆舊,特優禮之。天曆中嘗賜鈔三百萬錠,以其二買田飯僧,以其一視規息爲國家修建佛事。其後官府稍見侵奪,至是丞相脫脫公以公故奏請復之。"③ "今上皇帝"即元順帝。但所謂"賜鈔三百萬錠"是可疑的。第一,上面提到"給鈔十萬錠供其費",三百萬錠與十萬錠相差太遠。第二,文宗天曆年間每年國家財政收入中貨幣部分,除金、銀外,鈔爲929萬餘定,④不可能將鈔的三分之一賜給一所前朝佛寺。"三百萬錠"或是"三十萬錠"之誤,"以其一視規息爲國家修建佛事"正好是十萬錠。"三十萬錠"在當時已是一個極大的數目。天曆三年官定北方

---

① 《元史》卷三五《英宗紀四》,第774頁。
② 《元史》卷三二《文宗紀一》,第717頁。
③ 《釋源宗主洪公碑銘》。
④ 《元史》卷三三《文宗紀二》。

米價每石六十兩(貫),①"三十萬錠"可購米二十五萬石。

壽安山寺的資產有一部分來自江南佛教白雲宗。② 白雲宗興起於南宋,入元以後,一度興盛。延祐二年,元仁宗授白雲宗主沈明仁爲榮禄大夫、司空。③ 但因多行不法,元朝便加取締。延祐七年正月,仁宗死;二月,"白雲宗總攝沈明仁爲不法坐罪,詔籍江南冒爲白雲宗僧者爲民"。④ 白雲宗的貲產亦遭清理。英宗至治三年,曹鑑"奉旨括釋氏白雲宗田,稽檢有方,不數月而事集,纖毫無擾"。⑤ 白雲宗的"糧籍皆没入官,後撥入壽安山寺"。⑥ "至治初,以白雲宗田給壽安山寺爲永業"。文宗至順元年(1330)九月,"其僧沈明琦以爲言,有旨,令中書省改正之"。⑦ 白雲宗如何能得到文宗的眷顧,將已被没收歸壽安山寺的田產撥還,其中情節還有待研究。

壽安山昭孝寺没有建神御殿。此寺所在,即今西山名勝卧佛寺。

(9) 大天源延聖寺。泰定帝建。泰定元年(1324)十月,"立壽福總管府,秩正三品,典累朝神御殿祭祀及錢谷事,降大天源延聖寺總管府爲提點所以隸之"。⑧ "延聖營繕司秩正五品,初立天源營繕提點所,天曆三年改營繕司"。⑨ 兩條記載中名稱雖有差異,無疑是同一機構。可知泰定帝即位後不久便經營佛寺,定名爲大天源延聖寺。泰定三年二月,"丙申,建顯宗神御殿於盧師寺,賜額

---

① 《元史》卷九六《食貨志四·賑恤》,第 2476 頁。
② 關於白雲宗的情況,見丁國範《元代的白雲宗》,載《元史論叢》1992 年第 4 輯。
③ 《元史》卷二五《仁宗紀二》,第 571 頁。
④ 《元史》卷二七《英宗紀一》,第 598 頁。
⑤ 《元史》卷一八六《曹鑑傳》,第 4283 頁。
⑥ 孔齊:《至正直記》卷三《豪僧誘衆》。上海古籍出版社,1987 年。
⑦ 《元史》卷三四《文宗紀三》,第 767 頁。
⑧ 《元史》卷二九《泰定帝紀一》,第 650—651 頁。
⑨ 《元史》卷八七《百官志三》,第 2213 頁。

曰大天源延聖寺"。①《析津志》的"行香"篇載:"顯宗皇帝,盧師山。"據此,則大天源延聖寺或原稱"盧師寺",或在盧師寺原址上重建,而盧師寺應是建立於盧師山的佛寺,正如同上述昭孝寺與五花寺、五花山的關係。盧師山在西山。②但《析津志》"行香"篇又載:"黑塔在大天源延聖寺,太平坊。"則大天源延聖寺又稱黑塔寺,位於大都城內太平坊。二說孰是,歷來頗有爭議。近日何孝榮先生認爲,"大天源延聖寺。寺本唐感應寺"。接着引用了《元史》中泰定三年二月的記載(見上)。顯然,他認爲延聖寺在盧師山。洪金富先生認爲,"盧師寺是舊稱,大天源延聖寺是新名,'行香'篇的'盧師山'疑當改作'盧師寺'。該寺在大都城內的太平坊"。力圖調和上述記載的矛盾。許正弘先生從考訂點校本《元史》文字入手,提出兩寺說,即大都城內太平坊爲大天源延聖寺(黑塔寺),盧師山爲大天源延壽寺。③此說很有新意,但仍有可以商榷之處。元、明兩代有關盧師山的記載都沒有提到大天源延聖寺或延壽寺。④元朝諸帝建造佛寺,必設置營繕機構和管理機構,都有明確記載。但關於延壽寺沒有這樣的記載。而且,同一位皇帝同時建造兩所佛寺,居然名稱只差一字,實在太不合理。這個問題的解決,也許需有新資料的發現。⑤

---

① 《元史》卷三〇《泰定帝紀二》,第668頁。
② 《順天府志》第268頁引《圖經志書》。
③ 《元大都大天源延聖寺考論》,《香港中文大學中國文化研究所學報》第55期(2012年7月)。許先生認爲"點校本《元史》主要的根據還是本校法",恐非確論。點校本《元史》征引資料廣泛,並不限於本校。
④ 元末,《析津志》記:"真應禪寺,在盧師山,有尸陀林盧師碑,大唐天寶八載十月建。"明初《圖經志書》記:"盧師山,山在城西三十里。"下記盧師馴服二龍故事,真應寺碑,又云:"兵毀不存。洪武八年秋,潁川侯傅友德、都督何文輝、趙榮左丞以駐兵於此,禱雨有應,爲創立祠三間以報祠之。"見《順天府志》第23—24,268—269頁。
⑤ 《明一統志》載,北京西城弘慶寺"在順天府西,舊名黑塔寺,正統元年改建。"(轉引自《日下舊聞考》卷五二《城市》。沈榜《宛署雜記》云:"弘慶寺其先曰黑塔寺,正統丁亥成國公重建,請於朝,敕賜今名。"(卷一九《僧道·寺》。北京古籍出版社,1980年。)"丁亥"疑誤,應作"丁巳"(二年,1437)。明正統距元亡不過七十年,此舊寺應是元代遺存。重建者請朝廷賜名,此寺必有較大規模,很可能便是元代的黑塔寺。

泰定三年"三月二十日,宣政院使滿禿傳敕:'諸色府可依帝師指受畫大天源延聖寺前後殿,四角樓畫佛,口口制爲之。其正殿内光熖佛座及幡杆咸依普慶寺制造,仍令張同知提調,用物需之省部。'"①同年八月,"大天源延聖寺神御殿成"。十月庚辰,"奉安顯宗御容於大天源延聖寺"。泰定帝即位後,尊其父甘麻剌爲顯宗,原在永福寺建顯宗影堂。自己建造的大天源延聖寺落成後便將顯宗影堂遷來。十月癸酉,"賜大天源延聖寺鈔二萬錠,吉安、臨江二路田千頃。中書省臣言:'養給軍民,必藉地利。世祖建大宣文弘教等寺,賜永業,當時已號虛費。而成宗復搆天壽萬寧寺,較之世祖用增倍半。若武宗之崇恩福元,仁宗之承華普慶,租榷所入,益又甚焉。英宗鑿山開寺,損兵傷農,而卒無益。夫土地祖宗所有,子孫當共惜之。臣恐兹後藉爲口實,妄興工役,徼福利以逞私慾,惟陛下察之。'帝嘉納焉"。四年十月"癸卯,命帝師作佛事於大天源延聖寺"。致和元年三月,"辛未,大天源延聖寺顯宗神御殿成,置總管府以司財賦"。② 和以前諸帝一樣,泰定帝也給予天源延聖寺以巨額賞賜,並設專門機構管理。元朝諸帝相繼建寺,支出浩繁,成爲國家財政一大負擔。英宗朝監察御史因諫造佛寺竟被處死、放逐,而泰定帝朝"中書省臣"敢於指責皇家建寺是"虛費""無益","徼福利以逞私慾",這是很難得的,而泰定帝對逆耳之言能"嘉納",説明他頗有度量,但並不意味他真的改正佞佛活動。大天源延聖寺的建造只用了三年時間,在有元一代的皇家佛寺中是比較快的。

大天源延聖寺爲泰定帝所建,按慣例應在該寺爲泰定帝建造神御殿。但繼起的文宗是答剌麻八剌之後,從泰定帝之子手中奪得帝位。他即位後,"毁顯宗室",即將泰定帝之父甘麻剌逐出太

---

① 《元代畫塑記》。
② 《元史》卷三〇《泰定帝紀二》,第 672、674、682 頁。

廟，當然更不會爲泰定帝建神御殿。①《元史·祭祀志》載："泰定二年，亦作顯宗影堂於大天源延聖寺，天曆元年廢。"②可知設在天源延聖寺的顯宗影堂亦因帝位更迭被廢。天曆二年（1329）五月，文宗同時在大聖壽萬安寺世祖神御殿和"玉德殿及大天源延聖寺作佛事"。③ 同年十一月，明宗皇后八不沙"請爲明宗資冥福，命帝師率諸僧作佛事七日於大天源延聖寺"。④ 明宗是文宗之兄和世㻋，文宗謀殺和世㻋奪得帝位，但爲了掩飾罪行，不得不應明宗皇后請求爲之作佛事祈福，地點就選在大天源延聖寺。至順元年十一月，"癸巳，以臨江、吉安兩路天源延聖寺田千頃所入租稅，隸太禧宗禋院"。⑤ 顯然剝奪了天源延聖寺的主要資產，意味着這所佛寺的衰落。後至元六年（1340）四月，順帝"詔大天源延聖寺立明宗神御殿碑"。⑥ 明宗和世㻋是順帝之父，順帝即位之初，小心謹慎，逐漸積蓄力量。至元六年三月，廢黜權臣伯顏，真正掌握了政權。四月便爲自己父親設神御殿，這不僅是一項追思紀念的工程，也是顯示權力在手的活動。六月，便"撤文宗廟主"，放逐文宗後，正式清算文宗弑兄的罪行。

《析津志》"行香"篇載："貞裕徽聖皇后，周年，黑塔寺，大小官，〔四月〕二十六日。""忽都篤皇后，忌日，黑塔寺，大小官，〔八月〕初六日。""莊獻嗣聖皇后，忌日，黑塔寺，正官，十一月十一日。""明宗皇帝，愍忌，延壽寺，大小官，同前。""顯宗皇帝，盧師山。""貞裕徽聖皇后"即明宗之妻邁來迪，"莊獻嗣聖皇后"即明宗之母、武宗妃，見本文前面"大崇恩福元寺"部分。"忽都篤"是明宗的蒙古廟號。

---

① 《元史》卷七四《祭祀志三》，第 1841 頁。
② 《元史》卷七五《祭祀志四》，第 1876 頁。
③ 《元史》卷三三《文宗紀二》，第 734 頁。
④ 《元史》卷一一四《后妃傳一》，第 2877 頁。
⑤ 《元史》卷三四《文宗紀三》，第 769—770 頁。
⑥ 《元史》卷四〇《順帝紀三》，第 855 頁。

"忽都篤皇后"應即邁來迪,但"忽都篤皇后"也可能是"忽都篤皇帝"之誤。① 明宗皇后神御殿既在黑塔寺,則明宗皇帝之"延壽寺"應是"延聖寺"之誤。據此,則明宗夫婦及明宗之母的神御殿都在大天源延聖寺。天源延聖寺的顯宗神御殿已廢,如《析津志》上述記載無誤,則盧師山有一寺(或即盧師寺)仍安置有顯宗神御殿。

　　這一時期還有一座佛寺需要討論。何孝榮先生在他的文章中認爲,大都皇家佛寺中還有大乾元寺。《日下舊聞考》是清代官修的北京地方志書,其"存疑"篇收錄了《元史》中仁宗與泰定帝兩朝有關大乾元寺的三條資料,分別是:(1)延祐六年六月,"賜大乾元寺鈔萬錠,俾營子錢,供繕修之費"。②(2)泰定二年七月,"癸亥,修大乾元寺"。③(3)泰定三年七月,"甲寅,幸大乾元寺,敕鑄五方佛銅像"。④《舊聞考》在(1)後注:"[朱彝尊原按]上都亦有大乾元寺。""[臣等謹按]大乾元寺及後條所稱五方佛銅像俱無考。"⑤何文轉錄了上面三條資料,並説:"清人稱寺址及五方佛像'俱無考'。"可知何文是因受《舊聞考》影響而斷定大乾元寺是大都皇家佛寺的。但朱彝尊指出"上都亦有大乾元寺",顯然是有所懷疑。《舊聞考》的編者引用了朱的意見,却没有就此作出説明。大乾元寺是上都開平著名大寺,其規模與護國仁王寺等,也是一座皇家佛寺。有關情況我們在《元上都》一書中有所論述。⑥ 從現有各種記載來看,大都似没有乾元寺。上面(1)(2)兩條材料都不能説明大乾元寺在大都。對於(3),則需作些討論。據《元史》記載,泰定三年七月"甲辰,車駕發上都,禁車騎踐民禾"。同月"壬子,皇后受黑

---

① 《元析津志·原廟·行香篇疏證》。
② 《元史》卷二六《仁宗紀三》,第589頁。
③ 《元史》卷二九《泰定帝紀一》,第658頁。
④ 《元史》卷三〇《泰定帝紀二》,第671頁。
⑤ 《日下舊聞考》卷一五五《存疑》。
⑥ 陳高華、史衛民:《元上都》,見《元代大都上都研究》,中國人民大學出版社,2010年,第269—272頁。

牙蠻答哥戒於水晶殿。甲寅,幸大乾元寺,敕鑄五方佛銅像"。從上述時間順序來看,泰定帝七月初已離開上都回大都,則"甲寅,帝幸"的大乾元寺只能在大都。但認真分析,《元史》的有關記載是有問題的。泰定三年七月甲辰是 1326 年 7 月 31 日,壬子是 8 月 8 日,甲寅是 8 月 10 日。① 元朝皇帝兩都巡幸,從上都回到大都一般要用二十至二十五天。② 甲辰到甲寅當中相差僅 10 天,泰定帝如在七月甲辰起程,是不可能在甲寅回到大都的。這是一。其次,水晶殿是上都的一座宮殿,泰定元年六月辛未,泰定帝在上都時曾"修黑牙蠻答哥佛事於水晶殿"。③ 三年七月壬子皇后受戒的水晶殿必然也在上都。壬子與甲寅只差二天,當然更不可能趕回大都。總之,《元史·泰定帝紀》中關於泰定三年七月的記載在時間上是有問題的,不能以此作爲乾元寺在大都的證據。

《元史》中關於乾元寺還有兩條記載,被《日下舊聞考》忽略。順帝後至元三年七月"壬子,車駕幸乾元寺"。八月,"是月車駕至自上都"。④ 至正七年三月"壬申,遣使修上都大乾元寺"。⑤ 這兩條記載都説明乾元寺在上都。

(三) 文宗、順帝時代的大都皇家佛寺

(10) 大承天護聖寺。文宗建。天曆二年(1329)春,文宗因"昔在沖幼,太皇太后躬保持而導迪之,欲報之德",要大臣"度地以

---

① 洪金富:《遼宋夏金元五朝日曆》,臺北史語所,2004 年,第 428 頁。
② 《元代大都上都研究》,第 178 頁。
③ 《元史》卷二九《泰定帝紀一》,第 648 頁。
④ 《元史》卷三九《順帝紀二》,第 841、842 頁。
⑤ 《元史》卷四一《順帝紀四》,第 877 頁。

作梵刹,稱朕心焉"。① "太后太后"就是答刺麻八刺之妻,武宗和仁宗之母、文宗之祖母答己。五月,文宗"以儲慶司所貯金三十錠、銀百錠建大承天護聖寺"。八月,"置隆祥總管府,秩正三品,總建大承天護聖寺工役"。九月乙卯,"市故宋太后全氏田爲大承天護聖寺永業"。十月,"己丑,立大承天護聖寺營繕提點所,秩正五品;又立大都等處、平江等處田賦提舉司二,秩從五品;皆隸隆祥總管府"。建寺工程,顯然已全面展開。但到十月庚戌,"罷大承天護聖寺工役"。原因不明。同年十一月戊午,"皇后以銀五萬兩助建大承天護聖寺"。則工程應已恢復。② 值得指出的是,南宋全太后與瀛國公已死,此時無主之地不知歸何人所有。而在下一年即至順元年(1330)二月,又"市故瀛國公趙㬎田爲大龍翔集慶寺永業"。③ 大龍翔集慶寺是文宗時在集慶(今江蘇南京)修建的另一座皇家佛寺。文宗爲何要收購亡宋少帝和太后的田地,令人不解。至順元年四月,"壬辰,以所籍張珪諸子田四百頃,賜大承天護聖寺爲永業"。四月"壬寅,括益都、般陽、寧海閑田十六萬二千九十頃,賜大承天護聖寺爲永業。立益都廣農提舉司及益都、般陽、寧海諸提領所,並隸隆祥總管府"。④ 益都路(路治益都,今山東青州)和般陽府路(治今山東淄川)屬山東東西道宣慰司,寧海州(州治今山東牟平)直隸省部,三地相當於今山東省中部和東部。另有記載:"天曆三年,以荆襄提舉司所領河南、湖廣田土爲大承天護聖寺常住,改爲荆襄濟農香户提舉司,隸隆祥總管府。"⑤南宋全太后田應在江南,張珪家族世居保定,田土應在今河北境内居多。加上山東、河南、湖廣的田土,

---

① 虞集:《大承天護聖寺碑》,《道園學古録》卷二五。
② 《元史》卷三三《文宗紀二》,第 734、740、742、744 頁。文宗皇后以銀助建又見《元史》卷一一四《后妃一》。
③ 《元史》卷三四《文宗紀三》,第 753 頁。
④ 《元史》卷三四《文宗紀三》,第 756 頁。
⑤ 《元史》卷八七《百官志三》,第 2212 頁。

大承天護聖寺賜田之多，在歷朝皇家佛寺中居首位，遍布全國。

文宗通過宮廷政變取得帝位，必然在貴族官僚中引起不滿。爲了鞏固統治，文宗不斷製造大獄，打擊懷有"怨望"的各種異己勢力，有的處死，有的放逐。值得注意的是，這些大獄受害者被籍没的家產大多歸於大承天護聖寺。至順元年七月，"故丞相鐵木迭兒子將作使鎖住與其弟觀音奴、姐夫太醫使野理牙，坐怨望、造符籙、祭北斗、咒咀事覺"，事連多名權貴，均被處死。閏七月，"籍鎖住、野里牙等庫藏、田宅、奴僕、牧畜，給大承天護聖寺爲永業"。① 野里牙（也里牙）是文宗毒殺明宗陰謀的參與者，後來順帝追究這起事件時說："［文宗］内懷愧慊，則殺也里牙以杜口。"② 至順二年二月，湖廣參政徹里帖木兒與速速、班丹俱坐出怨言，鞫問得實，"俱籍其家"，流放邊地。三月，"以籍入速速、班丹、徹理帖木兒貨產賜大承天護聖寺爲永業"。③ 至順三年四月，"安西王阿難答之子月魯帖木兒坐與畏兀僧玉你達八的剌板的、國師必剌忒納失里沙津愛護持謀不軌，命宗王、大臣雜鞫之。獄成，三人皆伏誅，仍籍其家。以必剌忒納失里沙津愛護持妻丑丑賜通政副使伯藍，玉鞍賜撒敦，餘人畜、土田及七寶盦具、金珠、寶玉、鈔幣並没入大承天護聖寺"。④ 大量籍没罪人的貨產歸於承天護聖寺，這在元代歷史上也是罕見的。此外，還有一些礦產也被劃歸承天護聖寺。至順元年八月，"有言蔚州廣靈縣地產銀者，詔中書、太禧院遣人蒞其事，歲所得銀歸大承天護聖寺"。⑤ 至順二年二月戌，"命田賦總管府稅鑛銀輸大承天護聖寺"。⑥

---

① 《元史》卷三四《文宗紀三》，第 761、762 頁。
② 《元史》卷四〇《順帝紀三》，第 857 頁。野里牙是著名基督教徒愛薛之子，見《拂林忠獻王神道碑》，《雪樓集》卷五。
③ 《元史》卷三五《文宗紀四》，第 779—780 頁。
④ 《元史》卷三六《文宗紀五》，第 803 頁。
⑤ 《元史》卷三四《文宗紀三》，第 764 頁。
⑥ 《元史》卷三五《文宗紀四》，第 778 頁。

至順二年正月戊子，"罷益都等處廣農提舉司，改立田賦總管府，秩從三品，仍令隆祥總管府統之"。二月，"甲子，中書省臣……又言：'陛下不用經費，不勞人民，創建大承天護聖寺。臣等願上向所易鈔本十萬錠、銀六百鋌助建寺之需。'從之"。同年四月，戊申，"發衛卒三千助大承天護聖寺工役"。九月，"乙亥，命留守司發軍止築駐蹕臺於大承天護聖寺東"。同月庚寅（1331年10月19日），"幸大承天護聖寺"。十月癸丑（1331年11月11日），"幸大承天護聖寺"。① 此寺應已落成。至順三年正月丁亥（1332年2月13日），"幸大承天護聖寺"。五月戊寅（1332年6月3日），"幸大承天護聖寺"。② 如此頻繁光臨承天護聖寺，反映出文宗對這所自己創建的佛寺的特殊關愛。"至順三年六月之吉，西山新寺之穹碑樹焉。是日，百僚無敢不至。"③此"穹碑"應是鐫刻虞集所撰《大承天護聖寺碑》文字的石碑。④ 據碑文載，護聖寺的"西殿庋金書《大藏經》，皇后之所賜也"。⑤ 皇帝建寺，皇后"念紹隆於祖武，祈輯福於聖躬，嘉惠生民，俾均法施，乃選金書三乘經教一大寶藏，廣啓勝緣，增崇上志"。⑥ 元代有多次書寫金字藏經之舉，均與建造皇家佛寺有不解之緣。

　　大承天護聖寺中有"神御殿，奉太皇太后聖容於中"。⑦ "太皇太后"即答己。至順三年八月，文宗去世，其侄懿璘質班（明宗和世㻋次子）嗣位，是爲寧宗，數月後病死。至順四年六月，明宗長子妥懽貼睦爾嗣位，是爲順帝。這一年十月戊辰，改元元統。同月庚辰，"奉文宗皇帝及太皇太后御容於大承天護聖寺。命左丞相撒敦

---

① 《元史》卷三五《文宗紀四》，第774、777、782、790、791、792頁。
② 《元史》卷三六《文宗紀五》，第803—804頁。
③ 陳旅：《西山詩並序》，《安雅堂集》卷三，《文淵閣四庫全書》本。
④ 碑文即《大承天護聖寺碑》，見《道園學古錄》卷二五。
⑤ 虞集：《大承天護聖寺碑》，《道園學古錄》卷二五。
⑥ 虞集：《金字藏經序》，《道園學古錄》卷二二。
⑦ 虞集：《大承天護聖寺碑》。

爲隆祥使，奉其祭祀"。① 則護聖寺中又設有文宗神御殿。順帝后至元三年(1337)八月，"壬午，京師地大震……西湖寺神御殿壁仆，壓損祭器"。② 大承天護聖寺面臨玉泉山下的西湖，故稱西湖寺。此次地震西湖寺損失並不大，但未言損壞的是哪一處(或二處)神御殿。後至元六年(1340)六月，順帝在羽毛豐盛後正式指責文宗暗害其生父的罪行，從太廟撤出文宗神主，放逐文宗皇后，按理亦應從大承天護聖寺中撤除文宗神御殿，但《元史》中沒有記載。太皇太后神御殿理應保留。但在元末成書的《析津志》"行香"篇中沒有大承天護聖寺神御殿的任何記載。

至正七年(1347)十一月，"撥山東地土十六萬二千餘頃屬大承天護聖寺"。③ 按，前面說過，至順元年四月，以益都、般陽、寧海田十六萬餘頃賜大承天護聖寺。在兩次撥田數相同。在同一地區兩次將相同數量的巨額田土撥給同一個寺院，是很難想像的。順帝登基後，清算文宗暗害其生父和世㻋的罪行，很多文宗時代的措施都被否定，很可能，給大承天護聖寺的賜田也發生爭議甚至可能被沒收。但後至元六年六月(即至正元年)四月，"帝幸護聖寺"。④ 說明順帝對這座風光秀麗、規模宏大的佛寺顯然很有興趣。因此他重新肯定文宗的賜與也就可以理解了。至正十一年爆發全國性的農民戰爭。十三年三月，在社會動盪、財政困難的情況下，順帝"詔修大承天護聖寺，賜鈔二萬錠"。⑤ 說明他對座佛寺的關心。

大承天護聖寺修成後，不僅是佛事活動的重鎮，也成爲大都居民游玩的勝地。高麗的漢語讀本《朴通事》中，對大承天護聖寺有生動的記述：

---

① 《元史》卷三八《順帝紀一》，第818頁。
② 《元史》卷三九《順帝紀二》，第841頁。
③ 《元史》卷四一《順帝紀四》，第879頁。
④ 《元史》卷四〇《順帝紀三》，第861頁。
⑤ 《元史》卷四三《順帝紀六》，第908頁。

"揮使,你曾到西湖景來麽?""我不曾到來,你説與我那裏的景致麽。""説時濟什麽事,咱一個日頭隨喜去來。""然雖那們時,且説一説看。"

"我説與你:西湖是從玉泉裏流下來,深淺長短不可量。湖心中,有聖旨裏蓋來的兩座瑠璃閣,遠望高接青霄,近看時遠侵碧漢。四面蓋的如鋪翠,白日黑夜瑞雲生,果是奇哉。那殿一劃是纏金龍木香停柱,泥椒紅墻壁,蓋的都是龍鳳凹面花頭筒瓦和仰瓦。兩角獸頭都是青瑠璃,地基地飾都是花斑石,瑪瑙幔地。兩閣中間有三叉石橋,欄干都是白玉石,橋上丁字街中間正面上,有官里坐的地白玉石玲瓏龍床,西壁厢有太子坐的地石床,東壁也有石床,前面放一個玉石玲瓏酒卓兒。北岸上有一座大寺,内外大小佛殿、影堂、串廊、兩壁鐘樓、金堂、禪堂、齋堂、碑殿,諸般殿舍且不索説,筆舌難窮。殿前閣後,擎天耐寒傲雪蒼松,也有帶霧披烟翠竹,諸雜名花奇樹不知其數。閣前水面上,自然快活的是對對兒鴛鴦,湖心中浮上浮下的是雙雙兒鴨子,河邊兒窺魚的是無數目的水老鴉,撒網垂鈎的是大小漁艇,弄水穿波的是覓死的魚蝦,無邊無涯的是浮萍蒲棒,噴鼻眼花的是紅白荷花。官里上龍船,官人們也上幾只船,做個筵席,動細樂大樂,沿河快活。到寺裏燒香隨喜之後,却到湖心橋上玉石龍床上,坐的歇一會兒。又上琉璃閣,遠望滿眼景致。真個是畫也畫不成,描也描不出。休教天上瑶池,只此人間兜率。"①

大承天護聖寺鄰近西湖,部分建築(雙閣和三叉石橋)深入湖心,寺與湖構成一幅生動的畫面,這番景色又被稱爲"西湖景"。吳師道與張翥等游護聖寺,吳寫道:"行行山近寺始見,半空碧瓦浮晶

---

① 《朴通事諺解》卷中,《奎章閣叢書》本。

焚。先朝營构天下冠,千門萬户侔宫庭。寺前對峙雙飛閣,金鋪射日開朱橋。截流累石作平地,修梁雄跨相緯經。平臺當前白玉座,刻鏤精巧多殊形。當時御舟此游幸,清簫妙管魚龍聽。沿堤萬柳着新緑,未見蒲葦彌烟汀。鳬飛鷺起渺空闊,使我清思凌滄溟。游船兩兩棹歌起,亦有公子携娉婷。主僧説法據高座,撞鐘擊鼓聲發霆。欣然肅客導周歷,顧瞻幻怪何神靈。後園小殿翳花木,綉幰香閣猶深扃。坐陪方丈浚亹亹,伊蒲清供分餘馨。"① 另一位著名學者周伯琦在朝中任職,曾隨順帝"扈從乘輿泛舟西山玉泉",也曾在"休沐日"與同僚"泛舟游西山":"西郊爽氣薄西山,山下平湖水接天。十里香風荷蓋浪,一川霽景柳絲烟。玉虹遥亘星河上,翠閣雙懸日月前。壯觀神州今第一,勝游何啻擬飛仙。"②描寫的也是西湖景。到明代,護聖寺改稱功德寺。明代記載説:功德寺"地臨西湖,一望無際,每夏秋之間,湖水泛溢,鷗雁往來,落霞返照,寺景如畫"。③"四月賞西湖景",仍是北京居民的流行風俗。④

功德寺明末廢毁。舊址大概在海淀玉泉中學一帶。⑤

(11)寶相永明寺。順帝建。我在《元代大都的皇家佛寺》中説:"只有元朝末代皇帝順帝,没有爲自己建成佛寺。"這個論斷是不確切的。至正二年,順帝下令用"内帑之費",在居庸關"因山之麓,伐石甃基,累甓跨道,爲西域浮圖,下通人行,皈依佛乘,普受法施"。這就是著名的過街塔。不久又在塔旁"緣崖結構,作三世佛殿,前門翬飛,旁舍棋布,賜其額曰大寶相永明寺"。工程由中書丞

---

① 《三月十八日張仲舉趙伯器吴伯尚王元肅同游西山玉泉遂至香山》,《吴禮部集》卷五,《續金華叢書》本。
② 《仲秋休沐日同崇文僚佐泛舟游西山即事二首》,《近光集》卷三,《文淵閣四庫全書》本。
③ 沈榜:《宛署雜記》卷一九《僧道·寺》,北京古籍出版社,1983年。
④ 沈榜:《宛署雜記》卷一七《民風一·土俗》。
⑤ 20世紀80年代初,本文作者與北京出版社趙洛先生尋訪元代古迹,承玉泉中學老師告,在學校前水田中發現有石條和木板,應是護聖寺或功德寺遺物。當年西湖之一部已淤成農田,一部則已并入今頤和園昆明湖。

相、平章政事、御史大夫等"總領其綱"。至正五年秋,順帝自上都返回時,在此寺舉行儀式。① "至正二年,今上始命大丞相阿魯圖、左丞相别兒怯花珎建過街塔,在永明寺之南,花園之東。有穹碑二,朝京而立。車駕往回,或駐蹕於寺,有御榻存焉。其寺之莊皈,莫之與京。"② "大駕於八月内或九月初,自李陵臺一納鉢之後,次第而至居庸關南佛殿,亦上位自心創造,並過街三塔,雄偉據高,穹碑屹立,西則石壁,東則陟峻深壑,蔚爲往來之具瞻。"③詩人迺賢前往上都時,曾以"居庸關"爲題寫下詩篇,題下注云:"關北五里,今敕建永明寶相寺宮殿甚莊麗,三塔跨於通衢,車騎皆過其下。"④大寶相永明寺無疑是順帝建造的皇家佛寺。過街塔即今居庸關雲臺,臺上三塔和佛寺均不存。⑤

順帝時期還建有一座大壽元忠國寺。至正十四年二月,"建清河大壽元忠國寺,以江浙廢寺田歸之"。⑥ 我在《元代大都的皇家佛寺》中引用了這條資料,認爲:"此寺未見於其他記載,疑未建成。"這個論斷是不對的。"[至正]三年……皇太子愛猷識理達臘嘗保育於脱脱家,每有疾飲藥,必嘗之而進。帝嘗駐蹕雲州,遇烈風暴雨,山水大至,車馬人畜皆漂溺,脱脱抱皇太子單騎登山,乃免。至六歲還,帝慰撫之曰:'汝之勤勞,朕不忘也。'脱脱乃以私財造大壽元忠國寺於健德門外,爲皇太子祝釐,其費爲鈔十二萬二千定。"⑦ "太師中書右丞相脱脱公建大壽元忠國寺爲皇太子祝釐之地,欲奏起師(浙江伏龍山聖壽寺僧千巖元長——引者)爲住持,適

---

① 歐陽玄:《過街塔銘》,《順天府志》,第406—409頁。
② 《順天府志》第406頁引《析津志》。
③ 《析津志輯佚》,第222頁。
④ 《金臺集》卷二。《元人十種詩》本。
⑤ 宿白:《居庸關過街塔考稿》,《藏傳佛教寺院考古》,文物出版社,1996年,第338—364頁。
⑥ 《元史》卷四三《順帝紀六》,第914頁。
⑦ 《元史》卷一三八《脱脱傳》,第3344頁。

有自江南來者言師示寂，乃止。"①這兩條記載相互印證，可知壽元忠國寺是權臣脫脫爲皇太子建造，位於健德門外。又有記載說："[至正]十三年，上如開平，中途賜[歐陽玄]楮幣萬五千貫。尋奉敕撰《金字藏經序》、《新建壽元忠國寺碑》。"②歐陽玄在"奉敕"撰寫的《皇太子大慶壽禪寺功德事狀》中說："住持長老儀公戒律精嚴，宗學悟徹，嘗於御前說法，聖眷優渥，手賜白金綵幣。會有旨，寫金字《藏經》，賜清河壽元寺，命之校正有功。"③"儀公"即慶壽寺住持顯儀。至元十三年四月順帝去上都開平，則可知壽元寺此時已建成，順帝賜以金字《藏經》。綜合以上記載，壽元忠國寺是脫脫出貲爲皇太子祈福建造的，與以前其他皇家佛寺有所區別。但從順帝賜與金字《藏經》來看，顯然得到皇家佛寺的待遇。至正十四年，脫脫在出征高郵時被貶逐，此寺命運如何，已不可考了。

（四）大都皇家佛寺與藏傳佛教

在有關研究論著中，元朝諸帝建造的大都皇家佛寺，常和藏傳佛教聯繫在一起，例如，何孝榮先生說："元朝皇帝崇奉藏傳佛教，因此在大都敕建了許多佛寺。他們在一些敕建佛寺中設置神御殿，安奉已故帝、后等人遺像。"還有論者說，大都建許多藏傳佛教的寺院，"這些寺院具有皇家寺院的性質，寺中都建有神御殿，供奉已經死了的帝后的御容……這些寺院的建成以及在寺中進行的佛

---

① 宋濂：《佛慧圓明廣照無邊普利大禪師塔銘》，《宋文憲公全集》卷四二。
② 危素：《歐陽公行狀》，《圭齋文集》附錄。
③ 《順天府志》，第4頁。

事活動,極大地促進了藏傳佛教在漢地的傳播"。①

這種説法似有商榷的餘地。我們可以從兩個方面來探討。一是寺院的建築樣式。衆所周知,藏傳佛教和漢地佛教的建築樣式是不同的兩個體系。學術界一般認爲大聖壽萬安寺(白塔寺)是藏傳佛教寺院,如:"衆所周知,這是藏式佛教寺院。"②"大聖壽萬安寺也是其中十分重要的一座藏傳佛教寺院。"③其實這種説法大可商榷。這所佛寺的白塔無疑是藏式建築,該寺後塑的馬哈哥剌佛爲藏傳佛教尊奉。但佛寺本身搆造已無記載可考。據《元史》載,"此寺舊名白塔,自世祖以來,爲百官習儀之所,其殿陛闌楯一如内庭之制"。④ 元朝的"内庭"即宫城,衆所周知是以中原傳統的建築形式爲主的。大萬安寺之所以成爲"百官習儀之所",正是其主體建築形式類似"内庭"之故。顯然,將它簡單等同於藏式佛寺是缺乏根據的。此外還有一個可供參證的資料。武宗建造的大承華普慶寺,"大抵撫擬大帝所爲聖壽萬安寺而加小"。⑤ 而據研究者的分析,普慶寺的"寺院格局更接近漢地佛寺,藏傳佛教的特點僅體現在幡杆、角樓以及所供奉的經文、塑像上"。⑥ 大聖壽萬安寺既是普慶寺所本,只是規模有别,則其主體建築應屬於漢地佛寺樣式。興教寺亦是官員習儀之所,其主體建築似應與大萬安寺類似。對於其他皇家佛寺,亦需作認真的分析研究。有的作者説:"元大都敕建佛寺是蒙、藏、漢三種文化因素綜合影響的産物,體現着元代不同民族間的文化融合。"⑦這個論斷大體上是合理的,就建築樣

---

① 賴永海主編:《中國佛教通史》第 11 卷,江蘇人民出版社,2010 年,第 465—467 頁。
② 《元大都敕建寺院概述》。
③ 熊文彬:《元代藏漢藝術交流》,河北教育出版社,2003 年,第 58 頁。
④ 《元史》卷五一《五行志二》,第 1101 頁。
⑤ 姚燧:《普慶寺碑》,《牧庵集》卷一一,《四部叢刊》本。
⑥ 姜東成:《元大都大承華普慶寺復原研究》,《建築師》2007 年第 2 期。
⑦ 《元大都大承華普慶寺復原研究》。

式來説把大都皇家佛寺概稱之爲藏傳佛教寺院是過於簡單化了。

二是寺院住持所屬的教派。我在《元代大都的皇家佛寺》中曾作過一些説明，現作一些修訂補充。"至元二十二年，世祖皇帝建聖壽萬安寺於新都，詔棟公開山主之，仍命同門圜融清慧大師妙文主領祖刹（指寶集寺——引者）……吾寺自棟、文二師分主大刹，若聖壽萬安、天壽萬寧、崇恩福元、天源延壽，洎覃懷之龍興，以至海内十六名刹，何啻千百，雖支分派别滋多，寔皆出自寶集。"①棟公即知棟。知棟是忽必烈賞識的僧人。② 據此可知，世祖二十二年世祖任命出身於寶集寺的知棟爲聖壽萬安寺開山主持。至元二十二年到二十四年忽必烈召集各族大德高僧和有關官員29人編纂《至元法寶勘同總録》。除官員外，有10所寺院的僧人參與其事。其中屬於萬安寺的僧人有3人，其他各寺只有1人。大萬安寺"大聖壽萬安寺臨壇大德崇教大師沙門應吉祥奉詔校勘"，"大聖壽萬安寺傳大乘戒臨壇大德沙門理吉祥奉詔證義"和"聖壽萬安寺都總統佛覺普安大師沙門棟吉祥奉詔證義"。③ "棟吉祥"即知棟，"應吉祥"和"理吉祥"待考，但無疑是漢族僧人。顯然，萬安寺是以漢僧爲主的。除聖壽萬安外，天壽萬寧、崇恩福元、天源延壽等三所皇家佛寺也都由寶集寺系統的僧人任主持。德謙"受華嚴圓頓之宗於故大司徒萬安壇主棟公之門。棟以公博學多能，甚器重之。初以詔居萬寧寺，後又以詔居崇恩寺。萬寧成宗所創，崇恩武宗所創也。兩居大寺前後一紀"。則德謙先後任萬寧寺和崇恩寺住持。德謙卒於延祐四年（1317）。④ 德謙任崇恩寺住持時，知棟的另一位徒弟德嚴繼爲萬安寺住持。知棟死於仁宗皇慶元年（1312），德

---

① 《析津志輯佚》，第71—72頁。
② 《佛祖歷代通載》卷二二。
③ 《至元法寶勘同總録》卷一。
④ 《佛祖歷代通載》卷二二。

嚴應於當年繼承住持。① 前面説過,元仁宗時,爲了弄清楚旃檀佛的源流,皇帝下令大臣李衎與衆高僧"繙究毗尼經典,討論瑞像源流"。參與此事的有"大崇恩福元寺住持講主德謙、大聖壽萬安寺住持都壇主德嚴、大普慶寺講主某"。② 文宗至順二年(1331)九月庚辰,"御史臺臣言:'大聖壽萬安寺壇主、司徒嚴吉祥,盜公物,畜妻孥,宜免其司徒、壇主之職。'從之"。③ 但到三年(1332)五月,"辛卯,復以司徒印給萬安寺僧嚴吉祥"。④ "嚴吉祥"即德嚴。可知知揀、德謙、德嚴師徒把持萬安寺住持職務至少有四十餘年。萬寧寺還有一位住持了性,曾居五臺山。是華嚴宗名僧真覺國師文才之徒。"會萬寧既建,詔公居之。至大中太后創寺臺山,寺曰普寧,以兹擅天下之勝,住持之寄,非海内之望,莫能勝之,故以命公。……公居此山十有餘年而殁。"⑤了性和德謙任萬寧寺住持孰先孰後,有待考訂,但可説明在相當一段時間内該寺由華嚴宗僧人主持。⑥

　　法聞,律宗僧人。原籍陝西,陝西人。"尋以安西王命,居城南之義善寺,……從而學者蓋千數焉。天子聞之,征至闕庭,詔居大原教寺。授榮禄大夫大司徒。未幾,詔居大普慶寺,加開府儀同三司、大司徒,銀章一品,賜遼世金書戒本,求戒者皆從公而師授焉。王公大臣皆仰止高風,猶景星鳳凰之瑞於明時也。延祐四年三月廿四日跏趺而逝。"⑦法洪亦是真覺國師文才的門徒。曾任白馬寺

---

①　近年發現的"揀公舍利靈塔"石函,蓋上刻有"大元皇慶元年七月日志",應是知揀去世火化的時間。見《北京元代史迹圖志》,北京燕山出版社,2009年,第193—194頁。石函現藏北京石景山區文管所。
②　《旃檀佛像記》。
③　《元史》卷三五《文宗紀四》,第791頁。
④　《元史》卷三六《文宗紀五》,第804頁。
⑤　《佛祖歷代通載》卷二二。
⑥　關於元代華嚴宗僧人的地位,竺沙雅章《宋元佛教文化史研究》第一部第七章《燕京大都之華嚴宗》(汲古書院,2001年)有很好的論述。
⑦　《佛祖歷代通載》卷二二。

住持。仁宗時"召至京師……遂詔公住持新建大永福寺。莅事之日,三宮賜白金,中宮復制紅衣以衣之。英宗皇帝時居東宮,已虛佇信向,數嘗引見。既即位,即授公榮禄大夫、司徒,已而進階光禄,加大司徒,刻銀爲印,食一品禄,承制總選名僧,校讎三藏書,領江淮官講凡三十所,於是貴幸莫比矣。會壽安山大昭孝寺成,詔以公主之,大都弘正、棲禪,上都弘正等寺皆隸焉"。法洪先後任永福寺和昭孝寺的住持,死於至正四年(1344)。其門人慧潤,繼承法洪的衣鉢,"主永福、壽安,則尤所謂傑然者也"。① 也就是説,永福寺和昭孝寺長期由律宗僧人住持。

上面説過,知揀的門徒德謙曾任武宗創建的大崇恩福元寺住持。繼德謙之後爲福元寺住持的是高麗僧海圓。大德乙巳(1305)海圓應聘"從安西王於朔方。……丁未冬奉武宗之旨,率徒弟食公廩,春秋時巡,則令扈駕。仁廟繼極,命居是寺,恩遇益豐,道譽益著。洎天曆初,贈楮幣二萬五千,蓋所以寵異之也"。"武宗皇帝歸崇佛乘,肇興梵刹於都城之南,仁宗皇帝踵而之,以皇慶之元畢其功,乃命諸方韻釋,自其年冬開堂講法。高麗瑜伽教師圓公,領其徒入居之,駐錫凡二十九年。至元庚辰二月十八日,示寂於無虧之堂"。至元庚辰是1340年。"瑜伽教"應是法相宗(慈恩宗)。按此推算,海圓爲福元寺住持應是仁宗即位之初。② 海圓死後,"他人入室,使吾徒盪析至今,五閲歲而始克藏焉"。"豪奪山門,……復而有之"。"煌煌寶刹,創自武皇。迄於仁廟,供具畢張。時維圓公,受命開堂"。③

順帝初期,高麗名僧義旋於元統元年(1333)來到大都,得到元

---

① 許有壬:《釋源宗主洪公碑銘》,《至正集》卷四七。
② 上引程鉅夫《旃檀佛像記》,仁宗時討論旃檀佛像來源,福元寺住持是德謙。二人交替具體時間待考。
③ 李穀:《大崇恩福元寺高麗第一代師圓公碑》,《稼亭集》卷六,《韓國文集叢刊》本,韓國景仁文化社,1996年。

朝皇室的青睞。"天子錫號三藏，命住燕都之大延聖寺。"①後至元戊寅（四年，1338）或稍早，他"奉天子之命，來使本國"，有多個頭銜，其中之一是"囗（大）天源延聖寺"住持。② 義旋是"天寺台師"即天台宗僧人。③

至順二年正月，"庚辰，住持大承天護聖寺僧寶峰加司徒"。④ "[至順]三年，寺大成，於是召五臺山萬聖寺釋師惠印，特賜榮禄大夫、司徒，主教於寺"。⑤ 吳師道、張翥等"同游西山玉泉護聖寺，遂至香山。……先是，護聖主僧月潭師款客甚勤，留之不果，則約以再游"。⑥ 按，吳師道在順帝至元初年召入大都任國子助教、博士，至正三年（1343）因内艱南還。游西山應在此期間。也就是説，這段時間護聖寺主持是月潭。據上述記載，可知出任大承天護聖寺住持的先後有寶峰、惠印和月潭。"五臺山萬聖寺"即大萬聖祐國寺，華嚴宗大師真覺國師文才曾任住持，上述了性和法洪都是文才的弟子，從時間上説，惠印可能是文才的再傳弟子，亦屬華嚴宗。寶峰和月潭待考。

至正十六年大都諸寺住持《勸請萬空廣公長老疏》，共13人，其中皇家佛寺住持4人，即：延聖寺住持寶林、福元寺住持頤庵、普慶寺住持雲峰、萬安寺釋教都壇主。⑦ 從法名可知，三人均應爲漢地僧人。

綜上所述，聖壽萬安寺、天壽萬寧寺、崇恩福元寺、永福寺、普

---

① 李齊賢：《妙蓮寺重興碑》，《益齋集》卷六，《粵雅堂叢書》本。
② 李穀：《高麗國天台佛恩寺重興記》，《稼亭集》卷三。關於高麗僧人任大都皇家佛寺住持，我在《稼亭集、牧隱稿與元史研究》（載《蒙元史暨民族論集——紀念翁獨健先生誕辰一百周年》，社科文獻出版社，2006年）有所論述。
③ 李穀：《京師報恩光教寺記》，《稼亭集》卷三。
④ 《元史》卷三五《文宗紀四》，第773頁。
⑤ 虞集：《大承天護聖寺碑》，《道園學古録》卷二五。
⑥ 吳師道：《游西山詩序》，《吳禮部集》卷一五。
⑦ 《安陽縣金石録》卷一二，清嘉慶刻本。

慶寺、天源延聖寺、昭孝寺、承天護聖寺都由漢地僧人和高麗僧人任住持,漢僧大多爲華嚴宗僧人,其次爲律宗,高麗僧人分別屬法相宗和天台宗。可見多數皇家佛寺由禪宗以外各教派僧人任住持,這和忽必烈推行崇教抑禪政策有密切關係,同時說明它們不屬於藏傳佛教寺院。其餘幾所佛寺中,大護國仁王寺與藏傳佛教關係密切,見前述。大興教寺和寶相永明寺的情況有待考索。

(原刊於《清華元史》第 3 輯,2015 年)

元代大都的"舊刹"

元代大都佛寺衆多。大都佛寺從創建的年代來說有新舊之分。元代建造的稱爲新寺,遼、金及更早建造的稱爲"舊刹"。大都佛寺中"舊刹"佔有很大比重,這些"舊刹"分屬不同宗派,以南城居多。不少"舊刹"在當時和後代都有影響。

一

清末修《順天府志》,著名目錄學家、藏書家繆荃孫利用這一機會,從殘存的《永樂大典》中抄出"順天府"八卷。他以爲這是明初修的《順天府志》。① 後來論及此書者大都因襲繆説,有的還稱之爲《[永樂]順天府志》。其實這是誤解。根據《永樂大典》編纂的體例,"順天府"是"事目"之一,"順天府"下又分若干項,再將有關資料分列其下,並不是將某種《順天府志》全部收入。因此,"應據實題作《永樂大典·順天府》"。② 儘管如此,繆氏鈔本保留了元代大都的許多珍貴資料,還是應該充分肯定的。北京大學出版社在

---

① 《藝風讀書記》卷三《明初順天府志殘本七卷》,中華書局,2007年。
② 姜緯堂:《辨繆鈔〈順天府志〉的來歷——影印〈永樂大典〉失收一例》,《文史》第32輯,第197—210頁。

1983年將繆氏鈔本《順天府志》影印出版。①

"京師佛寺自來甲天下。"②元代大都佛教寺院衆多,其數量尚難作出準確的統計。就目前所知,《永樂大典·順天府》的"寺""院""閣""塔"四部分,彙集《元一統志》《析津志》《輿地要覽》《圖經志書》等書的資料,記錄大都各類佛寺共165處,有的還作簡單的介紹,有的收録相關的文獻。其實還有不少缺漏。王璞子(璧文)先生的《元大都寺觀廟宇建置沿革表》③是大都佛道寺觀研究的開山之作,《表》中開列大都佛教寺院共56所,其中大多都在上述數内,但亦有一些來自其他文獻,不見於《永樂大典·順天府》的有20餘所。與前面165所合計,將近200所。事實上,還有一些文獻中記載的寺院,不在以上二者數内。保守估計,元代大都地區佛教寺院在200所以上是没有問題的。

這些佛寺分佈在大都南北城及城郊、西山地區以及屬縣,而以南城及其城郊居多。據粗略統計,有元一代大都南城佛教寺院至少在80所以上,其中絶大多是遼、金甚至更早的時代建造的,元時人們稱之爲"舊刹"。元末詩人張翥云:"南城多佛刹,結構自遼金。"④也就是説,南城及其城郊佛寺以"舊刹"爲主。北城即新建的大都城及其城郊,則以新寺爲主,西山一帶新寺、舊刹兼有之。屬縣的寺院,一般規模較小,數量有限。

金代曹謙説:"都城之内,招提蘭若,如棋佈星列,無慮數百,其大者三十有六焉。"⑤金代的都城中都就是元代大都的南城。但這"三十有六"大寺的名稱已無記載可考。元代"舊刹"中著名者,有

---

① 本文以下引用《永樂大典·順天府》中有關資料,均出於此影印本《順天府志》。
② 《元一統志》,見《順天府志》,第1頁。
③ 王璞子:《元大都寺觀廟宇建置沿革表》,原載《中國營造學社彙刊》第6卷第4期,後收入《梓業集》,紫禁城出版社,2007年。
④ 張翥:《遊南城三學寺萬壽寺》,《蜕庵詩集》卷一,《四部叢刊續編》本。
⑤ 曹謙:《聖像功德碑記》,《順天府志》,第33頁。

兩種記載可供參證。一是《大元混一方輿勝覽》載，都城"佛寺：大興教寺、慶壽寺、大護國仁王寺、延洪寺、憫忠寺、聖安寺、大聖壽萬安寺、法寶寺、延壽寺、永泰寺、興禪寺、綿山寺、仙露寺、圓明寺、殊勝寺、大覺寺、大明寺、昊天寺、奉聖寺、萬壽寺、崇聖寺、寶集寺、歸儀寺、海雲寺、開泰寺、竹林寺、仰山寺、寶塔寺、洪法寺、天王寺、資福寺、崇國寺、崇仁寺、崇孝寺、報恩寺、薦福寺、濟眾寺、報先寺"。① 此書修於成宗大德年間，上面的佛寺中興教寺、大護國仁王寺、大聖壽萬安寺是皇家佛寺，均建造於忽必烈時代，其餘35所應該都是比較有名的"舊刹"。另一是仁宗延祐二年(1316)的《一百大寺看經記》。佛教徒畏兀兒人亦黑迷失捐錢在全國"一百大寺"看經，其中屬於大都地區的有30餘所，約佔三分之一。這30餘所大都的"大寺"是："正月，大都路大聖安寺、竹林寺、承華普慶寺。""二月：□□□(大都路)□□(大寶)集寺，北崇國寺。""三月：大都路大昊天寺、太子寺。""四月：大都路大憫忠寺、香山永安寺。""五月：大都路大萬安寺、寶塔寺。""六月：大都路大慶壽寺、承天祐國寺。""七月：大都路大崇國寺、大崇壽寺、雙泉寺。""八月：大都路延壽寺、智全寺、圓明寺、潭柘寺。""九月：大都[路]護國仁王寺、大萬壽寺、西仰山寺、亦憐真覺寺。""十月：大都路大海雲寺、下生寺。""十一月：大都路大報恩寺、千佛寺、崇福寺、延洪寺、大都姚法師寺、毛法師寺。"② 除了新建的皇家佛寺承華普慶寺、大萬安寺、護國仁王寺之外，還有29處，主要應都是前代"舊刹"。③ 綜合以上幾種記載，再和其他資料相互參證，大體可以認

---

① 《大元混一方輿勝覽》卷上《腹裏·大都路》，郭聲波整理，四川大學出版社，2003年。

② 《一百大寺看經記》，見吳文良、吳幼雄《泉州宗教石刻》(增補本)，科學出版社，2005年，第594—595頁。《閩中金石略》卷一一載此記"九月"條作"西□□寺，亦□真覺寺"。

③ 《記》中少數佛寺如承天祐國寺，大都姚法師寺、毛法師寺未見其他記載，待考。

爲，在元代大都"舊刹"中，影響較大，地位較重要的有 10 餘所。下面分別作一些説明。

二

在大都的"舊刹"中，屬於禪宗的佛寺佔有很大比重。其中地位重要的首推慶壽寺和萬壽寺、聖安寺，分別屬於禪宗中的臨濟、曹洞和雲門三支。"曹溪之後，派而爲五，源遠流長浩浩不絶者，臨濟、曹洞、雲門者焉。"①至元二年二月，忽必烈"詔諭總統所：僧人通五大部經者爲中選……仍於各路設三學講、三禪會"。② 現存少林寺碑刻中有仁宗皇慶二年（1313）"請疏三道"，其中之一是大都三禪會的請疏"敦請古岩就公長老住持"少林寺。署名是："大萬壽寺住持靈峰、大聖安寺住持雲溪、大慶壽寺嗣祖西雲、集賢大學士榮禄大夫陳顥。"③可知都城的三禪會即由大萬壽寺、大聖安寺和大慶壽寺的住持組成。④ 北方其他各路三禪會的組成亦應由臨濟、曹洞、雲門三宗的寺院住持組成。

大慶壽寺原是金朝的皇家佛寺。蒙古攻金，取中都。臨濟宗僧人海雲受蒙古上層賞識，"出世住興州仁智，歷遷涞陽之興國、興安永慶，以至大慶壽寺，皆太師國王及諸重臣之命"。⑤ "太師國王"即成吉思汗的親信、麾下"四傑"之首木華黎。成吉思汗西征時他受命負責對金戰争。"歲在戊子，領中書省湛然居士、耶律國公

---

① 釋從倫：《月泉新公長老塔銘並序》，《北京圖書館藏中國歷代石刻拓本滙編》第 48 册，中州古籍出版社，1990 年，第 97 頁。
② 《元史》卷六《世祖紀三》，第 106 頁。
③ 《中國少林寺·碑刻卷》，中華書局，2003 年，第 88 頁。
④ 陳顥是著名佛經翻譯家畏兀兒人安藏的門人，"入宿衞。尋爲仁宗潛邸説書"。仁宗即位後，深受寵信，成爲佛教事務的領導者。其生平見《元史》卷一七七本傳。
⑤ 《佛祖歷代通載》卷二一，《大正藏》本。

疏請住慶壽，師從之，四方衲子聞口之接踵而至。"①"戊子"是拖雷攝政元年（1228）。耶律楚材是契丹人，受成吉思汗、窩闊台汗父子信任。大蒙古國在漢地（原金朝統治下的北方農業區）的很多政策，都由他設計。耶律楚材是曹洞宗萬松的弟子（見下），對海雲亦頗推崇。他有《爲慶壽寺作萬僧疏》《爲慶壽寺化萬僧疏》，②應即此時之作。乙未年"朝廷差札忽篤侍讀選試經僧道"，萬松"同禪教諸老宿請師董其事"。由於海雲善於應對，"雖考試亦無退落者"。丙申"有司欲印識人臂"，海雲"力白於忽都護大官人"，乃得中止。貴由汗"命師統僧"，蒙哥汗"命師復領天下僧事"，海雲成爲"漢地"佛教界的領袖人物之一。海雲還與忽必烈建立了聯繫，壬寅（蒙古乃馬真后攝政元年，1242），海雲因宗王忽必烈邀請，攜劉秉忠前往漠北。劉秉忠自此成爲忽必烈的親信謀士。"帝誕生太子，詔海雲國師摩頂立名。奏云：'世間最尊貴，無越於真金。'"③後來忽必烈立真金爲皇太子，追思海雲前言，命真金作慶壽寺的功德主。元人程鉅夫説："寺爲裕皇祝釐之所，於京城諸刹爲最古。"④即指此。

上述"戊子"年（1228）海雲首次爲慶壽寺住持，後又幾度變遷。"己亥冬師再起，復主大慶壽寺。""己亥"是 1239 年。海雲死於丁巳年（蒙哥汗七年，1257），任慶壽寺住持二十餘年，死後在慶壽寺西南建塔。⑤ 慶壽寺原在金中都城北郊，忽必烈建大都新城，將慶壽寺圈入新城之内。"至元四年，城京師。有司定基，正直師塔，敕命遠三十步許環而築之。"⑥因此，大都城南牆有一段不是直綫而

---
① 《海雲大禪師碑》，《北京元代史迹圖志》，北京燕山出版社，2009 年，第 184—188 頁。
② 《湛然居士文集》卷八，中華書局，1986 年。
③ 《佛祖歷代通載》卷二二。
④ 程鉅夫：《大慶壽寺大藏經碑》，《雪樓集》卷一八。
⑤ 在海雲塔附近還有其弟子可庵的靈塔。1955 年擴展西長安街馬路，拆除雙塔。潭柘寺亦有海雲塔，見下。
⑥ 《元一統志》，見《順天府志》，第 2 頁。

是呈弧形的。由此可見忽必烈對海雲的尊重。

"以臨濟子孫相次,專慶壽法席者,海雲簡公、頤庵某公、西雲安公、北溪延公暨禪師(魯雲行興——引者)五人,而秋亭亨公及今顯儀繼之。"①門人頤庵繼海雲爲住持。頤庵似無多大作爲,這可能與忽必烈推行"崇教抑禪"政策有關。② 頤庵去世後,嗣位的是西雲子安,仁宗"刻玉爲印,以賜西雲,其文曰'臨濟正宗之印'。特加師榮祿大夫、大司空,領臨濟一宗事"。③ 西雲死後,門人北溪智延繼之。"仁宗……賜號佛心普慧大禪師。""上每幸慶壽,數顧而與之語,特受榮祿大夫、大司空,領臨濟宗事。"④文宗時以西雲門人魯雲行興爲住持,"開堂之日,又刻玉爲印以賜之,其一曰'慶壽長老',其一曰'領臨濟一宗',蓋異數也"。⑤ 至順元年十二月,文宗立燕王阿剌忒納答剌爲皇太子。二年正月,皇太子去世。三月,"甲申,繪皇太子真容,奉安慶壽寺之東鹿頂殿,祀之如累朝神御殿儀"。⑥ 此事應發生於魯雲行興爲住持時。元朝皇室的神御殿通常都設在皇家佛寺内,如忽必烈皇太子真金的神御殿在大聖壽萬安寺。文宗將已故太子真容"奉安"在慶壽寺,説明對這所佛寺的特殊重視。元順帝時,慶壽寺住持顯儀與朝廷關係密切。顯儀"嘗於御前説法,聖眷優渥,手賜白金、綵幣。會有旨,寫金字藏經賜清河壽元寺,命之校正有功,宣授佛慧净智妙圓普照大禪師,主臨濟一宗,仍賜金襴袈裟。近奉德音,特拜榮祿大夫、大司徒,授以銀章,秩視一品。其荷聖朝優待之厚,近古稀有"。至正十四年(1354),顯儀"具疏請皇太子主是山功德。制曰可。仍命太師脱脱

---

① 黄溍:《魯雲興公舍利塔碑》,《金華先生文集》卷四一,《四部叢刊》本。
② 關於忽必烈"崇教抑禪",請參拙撰《元代江南禪教之爭》,今收入本書。
③ 趙孟頫:《臨濟正宗之碑》,《趙孟頫文集》卷九。
④ 黄溍:《北溪延公塔銘》,《金華先生文集》卷四一。
⑤ 《魯雲興公舍利塔碑》。
⑥ 《元史》卷三五《文宗紀四》,第778頁。

提調寺事,並敕翰林院頒旨護持"。① 歷代慶壽寺住持所受優遇,在大都"舊刹"中是最突出的。而慶壽寺歷代住持得授"領(主)臨濟一宗事",確立了慶壽寺作爲臨濟宗祖庭的地位。

萬壽寺始建於遼(一説唐)。有記載説"寺有金世宗、章宗后御容"。則寺中有金朝皇室的影堂。② 金代後期,萬松行秀爲萬壽寺住持。萬松行秀是金代曹洞宗的代表人物,先任仰山棲隱寺的住持,後遷萬壽寺。金章宗曾迎他"於禁庭昇座,帝親迎禮,聞未聞法,開悟感慨,親奉錦倚大僧衹支,詣庭佈施。后妃、貴戚羅拜拱跪,各施珍愛以奉供養。建普度會,施利異常"。③ 蒙古佔領中都後,萬松行秀仍爲大萬壽寺主持。耶律楚材是萬松的弟子,他對萬松極爲景仰。萬壽寺很自然受到耶律楚材的關注。楚材與萬壽寺的"潤公禪師"過往甚密,他爲萬壽寺寫下了《燕京大萬壽寺化水陸疏》《題萬壽寺碑陰》《創建厨室上樑文》。④ 雪庭福裕在1230年投奔萬松行秀,成爲嗣法弟子。癸丑年(1253),蒙哥汗以福裕爲都僧省。"都僧省"的職務是管理大汗帳殿中的僧人,不是統領釋教,但由此可知福裕與汗庭關係密切。⑤ 不久福裕出任萬壽寺住持。"時萬壽祖席無當之者,衆請師主之。……始終萬壽十四夏。"⑥ "至元八年春,詔天下釋子大集於京師,師之學徒居三之一。"⑦ 可見曹洞宗和萬壽寺聲勢之盛。福裕後移居嵩山少林寺。"曹洞宗法統主脈,遂從大都萬壽寺外移至嵩山少林寺。"⑧ 繼爲萬壽寺住持的是萬松的門人乳峰德仁。至元十一年(1276)萬松另一門徒復

---

① 《皇太子大慶壽禪寺功德院事狀》,《順天府志》,第2—5頁。
② 《析津志》,見《順天府志》,第10頁。
③ 《佛祖歷代通載》卷二〇。
④ 《湛然居士文集》卷九、一一、一三、一四。
⑤ 見拙撰《元代的諸路釋教總統所》,《文史》2012年第3輯。
⑥ 《少林開山裕公之碑》。
⑦ 程鉅夫:《嵩山少林寺裕和尚碑》,《雪樓集》卷八。
⑧ 葉德榮:《宗統與法統》,廣東人民出版社,2010年,第30頁。

庵圓照任住持。隨後的住持足庵净肅、靈隱文泰都是福裕門人。元仁宗向萬壽寺長老思慧"錫銀章，領曹洞正宗"。① 顯然，朝廷仍承認萬壽寺是禪宗曹洞宗的祖庭。

詩人迺賢描述萬壽寺時說："絕妙青松障，清涼白玉池。"可知景色秀麗。他又說："寺有許道寧畫屏。"② 許道寧是北宋的名畫家，此畫屏很應該是北宋滅亡後流落到燕京的。萬壽寺風光秀美，又藏有珍貴的藝術品，很自然便在南城舊剎中佔有突出的地位。入明以後，萬壽寺改名永光寺，後廢，原址應在今宣武門外永光東、西街一帶。③

聖安寺是金朝建造的，"輪奐之美，爲郡城冠"。④ 到了元代，這所佛寺仍有特殊的地位。在新城太廟落成前，聖安寺曾安置蒙古前四汗的神主。⑤ 世祖中統三年（1262）十一月，"敕聖安寺作佛頂金輪會"。⑥ 聖安寺還與佛教聖物旃檀佛像有緣。旃檀佛像自印度傳入中國，輾轉各地，金代"北至燕京，居今聖安寺十二年。又北至上京大儲慶寺二十年，南還燕宮內殿，居五十四年。大元丁丑三月，燕宮火，尚書省石抹公迎還聖安。居五十九年，而當世祖皇帝至元十二年乙亥，遣大臣孛羅等備法仗、羽駕、音伎、四衆奉迎，居於萬壽山仁智殿"。後來忽必烈專門建造大聖壽萬安寺，安置旃檀佛像。⑦ 藏族高僧膽巴得到元朝皇室尊奉，受權臣桑哥排擠，"令歸本國"。"己丑，相哥遣使傳召還都，於聖安寺安置。"⑧ "己丑"是至元二十六年（1289）。膽巴在藏傳佛教中地位僅次於帝師

---

① 柳貫：《萬壽長老佛心寶印大禪師生塔碑銘》，《柳待制文集》卷一二，《四部叢刊》本。
② 《南城詠古十六首·萬壽寺》，《金臺集》卷下，《元人十種詩》本。
③ 《日下舊聞考》卷一〇〇，北京古籍出版社，1981年。
④ 《元一統志》，見《順天府志》，第6頁。
⑤ 《元史》卷七四《祭祀志三》，第1831頁。
⑥ 《元史》卷五《世祖紀二》，第88頁。
⑦ 程鉅夫：《旃檀佛像記》，《雪樓集》卷九。
⑧ 《佛祖歷代通載》卷二二。

八思巴。英宗至治三年四月己卯，"敕京師萬安、慶壽、聖安、普慶四寺，揚子江金山寺，五臺萬聖祐國寺，作水陸佛事七晝夜"。① 此次佛事與英宗處死南宋少帝有關。② 京師四寺中，萬安、普慶是皇家佛寺，聖安、慶壽與兩寺並列，可見地位不同尋常。

金代後期，聖安寺的住持"圓通和尚爲三朝國師"，其身份可想而知。③ 蒙古攻取金中都前後，聖安寺住持是圓照大師澄公。耶律楚材與聖安寺澄公來往甚密，有《從聖安澄老借書》《夢中贈聖安澄老》《謝澄公餽藥》《寄聖安澄公禪師》《寄聖安澄老乞藥》等多篇詩作。楚材投於萬松門下，便因澄公推薦。澄公似長於醫道。④ 澄公以後的住持可能是他的門人志奧。但是，此後很長一段時間內，聖安寺住持的傳承情況"還不是很清楚"。至元二年爲西巖和公。皇慶二年是雲溪信喜。⑤ 見於記載的還有兩人。"聖安寶長老送瑞像至内，心不之悦。帝云：'此是皇象佛，汝心何懊惱。'帝回與三十二定白金，以表三十二相也。"⑥"瑞像"即上述旃檀佛像，可知至元十二年聖安寺住持是寶長老。又，趙孟頫有《請雨公長老住聖安禪寺疏》，寫作年代無記載。⑦ 寶長老和雨公長老的生平都有待考證。元仁宗時，大聖安寺住持雲山慧從受封爲榮禄大夫、大司空，"每遇顧問，即以佛化合於王化者奏之，論時政之得失，致王道於無爲，惟師之功居多"。他曾到上都水精殿爲英宗"譯佛法至要，大悦上意。師將還都，命大官設祖帳於南屏山，賜予甚夥"。⑧ 江

---

① 《元史》卷二八《英宗紀二》，第630頁。
② 陳垣：《中國佛教史籍概論》，中華書局，1962年，第149—150頁。
③ 耶律楚材：《西遊録》卷下，向達校注，中華書局，2000年。耶律楚材《朗公碑銘》、《湛然居士文集》卷八。
④ 《湛然居士文集》卷二、八、九、一一。
⑤ 劉曉：《金元北方雲門宗初探——以大聖安寺爲中心》，《歷史研究》2010年第6期，第80頁。
⑥ 《佛祖歷代通載》卷二二。
⑦ 《趙孟頫文集·外集》。
⑧ 《紅螺山大明寺碑》，轉引自劉曉《金元北方雲門宗初探》，第81頁。

南僧人楚石梵琦在至治三年應召到大都書寫佛經，與雲山慧從有所交往。他寫有《贈聖安長老從雲山》和《寄雲山長老》兩詩。前一首詩中寫道："棕毛小殿屢傳宣，請說雲門派下禪。即日賜金三萬兩，連朝開法九重天。"說的是雲山受皇帝召見並得賞賜。後一首詩中寫道："山中真宰相，不待築沙堤。"①"山中丞相"指南朝道士陶弘景。陶隱居句曲山，梁武帝徵召不出，國有大事，輒就諮詢，時稱"山中丞相"。"沙堤"乃爲宰相入朝而設。楚石以雲山慧從和陶弘景相比，實際上是不確切的，前者在元代政治生活沒有起過多大作用。

聖安寺歷任主持中没有出現海雲、福裕那樣善於與皇室和上層溝通的人物，必然導致這所佛寺和雲門宗地位下降。元朝承認慶壽是"臨濟正宗"，萬壽是"曹洞正宗"，從現知文獻來看，似没有給聖安寺以"雲門正宗"的待遇。詩人迺賢在順帝至正八、九年間與友人遊歷該寺，他寫道："斷碣蒼苔暗，空庭落葉堆。飢鳶不避客，攫食下生臺。"②呈現出一片淒涼破落的景象。到了明代，雖曾重建，但已無原來的興盛。清代聖安寺尚存，但現在已無遺迹可尋了。

大都還有幾所著名的禪宗寺院。海雲寺原名普濟院，始建於金。"歲在辛丑，燕京普濟禪院宗主善琛與其僧衆以狀施其院爲師（海雲——引者）養老之所，師不得辭，從之。"③"辛丑"是蒙古窩闊台汗十三年（1241）。"壬子春，師罄衣鉢，命庵主覺文等戮力興修，殿宇雄麗，金碧輝映，爲諸刹冠。"④"護必烈大王聞而嘉之，乃取師之自號，改普濟爲海雲禪寺。"⑤"護必烈大王"即忽必烈，此事在忽必烈稱帝前，故稱"大王"。南城舊刹中由忽必烈命名者僅此一處。

---

① 《楚石北遊詩》，浙江古籍出版社，2010年，第22、25頁。
② 《南城詠古十六首》，《金臺集》卷二。
③ 《海雲大禪師碑》。
④ 《元一統志》卷一《大都路·古迹》，中華書局，1980年，第29頁。
⑤ 《海雲大禪師碑》。

忽必烈即位的第二年（1361），"賜慶壽寺、海雲寺陸地五百頃"。①可見，由於海雲的關係，北城慶壽寺和南城海雲寺之間建立了密切的聯繫，而忽必烈對這兩座寺院是另眼相看的。海雲寺有"千葉杏一株，奇麗可觀，江南所無"，著名詞人張炎爲之賦《三姝媚》一首，成爲詞林佳話。② 此寺入明後廢，原址已不可考。

竹林寺始建於遼（一説金），在今宣武門外長椿街與下斜街附近。海雲任竹林寺住持數年，對於此寺的恢復起過重要的作用，③也可説明這是一座禪宗寺院。竹林寺内"一塔無影"，是南城名勝之一。④ 到明代漸趨衰敗，經重建改名法林寺，清代廢爲菜園。報恩禪寺創建於金。蒙古取中都後，萬松行秀一度曾爲報恩寺住持。⑤ 至元十八年，佛道辯論，佛勝道敗，忽必烈下令"就大都大憫忠寺焚燒道藏僞經"，"大都報恩禪寺林泉長老從倫奉敕舉火"。⑥林泉從倫出自萬壽寺，屬於曹洞宗。⑦ 仰山棲隱禪寺，始建於遼。仰山"在城西北七十里"，⑧主持行滿是禪宗僧人，"王公貴人皆稽首歸敬"。武宗、仁宗都曾"幸其寺"，多有賞賜，並加以重修。"皇慶元年，制授師銀青光禄大夫、司空。"⑨

潭柘寺是北京地區最古老的佛寺之一。金元鼎革，潭柘寺屬臨濟宗海雲系統。⑩ 寺内有"佛日圓明海雲大禪師之靈塔"，迄今仍存。⑪ 據明代文獻記載，寺内的大士殿有"拜磚"，"元妙嚴公主

---

① 《元史》卷四《世祖紀一》，第73頁。
② 《山中白雲詞》卷一，中華書局，1983年。
③ 《海雲大禪師碑》。
④ 《南城詠古十六首·竹林寺》。
⑤ 《宗統與法統》，第313頁。
⑥ 《至元辯僞録》卷三，《磧砂藏》本。
⑦ 《印壽道行碑》中署名："大都大萬壽寺傳法嗣祖林泉野老從倫撰。"載《北京圖書館藏中國歷代石刻拓本滙編》第48册，第67頁。
⑧ 《圖經志書》，見《順天府志》，第270頁。
⑨ 趙孟頫：《仰山棲隱寺滿禪師道行碑》，《趙孟頫文集·外集》。
⑩ 《宗統與法統》，第28頁。
⑪ 《北京元代史迹圖志》，第246—247頁。

持觀音文,禮大士,拜痕入磚欲穿也。額、手、足五體皆印。歲久磚壞,兩足痕存。萬曆壬辰,孝定太后匣取入覽,後遂匣藏之。……像四,林立大士前,辮髮胡笠。左前元世祖,右前其后,左次其子,右次妙嚴也。妙嚴祝髮是,老於是,塔是山之下"。① 潭柘寺内有"妙嚴大師之塔"。② 但元代文獻中没有發現有關妙嚴公主的記載。圓明寺原名三學寺,"肇始於遼、金,未及百年而荒廢,後復興建,革律爲禪,改今名"。③ 改名時請耶律楚材爲功德主。楚材作疏云:"粤三學之巨刹,冠四海之名藍。今改僧而舍尼,遂從禪而革律。"④ 由此可知,改名顯然是在蒙古國取得中都(燕京)後發生的,因爲"功德主"例由達官貴人充當,耶律楚材在金朝統治時並無多大聲望,地位不同,没有資格。由疏文還可知,在改律爲禪時,此寺還由僧寺改爲尼寺。圓明寺在"康樂坊",應在南城東北隅。⑤

三

漢地佛教分禪、教兩大系統。教指禪宗之外的其他宗派,有華嚴宗、慈恩宗、律宗、天台宗等。元代大都的佛寺,禪宗之外,華嚴宗勢力最大。屬於華嚴宗的寺院主要有寶集寺、崇國寺、昊天寺等。

寶集寺始建於唐。遼、金兩朝,寶集寺是一所華嚴宗的佛寺,元朝設宣政院管理佛教事務,宣政院下設諸路釋教都總統所,專門

---

① 《帝京景物略》卷七《西山下·潭柘寺》,北京古籍出版社,1983 年,第 315 頁。
② 《北京元代史迹圖志》,第 248 頁。
③ 《元一統志》卷一《大都路·古迹》。
④ 《三學寺改名圓明仍請予爲功德主因作疏》,《湛然居士集》卷八。
⑤ 《元一統志》卷一《大都路·古迹》。

管理"漢地"(原金朝管轄的北方農業區)佛教事務。① 寶集寺的住持行秀、圜明、知揀先後擔任釋教都總統,可見其地位之特殊。② 知揀與忽必烈有過直接的交往。"帝問揀壇主云:'何處有佛?'揀奏云:'我皇即是佛。'帝云:'朕如何是佛?'揀云:'殺活在於手,乾坤掌上平。'"③可知他善於應對,能得忽必烈的歡心。至元二十二年(1285),忽必烈指派知揀爲北城新建的皇家佛寺大聖壽萬安寺的住持,這是很大的恩惠。知揀的同門妙文繼任寶集寺住持。"自揀、文二師分主大刹,若聖壽萬安、天壽萬寧、崇恩福元、天源延壽洎覃懷之龍興,以至海内十六名刹,何啻千百。難支分派別滋多,實皆出於寶集。"④文中列舉的都是皇家佛寺。事實上,元朝諸帝建造的皇家佛寺,其住持可考者以華嚴宗、律宗僧人居多,禪宗僧人僅是個別。這無疑是貫徹忽必烈"崇教抑禪"政策的結果。⑤ 這樣必然使寶集寺的地位和影響擴大。至元二十二年至二十四年,忽必烈聚集各族名僧勘會藏漢佛典異同,參加者便有知揀和寶集寺的"佛法潮音妙辯大師講經沙門海吉祥"。⑥ 英宗至治元年(1321)三月,"寶集寺金書西番《波若經》成,置大内香殿"。⑦ 元順帝至正三年(1343),僧則堂"被詔主寺","嘗承詔校金字藏典,爲撰《續釋氏通鑑》於斯,進諸嘉禧殿,上覽徹,嘉歎久之"。⑧ 則堂所校"金字藏典"應即"金書西番《般若經》"。由以上事實,可見寶集寺一直與皇家有密切的關係。但到元末,寶集寺似已衰落。詩人張

---

① 陳高華:《元代的諸路釋教總統所》,《文史》2012 年第 3 期,今收入本書。
② 《析津志》,見《順天府志》,第 26 頁。
③ 《佛祖歷代通載》卷二二。
④ 《析津志》,見《順天府志》,第 26 頁。
⑤ 參見拙撰《再説元代大都的皇家佛寺》,今收入本書。
⑥ 《至元法寶勘同總録》卷一。
⑦ 《元史》卷二七《英宗紀一》,第 611 頁。
⑧ 《析津志》,見《順天府志》,第 27 頁。

燾作《九月六日宿寶集寺》中有句云："殘僧幾人在,古殿一燈深。"①可知此寺已荒涼衰敗。寶集寺"在南城披雲樓對巷之東五十武",而披雲樓則在"大悲閣東南"。② 由此推斷,寶集寺應在南城東北部,陽春門内,今天的菜市口附近。③

　　崇國寺始建於唐,是金中都的著名佛寺。金末兵火中寺毁。蒙古前四汗時期,律宗高僧隆安善選"得還燕,閔忠、崇國二寺已俱爲兵毁。丞相廈里等特奉朝命,徙各寺人匠。中書省耶律楚材署疏請主閔忠寺。尋主崇國寺,則丞相廈里之請也。師告施者,經營締構,悉復舊觀"。④ "領中書省丞相耶律公疏請本師隆安住燕京之憫忠寺。未幾,忽都虎大官人與海雲長老作疏請本師住崇國寺,師(善選門人定志——引者)充提點事。□時諸寺爲民匠所佔,以致僧徒迸散,廊廡隳殘,法具爲之一空。師經營久之,漸得完備。"善選去世,門人定志、定演相繼爲住持。定志在至元乙丑年(二年,1265)任諸路釋教都總統,成爲官方指定的"漢地"佛教界領袖之一。⑤ 定演"日講《華嚴經》,訓釋孜孜,曾無厭憚。世祖皇帝聞而嘉之,賜號佛性圓明大師"。⑥ 至元二十二年忽必烈下詔編纂《至元法寶勘同總錄》,"大崇國寺臨壇大德圓融崇教大師演吉祥奉詔校證"。⑦ "演吉祥"即定演。至成宗時,"賜京城官地,鼎建大伽藍一所,殿奉千佛創法寶藏"。⑧ 這所大伽藍指的是大都北城西北隅

---

①　《蜕庵詩集》卷一。
②　《析津志輯佚·古迹》,北京古籍出版社,1983年。
③　趙其昌:《金中都城坊考》,《首都博物館國慶四十週年文集》,中國民間文藝出版社,1989年,第7頁。
④　危素:《隆安道公傳戒碑》,《危太樸文續集》卷三,《嘉業堂叢書》本。
⑤　定圓:《定志塔銘》,《北京圖書館藏中國歷代石刻拓本滙編》第48册,第34頁。
⑥　趙孟頫:《大崇國寺演公塔銘》,《趙孟頫文集》卷九。
⑦　《至元法寶勘同總錄》卷一。
⑧　釋西雲:《特賜佛性圓融崇教傳戒華嚴大師壽塔記》,《北京圖書館藏中國歷代石刻拓本滙編》第48册。

建立的新崇國寺。① 於是崇國寺有南、北之分,原來的崇國寺稱爲南寺,新城城内的新寺稱爲北寺,但兩者實爲一家。大都佛寺在南、北城分立者,祇此一例。至正十四年(1354)元順帝爲南北護國寺發佈"護持聖旨:這的每寺院裏房舍,使臣休安下者,鋪馬祗應休著者,税糧商税休納者。但居寺家的水土、園林、碾磨、店鋪、解典庫、浴堂、人口、頭匹,不揀甚麽,不揀是誰休倚氣力奪要者"。至正二十三年,元順帝批准,爲善選立"傳戒碑"。至正二十六年,封贈善選爲澄慧國師。② 可知元朝皇室對崇國寺一直是重視的。

憫忠寺是唐太宗爲紀念出征遼東陣亡將士建造的,金末兵火中寺毁,蒙古取中都後,華嚴宗僧人善選隆安經耶律楚材邀請住憫忠寺,見上述。蒙哥、忽必烈兩朝先後舉行三次佛道辯論,都以佛勝道敗告終。忽必烈下令焚燒除《道德經》以外的其他道教經典,就是在憫忠寺舉行的。③ 忽必烈下令編纂《至元法寶勘同總錄》,"大都大憫忠寺傳法通辯大師講經沙門湍吉祥奉詔校勘"。④ 此人事迹待考。寺中"百級危梯遡碧空"的高閣即憫忠閣,還有安禄山、史思明建造的雙塔,都是著名的古迹。憫忠寺在清代改名法源寺,在今宣武門外法源寺前街。

昊天寺建於遼。"丁未,貴由皇帝即位,頒詔命師(海雲——引者)統僧。師於昊天寺建大會爲國祈福。""丙辰,正月,奉聖旨,建會於昊天寺。"⑤蒙哥汗曾賜黄金五百兩、白金萬兩作佛事,地點也在昊天寺。⑥ 似可認爲,昊天寺在改朝换代之際,破壞不大,故仍作爲舉行大規模佛事活動的場所。世祖中統三年十二月,"作佛事

① 《大崇國寺演公塔銘》。
② 蔡美彪編:《元代白話碑集錄》,科學出版社,1955年,第94、96、98頁。
③ 《至元辯偽錄》卷四。
④ 《至元法寶勘同總錄》卷一。
⑤ 《佛祖歷代通載》卷二一。
⑥ 《海雲大禪師碑》。

于昊天寺七晝夜,賜銀萬五千兩"。① 至元二十二年至二十四年,忽必烈下令組織各族高僧在大都校勘佛典,"大都大昊天寺傳法玄悟大師講經沙門釋溫吉祥奉詔校勘"。② 崇國寺住持定演,"復受詔主昊天寺"。③ 實際上是同時任二寺住持。至大元年(1308)十一月,元武宗"以銀七百五十兩、鈔二千二百定、幣帛三百匹,施昊天寺爲水陸道場"。④ 昊天寺有高塔,名寶嚴塔,是南城的名勝之一。⑤ 雜劇《昊天塔》便以昊天寺塔爲題材。⑥ 昊天寺在至大二年十一月"無因起火",⑦大概自此便逐漸衰落。清代前期,昊天寺已"廢爲農田"。⑧

戒本傳遞是元代大都佛教界的一件大事。"遼道宗以金泥親書《菩薩三聚戒本》。……金亡元興,寶集寺祐興國師志玄奉持尤謹。太宗皇帝癸卯歲,詔啓圓戒大會,戒本傳於閔忠寺圓融宣密大師祥杲,杲以傳於崇國寺空明圓證大法師善選。"善選"復授戒本於寶集寺釋教都壇主行秀,度門徒二百餘人"。"行秀傳戒本於崇國定志,志傳昊天顯净,净傳崇國定演,演傳原教法聞。……以授今大崇國寺住持普明净慧大師臣僧智學。"⑨"中統四年十二月内隨衆師德現(覲)帝……寶集大經壇主秀公對在都師德以國朝傳奉金字《戒本》授師(定志——引者),蓋以德劭故也。……丁卯九月,始有微疾,即以元傳金字戒經復授大昊天都僧録講主净公。"⑩"戒壇

---

① 《元史》卷五《世祖紀二》,第89頁。
② 《至元法寶勘同總録》卷一,《磧砂藏》本。
③ 趙孟頫:《大崇國寺演公塔銘》,《趙孟頫文集》卷九。
④ 《元史》卷二二《武宗紀一》,第505頁。
⑤ 郝經:《登昊天寺寶嚴塔》,《陵川文集》卷三,明正德刊本。王惲:《同馬才卿暇日登昊天寺寶嚴塔有懷》,《秋澗先生大全文集》卷一六,《四部叢刊》本。
⑥ 《元曲選》,中華書局,1989年,第827—841頁。
⑦ 張養浩:《時政書》,《歸田類稿》卷二,清乾隆刊本。
⑧ 《日下舊聞考》卷五九《城市·外城·西城一》。
⑨ 危素:《大崇國寺壇主隆安選公傳戒碑》,《危太樸文續集》卷三。
⑩ 《定志塔銘》。

宿德號雄辯大師,授之以金字戒經,於是祝髮之徒以萬計,咸稽首座下,尊禮師爲羯磨首。"①雄辯大師即昊天寺顯净。陝西律師法聞,"天子聞之,徵至闕庭,詔師居大原教寺,授榮祿大夫、大司徒,未幾詔居大普慶寺。加開府儀同三司,銀章一品。賜遼世金書戒本,求戒者皆從公而師受焉"。② 從以上記載可知戒本祇在崇國、寶集、昊天幾家佛寺住持之間交接。但後來由皇帝指定,傳給皇家佛寺大普慶寺的律宗僧人法聞。也就是説,戒本只能在律宗和華嚴宗僧人中傳遞。掌握戒本便有了傳戒的權力。

大都還有幾所著名的"舊刹",但其所屬宗派有待研究。大悲閣始建於唐,是聖恩寺中的一處建築。"大悲閣在舊城之中,建自有唐,至遼開泰重修。聖宗遇雨,飛駕來臨,改寺聖恩,而閣隸焉。"③但是長期以來大悲閣名聞遐邇,以致人們往往忽略了聖恩寺的存在。金朝末年,大悲閣遭火焚毀,至元十九年(1282)重修。大悲閣是南城的重要建築,常被用來作爲説明其他建築物的標誌,如在大悲閣之東、之西等。"閣祠大悲觀音菩薩。"④元代詩人有"如何千手眼,祇著一衣冠"之句,即指閣中千眼觀音塑像而言。⑤順帝至正十八年到二十年(1358—1360)間,京師大疫,宦官朴不花"於大悲寺修水陸大會三晝夜",超度死者。⑥ 這裏所説的大悲寺,無疑就是大悲閣所在的聖恩寺。聖恩寺位於南城的東北部,清初閣已無存,但寺仍在,具體地點是宣武門外斜街口。⑦

西山的香山永安寺在上述亦黑迷失一百大寺之列。永安寺創

---

① 《演公塔銘》。
② 《佛祖歷代通載》卷二二。
③ 《元一統志》卷一《大都路·古迹》。
④ 《析津志輯佚·寺觀》。
⑤ 迺賢:《南城訪古十六首》。
⑥ 《元史》卷二〇四《宦者傳》,第4552頁。
⑦ 《日下舊聞考》卷六〇《城市·外城西域二》。按,明末成書的《帝京景物略》中没有大悲閣的記載,可知當時已經荒廢了。

始於金世宗,是金朝後期皇帝遊賞之地。忽必烈到過永安寺。仁宗皇慶元年(1312)四月,"給鈔萬錠修香山永安寺"。① 可見元朝皇室對這所佛寺是關注的。永安寺在清代改名香山寺,毀於英法聯軍之役,遺址在今香山公園內。

寶塔寺"有舍利寶塔,因名,始建於遼"。它位於"舊城衣錦坊內",在"南城竹林寺西北"。② 寶塔寺"宏大洪敞,正殿壯麗,內有南合后影堂"。③ "南合后"不見於記載,疑是"南必后"之誤。元代歷朝帝、后死後都設影堂(神御殿)以誌紀念,但一般都置於新建的皇家佛寺中。南城舊刹設有影堂者僅此一處。南崇國寺"在大悲閣北",④應在南城東北崇智門內,但此寺在明代已不見記載。北寺迄今尚存,在新街口附近。

崇壽寺疑即崇壽禪院。耶律楚材曾爲崇壽禪院的住持祖朗寫過塔銘,自稱:"與之遊者久矣。"並說此寺"方丈、法堂、叢林制度,一如聖安"。⑤ 可知崇壽禪院與聖安寺有密切的關係。但關於崇壽寺沒有更多的記載。延洪寺是遼代興建的,"寺在遼乾統間稱爲甲刹,至大元統御之初,金人南奔,兵燼之餘,此寺殿閣巋然獨存。壬子歲賜白金爲香資"。⑥ "壬子歲"是蒙哥汗二年(1252)。"賜白金爲香資"應與那摩有關。這所佛寺曾經"那摩國師重修之。"⑦那摩是克什米爾人,來到蒙古,頗受恩寵,蒙哥曾"特賜那摩國師白金二千定,計鈔二十萬兩,修福佛門"。⑧ 那摩修延洪寺用的就是這筆錢。延洪寺原址在南城"崇智門內",⑨應離竹林不遠。明代廢。

---

① 《元史》卷二四《仁宗紀一》,第551頁。
② 《析津志輯佚・寺觀》。
③ 《元一統志》卷一《大都路・古迹》。
④ 《析津志輯佚・寺觀》。
⑤ 《燕京崇壽禪院故圓通大師朗公碑銘》,《湛然居士文集》卷八。
⑥ 《元一統志》卷一《大都路・古迹》。
⑦ 《析津志輯佚・寺觀》。
⑧ 《至元辯僞錄》卷三。
⑨ 《析津志輯佚・寺觀》。

弘法寺以收貯經板出名，金章宗時，將山西雕刻的佛經經版運到中都，"以弘法寺收貯經板，及弘法寺西地與之"。① 弘法寺的"通顯密二教演秘大師沙門瀋吉祥"參與《至元法寶勘同總錄》的編纂，"奉詔校勘"。② 弘法寺所在已不可考。仰山寺始建於遼，位於"竹林寺西"，在中都的歸厚坊。③

天慶寺是在前代廢墟上重建的，出資人是忽必烈之孫甘麻剌（泰定帝也孫帖木兒之父）。英宗至治三年（1323）三月，皇姑魯國大長公主祥哥剌吉召集一批貴族官僚和有名望的文人學士在天慶寺聚會，被認爲是元代藝壇上的一次盛事，天慶寺因此名聞遐邇。這所寺院大概在天壇以北金魚池一帶。

四

綜上所述可知，元代大都地區來自前代的"舊刹"仍有較大的影響。不少"舊刹"與元朝皇室和王公貴族有不同程度的聯繫，得到他們的保護。有些"舊刹"得到官方的承認，成爲佛教各宗派的祖庭，在佛教的發展中，起過重要的作用。不少"舊刹"的住持甚至享有世俗官員的職位和品秩，實際上成爲統治集團的組成部分。大都的"舊刹"分屬不同的宗派，禪、教之間，涇渭分明。忽必烈原來對禪宗頗爲尊崇，後來改而"崇教抑禪"。但總的來看，大都禪、教寺院大體上都繼續活動，沒有發生大的變化。

（原刊於《隋唐遼宋金元史論叢》第 4 輯，2014 年）

---

① 《元一統志》卷一《大都路·古迹》。
② 《至元法寶勘同總錄》卷一。
③ 《析津志輯佚·寺觀》；《元一統志》卷一《大都路·古迹》。

元代新建佛寺略論

元代佛教興盛，佛教廟宇遍佈全國。當時人說："國朝崇奉兹教……故招提精藍遍於天下。"①"星羅棋錯，小而鄉、縣，大而府、州，爲佛宫者何啻萬區，爲其言祝除毛髮者，其徒又無慮百有餘萬。"②元代的佛寺，從創建的時代來說，可以分成兩類。一類是前代創建的，元代文獻中常稱之爲"舊刹"。另一類是元代建造的，常稱之爲新寺。元代的新寺是分別由皇家、朝廷、貴族官僚、民間人士和僧人建造的。佛教寺院的建造，既是佛教活動的重要内容，又涉及社會生活的諸多方面。探討元代佛教新寺，有助於對元代佛教以及元代社會的認識。

一　皇　家　佛　寺

蒙古前四汗對於各種宗教采取兼容並蓄的態度。自忽必烈起，元朝歷代皇帝、皇后都篤信佛教，熱衷於建造佛寺，爲自己祈福。皇帝、皇后建造的佛寺通常稱爲皇家佛寺，主要集中於都城大都（今北京）。根據現存文獻，大都南北二城及其近郊的皇家佛寺有：世祖忽必烈建造的大護國仁王寺（西鎮國寺）、大聖壽萬安寺

---

① 俞希魯：《至順鎮江志》卷九《僧寺》，江蘇古籍出版社，1990年，第355頁。
② 姚燧：《重建南泉山大慈化禪寺碑》，《牧庵集》卷一○，《四部叢刊》本，第93頁上。

（白塔寺）、大興教寺（石佛寺），成宗鐵穆耳建造的大天壽萬寧寺，武宗海山建造的大崇恩福元寺（南鎮國寺），仁宗愛育黎拔力八達建造的大承華普慶寺、大永福寺（青塔寺），英宗碩德八剌建造的大昭孝寺（壽安山寺），泰定帝也孫帖木兒建造的大天源延聖寺，文宗圖帖穆爾建造的大承天護聖寺（西湖寺）和順帝脫歡帖睦爾建造的寶相永明寺。上述佛寺，規模浩大，富麗堂皇，如大護國仁王寺"宏麗雄偉"，①"其嚴好若天宫内苑移下人間"。② 其他佛寺大都類此。修建時耗費大量的人力物力，建成後得到鉅額的賞賜，爲此設立規運提點所、營繕司、總管府等機構管理。這些佛寺，一般均設有神御殿，又稱影堂，供奉已故皇帝的"御容"。中期以後，元朝設太禧宗禋院（從一品）對皇家佛寺加以統一的管理。大都皇家佛寺的建造和維持，成爲國家財政的沉重負擔。③

大都以外地區，還有一些佛寺可以歸於皇家佛寺之列。

五臺山是文殊菩薩的道場，佛教聖地。"世祖嘗以五臺絶境欲爲佛寺而未果也，成宗以繼志之孝作而成之，賜名大萬聖祐國寺。"④爲此曾設置萬聖祐國營繕提點所，後改營繕都司。文宗圖帖睦爾的經歷比較曲折，因皇族内部鬥争，他先後被流放到海南和建康（今江蘇南京）。在建康時曾於鍾山建造佛寺。即位之後，他將海南、建康兩處居所改建佛寺。海南居所在瓊山，圖帖睦爾即位後"乃捐金庀工，即瓊陽之勝地，建釋氏之精藍……締構雄麗，嶺海之間，鬱爲奇觀"。此寺賜名大興龍普明寺，並賜鈔萬錠，市永業

---

① 《順天府志》，北京大學出版社影印，1983年，第5—6頁。按，此《順天府志》係從《永樂大典》中鈔出，是《永樂大典》的一部分，並非獨立的地方志，見姜緯堂《辨繆鈔〈順天府志〉的來歷——影印〈永樂大典〉失收一例》，《文史》1990年第32輯。
② 釋念常：《佛祖歷代通載》卷二二《膽巴傳》，《大正藏》本。
③ 元大都皇家佛寺的研究作品頗多，難以一一列舉。本文作者寫有《元代大都的皇家佛寺》、《再論元代大都的皇家佛寺》，今收入本書。
④ 《佛祖歷代通載》卷二二"文才傳"。

地，設專門機構普明規運提點所管理，後改普明營繕都司。① 建康的居所改建佛寺，賜名大龍翔集慶寺。② 原來在鍾山建造的佛寺則命名為大崇禧寺。"上於金陵新作之寺二。曰龍翔集慶，因潛龍之舊邸也。曰崇禧萬壽，廣親構之新祠也。"③"天曆二年，建龍翔、萬壽兩寺於建康，立龍翔、萬壽營繕提點所，為隆祥總管府屬。三年，改為營繕都司，秩仍舊，以掌營造錢糧之事。"④以上三寺均歸太禧宗禋院管理。

武宗海山、仁宗愛育黎拔力八達是兄弟，其父是忽必烈太子真金第二子答剌麻八剌，其母名答己。真金和答剌麻八剌均死於忽必烈逝世前。忽必烈死後，真金第三子鐵穆耳嗣位，是為成宗。成宗時答己曾被發遣到懷州（今河南沁陽），武宗、仁宗相繼稱帝後，答己被尊為皇太后。答己於大都城西高梁河建佛寺，賜名智全。"命開府儀同三司、圓明廣照三藏大師沙津愛護持天藏主之，率諸德士，誦祈其中"。"凡費皆出慈闈，役則衛卒，官民無與焉"。⑤ 太后指定的這位智全寺主持是畏兀兒族僧人必蘭納識里，他原名只剌瓦彌的理，"北庭感木魯國人"。"北庭"是唐代地名，元代稱別失八里（今新疆吉木薩），是畏兀兒人居地。"大德六年，奉旨從帝師授戒於廣寒殿，代帝出家，更賜今名"。曾授開府儀同三司，特授沙津愛護持（漢譯總統），"至順二年，又賜玉印，加號普覺圓明廣照弘辯三藏國師"。⑥ 後因捲入政變被殺。"天藏"疑是必蘭納識理的漢名，或是漢譯。元代僧人師號，有二字、四字、六字、八字之分，還

---

① 虞集：《大興龍普明禪寺碑》，《道園學古錄》卷四七；《元史》卷八七《百官志三》。
② 虞集：《大龍翔集慶寺碑》，《道園學古錄》卷二五。
③ 虞集：《集慶路重建太平興國禪寺碑》，《道園學古錄》卷二四。
④ 《元史》卷八七《百官志三》，第2211頁。
⑤ 劉敏中：《敕賜大都大智全寺碑》，《中庵先生劉文簡公文集》（下簡稱《中庵集》）卷三，《北京圖書館古籍珍本叢刊》本，書目文獻出版社，1991年。
⑥ 《元史》卷二〇二《釋老傳》，第4520頁。

可以增加,如原授四字師號,後增爲八字師號。從以上記載可知,成宗時必蘭納識里原授"圓明廣照"四字師號,文宗時加爲八字"普覺圓明廣照弘辯"。又可知太后答己所建大智全寺以必蘭納識里作住持,應是藏傳佛教的寺院。值得注意的是,答己與另一所大玉山普安寺有密切關係。"天曆元年,以大玉山普安寺、大智全寺兩規運提點所并爲一,置提點二員。三年,又改爲營繕司。"①隸屬於太禧宗禋院。可知大智全寺曾設規運提點所,即與諸帝建造的佛寺同樣待遇。釋寶嚴幻堂是華嚴宗大師真覺國師文才的弟子,文才任萬聖祐國寺住持,寶嚴"從至臺山。真覺歿,詔以公繼其位。後公以太后詔居大普安寺,詔以(其弟)金繼公居祐國寺。公於至治二年七月某日歿,年五十有一。詔復以金居普安寺。金以公之喪葬東封谷之口,建塔以修祀事焉"。寶嚴幻堂的頭銜是"故榮禄大夫、大司徒、大玉山普安寺住持"。② 由上述記載看來,大玉山普安寺地位特殊,應該也是太后答己創建,其所在地不外大都、五臺山兩處。將大玉山普安寺和大智全寺并在一起建立管理機構,既表示兩寺均由太后創建,又説明兩寺與其他皇家佛寺地位相同。順帝元統二年(1334),中書省要求回收賜田,其中"普安大萬聖祐國寺的五百頃田内,二百頃還官"。③ 則似普安寺已與上面所説萬聖祐國寺合爲一體,故有此名。如此説成立,則大玉山普安寺應在五臺山。④

元朝諸帝還直接下令建造一些佛寺,如漠北的哈剌和林是大蒙古國的都城,始建於第二代大汗窩闊台汗時。蒙哥汗時期,曾在

---

① 《元史》卷八七《百官志三》,第 2208 頁。
② 《佛祖歷代通載》卷二二"寶嚴傳"。
③ 《至正條格·條格》卷二六《田令·撥賜田土》,韓國學中央研究院,2007 年,第 60 頁。
④ 劉迎勝教授在《元統二年(1334)朝廷收還田產事件研究》(《元史及民族與邊疆研究集刊》第二十四輯)中認爲"普安大萬聖祐國寺並非京師之大普安寺,當指五臺山之大萬聖祐國寺"。

和林建造大佛寺。"太祖聖武皇帝之十五年,歲在庚辰,定都和林。太宗皇帝培植熙育,民物康阜,始建宮闕,因築梵宇,基而未屋。憲宗繼述,歲丙辰,作大浮屠,覆以傑閣,鳩工方殷,六龍狩蜀。代工使能,伻督絡繹,力底於成。閣五級,高三百尺,其下四面爲屋,各七間,環列諸佛,具如經旨。"①這座建築後來以興元閣知名。仁宗、順帝兩朝都曾加以修理。可知興元閣是蒙古前四汗時期大汗在哈剌和林修建的一座佛寺,直到元末仍存在。忽必烈在漠南建開平城(今内蒙古正藍旗境内),後號上都。上都開平是元朝的兩都之一,避暑之地。皇帝每年來往於大都和上都之間。上都城内"乾艮二隅,立二佛寺,曰乾元,曰龍光華嚴"。②這兩座佛寺都是忽必烈創建的。至元"十一年,建乾元寺於上都,制與仁王寺等"。③仁王寺即忽必烈在大都建造的第一座皇家佛寺大護國仁王寺,可知乾元寺的規模、地位都與大護國仁玉寺相等。忽必烈以後諸帝都對乾元寺加以種種優遇。④成宗元貞元年(1295)頒佈的《僧道租稅體例》中,以大乾元寺與大都的大興教寺、大護國仁王寺並提。⑤龍光華嚴寺創建時間較早,"丙辰之歲,始城上都。又三年戊午之歲,作大龍光華嚴寺"。"戊午"是蒙哥汗八年(1258)。仁宗時下令將華嚴寺"撤而廣之"。⑥"英宗嗣位,萬幾之暇,數嘗臨幸。……且賜以吳中上腴田一萬畝,使贍其衆"。⑦順帝時又賜鈔修繕。兩寺與皇室關係密切,但從現有記載來看,並未列入太禧宗禋院系統。忽必烈敬重藏傳佛教僧人膽巴,膽巴尊奉摩訶葛剌神,

---

① 許有壬:《敕賜興元閣碑》,《至正集》卷四五,《北京圖書館古籍珍本叢刊》本,1995年。
② 袁桷:《華嚴寺碑》,《清容居士集》卷二五。
③ 程鉅夫:《涼國敏慧公神道碑》,《雪樓集》卷七,陶氏影洪武本。
④ 參看陳高華、史衛民《元上都》,吉林教育出版社,1988年,第195—200頁。
⑤ 《元典章》卷二四《户部十·僧道税》,陳高華、張帆、劉曉、党寶海點校,中華書局,天津古籍出版社,2012年。
⑥ 袁桷:《華嚴寺碑》,《清容居士集》卷二五。
⑦ 黄溍:《上都大龍光華嚴寺碑》,《金華黄先生文集》卷八。

"因請立廟於都城之南涿州"。① 顯然是忽必烈下令建造的。此廟由著名建築大師阿尼哥主持修建,"如乾元制"。② 也就是説和上都乾元寺形制相同,而上都乾元寺是以大都大護國仁王寺爲範本的。因而,這座摩訶葛剌神廟"結構横麗,神像威嚴,凡水旱蝗疫,民禱響應"。③ 無疑是藏傳佛教寺院。大德五年(1301),阿尼哥"建浮圖於五臺。始構,有祥雲瑞光之異"。④ 阿尼哥是專爲皇家服務的建築師,此次五臺建寺必奉成宗之命。此寺待考。仁宗時,"上命建佛寺於雲州七峯山,以太府丞大都監治"。雲州在兩都交通線上,屬上都路,今河北赤城境内。監察御史長哥和黄肯播追查大都的貪污問題,庇護大都的高層官員反誣御史"沮格修治佛寺"。仁宗"以長哥及公(黄肯播)知雲州事,俾董治佛寺,以訖其工"。仁宗死,英宗即位,二人坐罪,"仍籍其家",泰定時纔得平反。⑤ 可見仁宗對雲州佛寺的修建是很重視的,但此事未見其他文獻記載。皇位變遷以後,此寺是否修成待考。泰定三年(1326)二月,"建殊祥寺於五臺山,賜田三百頃"。⑥ 這是泰定帝在五臺山建造的佛寺。以上諸帝下令建造的佛寺,没有歸入太禧宗禋院系統,其地位應有所區别。屬於太禧宗禋院系統的皇家佛寺可稱之爲第一類型皇家佛寺,其餘暫稱之爲第二類型皇家佛寺。

大德十一年(1307)五月,武宗海山即位。八月,"建佛閣於五臺寺"。同年十一月,"建佛寺於五臺山"。二者應是同一事。至大元年(1308)十一月,"皇太后造寺五臺山,摘軍六千五百人供其役"。⑦

---

① 柳貫:《護國寺碑銘》,《柳待制文集》卷九。
② 程鉅夫:《涼國敏慧公神道碑》,《雪樓集》卷七。
③ 《佛祖歷代通載》卷二二《膽巴傳》。
④ 程鉅夫:《涼國敏慧公神道碑》,《雪樓集》卷七。
⑤ 蘇天爵:《遼陽行省郎中黄公神道碑銘》,《滋溪文稿》卷一五,中華書局,1997年,第242、243頁。
⑥ 《元史》卷三〇《泰定帝紀二》,第668頁。
⑦ 《元史》卷二二《武宗紀一》,第486、490、505頁。

可見武宗即位後，有五臺建寺之舉，實是皇太后答己的主意。"至大中，太后創寺臺山，寺曰普寧。以茲擅天下之勝，住持之寄，非海內之望，莫能勝之。故以命公（華嚴宗僧人了性）。"①答己在五臺山建造的佛寺名普寧寺。此寺情況不很清楚。皇慶二年（1313），太后答己下旨在懷州原居地建佛寺。二年後建成，"皇太后賜名大興龍寺"。②賜田三百頃。答己建寺甚多，有的已歸入第一類型皇家佛寺之列（見前），五臺普寧寺和懷州大興龍寺可歸於第二類型皇家佛寺。武宗海山有一位伯忽篤皇后，曾隨答己前往懷州。武宗死後"仍事興聖宮（答己）"。英宗時曾先後主持太祖皇后完顏氏斡耳朵和世祖后迭只斡耳朵。她自己出資在大都昌平史村建崇源寺，爲武宗"資薦冥福"，又在大都城內咸宜坊買地建順聖寺"以報聖母"。崇源寺"三年迄功"，內有武宗神御殿，是一座僧寺。順聖寺則是尼寺，"歷十年而始有成"，內有"聖母"即答己的神御殿。"買田千畝，俾永有食，擇比丘尼管旃卜主之"。③伯忽篤身份特殊，她興建的佛寺暫且歸於第二類型皇家佛寺。

二　朝廷名義興建的佛寺

元代，有些新寺是朝廷下令建造的。朝廷下令，也是用皇帝的名義。但和上述皇家佛寺不同的是，皇家佛寺是直接隸屬於皇帝的，由皇帝指定專人籌建，直接調撥經費和人力，建成後撥賜大量資

---

①　《佛祖歷代通載》卷二二《了性傳》。
②　趙孟頫：《敕建大興龍寺碑銘》，《趙孟頫文集》卷九。
③　許有壬：《敕賜崇源寺碑》《敕賜順聖寺碑》，《至正集》卷四六。按，伯忽篤皇后，《元史》卷一〇六《后妃表》、卷一一四《后妃傳一》均無記載。屠寄《蒙兀兒史記》卷一九《后妃傳》有此人（伯忽篤可敦），所據即許有壬二碑。中國書店影印民國二十三年刻本，1984年。

產，成立專門機構進行管理。其中第一類型一般都設有供奉建寺皇帝的神御殿。以朝廷名義建造的佛寺則交付地方政府或各級僧司衙門籌建，建成後亦由地方政府或各級僧司衙門管理。代表性的例子有二起，一是杭州南宋故宫改建佛寺，二是各地普遍建立帝師寺。

元滅南宋後，置江淮總攝所管理江浙佛教（後改總統所），以僧行育（亢吉祥）、楊璉真加、加瓦爲總攝，實際主事是楊璉真加。楊璉真加到江南後，發掘南宋諸帝陵墓，獲得大量財物。至元二十一年（1284）九月"丙申，以江南總攝楊璉真加發宋陵冢所收金銀寶器修天衣寺"。① 這顯然是忽必烈的旨意修建的。南宋滅亡後不久，宋故宫即因火災焚毁。"二十一年，有旨即其故所居杭州鳳皇山寺之行宫建大寺五，分宗以闡化。"②此事亦由楊璉真加辦理。至元二十五年二月丙寅，"江淮總攝楊璉真加言：'以宋宫室爲塔一，爲寺五，已成。'詔以水陸地百五十頃養之"。③ 在宋故宫基礎上建造的五寺分別是報國寺（禪宗）、仙林寺（慈恩宗）、萬壽尊勝寺（藏傳佛教）、般若寺（白雲宗）和興元寺（天台宗）。④

忽必烈尊崇藏傳佛教，封藏傳佛教薩迦派領袖八思巴爲帝師。英宗碩德八剌即位後，"建帝師八思巴寺於京師"。⑤ 又"詔各路立帝師殿"。⑥ 有些地方利用原有的佛寺加以改造而成，如慶元（治今浙江寧波）在官講所內"創殿以奉帝師，命僧守之"。⑦ 多數地方的帝師殿是新建的，如溫州（今屬浙江）帝師殿："至治初元，天子申敕列郡，大建新廟，務極崇侈，以稱國家褒揚振厲之意。"⑧鎮江（今

---

① 《元史》卷一三《世祖紀十》，第269頁。
② 黄溍：《鳳皇山禪宗大報國寺記》，《金華黃先生文集》卷一一。
③ 《元史》卷一五《世祖紀十二》，第309頁。
④ 陳高華：《再論元代河西僧人楊璉真加》，《中華文史論叢》2006年第2期。
⑤ 《元史》卷二七《英宗紀一》，第611頁。
⑥ 《佛祖歷代通載》卷二二《妙文傳》。
⑦ 《（至正）四明續志》卷一〇《釋道》，《續修四庫全書》本，上海古籍出版社，2002年。
⑧ 柳貫：《溫州新建帝師殿碑銘》，《柳待制文集》卷九。

屬江蘇)帝師寺:"各率其工若民以致事,無敢後。……其制度,門廡殿堂,有嚴有翼。其室高明而宏深。凡屋五十,畝其地四十九而有奇,作二十有九旬乃成。"①南安路(治今江西大余)帝師殿:"得吉地於郡之東,購良材,集良工,棟宇崇峻,規模宏敞,大稱明時尊尚其人之意。"②撫州(治今江西臨川)帝師殿,有正殿、法堂、三門、櫺星門、便門、東堂、西堂,"楹之豎於地者通計二百有五十,屋據高原,俯臨闤闠,望之巍然,彪炳雄偉,足以稱皇朝尊奉帝師之意"。③從現存一些記載來看,帝師殿(寺)限於"郡"即路總管府所在地。元代全國"路一百八十五",④即使其中只有一半建帝師殿,亦近百所,其數目也是很可觀的。

除了以上兩類之外,元朝諸帝不時根據需要下詔創建新寺,有的則利用其他建築改建。

"丁未,貴由皇帝即位……太子合賴察請師(海雲)入和林,延居太平興國禪寺,尊師之禮非常。"⑤此丁未是貴由汗二年(1247),合賴察是窩闊台汗的第四子。⑥"戊申,定宗詔(福裕)住和林興國。"⑦戊申是貴由汗三年。則貴由汗時和林有一座太平興國禪寺。此寺創建者和建造時間都沒有明確的記載,按情理推斷,應是窩闊台時建造的,與汗廷有密切的關係。福裕是北方禪宗曹洞宗的長老,很早就得到蒙古汗庭的重視。"洎世祖即阼,命總教門事,

---

① 青陽翼:《鎮江帝師寺記》,《至順鎮江志》卷九《僧寺》。
② 吳澄:《南安路帝師殿碑》,《吳文正公集》卷二六,《元人文集珍本叢刊》本,新文豐出版公司,1985年。
③ 吳澄:《撫州路帝師殿碑》,《吳文正公集》卷二六。
④ 《元史》卷五八《地理志一》,第1346頁。
⑤ 《佛祖歷代通載》卷二二《海雲傳》。
⑥ 〔波斯〕拉施特:《史集》第二卷,余大鈞、周建奇譯,商務印書館,1985年,第12頁。
⑦ 程鉅夫:《少林開山光宗正法大禪師裕公之碑》,《中國少林寺·碑刻卷》,中華書局,2003年。按,程鉅夫《雪樓集》卷八載此碑文,作:"戊申,太宗詔住和林興國。"(葉6上)應以碑刻爲是。

賜號光宗正法,俾建精舍於故里曰報恩,給田若物以飯衆"。① 福裕的"故里"是太原文水(今屬山西),可知忽必烈下令在文水爲福裕建報恩寺,這種待遇是罕見的。大都舊城原有崇國寺,元成宗"賜京城官地,鼎建大伽藍一所,殿奉千佛創法寶藏"。於是大都有兩座崇國寺,一在舊城(南寺),一在新城(西寺)。② 仁宗即位之初,便"賜國師板的答鈔萬錠,以建寺於舊城"。③ "舊城"即大都南城。此寺待考。世祖時,鎮江路副達魯花赤馬薛里吉思在當地建造一批也里可溫寺院,其中在金山有二處十字寺即也里可溫寺。至大四年(1311),元仁宗即位,降璽書於江浙行省,將金山十字寺所塑拆毁,"即寺故像撤去之,仿京刹梵相,朱金紺碧,一新清供,付金山住持佛海應聲長老,錫名金山寺般若禪院"。④ 朝廷的干預,將十字寺改造成爲佛寺。順帝後至元二年(1336),"是歲……以燕鐵木兒居第賜灌頂國師曩哥星吉,號大覺海寺,塑千佛於其內"。⑤ 燕鐵木兒支持文宗奪得皇位,權傾一時。順帝初年病死,其家族隨即失勢遭清算,原住宅亦被改爲藏傳佛教的寺院。

三　權貴官僚興建佛寺

蒙古貴族大多信奉佛教。1953 年,蒙古國庫蘇古爾省阿爾布拉格縣境內發現一塊石碑,碑的正面上方有漢文"釋迦院碑記"五字。左側刻漢文十二行,右側刻畏兀體蒙文三行。由碑文可知,釋

---

① 程鉅夫:《嵩山少林寺裕和尚碑》,《雪樓集》卷八。
② 釋西雲:《特賜佛性圓融崇教傳戒華嚴大師壽塔記》,《中國歷代石刻拓本滙編》第四八册。參見陳高華《元大都的"舊刹"》,本書已收。
③ 《元史》卷二四《仁宗紀一》,第 543 頁。
④ 《至順鎮江志》卷九《僧寺・院・丹徒縣》。
⑤ 《元史》卷三九《順帝紀二》,第 837 頁。

迦院是丁巳年（蒙哥汗七年，1257）外剌部駙馬八立托和公主一悉基爲皇帝祝釐、爲自身祈福建造的。釋迦院是目前已知前四汗時期蒙古貴族在草原建造的第一座佛寺。① 忽必烈之孫、真金長子甘麻剌長期鎮守北方。元成宗鐵穆耳即位後，甘麻剌以皇兄身份繼續管理漠北草原廣大地區。"甘麻剌也在那裏爲自己建了一座寺廟。"②甘麻剌"崇尚浮屠，命僧作佛事，歲耗財不可勝計"。③ 他在漠北建造的無疑是佛寺。

　　蒙古弘吉剌部首領與帝室世代通婚："生女世以爲后，生男世尚公主。"④漠南草原弘吉剌部首領封地上，興建了不少佛寺。忽必烈第三女魯國大長公主囊加真，下嫁弘吉剌首領帖木兒，在"至元辛未之歲"（1271）獲准於分地建應昌府，"爲城郭，爲宫室，爲府署，爲佛寺，府賜名曰應昌，寺曰罔極"。⑤ 府（後改路）城在今赤峰市克什克騰旗境内。帖木兒之子諲不剌尚相哥不剌公主，是武宗海山之妹。諲不剌死，子阿禮嘉世嗣封魯王。至大四年（1311），相哥不剌公主和阿禮嘉世爲表示對仁宗和皇太后答己的忠誠，在應昌路建報恩寺，"帝室王家，福禄悠同，謂之報恩，不亦宜乎"。此寺"金碧焜華，棼橑宏密，繚以周垣，亙以修塗"。⑥ 泰定二年（1325），下一代的魯王桑哥不剌與魯國大長公主普納爲紀念忽必烈在應昌路曼陀山（今内蒙古克什克騰旗境内）建龍興寺，立《應昌路曼陀山新建龍興寺記》碑。此碑至今尚存。⑦ 弘吉剌部首領又經朝廷批准，在駐冬之地設全寧府（在今赤峰市翁牛特旗境内，府後升路），

---

① 陳得芝：《元外剌部〈釋迦院碑〉札記》，《蒙元史研究叢稿》，人民出版社，2005年，第89—100頁。
② 拉施特：《史集》第二卷，第377頁。
③ 《元史》卷一一五《顯宗傳》，第2895頁。
④ 《元史》卷一一八《特薛禪傳》，第2915頁。
⑤ 劉敏中：《敕賜應昌府罔極寺碑》，《中庵集》卷三。
⑥ 程鉅夫：《應昌路報恩寺碑》，《雪樓集》卷五。
⑦ 王大方、張文芳：《草原金石錄》，文物出版社，2013年，第91—93頁。

建有護國寺:"延祐五年,歲在戊午,皇姐魯國大長公主新作護國寺於全寧路之西南八里,直大永慶寺之正,以爲摩訶葛剌神專祠。"護國寺崇奉"摩訶葛剌神",無疑是藏傳佛教寺院。大永慶寺情況不詳,疑亦是弘吉剌部首領所建。①

忽必烈的大皇后察必生三子,長子早死,次子真金立爲太子,第三子忙哥剌,至元九年(1272)封爲安西王,以京兆路爲分地,王府駐六盤山。忙哥剌前往分地,有藏傳佛教僧人商隨行。"商請居平涼之峒崆山,建設道場,凡木石磚甓丹堊工役之費,皆王之所施予……輪奐翬飛,金碧炫爛,無不讚嘆。"②此寺名寶慶寺。忙哥剌死,其子阿難答嗣位。成宗元貞元年(1295),阿難答"請於帝,求即六盤興隆池園爲寺,用資兩聖冥福,以永帝之億萬惟年。制可"。"兩聖"指忽必烈和察必,建佛寺既是對先人的懷念,又表示對朝廷的忠心。此寺名延釐寺,"規制一以都城敕建諸寺爲師而小之"。③也就是說延釐寺完全是按大都皇家佛寺的式樣建造的,只是規模較小而已。從忽必烈起,元朝推行宗王出鎮制度,以皇子、皇孫統軍鎮守一方,世代相繼。安西王是其中的一支。④ 可以想見,其他宗王在他們鎮守之地,也會以阿難答爲榜樣,同樣以建寺來顯示對皇室的忠誠。

京師保大坊興福院是一座頭陀教寺院。頭陀教尼捨塵"日惟一食,精嚴自牧","草芟安寄,束身堅忍",以苦行博得尊敬。世祖時平章政事王毅、樞密副使吳珪、福建宣慰使李果等爲捨塵買地,成宗時平章政事賈某與夫人引見於皇后,皇后"下教出財帛,建其

---

① 柳貫:《護國寺碑銘》,《柳待制文集》卷九。
② 商挺:《創修峒崆山寶慶寺記》,《(嘉慶)崆峒山志》卷下,轉引自《全元文》(2),江蘇古籍出版社,1998年,第507—508頁。
③ 姚燧:《延釐寺碑》,《牧庵集》卷一〇。關於阿難答的宗教信仰,學術界有爭論。他可能對各種宗教采取兼收並蓄的態度。
④ 關於元代的宗王出鎮,參看李治安《元代政治制度研究》第三章之四"元代的宗王出鎮",人民出版社,2003年。

殿曰慈尊,俾開府知院月魯公暨賈公奏其事於皇帝、皇太后,咸曰:可。其悉以皇后私府輸助之。延祐五年,院告成,復奉宸旨禁護。……是役也,齋庖廡室,皆捨塵所鳩建"。① 這所頭陀教佛寺是在幾位高官協力幫助下建成的,並通過他們得到皇室的支持。順帝時,丞相脫脫獲得皇帝寵信,"皇太子愛猷識理達臘嘗保育於脫脫家"。這是非同尋常的恩遇,"脫脫乃以私財造大壽元忠國寺於健德門外,爲皇太子祝釐,其費爲鈔十二萬二千錠"。② 元朝諸帝常向王公大臣賞賜田土,稱爲賜田。所賜田土都是國有土地,賜田多了,國家財政收入損失很大。順帝元統二年(1334)四月,中書省下令回收部分賜田,列入名單的都是王公貴族和重要佛寺。其中"福藏司徒昭福寺的三十頃,二十頃還官";"阿憐帖木兒八哈赤寺的五十頃田內,二十五頃還官"。③ 元朝官制有"三公","凡爲三公者,皆國之元勳……其制又有大司徒、司徒、太尉、司空之屬,然其置否不常,人品或混,故置者又或開府不開府焉"。④ 福藏待考,但他享有司徒頭銜,肯定是貴族或高級官僚。阿憐(鄰)帖木兒是畏兀兒人,官至翰林學士承旨(從一品)。阿憐(鄰)帖木兒"善國書",即精通畏兀體蒙文,曾爲蒙古貴族子弟的老師。"英宗時,以舊學日侍左右,陳說祖宗以來及古先哲王嘉言善行"。顯然是師傅的身份。"天曆初,北迎明宗入正大統,一見歡甚,顧左右曰:'此朕師也。'"⑤故當時人們都稱之爲"八哈赤"(蒙語師傅)。"福藏司徒昭福寺"即福藏司徒所建昭福寺,"阿憐帖木兒八哈赤寺"即阿憐帖木兒師傅所建佛寺。元代畏兀人大多信佛教,阿憐帖木兒建佛寺

---

① 袁桷:《興福頭陀院碑》,《清容居士集》卷二五。
② 《元史》卷一三八《脫脫傳》,第3344頁。
③ 《至正條格·條格》卷二六《田令·撥賜田土》。
④ 《元史》卷一一〇《三公表》,第2769頁。
⑤ 《元史》卷一二四《哈剌亦哈赤北魯附阿鄰帖木兒傳》,第3047、3048頁。

决非偶然。① 兩寺都曾受賜田,可知其創建者身份特殊,得到皇帝的寵信。

"在輦轂之下,寺號高句驪者,其刹相望。"②元代大都新建佛寺中,有一些是高麗上層人物創建的。高麗王室與元朝皇族聯姻,關係密切。高麗忠宣王王璋篤信佛教,他將王位讓給兒子王燾,自己長期居住在大都,與京師名僧多有交往,並到江南佛教勝地遊歷。延祐丁巳(四年,1317)王璋"既釋位留京師邸,買地於故城彰義門之外,創梵刹焉。越三年己未,工告畢,凡奉佛居僧之所,修齋作法之具,百需皆有,揭名曰大報恩光教寺"。"寺爲地五十畝有奇,附東偏者三畝。爲屋一百餘楹。買田良鄉,爲畝者三千二十,在蘇州者三十頃。果園在房山縣百二十畝。凡爲費楮幣五十萬緡云"。③ 可知此寺規模相當可觀。不少高麗上層人物在元朝任高官,其中有人也在大都創建佛寺。仁宗時,高麗僧人元湛在大都南城之南購地五畝,要建佛寺。"有長城郡夫人任氏,亦高麗人,自世祖皇帝時,遇知於椒闈,賞賚甚厚。常思有以祝釐報上者,莫爲之計。聞是舉也,喜出楮幣若干緡,以贍土木經營之費。入腴田五十畝,以充晨昏供養之需"。此寺建成後,命名爲興福寺,"仍約世以高麗衲子主盟熏席,蓋爲其能精於戒律也"。④ 文宗至順二年(1331),中尚卿金伯顏察和夫人孫氏"創佛宇於宛平縣之池水村,以弘其教。曰金孫彌陀寺,蓋取兩姓及所求乎佛者名之也"。⑤ 元順帝時,太醫院使趙芬在其他尚麗人士支持下於大都金城坊建法王寺,"屋爲間八十有餘,崇不至奢,卑不至陋"。"中宮"(皇后)賜

---

① 參見陳高華《元代内遷畏兀兒人與佛教》,《中國史研究》2011年第1期。
② 李穀:《大都天台法王寺記》,《稼亭集》卷四,《韓國文集叢刊》本,韓國景仁文化社,1996年。
③ 李穀:《京師報恩光教寺記》,《稼亭集》卷二。
④ 李齊賢:《大都南城興福寺碣》,《益齋亂藁》卷七,《韓國文集叢刊》本。
⑤ 李穀:《京師金孫彌陁寺記》,《稼亭集》卷二。

鈔資助。建成後，"皇帝在西內，有進金字《蓮經》者，命藏是寺。中宮仍以香幣來，俾資經讀，明年亦如之"。① 可知此寺與元朝皇室有關。"中宮"應是順帝的二皇后高麗人奇氏。西天（印度）僧人指空到中國傳法，又曾到高麗，名震一時。"大府太監察罕帖木兒之室金氏，亦高麗人也，從師出家。買宅澄清里，闢爲佛宮，迎師居之"。② 此佛寺名待考。

地方官員亦熱衷於建寺。寧夏（路治今寧夏銀川）僧覺明，"其先錢唐人"。是華嚴宗名僧真覺國師文才的徒弟，文才曾任上述萬聖祐國寺住持。覺明受到當地蒙古宗王、公主、駙馬的尊奉。後來他南下求法兼訪先世遺迹，途經奉元（今陝西西安）。陝西行省平章政事、陝西行臺御史中丞"素聞師名，共挽留之，乃構精舍於草場街，以爲其駐錫之地，今所謂壽光寺也"。③ 集慶（今江蘇南京）是南方的重要城市，城中"常照庵，在城正北隅，大德二年平章吕文焕建。大夢圓通庵，在城東南隅，至元年間左丞廉希愿建。大夢觀音庵，在城西北隅料院街，大官朔思吉所建"。④ "平章""左丞"都是行省級的大官，吕文焕是南宋降元的高官，廉希愿是畏兀兒人，其家族聲勢顯赫。鎮江丹徒縣（今屬江蘇）玉山報恩寺，是"至大三年江浙行省平章政事齊國公勃羅鐵木兒創建"。⑤ 杭州（今屬浙江）寶成寺有"麻曷葛剌聖相一堂"，⑥是左衛親軍都指揮使伯家奴捐建。"麻曷葛剌"即前述"摩訶葛剌"的異譯，寶成寺顯然是藏傳佛教寺院。浙西大地主曹氏，曾"入粟萬石"求官，"得官而家廢"。曹

---

① 《大都天台法王寺記》。
② 李穡：《西天提納薄陀尊者浮屠銘》，《牧隱藁》卷一四，《韓國文集叢刊》本。
③ 黃溍：《壽光寺記》，《金華黃先生文集》卷一三。
④ 《至大金陵新志》卷一一下《祠祀志二·寺院》。《文淵閣四庫全書》本，書名"至正"，《四庫》本誤爲"至大"。
⑤ 《至順鎮江志》卷九《僧寺·寺·丹徒縣》。
⑥ 《元伯家奴造像題名》，《兩浙金石志》卷一五，《續修四庫全書》本。

氏曾在華亭(今上海松江)干山巔建圓修寺。① 元代著名水利專家任仁發曾任都水庸田司副使,以浙東宣慰副使(正四品)致仕。任仁發修華亭青龍隆福寺,"損(捐)貲營建,實大德之三年也。致和元年,公之子賢德繼厥志。至正三年,公之孫士質先述其事。……又假錢若干萬緡,爲復其所失田三千頃"。② 至順二年(1331),"姚安路總管高侯歸自京師,既奉命升州爲路,宣授明珠虎符,退自感激,荷國厚恩,蔑以報稱,乃捐己貲,即私第之里,繕修妙光報恩禪寺。面勢岡陵,占勝林石……以餼四方之僧,命之朝夕梵唄,祝釐皇家。月吉望日,侯潔齋至寺,率衆圍繞慶讚,作禮白佛,蘄皇帝壽,永錫民福。此寺之所由作也"。③ "高侯"即高明,姚州(今雲南姚安)原爲州,此時升級爲路,高明由知州升爲路總管,而且得授明珠虎符,地位大大提高。他將私宅改爲佛寺,招徠僧人,"蘄皇帝壽",以示對皇帝的感激。延祐三年(1316),江淮財賦都總管呂師説云:"敬施平江路嘉定州管下田莊,創建永壽禪寺,上報國恩,祝延聖壽。次爲先考太師、寧武保康軍節度使、武忠和義郡王建立祠宇,安塑神像,用酬罔極。"④呂師説的"先考"是南宋抗元將領呂文德。四明(今浙江寧波)僧人普容在當地很有聲望,"郡人福清州判官楊某爲構精舍城東三里所,白有司以聞於朝,有旨賜寺額曰慈濟,且加法師號,俾之開山"。⑤ "楊某"名秀,曾出使暹國,"以其主來朝。當涉海時,風猛濤怒,舟幾覆。侯於恍惚中,若有見觀音大士者,因得無害。歸而圖所以報祠焉,聞容公東南碩師,遂往謀

---

① 貢師泰:《遊干山記》,《玩齋集》拾遺,《文淵閣四庫全書》本。
② 楊維楨:《隆福寺重修寶塔并復田記》,《東維子文集》卷二〇,《四部叢刊》本。"三千"疑應是"三十"。
③ 歐陽玄:《妙光寺紀》,《新纂雲南通志》卷九三《金石考十三》,轉引自《全元文》第 34 册,第 564—565 頁。
④ 呂師説:《永壽寺碑記》,《(嘉慶)嘉定縣志》卷八,轉引自《全元文》第 24 册,第 276—277 頁。
⑤ 黄溍:《四明乾符寺觀主容公塔銘》,《金華黄先生文集》卷四二。

之"。根據普容的建議，楊秀"迺買地，度材用，創兹寺"。① 權貴官僚建寺大多爲皇帝祈壽，爲自己家族祈福，楊秀爲感謝觀音保佑而建寺，是比較特殊的例子，但因此爲元朝與東南亞的海上交通保存了很有價值的資料。

四　民間人士興建佛寺

元代民間佛教信仰流行，信徒衆多。有些高僧大德，受到社會各界的敬仰，便有人爲之建立寺院，爲講經説法之地。"皇帝在春宫時，嘗幸勝因寺，棟宇華潔，象設嚴穆，顧昭文館大學士、頭陀教宗師溥光而美之。溥光對曰：'都民姚長者之力也。'"② 頭陀教是元代佛教的一個宗派，其領袖李溥光得到皇室的重視，有很高的聲望。姚長者名仲實，是大都的富商，李溥光建造勝因寺，主要依靠他的幫助。浙西瞿霆發，有田二千七百頃，並佃官田共及萬頃，是有名的大地主。至元二十八年(1291)瞿霆發爲禪宗名僧高峯妙禪師在天目山建大覺正等禪寺，"迺割巨莊，先後凡二百頃有畸，及買山田若干，指其歲入，首創梵宇"。③ 不僅建寺，而且割田二百頃爲寺產，瞿氏出手之大方在元代是不多見的，由此亦可看出高峯影響之大。中峯明本是高峯妙禪師的門人，名重一時，所到之處都有信徒爲之建寺。明本"嘗憩閶門之西麓，見松檜蔚然成林"，吳士陸德潤"以地施之"，中峯"縛草庵三間以居，趙魏公孟頫爲扁之曰棲雲。國師趺坐其中，而問道者連翩而來，至於五百指之多。乃創精舍一

---

① 貢師泰：《四明慈濟寺碑》，《玩齋集》卷九。
② 程鉅夫：《姚長者碑》，《雪樓集》卷七。
③ 趙孟頫：《天目山大覺正等禪寺記》，《趙孟頫文集·外集》。

區,僧俗趨功,不三月而就,所謂堂房門廡咸具"。① 這就是平江幻住庵的由來。文中的"國師"即中峯明本。② 丹陽(今屬江蘇)"大同庵,乃丹陽彝庵蔣君爲幻住老比丘明本之所建也"。③ 中峯明本弟子衆多,"逃於窮山海島,弟子追逐之不捨"。其中弟子祖震"願爲役終身"。"至大四年,吳江居士陳無心以白洋山新庵施師,名之曰順心庵,俾震主之"。在祖震主持下,順心庵規模不斷擴大。"庵既成,以順心所度弟子正性領庵事,定爲甲乙傳授,立誓以示誨。"④中峯的弟子天如惟則,也有很高的聲望。"姑蘇城中有林曰獅子,有寺曰菩提正宗,天如禪師之門人爲其師創造者也。林有竹萬箇,竹外多怪石,有狀如狻猊者,故名獅子林。……寺名菩提正宗者,帝師法旨與以是額也。其地本前代貴家別業,至正二年壬午,師之門人買地結屋,以居其師焉。"⑤獅子林至今是蘇州的名勝。鐵牛和尚出於宜春(今屬江西)仰山雪巖欽禪師門下,史稱:

> 遊衡陽之鄙縣,有桃源山者頗險絶,……畜聚怪毒,傍近甚畏其害。師至,衆請居焉。師與其徒數人,茇舍其間。風雨昏暮,狂獸異類號呼環繞,師喻以迷悟因緣,且授之戒,其怪遂息。鄙素不知禪學,邑長伯顏、令程公相率入山受教,而豪强者亦來盡禮瞻拜,邑人尹桂芳與其族人捨地,段德祥父子等創殿割田以爲先倡。營構日盛,爲大精藍,四方禪衲踵至。寺曰靈雲者,因桃花而命之也。鍾鼓既設,大弘雪巖之道,儼然一大道場矣。⑥

---

① 宋濂:《吳門重建幻住禪庵記》,《宋文憲公全集》卷九,《四部備要》本。
② 中峯死後,元朝追贈他爲普應國師。
③ 明本《大同庵記》,《至順鎮江志》卷九《僧寺·庵·丹陽縣》。
④ 釋祖瑛:《姑蘇能仁庵記》,《吳都文粹續集》卷三○,《文淵閣四庫全書》本。
⑤ 歐陽玄:《獅子林菩提正宗寺記》,《(光緒)蘇州府志》卷四二,轉引自《全元文》第34册,第562頁。
⑥ 虞集:《鐵牛禪師塔銘》,《道園學古録》卷四九。

大凡成爲名僧,途徑有二,一是長於宣講佛法,二是有降魔伏怪、呼風喚雨、治病救人的神通。高峯、中峯、惟則是前一種,鐵牛是後一種,都能贏得大批的信徒。信徒們爲高僧捐資捐物,甚至傾家蕩產,甘心支持佛寺的興建。此外,還有信徒專爲崇敬的名僧建造佛寺,供退隱之用:"大都故城之乾隅,有善人姜普萬,師事松嚴老人,於開遠坊買地結廬,奉師爲退隱之計。香積有厨,義聚有堂,以延福爲額。至元九年壬申夏建。"①

元代民間的佛教信徒,以自己住宅建寺時有發生。奉化州(今浙江奉化)佛照寶蓮堂,"在州西四十五里,至元二十年士人丁氏捨宅爲之"。② 鎮江彌陀寺,"在車家巷。至元十六年,永嘉張氏捨宅建,徐蘇孫捨田以供衆"。③ 這位徐蘇孫自己也捨宅建寺:鎮江"三教辯正院,在小竹竿巷。至元二十七年,永嘉徐蘇孫捨宅爲之。徐蘇孫,永嘉人,字垣翁,祝髮爲僧,改名彌芝。繼以舊宅爲庵,塑孔、老、釋像於內,右丞史弼爲書額,曰:三教辯正之院"。④ 這類家寺建成後,有的由家庭成員出家主持,有的則從外面請來僧人主持。上述三教辯正院應屬於前者,又如,崇仁(今屬江西)有佛教白蓮宗的會善堂,"堂之主劉覺度","自元貞乙未,覺度之從父益暨從弟覺輝捨所居爲佛堂",成爲會善堂修行之所,"佛堂非佛寺比也,乃以從子覺惠嗣"。⑤ 會善堂乃是劉氏家族的財產,但外請住持的情況亦相當普遍。如長洲(今江蘇蘇州)曹如理與妻張氏"皆儉勤以治生,貲殖日殷,而皆嚮慕佛乘"。曹入虎丘雲巖寺爲僧,妻爲比丘尼。三個兒子亦先後出家,但第三子曹聚爲延續曹氏家族,"還爲

---

① 《元一統志》,見《順天府志》,第14頁。
② 《(至正)四明續志》卷一〇《釋道》。
③ 《至順鎮江志》卷九《僧寺·寺·本府》。
④ 《至順鎮江志》卷九《僧寺·院·本府》。
⑤ 吳澄:《會善堂記》,《永樂大典》卷七二四二,中華書局影印,2000年,按,此篇傳世的《吳文正公集》未收,見楊訥《元代白蓮教研究》,上海古籍出版社,2004年,第54—55頁。

民"。曹如理後以故居爲寺,名歸元興國禪寺,並"置良田三千餘畝,爲寺恒産",並延請名僧中峯海禪師爲住持。元仁宗降璽書護持,"卓然爲中吴一鉅刹矣"。如理死後,其子曹聚繼續營建,"益以良田三千餘畝"。① 這所以住宅爲基礎的佛寺已成爲長洲的名寺。當塗(今屬安徽)采石鎮居民王德正"勤於事佛,以己地爲庵,日誦經其中"。至大二年(1309),到和州歷陽縣的西梁山普明禪庵"棄家學佛,禮無用和尚爲師"。泰定三年(1326),"請其師歸至乳山舊所建庵,安禪説法,以惠後學"。在無用主持下,此庵易地另建,擴大規模,"好事者助建庵舍",仍以"普明禪庵"爲名。② 鎮江靈濟寺,"至元十三年郡民倪億捨宅爲庵,請僧德真、慧寶居之,扁曰靈濟,復充拓爲寺"。③ 鎮江龍華庵,"在仁和門裏天福山,至元二十四年,都統張捨宅基建。圓明虚徹禪師如慧開山住持,其弟子普寧、普度相繼營葺"。④ 還有一些地方人士、建造佛寺作爲家人梵修的場所。奉化(今屬浙江)佛心居士王氏,仁宗延祐年間在紫芝山建大惠寺,"大小百十楹"。其二女在浙東名刹天童寺出家,"祝髮易衣而歸。居士以是山授二師,命甲乙相傳"。⑤ 桐鄉(今屬浙江)比丘尼文鑒,"先世以資雄於鄉"。出家後"倒其儲橐,即其所生屋廬之旁,建大佛刹,請於朝,敕賜福壽禪寺。金碧香花,日率其徒,精修慧業"。⑥

在家族墓地建造佛庵,用以祭祀祖先,在元代江南是相當普遍的。"浙東西大家,至今墳墓皆有庵舍,或僧或道主之"。⑦ 元代著

---

① 陳旅:《平江路歸元興國禪寺記》,《安雅堂集》卷九,《文淵閣四庫全書》本。
② 歐陽玄:《普明禪庵記并銘》,《(乾隆)當塗縣志》卷二九,轉引自《全元文》第34册,第560—561頁。
③ 《至順鎮江志》卷九《僧寺·寺·本府》。
④ 《至順鎮江志》卷九《僧寺·庵·本府》。
⑤ 烏斯道:《大惠寺記》,《春草齋集》卷一,《文淵閣四庫全書》本。
⑥ 曹鑑:《古心禪師半葬塔銘》,《(光緒)桐鄉縣志》卷二四,轉引自《全元文》第25册,第456、457頁。
⑦ 孔齊:《至正直記》卷一《僧道之患》,上海古籍出版社,1987年。

名學者吳澄説：

> 古者居不離其鄉，各姓皆族葬。……時世非古，人家守墳墓之子孫，或遊宦或遷徙，不能不去其鄉矣。縱使不去，而家業或不如前。則歲時展墓之禮，豈無廢墜之時哉！深思遠慮者謂人家之盛終不敵僧寺之久，於是托之僧寺，以冀其永存，其意不亦可悲矣。予昔在金陵同一達官遊鍾山寺，見荆國王丞相父子三世畫像，香燈之供甚侈。達官憮然興嘆焉。蓋以二百餘年之久，荆國子孫衰微散處，而僧寺之祠獨不泯絶，此孝子慈孫愛親之意所以不能不然者與！①

"荆國王丞相"即北宋名臣王安石。"托之僧寺，以冀其永存"，是墓庵流行的主要原因。"秦漢以降，宗法既壞，民始渙散而不屬，吉凶不以告，祭祀無所詣。……近代爲尤甚，於是始有用釋氏之徒説建精舍而世祠其先者，庶幾恒久不廢。"②常熟（今屬江蘇）趙氏四世葬於邵家灣，趙益、趙晉兄弟"相與謀闢地築庵於兆域之東，屋以間計者若干，中建祠堂，爲歲時饋薦之所。買田若干畝以供粢盛，俾浮屠氏主之，仍用其法妥置像設崇勝，因以資冥福。又東爲兩軒，以備遊息。摘《大雅》'永言孝思'之語，名其庵曰永思"。③嘉禾（今浙江嘉興）沈榮"即其父之墓所立屋若干楹，曰報本庵，置田若干畝，命浮屠氏之徒守之，率其弟若子孫祀焉"。④束氏是丹陽（今安徽當塗）望族，束氏家族在後彭村的墓地旁原有祠堂，但"湫隘不足以陳俎豆"。延祐丁巳（四年，1317），束德榮兄弟"乃闢新基，拓故址，建堂五楹，夾以兩廈，東西爲廡，十有二庭，前立山門，中構佛宇"。請僧人主祠事。"割腴田百四十畝，松山三十畝，以廩其徒。

---

① 吳澄：《臨川饒氏先祀記》，《吳文正公集》卷二五，《元人文集珍本叢刊》本。
② 董復禮：《報本庵記》，《四明文獻集》卷三，轉引自《全元文》第49册，第14頁。
③ 黃溍：《永思庵記》，《金華黃先生文集》卷一五。
④ 董復禮：《報本庵記》，轉引自《全元文》第49册，第13頁。

又益田若山二十畝，以給繕葺之費"。落成後，"召諸子弟諭之曰：'家之興廢靡常，子孫之賢不肖難保。今先隴旁地，吾兄弟既爲壽藏，他日亦爾子孫歸全之所。田若山之贍僧者，當畀之常住，以永終是圖。'"①李印傳的祖、父二代墓在"慈溪東嶺楊奥之山"，建祠堂奉祠。李印傳夫婦"聞佛氏有大報恩，而用其法，名爲'福源精舍'，命僧以居。遂一以浮屠所需者咸備具，復買田若干，命僧某首主，俾其弟子相次以繼，其所度僧，非李氏不得入"。② 以上是江南各處墓地建佛庵的一些例子。

墓地建庵之風，在宋代南方已很流行。北宋後期莊綽説："浙西人家就墳多作庵舍。"③南宋陸游説："葬必置庵贍僧。"④元代江南更加普遍，但在北方似不多見。墓地置庵，是爲了祖先祭祀能夠長期延續，不因家族盛衰而改變。但在隔代之後，家族内部、家族與僧人之間，經常會因墓地財産發生糾紛。上述丹陽束氏的作爲就是把墓庵的田産與家族分隔開來，使墓庵不受家族盛衰的影響。奉化僧釋正思，"自其幼年，母邵氏即割愛，命之薙髮易服，復與之經營之資，曰：'他日我老，願汝築一庵以養我。'師受其言"。邵氏去世，庵建成。"其初本以居室之名名靜山，師以庵籍校之，奉化凡四五百區，今存者纔什一。非壞於故家子弟，則同門僧挾强懷妒以破蕩之。遂以公牘上聞，乞易庵爲寺，而得今額。"⑤墓地僧庵的建造、供養都與該墓地的家族有割不斷的關係。奉化一地原來僧庵四五百所，很快因各種矛盾，只剩下十分之一。釋正思請求"易庵爲寺"，也是要割斷與家族的關係，成爲公共的資產。

---

① 俞希魯：《報恩庵記》，《至順鎮江志》卷九《僧寺・庵・丹陽縣》。
② 袁桷：《福源精舍記》，《清容居士集》卷二〇。
③ 《鷄肋編》卷上《各地寒食習俗》，中華書局，1983年，第23頁。
④ 《放翁家訓》，《知不足齋叢書》本。
⑤ 戴表元：《天壽報本寺記》，《剡源戴先生文集》卷五，《四部叢刊》本。

五　僧尼自建佛寺

元代新建佛寺中，僧尼自建者占有很大的比重。

禪宗曹洞宗僧人福裕在乃馬真后二年(1243)任少林寺住持，受蒙古統治者重視，受封爲都僧省，成爲"漢地"佛教的代表人物。他爲河南嵩山少林寺恢復重建作出了貢獻，並"分建和林、燕薊、長安、太原、洛陽爲五少林"。① 這五座少林都是新建的，其中和林少林寺最引人注目。"我蒙哥皇帝，……時少林長老裕公建寺鶻林，皇上欽仰。""鶻林"即和林，大蒙古國的都城。乙卯年(1255)八月，福裕爲釋道之爭向蒙哥汗上表稱："和林上都北少林寺嗣祖雪庭野人。"②"雪庭"是福裕的號。可知福裕在大蒙古國都城和林創建的佛寺稱北少林寺。與福裕齊名的"漢地"佛教另一重要人物至溫曾受忽必烈命，爲上都開平龍光寺住持，"又作大都之資聖，真定之安國，汾陽之開化，彰德之光天，固安之興化，三河之蓮宮，餘不能盡紀"。③ 這些佛寺應是新建或在廢墟上重建的。忽必烈的謀士劉秉忠原是僧人，法號子聰。他是上都開平和大都兩城的設計者。開平城建成後，"其地有南屏山，嘗築精舍居之"。④ "南屏山"又作"南平山"，所謂"精舍"，就是僧寺，時人或稱之爲"南庵"。⑤ 至元十一年(1274)，劉秉忠"居南屏山精舍，儼然端坐，無疾而薨"。⑥ 至元二十七年，忽必烈"命帝師、西僧遞作佛事坐静"

---

① 《少林開山光宗正法大禪師裕公之碑》，第81頁。
② 《至元辯僞録》卷三，《大正藏》本。
③ 虞集：《佛國普安大禪師塔銘》，《道園學古録》卷四八。
④ 《元史》卷一五七《劉秉忠傳》，第3694頁。
⑤ 王惲：《中堂事紀下》，《秋澗先生大全集》卷八二，《四部叢刊》本。
⑥ 蘇天爵輯撰：《元朝名臣事略》卷七《太保劉文正公》引《神道碑》，中華書局，1996年，第113頁。

的場所有"桓州南屏庵",①便是劉秉忠所建精舍。

"京都城内有寺曰能仁,實元延祐六年開府儀同三司崇祥院使普覺圓明廣照三藏法師建造。"②從法號可以斷定這位法師就是上面説過的必蘭納識里,他所創建的能仁寺,應是藏傳佛教的寺院。清代尚存。蒙古人阿咱剌,"成宗皇帝時,皇姑魯大長公主遣事輦真國師,遂祝髮爲僧"。公主爲之請於成宗、武宗,先後任濟寧路、饒州路僧録。泰定二年(1325),在吴郡(今江蘇蘇州)城中買地建大昭慶寺。"公主聞而善之,厚施俾造其寺。天曆元年造成。"泰定帝任阿咱剌爲同僉宣政院事,頒護持詔書。"至順元年,賜《大藏經》五千餘卷,皇后賜金買田以飯僧,使日誦是經,以祈祥益壽云。"③輦真乞剌思是元代佛教界一個奇特的人物。他原名陳萍,是南宋末丞相陳宜中之侄。南宋亡,陳宜中流亡海外,元朝以陳萍作人質。陳萍受帝師剃度出家,法號輦真乞剌思,官至銀青榮禄大夫(正一品)、宣政使。"乃因母夫人故業,卜於蘭溪州,創起佛寺,極土木之麗,上爲國家祈天永命,僧衆祝嚴之所,仍置帝師像於别殿,復以大德、至大詔書同賜杭、温、衢、婺、蘭溪没入田宅資貨,悉施本寺爲常住。"④輦真乞剌思在蘭溪(今屬浙江)建立的佛寺顯然有宏大的規模,非同一般,而且從其師承及經歷來看,此寺很可能是藏傳佛教的模式。元仁宗時五臺山萬聖祐國寺住持慧印,文宗時改任新建皇家佛寺大承天護聖寺住持,是元代後期佛教界的重要人物。慧印"以其道見知於上,所得賜予之物,於臺

---

① 《元史》卷一六《世祖紀十三》,第343頁。
② 胡濙:《大能仁寺記略》,見于敏中等編纂《日下舊聞考》卷五〇《城市》,北京古籍出版社,1981年。
③ 虞集:《昭慶寺碑略》,《(民國)吴縣志》卷三一,轉引自《全元文》第27册,第477、478頁。
④ 劉廣:《永嘉陳氏世德碑》,《(乾隆)温州府志》卷二八,轉引自《全元文》第13册,第314—315頁。

山創寺曰普門,大都創寺曰寶雲"。① 以上都是佛教上層僧人建寺的例子。

女尼中有一些身份特殊的人物,或與宮廷有密切關係,或家世顯赫。她們創建的佛寺有較大社會影響。舍藍藍,畏兀兒人。元代畏兀兒人主要信奉佛教。舍藍藍幼年入宮,"入侍中宮,真懿順聖皇后愛其明敏,恩顧尤厚。成宗之世,事皇太后於西宮。以侍從既久,勤勞之多,詔禮帝師迦羅斯巴斡即兒為師,薙染為尼,服用之物皆取給於官"。"真懿順聖皇后"是忽必烈的正妻察必,成宗時的皇太后是闊闊真(忽必烈太子真金之妻,成宗鐵穆耳之母)。闊闊真指定舍藍藍拜帝師為師,成為女尼。仁宗時,舍藍藍退居宮外,"以時入見,賜予之物不可勝紀。師以其物創寺於京師,曰妙善。又建寺於臺山,曰:普明。各置佛經一藏,恒業有差"。② 可知舍藍藍在大都建造妙善寺,又在五臺山建造普明寺。元代大都地方志中提到"妙善寺在咸宜坊沙藍藍姑姑寺",③可知妙善寺別稱沙藍藍姑姑寺。④ 前面提到元統二年(1334)中書省回收宗王貴族和寺院的賜田一事,其中有"畏兀兒哈藍寺的三百一十三五十九畝田內,一百一十三頃五十九畝還官"。"畏兀兒哈藍寺"應即舍藍藍寺。⑤ 在元統二年四月回收賜田的名單中,還有"失剌千姑姑至大寺的一百四十八頃五十一畝田內,七十四頃二十五畝半還官"。這位"失剌千姑姑"待考。參照上面舍藍藍的記載,創建至大寺的"失剌千姑姑"很可能也是出身宮女的女尼。還有一個女尼監藏巴,也是宮女出身:

---

① 釋法洪:《印公碑銘》,此碑今存,見溫玉成《五臺山佛教札記》,《中國佛教與考古》,宗教文化出版社,2009年,第584—586頁。
② 《佛祖歷代通載》卷二二《舍藍藍傳》。
③ 《析津志》,見《順天府志》,第43頁。
④ 近人整理的《析津志輯佚》將"妙善寺在咸宜坊沙藍藍"作一句,"姑姑寺"另起一行,誤。北京古籍出版社,1983年,第78頁。
⑤ 《至正條格·條格》卷二六《田令·撥賜田土》。

> 蓬萊坊大興國寺者,今住居大師比丘尼監藏巴所創也。……師姓常氏,……八歲召入宮,……年二十四,奉旨適近臣甕吉刺歹,奩具之費,悉資内帑。歷成宗、武宗、仁宗三朝,睿眷益隆,賫貺無虛歲。甕吉刺歹仕至資德大夫、會福院使。然師早慕真如,深懼滿盈,……英宗即位,懇請上前,始聽出家。詔從監藏官帝師受具落髮,仍爲易法號曰監藏巴。既契夙願,遂盡出衣資藏蓄,竭力以圖營構。闢地鳩功,掄材伐石,爰作爰謀,屢閲寒暑。①

佛寺建成後,順帝錫名大興國寺。女尼妙德的身份與以上三人不同。"報恩寺者,女僧妙德之所創也"。妙德韓性,其父韓諤"任兵馬都元帥、彰國軍節度使"。妙德嫁晉陽王氏,"王氏佩金符,爲工正,生三子而夫卒。久之,子娶婦,各能自立,德悉以王氏業歸之。而繁峙之聶營元帥有別業,昔以與德,德將老於是"。後來,知道其父"多斬刈焚盪之慘",於是決心"事浮圖法,庶得以資福韓宗。乃削髮爲比丘尼,即聶營別業,創殿像佛,第建食堂厨庫,前翼三門,後敞丈室。而贍衆有田如干頃,及山林、園圃、水磑等利,號曰報恩寺。仍以沙門某見開山住持,見即工正之弟,而身別院以與尼居"。② 妙德是功臣之後,曾得到太后闊闊真召見,跟隨闊闊真巡幸五臺。報恩寺得到成宗和皇太后闊闊真的護持詔書。

以上所説都是上層僧尼建造寺院的事例,普通僧尼建造寺院之例更多。嘉定(今屬上海)僧人明了"浩然有開拓之志",從至元丙戌(二十三年,1286)起在"州治之東北"建造佛寺,成宗"賜'圓通'爲額"。此後"復建大吉祥皇慶寺於州治之北可二里","又建大資福壽寧尼寺於州治之東南隅"。"延祐己未,建大佛寶閣九間於

---

① 許有壬:《大興國寺碑》,《至正集》卷六〇,《元人文集珍本叢刊》本。
② 姚燧:《報恩寺碑》,《牧庵集》卷一二。

圓通寺後，曇花萬朵，開敷其中，金色光明，照心奪目。"①明了一人建造數處佛寺佛閣，這在元代是很特殊的，應有特殊的背景。處州（今浙江金華）僧行英，"每慨郡之禪叢不振，方來衲子，無食息之所"。於是，"刻苦厲志"，創立萬象山崇福寺，"寺以甲乙相承，貿腴田二百畝以充食"。② 揚州（今屬江蘇）郡城東隅普門禪庵：

> 初，至大三年，僧志如買地若干畝。至順間，創建佛殿，塑阿彌陀佛及阿羅漢諸天像，建法堂六楹，東廊十有一楹，西廊十有四楹，置蔬圃十有七畝於東城之下。元統三年，築三塔於江都縣之永真鄉。其徒行真作方丈之室，行定作三門八楹。方志如之經始也，囊鉢不畜一錢，至以其說動人，或伐材於山，輦石於淵，損（捐）金於帑，遠近相助，其應如響。前淮東宣慰使鐵木禿古思實始終相成之。無土田以爲恒產，乞食以給衆。揚爲南北都會，其學者經行無虛日，輒駐足是庵，待之未嘗厭倦。③

紹興（今屬浙江）城西是"吳、會稽之通衢。行旅憧憧不絕，釋子之遊方……必道於此"。僧釋本立"購石氏故宅，撤其舊廬，更創新宇"，用來接待來往的僧人。"渴饋以漿，饑餉以飯，勞也嚴牀敷以安息之，垢也闢浴室以澡雪之，至者如歸，而師之志亦少酬矣"。④由發願建寺到落成用了二十餘年，命名爲至大報恩寺。四明（今浙江寧波）僧妙壽建海會庵。"茲庵之創，專以奉補陀、育王、岳林、天台之遊者也"。得到僧妙然、元安的支持，當地"善士"割田以濟，又有"宣慰楊侯梓益買田以贊相"。起初"不過地千步，屋三楹"。後

---

① 趙孟頫：《圓通寺碑》，《（萬曆）嘉定縣志》卷一八，轉引自《全元文》第 19 册，第 299、300 頁。
② 釋明本：《萬象山崇福寺記》，《（成化）處州府志》卷四，轉引自《全元文》第 21 册，第 744 頁。
③ 危素：《揚州普門禪庵記》，《危太樸文集》卷五，《元人文集珍本叢刊》本。
④ 韓性：《紹興路至大報恩寺接待寺記》，《（嘉慶）山陰縣志》卷二七，轉引自《全元文》第 24 册，第 47、48 頁。

來"拓地爲畝十五,屋百楹"。① 至正二年(1342),"奉旨建額爲寺"。② 吳門(今江蘇蘇州)釋如山"既因儉勤得致饒益,則以其贏購地於郡城之東,廣袤若干步,度材庀工,作庵以居,日益月增,廓而爲寺"。此寺名天惠賢首教寺。③ 大都無量壽庵是佛教白蓮宗的寺院,"京師寅賓里有無量壽庵者,居士屠君所建也。……集善信百餘人,建白蓮社。廿有一年,出己貲七百貫,買地十畝,於太廟之西,作無量壽庵,樹佛殿四楹,屋宇象設,無不具足,浚井治圃,手植嘉木"。④ 延祐庚申(七年,1320),釋玄通在鄯闡(今雲南昆明)華亭山"結茆庵住至癸亥春,募古滇檀越,首建大光明殿……以圓覺題其額",陸續建造,"靡不完備"。至正年間,行省平章捐金建海潮音殿,崇觀音大士。姚安酋長高氏捐貲到江南買經一藏。⑤ 荆門當陽(今屬湖北)景德禪寺住持廣鑄,母伏氏,廣鑄"又以伏夫人故宅爲永福報隆寺,在當陽縣中,吏民祈禱以爲首刹"。⑥ 由以上一些例子,可知南北各地都有僧人建寺之擧。

六 餘 論

上面對各種類型的新建佛寺分别作了説明。有元一代,新建佛寺總數有多少,在全部佛寺中占有多大比重,這是研究中必然要遇到的問題。至元二十八年(1291),"宣政院上天下寺宇四萬二千

---

① 袁桷:《海會庵記》,《清容居士集》卷二〇。
② 《(至正)四明續志》卷一〇《釋道》。
③ 陳基:《天惠賢首教寺記》,《夷白齋稿》卷二六,《四部叢刊三編》本。
④ 危素:《無量壽庵記》,《危太樸文集》卷四。
⑤ 述律杰:《啓建華亭山大圓覺禪寺碑文》,《新纂雲南通志》卷九四,轉引自《全元文》第46册,第527、528頁。
⑥ 虞集:《廣鑄禪師塔銘》,《道園學古録》卷四九。

三百一十八區,僧、尼二十一萬三千一百四十八人"。① 此後没有任何關於全國佛寺的統計數字。我們只能根據一些地方志的記載,對幾個地區的佛寺數量作一些討論。

"四明山水淵秀,竺乾氏居之,自唐抵今,廢不一二,而興者累十百。"②"四明"即慶元路(治今浙江寧波),當地佛寺之多,在江南名列前茅。元代慶元路有兩種地方志保存下來,一種是《延祐四明志》,成書於延祐七年(1320)。另一種是《(至正)四明續志》,成書於順帝至正二年(1342)。前者卷一六至一八《釋道考》詳細記録了慶元路的各類佛教寺院。後者卷一〇《釋道》中説:"前志備矣,重述則失之繁,延祐以來,間有創建及毁而復完,紀其所知者,不敢冗瑣以戾舊法。"也就是説,《續志》只是補充了《延祐志》成書後新建的和毁而重建的佛寺。但從記録的内容來看,還有少數《延祐志》中漏載的佛寺。現將兩書記載的佛寺情況統計如下:③(1)《延祐志》載在城三十五處,三處元代建(天壽白雲寺、普門經堂、竹林精舍)。《至正志》載在城十二處,内二處禮拜寺是伊斯蘭教寺院;官講所、天寧報恩寺、萬壽寺、延慶寺、寶雲寺、湖心廣福寺、天封寺、善應尼院等八處在《延祐志》中均有記載;新增只有帝師殿和東林禪庵二處。帝師殿係改造舊寺而成,故《至正志》所載可列入新寺者僅東林禪庵一處。綜合兩書記載,在城佛寺共三十七處,内元代新建四處。(2)據《延祐志》記載,鄞縣各類佛教寺院一百零七處,其中四處建造時代不明,建於元代者有報恩寺、天壽報國接待院、慈濟寺、福林寺、天壽重興寺、海會庵、廣智院、雲望浪居寺八處。《至正志》載,鄞縣佛寺四處,内三處《延祐志》已載,僅建於泰定初

---

① 《元史》卷一六《世祖紀十三》,第354頁。
② 《(至正)四明續志》卷一〇《釋道》。
③ 佛教廟宇有寺、院、庵、經堂、精舍等不同名稱。本文爲行文方便,根據不同情況,有時用"佛寺"作爲全部佛教廟宇的統稱,有時則將寺、院、庵、經堂、精舍加以區别。

的溥濟庵爲新增。故鄞縣佛寺總數爲一百零八所,而可以確定元代新建者九處。(3)《延祐志》載奉化州七十六處,建於元代的僅天壽報本禪寺一處。《至正志》載佛寺六處,其中三處前志已載,另三處未載,內二處爲宋建,僅佛照寶蓮堂爲元代新創。故奉化州共有佛寺七十九處,內元代新建二處。(4)《延祐志》載慈溪縣四十八處,建於元代二處(寶蓮經堂、溪隱庵)。《至正志》載十處,均爲《延祐志》所無,內僅三元經堂創於元代。故慈溪縣共有佛寺五十八處,內元代新建三處。(5)《延祐志》載定海縣三十三處,元代新創無。《至正志》載二處。一普照庵,"至元二年重建",始建年月不可考。一存善庵,"至順間建"。故定海縣共有佛寺三十五處,一處建於元代,一處存疑。(6)象山縣,《延祐志》載十四處,元代無。《至正志》載佛寺四處,均不見於前志。一宋代建,一未記年代,二處元代新建(永明寺、福聚寺)。故象山共有佛寺十八處,元建二處,時代不明一處。(7)昌國州,《延祐志》只載寶陀寺一處,原因是編纂者"(王)厚孫分領諸寺,書至昌國,而公以喪女輟局,既而入朝,故昌國惟載寶陀一寺,餘皆未備"。[①] 據成書在《延祐志》以前的《大德昌國州志》記載,昌國州共有各類佛教寺院二十二處,均建於前代。《至正志》載昌國州佛寺共二十三處(包括寶陀寺),內僅海岸禪庵是元順帝元統二年創設,"以待四方瞻禮寶陀之人"。其餘都是前代所建,與《大德志》所載相同。根據以上統計,可知元代慶元路(包括在城和鄞縣、慈溪、定海、象山四縣,奉化、昌國二州)共有各類佛教寺院庵堂精舍三百五十七處,其中元代新建僅有二十一處,另時代不明六處,其餘均是前代所建。

上述統計的下限是至正二年(1342)。此後元朝各種社會矛盾激化,浙東很快便爆發方國珍起義,社會動蕩不安。新建佛寺事實

---

① 《(至正)四明續志》卷一〇《釋道》"昌國州"條注。

上更加困難。也就是說，延祐、至正二志的記載，大體上可以反映有元一代慶元路僧寺的狀況。從中可以看出：（1）元代慶元路新建佛寺數量有限，不到全部佛寺的十分之一。（2）慶元路有不少在當時影響很大的佛寺，如鄞縣的阿育王寺，昌國州的寶陀寺等，都是前代所建。有元一代沒有建造大的佛寺，所建大多稱"庵"、"經堂"、"精舍"，規模較小。

　　元代集慶路（治今江蘇南京）包括録事司和上元、江寧、句容三縣，溧水、溧陽二州。據《至大金陵新志》記載，共有各類佛教寺廟約二百處，其中明確記載建於元代的約二十處，大體爲全部僧寺的十分之一。其中有屬於皇家佛寺的大龍翔集慶寺和大崇禧萬壽寺，帝師寺，大官建造的常照庵、大夢圓通庵、大夢觀音庵，僧人建造的寶公庵、千子亭觀音庵、普照庵、月印庵、華嚴庵、寶公道林庵，創建者身份不明的崇福庵、無際崇福庵、法海庵、佛光庵、彌陀庵等，此外，"溧水州有井岡庵、壽國禪庵、觀音庵、亭山庵，皆歸附後僧俗所建"。① 另據《至順鎮江志》載，鎮江路共有佛寺七十餘所，明確記載是元代建造的僅有帝師寺、彌陀寺、報恩寺、靈濟寺、萬壽寺、玉山報恩寺等幾處。另有佛院、佛庵多處，但大多未記創建時代。②《（至正）金陵新志》和《至順鎮江志》都成書於元代後期，成書後新建佛寺不會很多。

　　因此，可以認爲，有元一代，以上三個地區（慶元、集慶、鎮江）的新建佛寺爲數很少，在全部佛寺中所占比重實際不會超過十分之一。究其原因，主要是元朝統治江南時間不到百年，遠比不上唐、宋，故建寺不多。此外，從現存的文獻記載來看，這幾個地區有名望的"舊刹"甚多，官府和民衆將財力和物力主要用來修葺或擴大"舊刹"，特別是有名的大寺；還用於重建已廢或衰敗的佛寺（利

---

① 《至大（正）金陵新志》卷一一下《祠祀志二》，《文淵閣四庫全書》本。
② 《至順鎮江志》卷九《僧寺》。按，此書將幾處也里可温十字寺亦列入"佛寺"之中。

用其原有的名稱),因而真正用來建造新寺的就有限了。江南的多數地區應與以上三地類似。據有的研究著作統計,元代福建地區興造的寺院有一百十九處,庵、堂、精舍二百六十二所,遠不及唐、宋之盛。① 與以上三地可以相互參照。

《元一統志》和《析津志》比較詳細地登録了大都佛教寺院的名目,但一則仍有遺漏,二則不少寺院的創建年代缺乏記載,難以分辨其爲"舊刹"或新寺。但大體可以斷定,北城(新城)多新寺,南城(舊城)多"舊刹"。而大都的佛寺顯然以南城居多。北城多皇家佛寺,規模宏大,但其他佛寺爲數有限。至於北方其他地區則只有分散的記載,似以"舊刹"居多。

總的來說,元代新建佛寺中,以民間人士和僧尼建造者居多,皇家和朝廷建造者較少,權貴官僚建造者爲數亦有限。但皇家和朝廷建造的佛寺一般規模宏大,資産很多,尤以皇家佛寺爲最。"今國家崇尚釋氏,崇墉峻宇,遍於京邑,大者縣官作之"。② 此處"縣官"指朝廷、國家而言。大寺都是朝廷以國家之力建造的。民間人士和僧尼建造的佛寺在規模和資産方面則參差不齊,大小不等,總的來說無法與皇家、朝廷兩類佛寺相提並論。權貴官僚營造的佛寺以中等規模居多,亦有較大者。元代新建佛寺中,最值得注意的是:(1)皇家佛寺的不斷興建,自忽必烈以下,每位皇帝登基後都要建造佛寺,規模之大,耗費財力物力之多,在中國歷史上是罕見的。皇家佛寺的興建,對元代的政治、經濟生活都有很大的影響。(2)由於權貴的倡導,佛教寺院在北方蒙古草原大漠南北不少地方出現,其中有藏傳佛教寺院,也有禪宗寺院。(3)藏傳佛教

---

① 王榮國:《福建佛教史》,廈門大學出版社,1997年,第294—295頁。這個統計主要是依據明代《八閩通志》作出的。值得注意的是,建寧路新建佛教寺院六十五處,庵、堂、精舍五十九處,爲八路之冠。其他七路均爲數不多。

② 危素:《信州龜峯瑞相寺記》,《危太樸文集》卷三。

寺院在中原、江南都有建造，尤以大都爲多。這在中國佛教傳播史是前所未有的。

時代變遷，元代創建的各種佛教寺院庵舍，歷經數百年風雨滄桑，大多已衰敗消亡，但仍有幾處流傳至今，如北京的白塔寺（原爲皇家的大聖壽萬安寺）、臥佛寺（原爲皇家的大昭孝寺），蘇州的獅子林，以及杭州的麻曷葛剌造像等，供人憑弔。

（原刊於《中華文史論叢》2015 年第 1 期）

元代江南佛教略論

元代佛教興盛,與當時的政治、經濟、文化有密切的關係,對後代佛教的發展,亦有很大的影響。近年元代佛教史的研究有不少進展,但尚有許多問題有待深入。本文擬就元代南方佛教的若干問題,提出自己一些看法,希望得到指正。

(一)元朝管理南方佛教的機構

元朝政府爲了管理南方佛教,先後設置過總攝所、總統所、行宣政院和廣教總管府。

至元十三年(1277)正月,南宋朝廷投降,元軍進入臨安(今杭州)。二月,元朝皇帝忽必烈"詔諭臨安新附府州司縣官吏士民軍卒人等",旨在安撫江南百姓。要求他們"各守職業,其勿妄生疑畏"。其中提出:"前代聖賢之後,高尚儒、醫、僧、道、卜筮,通曉天文曆數,並山林隱逸名士,仰所在官司,具以名聞。名山大川,寺觀廟宇,並前代名人遺迹,不許拆毁。"① 可見元朝政府平定江南之初,便重視對佛教廟宇和僧侶的保護。至元十四年(1278)二月,

---

① 《元史》卷九《世祖紀六》,第178—179頁。

"詔以僧亢吉祥、憐真加、加瓦并爲江南總攝,掌釋教"。① 亢吉祥即華嚴宗僧人行育,②憐真加即河西僧人楊璉真加,加瓦又作加瓦八,族屬不詳。當時設立的管理南方佛教的官方機構稱爲江淮釋教都總攝所,亢吉祥(行育)、楊璉真加、加瓦(加瓦八)三人被任命爲該機構的負責人,即總攝。後來,在至元二十四年(1287)或稍早,改爲江淮釋教都總統所,楊璉真加爲總統,行育和加瓦八仍爲總攝,地位在楊攝真加之下。③

元朝繼承前代制度,設置專門機構,管理佛教事務。中央原設總制院,至元二十五年(1288)改宣政院,"掌釋教僧徒及吐蕃之境而隸治之。"④地方路、府、州、縣則設僧錄司、僧正司、都綱司等。此外又有總統所、總攝所。至元二年(1265)二月,"詔諭總統所:僧人通五大部經者爲中選,以有德業者爲州郡僧錄、判、正副都綱等官,仍於各路設三學講、三禪會"。⑤"至元二年二月,欽奉聖旨條畫内一款:僧人每三年一次試五大部經,仰總統所選擇深通經義有名師德,於各路置院,選試僧人……仍將選中僧人,造簿申總統所類攢,呈省聞奏。"⑥以上兩條出於不同文獻的記載是一回事,但文字取舍有所不同,可見忽必烈稱帝後在中央曾設置總統所管理佛教事務。現存白話碑文亦涉及總統所。至元二十一年(1284)的《大都崇國寺聖旨碑》中説:"宣授大都路僧錄司承奉總統所札付該",⑦大德十年(1306)的《長清靈巖寺下院榜示碑》中説:"帝師下

---

① 《元史》卷九《世祖紀六》,第188頁。按,中華點校本《元史》作"亢吉祥、憐真加瓦",誤。見竺沙雅章《宋元佛教文化史研究》,汲古書院,第184頁。
② 《宋元佛教文化史研究》,第168—193頁。
③ 關於江淮總攝所改爲總統所的時間,我在《再論元代河西僧人楊璉真加》(《中華文史論叢》2006年第2輯)中有所説明。
④ 《元史》卷八七《百官志三》,第2193頁。
⑤ 《元史》卷六《世祖紀三》,第106頁。
⑥ 《通制條格校注》卷二九《僧道·選試僧人》,第703頁。
⑦ 蔡美彪:《元代白話碑集錄》,科學出版社,1955年,第33頁。

諸路釋教都總統所。"①和上述記載相印證,可以説明總統所的全名是諸路釋教都總統所,其地位在各路僧録司之上,帝師之下。似可認爲,這是總制院或宣政院之下管理漢地佛教事務的機構,但是,《元史·百官志》中對此並無記載。

至元十八年(1281)舉行佛道辯論,佛教方面有"諸路釋教泉總統"。② 至元二十二年(1285)至二十四年(1287)忽必烈組織蕃漢僧人校勘佛典,參與其事者有"聖壽萬安寺都總統"揀吉祥、"宣授諸路釋教都總統"昭吉祥、"宣授諸路釋教都總統"遠丹巴、"資德大夫釋教都總統"合台薩里。③ "聖壽萬安寺都總統"可能是皇家佛寺聖壽萬安寺的僧官,其餘幾位"諸路釋教都總統""釋教都總統"無疑都是中央總統所的官員。以上這些人物的頭銜足以證明釋教諸路總統所的存在。聖壽萬安寺則因地位特殊亦設都總統一職。至元三十年(1293)十月,"僧官總統以下有妻者罷之。"④可見僧官中確有總統。

中央設有諸路釋教總統所有如上述。在地方上則設總攝所,管理數路或更大地面的佛教事務。江淮攝教總攝所便是如此。至元二十八年(1291)二月,"以隴西四川總攝輦真朮納思爲諸路釋教都總統"。⑤ 可見隴西四川亦設總攝所。見於記載的還有白雲宗總攝所,白雲宗原設僧録司,後改爲總攝所,説明地位提高(見下)。這是以宗派設置僧官,與地區僧官有别,但亦足以説明總攝所地位在僧録司之上。輦真朮納思由陝西四川總攝所改任諸路釋教都總統,是由地方升到中央總統所任職,陝西四川總攝所不變。楊璉真加則是另一種情況,他由總攝升爲總統,江淮釋教都總攝所升級爲

---

① 《元代白話碑集録》,第 53 頁。
② 《佛祖歷代通載》卷二一,《大正大藏經》本。
③ 《至元法寶勘同總録》卷首。
④ 《元史》卷一七《世祖紀十四》,第 374 頁。
⑤ 《元史》卷一六《世祖紀十三》,第 344 頁。

都總統所,總攝所不再存在。但從現有文獻來看,總統所、總攝所只在少數地區設置,不是普遍存在的。

白雲宗攝所"秩從二品",①地方上的總攝所(如江淮總攝所)應相同。上引釋教都總統合台薩里階資德大夫,這是文散官正二品。中央和地方的都總統所亦應秩正二品。②

在忽必烈任命的三位江南總攝中,真正掌權的是楊璉真加。他到南方後,活動頻繁,氣焰薰天,南方一般民眾只知楊總攝(統)而不知尚有行育和加瓦二位總攝。楊氏在南方的活動,主要有:(1)發掘南宋歷朝帝后攢宮(棺木臨時停放之所),在宋故宮廢址上建造五寺一塔,這些舉動意在厭勝,防止南宋再起。(2)崇佛抑道,將許多道觀強行改爲佛寺。(3)崇教抑禪,抬高禪宗以外其他佛教宗派的地位。這些作爲,實際上都是貫徹忽必烈的方針(見下)。與此同時,他"倚恃權勢,肆行豪橫",強佔房屋土地,攘奪財物,"私庇平民不輸公賦",導致極大的民憤。③但由於楊氏能忠實貫徹忽必烈的意圖,因而一直得到信任,並將他從總攝升爲總統。

至元二十八年(1291)正月,權臣桑哥下獄,作爲桑哥的黨羽,楊璉真加很快亦隨之失勢。元朝另外成立了江南行宣政院,"管理江南諸省地面僧寺功德詞訟等事"。秩從二品。④ 作爲宣政院的派出機構,取代江淮釋教都總統所。⑤ 從至元二十八年成立到元朝滅亡,江南行宣政院中間曾兩度廢罷,共13年,實際存在約63年。與總統所、總攝所不同,行宣政院院使由俗人擔任,一般由行

---

① 《元史》卷二二《武宗紀一》。
② 合台薩里又作乞台薩里,畏兀兒人,名翻譯家阿魯渾薩里之父,見趙孟頫《全公神道碑》,《松雪齋文集》卷七。
③ 佚名:《廟學典禮》卷三,《文淵閣四庫全書》本。《元史》卷二〇二《釋老傳》,第4521頁。關於楊璉真加的活動,可參看拙作《略論楊璉真加和楊暗普父子》,《元史研究論稿》,中華書局,1991年,第385—400頁。
④ 《(至正)金陵新志》卷六《官守志》。
⑤ 行宣政院成立后,江淮總統所仍存在一段時間,大德三年(1299)纔廢止。

省或行御史臺主要官員遷轉或兼任。① "惟我聖朝尤崇重像教卜廣,乃爲置總統之師,又置行宣政院之官,以理其寺事。位望略同省府,又以省臣之最貴者領之。"②行省有理問所,其職責是審理刑獄,正四品。江浙行宣政院則"設崇教所,擬行中書省理問官,秩四品,以理僧民之事"。③ 這就是説,行宣政院的地位和行省相近。爲了管理南方佛教,元朝政府先設總統所,後設行宣政院,都是其他地區没有的,④而且地位很高,説明對南方佛教是特别重視的。

行宣政院的職責,主要是兩個方面。一是處理僧人或僧俗詞訟。元代僧人在户籍上自成一類,稱爲僧户,與其他户(民、軍、站户等)有别。凡僧人之間詞訟一般由崇教所處理,刑事案件除外。僧俗詞訟則需會同地方官府或其他衙門共同處理,這就是所謂"約會制"。另一是各寺院主持的任命。"初步統計,從大德七年到至正末年(公元 1303—1367 年)間,奉行宣政院命任名刹住持者有 38 人,其中得到帝師封號者 19 人,佔了一半,禪教不分,而以禪師受封者最多。"⑤現在尚無法説明那些寺院主持由行宣政院來選派,但可以肯定的是:(1)一些重要寺院如列名"五山"的杭州靈隱寺、净慈寺,以及屬於天台宗的上、下天竺寺等,其歷任主持完全由行宣政院決定。(2)有一些規模不大的寺院,也由行宣政院指派主持。例如:"至正壬午,江南行宣政院舉師(以中智及——引者)出世昌國之隆教。"⑥昌國州即今舟山,在元代經濟、文化都比較落

---

① 鄧鋭齡:《元代杭州行宣政院》,《中國史研究》1995 年第 2 期,第 89 頁。
② 虞集:《至正二年重修净慈報恩光孝禪寺浴記》,《净慈寺志》卷一《興建一》。
③ 《元史》卷九二《百官志八》,第 2335 頁。
④ 元末曾在"西番"設行宣政院,情况不詳。見《元史》卷九二《百官志八》。
⑤ 鄧鋭齡:《元代杭州行宣政院》,《中國史研究》1995 年第 2 期,第 91 頁。
⑥ 宋濂:《徑山和上及公塔銘》,《宋文憲公全集》卷二八。

後。隆教寺曾遭火災，元朝統一後重建，在當地亦不過是個普通寺院。① 由此來看，行宣政院選派主持的範圍是很廣的。值得注的是，有不少寺院，還通過行宣政院，得到了皇帝頒發的護持詔書。例如，"至冶壬戌，徑山虛席，三宗四衆，咸謂非師（元叟行端——引者）莫能負荷其任，相率白於行宣政院，請師補其處。事聞於朝，泰定甲子，降璽書作大護持"。② 護持詔書是以皇帝的名義，宣布某一寺院可以免除賦役，不許他人侵犯其利益。得到護持詔書，就意味着該寺院享有種種特權。行宣政院掌握了對僧人的審判權，許多寺院主持的任命權，還能爲寺院爭取護持詔書，因而也就能牢牢控制南方的佛教僧人和寺院。

文宗天曆元年（1328）十一月，罷行宣政院。至順二年（1331）二月，成立廣教總管府十六所，"以掌僧尼之政"。"秩正三品，府設達魯花赤、總管、同知府事、判官各一員，宣政院選流内官擬注以聞，總管則僧爲之。"③廣教總管府十六所與監察系統的肅政廉訪司十六道基本相同，只是轄區有所調整。④ 顯然，廣教總管府是參照肅政廉訪司設置的，兩者的品秩也是相同的。分設廣教總管府，目的大概是爲了加強管理。但到文宗去世、順帝即位以後，元統二年（1334）正月便罷廣教總管府，重立行宣政院。⑤ 廣教總管府存在時間太短，沒有多少作爲。有的記載説："天曆初，朝廷新設廣教都總管府，遴選名山主僧，一歸至公。"⑥又有記載説："至順壬申，本無以教府之命，來住此山（慶元延慶寺——引者）。"⑦"教府"即

---

① 馮福京：《大德昌國州志》卷七《寺院》，《宋元四明六志》本。
② 黃溍：《徑山元叟禪師塔銘》，《金華先生文集》卷四一。
③ 《元史》卷三五《文宗紀四》，第 776 頁。
④ 《元史》卷八六《百官志二》。
⑤ 《元史》卷三八《順帝紀一》，第 820 頁。
⑥ 宋濂：《別峰同公塔銘》，《宋文憲公全集》卷二八。
⑦ 《（至正）四明續志》卷一〇《釋道》，《宋元四明六志》本。

廣教都總管府。顯然，選派寺院主持仍是它的重要職責。

元朝在路、府、州、縣各級地方設僧錄、僧正、都綱司。元仁宗即位後，在至大四年（1311）二月"罷總統所及各處僧錄、僧正、都綱司"。① "總統所"指中央的總統所。此次廢罷以後，南方各地再没有僧司衙門。現在傳世的元代方志中，只有《大德昌國州志》載，當地有僧正司，②《延祐四明志》《（至正）四明續志》《至順鎮江志》《（至正）金陵新志》都没有僧司衙門的記載。《大德昌國州志》成書在廢罷以前，其他方志成書都在廢罷以後，所以不同。南方有些佛教宗派（白雲宗、頭陀教）亦經許可成立僧司衙門，將在下文述及。

（二）江南佛教的宗派

元代江南佛教有許多不同的宗派。從大的方面來説，可以分爲漢地佛教和藏傳佛教兩大系統。漢地佛教是江南固有的，藏傳佛教則是元代傳入的。

和北方一樣，江南固有的漢地佛教一般分爲禪、教兩大類、宋元時期民間流行的百科全書型類書《事林廣記》中有關佛教部分的標題便是《禪教類》。禪指禪宗，教則包括禪宗以外的各宗派，有天台宗、華嚴（賢首）宗、慈恩（法相）宗、密宗、律（南山）宗等。③ 但密宗事實上已消亡。也有人將律宗從教中分離出來，析爲禪、教、律三大類。元人袁桷説："今之言佛教者有三，禪以喻空，教以顯實，

---

① 《元史》卷二四《仁宗紀一》，第539頁。
② 《大德昌國州志》卷五《叙官》，《宋元四明六志》本。
③ 《事林廣記》續集卷三《禪教類》，元至順刊本。

律則攝其威儀，禁妄絕非。"①"然其法不過析而爲三，有禪僧，有律僧，有講僧。故於其寺亦三，曰禪寺，曰律寺，曰講寺。"②禪宗寺院稱爲禪寺，僧人稱爲禪僧。律宗寺院稱爲律寺，僧人稱爲律僧。其他宗派寺院統稱爲講寺，僧人稱爲講僧。但在元代江南，律宗已趨於衰落，"若三宗鼎列，而律最微者，在僧爲難能故也"。③

南宋時，江南佛教中勢力最大的是禪宗。"宋南渡之初，東南禪門之盛，冠絕於一時。"④南宋朝廷曾爲佛教寺院制定五山十刹制度，"以京輔佛寺，推次甲乙，尊表五山，爲諸刹綱領"。⑤蒙古滅金以後，在一段時間內，北方禪宗的領袖人物，如曹洞宗的萬松、臨濟宗的海雲，都受到蒙古上層的尊崇，禪宗的聲勢遠在佛教其他宗派之上。忽必烈原來也尊崇禪宗，但後來對待佛教各宗派的態度有所改變。至元八年（1272），"侍講徒單公履知上於釋崇教抑禪，乘是隙言儒亦有是科，書生類教，道學類禪"。⑥可知至遲到此時，忽必烈已明確採取"崇教抑禪"的方針。全國統一以後，這一方針在江南亦加以推行。忽必烈以江南"教不流通"爲由，從北方選派了禪宗以外各宗派僧侶三十人，來到江南開講，設立"御講三十六所"。⑦慶元（今浙江寧波）有"官講所，在東南偶景德彌陀寺。講主一員，僧五十員，歲收諸寺講糧米一千六百石"。⑧應即"三十六所"之一。如上所述，他任命的三位江淮釋教總攝，以華嚴宗僧人行育爲首，這實際上也有同樣的意義。楊璉真加在南宋宮殿廢址上建造五座寺院，分別屬於禪宗、慈恩宗、天台宗、白雲宗和藏傳佛

---

① 袁桷：《興福頭陀院碑》，《清容居士集》卷二五，《四部叢刊》本。
② 方回：《建德府兜率寺興復記》，《桐江續集》卷三六，《文淵閣四庫全書》本。
③ 劉仁本：《定海縣真修寺事迹記》，《羽庭集》卷六，《文淵閣四庫全書》本。
④ 王禕：《木岩禪師語錄序》，《王忠文公集》卷六，《文淵閣四庫全書》本。
⑤ 田汝成：《西湖遊覽志》卷三《南山勝迹》，上海古籍出版社，1958年。
⑥ 姚燧：《董公神道碑》，《國朝文類》卷六一。
⑦ 《佛祖歷代通載》卷二二，《（至正）金陵新志》卷一一《祠祀志》。
⑧ 《（至正）四明續志》卷一〇《釋道》，《宋元四明六志》本。

教，顯然爲了抬高其他宗派，使之和禪宗平起平坐。① 至元二十五年(1288)，忽必烈召集江南禪、教雙方的代表人物，到大都"問法"，實際上是組織雙方進行辯論。結果宣布"升教居禪之右"，使南方禪宗受到很大打擊。② 因此，江南天台宗等各宗派的地位明顯上升。浙東天台國清寺的變化是很有代表性的。國清寺是天台宗的祖庭，"或據而有之，且易教爲禪"。天台宗僧人性澄向宣政院申訴，"卒復其舊"。也就是仍歸屬於天台宗。③ "從教入禪今古有，從禪入教古今無"，但這時却發生了禪宗僧人改投他宗的現象，令人爲之感嘆。④

元初曾發生佛、道之爭。經過幾次辯論之後，忽必烈對道教加以嚴厲處理，焚燒大批經典，没收部分道觀的房舍、田產。對於禪、教之爭，忽必烈雖然傾向於教，但對禪宗只是加以抑制而已，並未採取激烈的措施。忽必烈以後的元朝諸帝，對於禪、教之間的矛盾都不感興趣，任由它們自行發展。因此，禪宗在江南仍有很大的勢力。元代中期，江南禪宗出了兩個重要人物。一個是中峰明本，一個是笑隱大訢，兩人都屬於禪宗中的臨濟宗。中峰明本(1263—1323)居杭州天目山師子院，以苦行和學識受到海内外僧衆的普遍尊奉，"身棲谷巖，名聞廟朝。"聲望之高，江南佛教界無人出其右。許多達官貴人、社會名流拜倒門下稱弟子，其中有高麗國王王璋和著名文壇領袖趙孟頫。他死後被追贈爲普應國師。⑤ 笑隱大訢(1284—1344)曾爲杭州中天竺寺住持。天曆二年(1329)，元文宗將自己稱帝前在集慶(今江蘇南京)的舊居改爲大龍翔集慶寺，以大訢爲住持，"特畀三品文階，以冠法號"。順帝時"遣使持詔，加釋

---

① 《再論元代河西僧人楊璉真加》。
② 《佛祖通記》卷四八。劉仁本：《送大卦圯上人序》，《羽庭集》卷二。
③ 黃溍：《上天竺湛堂法師塔銘》，《金華先生文集》卷四一。
④ 《大明高僧傳》卷二《本無傳》。
⑤ 鄭元祐：《元普應國師道行碑》，《僑吳集》卷一一，《北圖古籍珍本叢刊》本。

教宗主兼領五山寺"。"五山寺"即上述"五山十刹"中之"五山"。實際上就是江南禪宗的領袖。享有這個頭銜的,在江南佛教界只有他一人。① 可以認爲,忽必烈的"崇教抑禪"方針雖曾發生一定的影響,但禪宗在江南佛教中的主導地位並未動搖,正如元代著名學者虞集所説:"國家崇尚佛乘至矣,而禪宗惟東南爲盛。"②

江南原有佛教其他各宗派中,天台宗勢力較大。以杭州佛寺來説,著名的上天竺、下天竺、南天竺等大寺都屬於天台宗。"天台之學,獨盛於四明。"③僧人性澄在忽必烈時代爲爭取國清寺回歸天台宗到大都奔走,成宗時"入覲於上京,賜食禁中,復以國清爲言,宣政院爲奏請降璽書加護"。至治辛酉(元年,1321)應召入大都,受英宗多次召見,升座説法,"仍降璽書加護,進號佛海大師,一時文學侍從之臣皆賦詩以美之"。④ 可見這位天台宗僧人與朝廷關係之密切。此外的宗派勢力都很微弱。屬於慈恩宗的佛寺有杭州的仙林寺、開化寺等。⑤ 屬於華嚴宗的寺院有杭州高麗慧因寺、⑥紹興寶林寺。⑦ 屬於律宗的有杭州的昭慶寺、明慶寺。這些宗派都没有出現有影響的人物。

元代江南還有兩個活躍的佛教宗派,一個是白雲宗,一個是白蓮宗,都屬於佛教净土宗,净土宗以念佛號(南無阿彌陀佛或阿彌陀佛)爲修行内容,簡便易行,在民間廣泛流行,但亦因此遭到其他宗派的歧視和排擠。白雲宗和白蓮宗都是宋代創立的,在元代經歷了曲折的過程,它們的遭遇和上述佛教各宗派有明顯的不同。

白雲宗創始於北宋末年,南宋時頗爲興盛,主要流行於兩浙地

---

① 黄溍:《龍翔集慶寺笑隱禪師塔銘》,《金華先生文集》卷四二。
② 《智覺禪師塔銘》,《道園學古録》卷四八,《四部備要》本。
③ 《延祐四明志》卷一六《釋道考上》,《宋元四明六志》本。
④ 黄溍:《上天竺湛堂法師塔銘》,《金華先生文集》卷四一。
⑤ 竺沙雅章:《宋元佛教文化史研究》,汲古書院,第46—51頁。
⑥ 李翥:《慧因寺志》卷七《碑記》,《武林往哲遺著》本。
⑦ 宋濂:《别峰同公塔銘》,《宋文憲公全集》卷二八。

區。但它遭到某些自命正統的僧侶和文人的排斥，視爲異端，未能爲官方承認。其首領乞敕額，不僅遭拒絕，而且被流放，庵宇拆除。① 入元以後，白雲宗僧人道安迅速向江淮釋教都總攝所報告刊印《大藏經》的計劃，總攝所"准給文憑，及轉呈檐八上師引覲。皇帝頒降聖旨，護持宗門"。道安並得到白雲宗僧錄的頭銜。② 檐八又作膽巴，西番人，是當時僅次於帝師的佛教領袖人物，得到忽必烈的寵信。從此，白雲宗與朝廷建立了密切的聯繫。楊璉真加在宋故宮廢址上建五寺，以其中般若寺屬白雲宗，③將白雲宗與禪宗、天台宗等並列。此後，白雲宗又被批准成立攝所，秩從二品。④元仁宗時，白雲宗主沈明仁授"榮禄大夫、司空"，秩從一品。⑤ 聲勢之顯赫，一時無兩。但白雲宗興盛以後，其首領和徒衆多爲不法之事，民憤很大，不斷有人要求取締。延祐七年（1320）沈明仁終因"不法坐罪"，⑥白雲宗雖然繼續存在，但已走向衰落了。⑦

白蓮宗是南宋初年崑山（今江蘇崑山）茅子元創立的。一度被視爲異端，茅子元被流放。宋、元之際，白蓮宗發展很快，"當時北起開平（今内蒙古自治區正藍旗東）南抵柳州，東達松江，西至成都，東南及於福建建寧，以至輦轂下、太廟旁，都有白蓮教的踪迹。其徒衆之多，影響之大，可想而知"。⑧ 但是主要流行在江南的福建、江西、江東等地。至大元年（1308）武宗下令"禁白蓮社，毀其祠宇，以其人還隸民籍"。⑨ 武宗去世，仁宗繼位，在白蓮宗僧人普度

---

① 丁國範：《元代的白雲宗》，《元史論叢》第 4 輯，中華書局，1992 年。
② 《普寧藏》《普賢行願品》卷尾道安題記，轉引自《漢文佛教大藏經研究》，第 318 頁。
③ 周密：《癸辛雜識》續集卷下《姦僧儧夢》，中華書局，1988 年，第 190 頁。
④ 《元史》卷二一《成宗紀四》、卷二二《武宗紀一》、卷二三《武宗紀二》。
⑤ 《元史》卷二五《仁宗紀二》，第 571 頁。
⑥ 《元史》卷二七《英宗紀一》，第 598 頁。
⑦ 參見《元代的白雲宗》。
⑧ 楊訥：《元代白蓮教研究》，上海古籍出版社，2004 年，第 41 頁。
⑨ 《元史》卷二二《武宗紀一》，第 498 頁。

活動下，至大四年（1311）閏七月便下詔恢復了白蓮宗的合法地位。① 至治二年（1322）英宗又下令"禁白蓮佛事"。② 但仍在民間流行。在元朝末年爆發的農民戰爭中，白蓮宗被起義者用來作爲宣傳、組織群衆的一種形式。

此外，南方還有頭陀教，即北方的糠禪，亦爲漢地佛教的一個宗派，與禪宗關係密切。頭陀教的特點是苦行。大德二年（1298年），北方頭陀教宗師李溥光上奏説："江南田地里，俺一般的頭陀禪師每多有，管的頭目人無的上頭，無頭腦一般有。"要求成立管理機構。③ 因此，奉旨"來南，闡揚教事，椎輪湖山葛嶺之西，大興棟宇，以聚其徒。既而正智通辯禪師空庵焦公溥照，實來都提點江南諸路，築室佛殿之右"。④ "湖山葛嶺"指西湖葛嶺，這位焦溥照就是江南頭陀教的都提點。至大二年（1309），又立湖廣頭陀禪錄司。⑤ 但不久廢。江南頭陀教的情況，很不清楚。

藏傳佛教産生於吐蕃（今西藏及鄰近地區）。傳入西夏。13世紀中期，吐蕃歸附蒙古，藏傳佛教進入蒙古宮廷。忽必烈稱帝後，以藏傳佛教薩迦派領袖八思巴爲帝師，傳佛教從此爲歷朝皇帝所尊奉，其地位在漢地原有佛教各宗派之上。忽必烈任命的三位江淮釋教總攝中，楊璉真加是河西人，信奉藏傳佛教。他到江南後，積極引進藏傳佛教。他在南宋故宮廢址上建造五寺，其中尊勝寺"正殿佛皆西番形像，赤體侍立，雖用金裝，無自然意"。無疑是藏傳佛教寺院。與五寺一起還有一座"西番佛塔"。⑥ 楊璉真加强

---

① 《廬山復教集》卷上《抄白全文》《宣政院榜》。《元代白蓮教資料匯編》（楊訥編），中華書局，1989年，第186—188頁。
② 《元史》卷二八《英宗紀二》，第622頁。
③ 《元典章》卷三三《禮部六·頭陀教》。
④ 任士林：《頭陀福地甘露泉記》，《松鄉文集》卷二，《文淵閣四庫全書》本。
⑤ 《元史》卷二三《武宗紀二》，第510頁。
⑥ 郭畀：《雲山日記》，《横山草堂叢書》本。

行將杭州孤山上的道觀四聖延祥觀和西太乙宮改造爲佛寺萬壽寺，很可能也是一座藏傳佛教寺院。杭州靈隱寺前飛來峰上有大量藏傳佛教石刻造像，多爲楊璉真加或其後行宣政院官員所建。① 杭州吳山寶成寺石壁有大黑天（"麻曷葛剌"）造像一龕，建於至治二年（1322）。大黑天是藏傳佛教信仰的戰神，爲元朝皇室所尊奉。② 據元代杭州人鄭元祐記，杭州錢唐門外石函橋，"河西僧三寶者累石與磚爲西番塔，舊無有也"。③ 此塔今已不存。此類"西番"樣式的佛教建築當時應爲數不少。

江南原有佛教各宗派之中，亦有一些僧人積極學習藏傳佛教學說。著名的如上述天台宗僧人性澄，"以秘密教不傳於東土，因稟戒法於膽巴上師。既入其室而受覺海圓明之號，又從哈尊上師傳習法門而究其宗旨"。④ 膽巴事迹已見上述。而哈尊上師就是南宋末代皇帝趙㬎，⑤降元後"學佛法于土番"。⑥ 江南僧人竟然向南宋末代皇帝學習藏傳佛教的秘密教法，實在令人費解，不知其中是否有其他原因。

但總的來說，藏傳佛教進入江南，主要憑藉政治的權勢，缺乏足夠的社會基礎，因而並沒有得到發展。

（三）大藏經的出版

有元一代，曾先後刊行多種《大藏經》，其中多數是在江南刊印

---

① 熊文彬：《元代藏漢藝術交流》，河北教育出版社，2003年，第139—161頁。
② 宿白：《元代杭州的藏傳密教及其有關遺迹》，見《藏傳佛教寺院考古》，文物出版社，1996年，第365—387頁。
③ 《遂昌山人雜録》，《讀畫齋叢書》本。
④ 黃溍：《上天竺湛堂法師塔銘》《金華先生文集》卷四一。
⑤ 《佛祖歷代通載》卷二二，《大正大藏經》本。
⑥ 《元史》卷一五《世祖紀十二》，第316頁。

的，有《磧砂藏》、《普寧藏》、河西字《藏經》、《毗盧藏》等。

《磧砂藏》始刊於南宋寧宗、理宗時期，因刊刻於長洲縣東陳湖磧砂延聖院而得名。當時從事這項事業的主要是延聖院的僧人和附近的信徒。理宗寶祐六年（1258）延聖院發生火災，經板損失嚴重。元代重新刊刻，成宗大德年間，《磧砂藏》的刊印工作全面恢復。

《普寧藏》的刊印由佛教白雲宗主持，宋、元之際，浙西部分寺院上層人物因"湖州路思溪法寶寺大藏經板泯於兵火，只字不存，"便"同聲勸請"白雲宗刊印《大藏經》。白雲宗僧人道安與衆商議，決心完成此項工作。"又蒙江淮諸路釋教都總攝所護念，准給文憑，及轉呈檐八上師引覲。皇帝頒降聖旨，護持宗門，作成勝事。"忽必烈爲此還授道安爲白雲宗僧録。①"頒降聖旨，護持宗門"，即頒發保護白雲宗不許地方官府和其他人等損害其利益的護持詔書。可知《普寧藏》的刊印從一開始便得到來自官府的支持。"始自丁丑，訖於庚寅，凡一十四載。"②丁丑是至元十四年（1277），庚寅是至元二十七年（1290）。現存殘本刊刻時間的最早紀載是至元十五年（戊寅，1278）。

毗盧藏，北宋末南宋初福州開元寺刊印，這是一所禪宗寺院。五百餘函。入元以後，成宗大德八年至十年間（1304—1306年）曾用開元寺版修補印造。③ 仁宗延祐二年（1315）建寧路建陽縣後山報恩萬壽堂"募衆雕刻毗盧大藏經板"。④ 報恩萬壽堂是白蓮宗的

---

① 《普寧藏》臣字函《普賢行願品》卷尾道安題記。原載《增上寺三大藏經目録・元版（刊記）》第193號，第331、332頁。轉引自李富華、何梅《漢文佛教大藏經研究》，宗教文化出版社，2003年，第318頁。
② 《普寧藏》臣字函《普賢行願品》卷尾如志題記，原載日本《增上寺三大藏經目録・元版（刊記）》第193號，第332頁。轉引自《漢文佛教大藏經研究》，第323頁。
③ 《漢文佛教大藏經研究》，第217頁。
④ 毗盧藏《大寶積經》卷首題記，轉引自楊訥《元代白蓮教研究》，上海古籍出版社，2004年，第105頁。

堂庵。① 爲什麼開元寺刊行的佛經會轉由白蓮宗堂庵刊刻，現在尚不清楚。日本鎌倉净妙寺的太平妙準"曾於嘉曆元年（1326 年）派他的徒弟安禪人入元，搜求福州版《大藏經》"。② 應即《毗盧藏》。元刻《毗盧藏》殘本在中國、日本都有發現。元朝末年，福州東禪寺曾"補刊開元《藏經》板，仍印施之"。③

至元三十一年（1294 年）四月，元成宗鐵穆耳嗣位。十一月，"罷宣政院所刻河西《藏經》板"。④ "河西《藏經》"即西夏文字《藏經》，由此可知在忽必烈時代曾有雕刊河西字《藏經》之舉，鐵穆耳爲什麼罷刻，原因不明。而在《磧砂藏》所收《大宗地玄文本論》後有一篇松江府僧錄管主八的題記，其中説："欽覩聖旨，於江南浙西道杭州路大萬壽寺雕刊河西字《大藏經》三千六百二十餘卷，《華嚴》諸經懺板，至大德六年完備。"⑤可知河西字《藏經》在成宗大德六年（1302）雕版完成，曾多次印行，現在有不少殘本傳世。⑥ 萬壽寺是杭州西湖孤山上的一所佛寺，係楊璉真加將道觀改造而成，楊璉真加是西夏人，萬壽寺雕刊河西字《藏經》，顯然與他有關。除了雕刊的河西字《藏經》之外，元代還有用活字板刊印的河西字《藏經》，但這類《藏經》與雕版河西字《藏經》之間的關係，現在尚不清楚。

此外，"興聖慈仁昭懿壽元皇太后命刻《大藏經》板於武昌"。雕完成後運到大都，印刷流通。⑦ 興聖慈仁昭懿壽元皇太后名答己，是武宗海山和仁宗愛育黎拔力八達的母親。武昌《大藏經》雕

---

① 《元典章》卷三三《禮部六·白蓮教》。
② 《日中文化交流史》，第 404—405 頁。
③ 宋濂：《净慈順公逆川瘞塔碑銘》，《宋文憲公全集》卷一一。
④ 《元史》卷一八《成宗紀一》，第 389 頁。
⑤ 轉引自王國維《兩浙古刊本考》卷上《杭州府刊板》，《海寧王静安先生遺書》本。
⑥ 史金波：《西夏佛教史略》第九章《二 河西字大藏經的刻印》，寧夏人民出版社，1988 年。
⑦ 程鉅夫：《大慈化禪寺大藏經碑》，《雪樓集》卷一八。

板的時間應在武宗至大年間(1308—1311年)。

上面對元代江南刊印的幾種《藏經》作了簡要的介紹。可以看出,元代江南《藏經》刊印事業是很興盛的,《藏經》刊印的興盛反映出佛教影響的擴大。

元代各種《藏經》的刊刻,除武昌《大藏經》情況不明外,其餘都在寺院中進行,已見上述。有關寺院爲此成立專門的機構,一般稱爲經局。《普寧藏》經局多達一百四十餘人。[1] 經局成員主要是僧人,分工負責選板、校勘和化緣等工作。從事雕刻則是民間的技工,其首領稱爲"刊字作頭",也是經局的成員。還有少數高級僧侶和官員列名其中,稱爲"觀緣"、"勸緣",應是募集經費之意。刻經的費用主要來自兩個方面。一方面是民間信徒們自願捐獻錢鈔或實物,刻經一卷或數卷,積少成多。這在各種《大藏經》經卷的題記中都有反映。另一方面是達官貴人的募集和捐助。武昌《大藏經》是皇太后下令刊刻的,其費用或是皇太后的私財,或是官府支付。其餘幾部藏經的刊刻,楊璉真加和管主八起了很大的作用。楊璉真加的事迹已見上述。《普寧藏》開始雕印時,他便施入寶鈔。後來又出任《普寧藏》經局的"都勸緣"。河西字《藏經》的雕印也與他有密切關係。而一種《磧砂藏》佛經的扉畫上有一行文字:"都功德主江淮諸路釋教都總統永福大師楊璉真佳",[2]"功德主"是寺院在政治上、經濟上的靠山,可知《磧砂藏》的雕印在經費上肯定亦得到他的支持。管主八是河西党項人,號廣福大師,任松江府僧錄,是一位地方僧官。"平江路磧砂延聖寺大藏經板未完,遂於大德十年閏正月爲始,施財募緣,節續雕刊,已及一千餘卷。""又見江南閩浙教藏經板較直北教藏缺少秘密經論律數百卷,……於大都躋弘法

---

[1] 《漢文佛教大藏經研究》,第330—334頁。
[2] 李際寧:《中國版本文化叢書·佛經版本》,江蘇古籍出版社,2002年,第140頁。

寺取到經本，就於杭州路立局，命工刊雕圓備，裝印補足。"①現存《磧砂藏》經卷有"勸緣掌局功德主行宣政院所委官前松江府僧錄廣福大師管主八""主緣刊大藏經僧錄管主八"等題記，②可以證明他確曾爲雕補《磧砂藏》經板在經費上作出努力。而他刊雕的"秘密經論律數百卷"，後來則用來補《普寧藏》和《磧砂藏》之不足。據《磧砂藏》的《大乘理趣六波羅蜜多經》卷七永興大帥輦真乞剌題記，他於至正二十三年(1363)"發心將故父管僧錄遺下秘密經板一部，舍入平江路磧砂寺大藏經坊一處安頓，永遠印造流通"。③《普寧藏》中亦有秘密經典，與《磧砂藏》相同，均出自管主八刊刻之經板。④可知管主八對《普寧藏》《磧砂藏》刊刻有很大的貢獻。此外，畏兀兒人(維吾爾族的先民)亦黑迷失官至行省平章、集賢院使，是一個虔誠的佛教徒，他任《毗盧藏》的"都勸緣"，顯然曾爲這部藏經的雕刊作過貢獻。⑤江浙行省參政張文虎、江西行省左丞朱文清、行宣政院使張閭都曾捐資雕刊《磧砂藏》，張文虎曾爲經局"大檀越"(大施主)，張閭爲經局"勸緣都功德主"。⑥

元代幾種《大藏經》的印刷和流通有幾種不同的方式。一種是朝廷和權貴出資印刷，免費贈送各地寺院。一種是僧官出資印造，贈送各地寺院。還有一種是各地寺院出資訂購。

至大四年(1311)正月，武宗死，仁宗嗣位。二月，"罷運江南所印佛經"。⑦武宗朝曾以朝廷名義在江南大量印造佛經(以朝廷名義大規模印造的只能是《大藏經》)，所印造的是那一種《大藏經》不

---

① 《磧砂藏·大宗地玄文本論》卷三后管主八題記。見王國維《兩浙古刊本考》卷上《杭州府刊板》。
② 李富華、何梅：《漢文佛教大藏經研究》，第265、275頁。
③ 轉引自《中國版本文化叢書·佛經版本》，第123頁。
④ 《漢文佛教大藏經研究》，第348頁。
⑤ 楊訥：《元代白蓮教研究》第107頁及書前《大寶積經》圖版。
⑥ 《漢文佛教大藏經研究》，第264—269頁。
⑦ 《元史》卷二四《仁宗紀一》，第538頁。

清楚,"罷運"的原因不明。但這些佛經顯然已經印就,"罷運"之後,大概就在江南散發了。河西字《大藏經》雕刊完成以後,元成宗、武宗、仁宗三朝都曾下令印造,總數在百部以上。① 文宗天曆二年(1329)十二月,"命江浙行省印佛經二十七藏"。② 武昌《大藏經》經板運到大都後"印本流傳天下,名山巨刹則賜之。"袁州(今江西宜春)慈化寺便得賜一部。③ 皇家印造的其他《大藏經》亦應如此。以上都是朝廷印經的例子。高麗忠宣王王璋是元朝的駙馬,元仁宗皇慶二年(1313)他將王位讓給兒子,自己長期居住在大都(今北京)。王璋是虔誠的佛教徒,仁宗皇慶元年(1312)派遣咨議參軍洪瀹等人"屆古杭印造大藏尊經五十藏,施諸名刹"。④ 王璋派人印造的是《普寧藏》。現存《普寧藏》佛經《付法藏因緣經》後有王璋的題記,講述自己印造佛經五十藏的緣由。

僧官印造《大藏經》,可考者有二人。一是上述松江府僧錄管主八。他"累年發心印施漢本《大藏經》五十餘藏,四大部經三十餘部,經論律疏鈔五百餘部",以及其他經典"不計其數"。河西字《大藏經》雕成後,"管主八欽此勝緣,印造三十餘藏,及《大華嚴經》、《梁皇寶懺》、《華嚴道場懺儀》各百餘部,焰口施食儀軌千有餘部,施於寧夏、永昌等路寺院,永遠流通。裝印西番字《乾陀般若》、《白傘》三十餘件,經咒各千餘部,散施土蕃等處流通"。⑤ 另一是光明禪師李慧月,隴西(今甘肅隴西)人。隴西原是西夏的轄地,他的族屬亦應和管主八一樣,是党項人。據李慧月自述,他出家以後,"先游塞北,後歷江南。福建路曾秉於僧權,嘉興府亦預爲錄首"。可知曾在福建和嘉興任僧官,"秉於僧權"比較含胡,"預爲錄首"應是

---

① 史金波:《西夏佛教史略》,寧夏人民出版社,1988年,第205—208頁。
② 《元史》卷三三《文宗紀二》,第746頁。
③ 《大慈化禪寺大藏經碑》。
④ 《高麗國相元公置田碑》,載李翥《慧因寺志》卷七《碑記》,《武林往哲遺著》本。
⑤ 《磧砂藏·大宗地玄文本論》卷三後,管主八題記。

任嘉興路的僧録。"忖念緇衣之濫汰,惟思佛河之難逢,舍梯已財,鋪陳惠施,印造十二之大藏"以及其他。"印造十二之大藏"指印造十二部《大藏經》。李慧月印造的是《普寧藏》和《磧砂藏》。①

寺院購置亦相當可觀。北方臨濟宗雪堂禪師名重一時,"若京師之開泰、大名之臨濟、汴梁之慧安、嵩陰之羅漢、豐州之法藏、洛陽之發祥、潞邑之勝覺、京兆之開元、西京之護國、鄭州之洞林,皆禮請住持。書疏迭至,輒忻然受之。……今上(指成宗鐵穆耳——引者)在潛邸,師嘗奉命持香禮江浙名藍。法航所至,州、府寮屬作禮供養,日積弊(幣)賛,購所謂五千餘卷滿二十藏,爲函一萬有奇,浮江逾淮,輦運畢至。凡所統十太寺,率以全藏授,仍請衛法璽書,寺給一通"。② 他所購置的應是《普寧藏》。至元二十六年(1289)山東靈巖寺曾派人到江南杭州尋求《大藏經》,聽説普寧寺"已具經律論完本,遂購而航致之"。③ 當時大都弘法寺亦刊印《大藏經》,即有名的《弘法藏》。爲什麼北方寺院舍近求遠,都到南方去購買?原因是《弘法藏》價格過於昂貴。"京師宏法寺素有板本,惟其楮墨之工,爲費不貲,故所在名刹傾竭資産有不能致者。"④《普寧藏》顯然價格低廉,因而銷路較好。日本寺院亦遣人來中國購買《大藏經》,有的購買《普寧藏》,有的則"携帶黄金百鎰從元朝買來了福州版《大藏經》"。⑤

(四) 元代江南佛教與中外文化交流

在歷史上,中國的佛教一直與境外的佛教有着密切的交往。

---

① 李際寧:《中國版本文化叢書·佛經版本》"西夏遺民李慧月的法寶因緣"。江蘇古籍出版社,2002年。
② 李謙:《洞林寺藏經記》,《金石萃編補正》卷四,清光緒石印本。
③ 張起巖:《靈巖寺創建龍藏殿記》,見《凈慈寺志》卷一六《古迹一》。
④ 李謙:《洞林寺藏經記》。
⑤ 《日中文化交流史》,第406頁。

元代這種交往仍很頻繁，江南的佛教尤為突出。與江南佛教有來往的國家是日本、高麗，此外有西天（印度）。

唐、宋時期中日兩國佛教交流相當頻繁。元代仍有大量日本僧人來華求法。據日本學者木宮泰彥統計，"史册留名的入元僧竟多達二百二十餘人"。他所依據的主要是日本佛教文獻。[①] 本文作者曾輯錄中國各家詩文集中有關14世紀來華日僧資料，名字可考者23人，見於木宮泰彥著作中《入元僧一覽表》者4人，《入明僧一覽表》者1人，餘18人未曾提及。18人中有不少應是元代來中國的。[②] 完全可以認為，"想此外還有不少遺漏，但已足看出元代渡海僧如何之多了"。[③]

元代日本海船到中國，一般都由慶元（今浙江寧波）登陸。入元的日本僧人都是禪僧，入元以後主要是參拜著名的佛寺，訪求大德高僧，從事修禪。從現有的記載來看，他們的活動，一般都在江南範圍之內，以兩浙（浙西、浙東）、江東為主，旁及江西、福建等地。只有少數人到過北方的寺院。當時天目山的中峰明本在江南佛教界享有盛譽，不少日本僧人專門前去參謁。江南寺院刊印的各種《大藏經》（主要是《普寧藏》）也由他們帶回日本，有的一直保存到現在。入元僧澄圓"入廬山東林禪寺，從普度禪師受慧遠白蓮之教，從受《蓮宗寶鑒》《龍舒淨土文》等書。他在元亨元年（1321）歸國，在界建旭蓮社，以把廬山之風帶進日本的淨土宗而知名"。[④] 通過入元僧的紹介，白蓮宗對日本佛教產生了影響。

入華日本僧人中不少人有較好的文學藝術修養，他們除了修禪之外，還與中國的文人學者交游，互相切磋。名詩人虞集、丁復、

---

① 《日中文化交流史》，胡錫年譯，商務印書館，1980年，第420—462頁。
② 《十四世紀來中國的日本僧人》，《文史》第18輯，1983年。
③ 《日中文化交流史》，第421頁。
④ 竺沙雅章：《關於白蓮宗》，《世界宗教研究》1992年第2期。同氏：《宋元佛教文化史研究》，第437頁。

鄭元祐、王逢、楊維楨、王冕、僧良琦等都有關於日本僧人的詩篇。日本僧人銛仲剛，到過杭州、平江（今江蘇蘇州）、集慶（今江蘇南京）等地，與虞集、丁復、鄭元祐、良琦等都有交往，得到很高的評價。虞集是當時文壇領袖，譽之爲"海國圭璋""無雙國士"，作詩十首爲之送行，可見其贊賞的程度。日本僧人進得中向王逢介紹了菅原道真"飛梅"的故事，還鈔録王逢的著作《杜詩本義》帶回本國。遺憾的是，在日本文獻中尚未發現有關銛仲剛和進得中的記載。[①]"明朝相別思無盡，萬里海天飛白鷗。"名畫家、詩人王冕的詩句，表達了對日本友人的深情厚意。入元僧還從中國帶回不少名畫，保存在日本寺院之中。其中有些畫家（如牧溪、顏輝等）的作品在中國已失傳或極罕見，而在日本得以保存下來。這些名畫的傳入，對日本繪畫産生了相當大的影響。

　　元代有一批江南僧人先後到了日本。其中著名的有一山一寧、清拙正澄、明極楚俊、竺仙梵仙等。一山一寧奉元成宗之命出訪日本，清拙正澄、明極楚俊、竺仙梵仙則都是因日本方面邀請而渡海的。他們到日本後受到朝廷、貴族和民間的崇敬，對於日本的佛學、文學、書法、繪畫等方面都有不同程度的影響。

　　前面説過，高麗忠宣王王璋曾遣使者到杭州印造《大藏經》，施諸名刹。此外王璋還與江南佛教有多種因緣。杭州的慧因寺又稱高麗寺，已見上述。慧因寺入元以後逐漸衰落，王璋大力予以支持，購買良田充寺院常住，"永充飯僧之供"。並親自出面疏請名僧任慧因寺主持。在他的請求下，元仁宗向慧因寺頒發了護持詔書，宣布寺院享有免除各種賦役的特權，不許他人侵犯寺院的利益。[②]

[①] 《十四世紀來中國的日本僧人》。菅原道真是日本平安時代著名政治家、文學家，性愛梅，傳説他"被誣，謫宰府。未幾，梅夜飛至"。至今日本福岡太宰府的天滿宮，是奉祀菅原道真的地方。天滿宮大殿前左側，至今仍保存着傳説中的"飛梅"，供人觀賞。

[②] 李蓉:《慧因寺志》卷七《碑記》。

王璋對天目山中峰明本十分崇敬，"遣參軍洪瀹齎書幣叙弟子禮，期請上命南來參叩"。延祐六年（1319）"秋九月，王奉御香入山，謁師草廬咨訣心要，請師升座爲衆普説。師激揚提唱萬餘言。王復求法名別號，師名王以勝光，號曰眞際。王因建亭師子巖下以記其事"。① 王璋此次到江南，除了拜謁明本之外，"至寶陀山而還"。② 寶陀山即佛教勝地普陀山。王璋到普陀山顯然也爲了求法，可惜没有記載留下來。武宗在位時，王璋還將福建建寧路白蓮宗都掌教蕭覺貴引見給皇太子愛育黎拔力八達，還曾"於本國創建壽光寺白蓮堂，普勸僧俗長幼各各志誠持念南無阿彌陀佛，共結勝緣"。③ 白蓮宗自此傳入高麗。

有元一代，高麗僧人來華求法者頗多，不少人來到江南。名僧普愚於至正六年"游燕都"，後到湖州霞霧山，從石屋清珙禪師受佛法。石屋屬禪宗中的臨濟宗。"回至燕都，道譽騰播，天子聞之，請開堂於永寧寺，賜金鑭袈裟、沉香拂子。皇后、皇太子降香幣，王公士女奔走禮拜。"回到高麗後，被尊爲王師。④ 高麗晚期流行的漢語教科書《朴通事》着重叙述大都社會生活，其中對普愚的事迹亦有記述："南城永寧寺里聽説佛法去來。一個見性得道的高麗和尚，法名唤步虛，到江南地面石屋法名的和尚根底，拜他爲師傅，得授衣鉢。回來到這永寧寺里，皇帝聖旨里開場説法里。"⑤ 步虛即普愚。另一方面，元朝江南的僧人亦有前往高麗。高麗忠烈王三十年（元大德八年，1304）"江南僧紹瓊來，遣承旨安於器迎於郊，瓊

---

① 祖順：《中峰和尚行録》，《天目中峰和尚廣録》卷三〇。《頻伽藏》本。
② 鄭麟趾：《高麗史》卷三四《忠宣王世家》。
③ 果滿編：《廬山復教集》卷下《高麗國王勸國人念佛疏》。見楊訥編《元代白蓮教資料匯編》，中華書局，1989年，第190頁。
④ 李穡：《明高麗太古寺國證國師碑》，《海東金石苑》卷八。《高麗史》卷三八《恭愍王世家一》、卷三九《恭愍王世家二》。
⑤ 《朴通事諺解》卷上，《奎章閣叢書》本。

自號鐵山"。① 紹瓊是應高麗僧人沖鑒之邀到高麗的，沖鑒"拂衣游諸方，口留吳楚，聞鐵山瓊禪師道行甚高，迎之東還。師（沖鑒——引者）執侍三載，瓊公甚期待之。瓊公辭歸，師主龍泉寺，始取百丈禪師《禪門清規》行之"。後被尊稱爲圓明國師。② 有的高麗僧人還與江南僧人通過海舶，結爲文字之交。"中吳蒙山異禪師嘗作《無極説》，附海舶以寄之。師（高麗僧混丘——引者）默領其意，自號無極老人。"③

元代杭州吳山西南有一座西天寺。它是延祐六年（1319）江浙行省左丞相脱脱爲"以開山住持僧西天高達摩實理板的達之請"建造的。④ "杭之吳山西南行數百步，其勢委而復起，曰清平山，右旋而東，浮圖居焉，曰西天寺。延祐丙辰歲，贈太師中書右丞相和寧忠獻王脱脱始來江浙爲丞相，時會西天高達摩實理板的達師駐錫兹山，王見而異之曰：此佛祖上乘人也，涉流沙萬里東來，而適與吾遇，非夙緣乎！乃厚出金帛施之，俾拓地創業，建大招提，且爲修息之所。越二年，王還朝。師居山中益久，一日，謂其徒曰：吾歸西天矣。遂拂袖出，莫知所之。後有見之秦隴間者，時已百餘歲矣。"⑤ "西天"即印度。高達摩實理板的達"涉流沙萬里而來"，正説明他是一個印度僧人。元代在杭州專門爲印度僧人建造一座寺院，不能不説是中印佛教文化交流中一件很有意義的事情。

（原刊於《中國社科院學術咨詢委員會集刊》第 2 輯，2005 年）

---

① 《高麗史》卷三二《忠烈王世家五》。
② 危素：《高麗林州大普光禪寺碑》，《危太樸文續集》卷三。
③ 李齊賢：《寶鑒國師碑銘》，《益齋集》卷七，《粵雅堂叢書》本。
④ 《西天元興寺銅鐘題記》，《武林金石記》卷三，西泠印社印本。
⑤ 貢師泰：《重修清平山西天元興寺碑》，《玩齋集》卷九。

元代江南禪教之爭

忽必烈崇教抑禪,是元代佛教史上的重大事件,與當時的政治背景亦有密切關係。我國一些佛教史著作涉及此事者頗多,有的簡略,有的説法不夠全面。① 日本學者竺沙雅章曾有所論述,②最近李輝、周清澍也對此事進行了討論。③ 本文作者過去也曾撰文,作過一些探討,④現在擬加梳理,並就其中一些問題,作進一步説明。

一

自唐代起,中原和江南的佛教,主要分禪、教、律三大宗派。

---

① 杜繼文、魏道儒《中國禪宗通史》(江蘇古籍出版社,1993年)在"元代禪宗及其南北分流"一章中有"教禪廷辯與尊教抑禪"一節,敍述至元二十五年教禪廷辯,但説:"這一醖釀過程,已不甚了了。"任宜敏《中國佛教史·元代》(人民出版社,2005年)介紹禪宗僧人雲峰妙高(第237—241頁)和天台宗僧人湛堂性澄(第302頁)事迹時涉及禪教之争,但比較簡略。書後"元代佛教大事年表"没有提到教禪廷辯。陳榮富《浙江佛教史》(華夏出版社,2001年)幾處提到"元朝實行尊教抑禪"(第449、471、475頁),但都没有作具體論述。楊曾文《宋元禪宗史》(中國社會科學出版社,2006年)第八章第三節"徑山妙高及其進京與教僧辯論"對此叙述比較詳細,但僅以《佛祖歷代通載》爲據,有失片面。
② 《宋元佛教文化史研究》第二章第四節《元代杭州慈恩宗》,東京汲古書院,2001年。
③ 李輝:《至元二十五年江南禪教廷諍》,《浙江社會科學》2011年第3期;周清澍:《論少林福裕和佛道之争》(特别是其中"教、禪的抑制"一節),《清華元史》第一輯,商務印書館,2011年。
④ 陳高華:《元代佛教與元代社會》(《中國古代史論叢》1981年第1輯),後收入作者《元史研究論稿》,中華書局,1991年。《元代南方佛教略論》,《中國社會科學院學術咨詢委員會集刊》第2輯,社會科學文獻出版社,2006年,今收入本書。

"今之言佛教有三,禪以喻空,教以顯實,律則攝其威儀。"①"佛宗有三,曰禪,曰教,曰律。禪尚虛寂,律嚴戒行,而教則通經釋典作其筌蹄者也。"②"佛法入中國以來,僧吾齊民,寺吾勝埌,日以益夥,吾未易數計。然其法不過析而爲三,有禪僧,有律僧,有講僧。故其寺亦三,曰禪寺,曰律寺,曰教寺。"③禪即禪宗,一般分爲五支,即臨濟、曹洞、潙仰、雲門、法眼。元代禪宗以臨濟、曹洞爲盛,雲門亦有一定影響,潙仰、法眼均已衰落。④律即律宗,又稱南山宗。教則包括禪、律以外的其他宗派,主要有天台宗、華嚴(賢首)宗、慈恩(法相)宗等。相對而言,律宗地位不及禪、教,"若三宗鼎列,而律最微者,在僧爲難能故也"。⑤所以,有的記載將律宗也歸入"教"中,如在當時民間流傳很廣的日用百科全書型類書《事林廣記》,便有"禪教類",將"南山教"與賢首、慈恩、天台等並列。⑥

大蒙古國興起後,很快便南下攻金,取得中都(今北京)。契丹人耶律楚材投奔成吉思汗,他原來是中都報恩寺曹洞宗名僧萬松行秀的俗家弟子,後在大蒙古國政治生活中扮演重要角色。進入中原的蒙古軍將領接觸到臨濟宗僧人中觀、海雲師徒,對海雲大加尊崇,"世祖在潛邸,數延問佛法之要,在家、出家異同。……裕皇(忽必烈之子真金——引者)始生,師摩頂,訓之名。壬子(蒙哥汗二年,1252)夏,授以銀章,領天下宗教事"。⑦按,"領天下宗教事"不確,應爲"掌釋教事"。⑧忽必烈的親信謀士劉秉忠是海雲的再

---

① 袁桷:《興福頭陀院碑》,《清容居士集》卷二五,《四部叢刊初編》本。
② 劉仁本:《送大璞玘上人序》,《羽庭集》卷五,《文淵閣四庫全書》本。
③ 方回:《建德府兜率寺興復記》,《桐江續集》卷三六,《文淵閣四庫全書》本。
④ 過去佛教史研究者一般認爲雲門宗至南宋已經衰落,劉曉《金元北方雲門宗初探》(《歷史研究》2010年第6期)指出,金元時雲門宗在北方仍有很大影響。
⑤ 劉仁本:《定海縣真修寺迹記》,《羽庭集》卷三。
⑥ 《事林廣記》,後至元本丁集卷下,中華書局1999年影印本。
⑦ 程鉅夫:《海雲簡和尚塔碑》,《雪樓集》卷六。
⑧ 《元史》卷三《憲宗紀》,第45頁。

傳弟子，由海雲推薦得以進入金蓮川幕府。在大蒙古國統治下，萬松和海雲成爲"漢地"佛教的代表人物，禪宗自然在"漢地"佛教中佔有突出地位，其他教派則相形見絀。佛教寺院"革律從禪"成爲一時風氣。據耶律楚材記載，"太原開化寺革律爲禪"，"平陽淨名院革律爲禪"。①"戊子（拖雷監國元年，1228）之春，宣差劉公從立與其僚佐高從遇輩，疏請奧公和尚爲國焚修，因革律爲禪"。②"癸巳年（窩闊台汗五年，1233），平州行省塔本奉皇太弟令旨，革州中之開元律寺爲禪，請師（海雲——引者）主持"。③ 萬松弟子福裕，"其住少林也，萬松、海雲二老實爲之主"。④ "漢地"原有佛、道二教都與蒙古國上層有密切聯繫，爭取支持，擴展勢力。蒙哥汗八年（1258），由於福裕的活動，忽必烈奉蒙哥之命在開平（後稱上都，今内蒙古正藍旗附近）舉行佛道辯論，以佛勝道敗告終。禪宗的影響更加擴大。⑤

忽必烈即位後，尊崇佛教。除了繼續尊佛抑道以外，他積極引進藏傳佛教，尊八思巴爲國師，授以玉印，號大寶法王。八思巴死後，尊爲大元帝師。以後帝師成爲薩迦派領袖世襲的職位。⑥ 忽必烈在中央設置總制院，"掌釋教僧徒及吐蕃之境而隸治之"。總制院"領以國師"，後改名宣政院。⑦ 總制院和宣政院的長、次官主要是吐蕃人和畏兀兒人。⑧ 在尊奉藏傳佛教的同時，忽必烈對"漢

---

① 《太原開化寺革律爲禪仍命予爲功德主因作疏》、《平陽淨名院革律爲禪請潤公禪師住持疏》，均見《湛然居士文集》卷八，中華書局，1986年，第174、180頁。
② 耶律楚材：《燕京大覺禪寺創建經藏記》，《湛然居士集》卷八，第198頁。
③ 王萬慶：《海雲和尚道行碑》，此碑文字未見著錄。原碑于1943年發現，文字殘缺頗多。蘇天鈞《燕京雙塔慶壽寺與海雲和尚》（《北京史研究（一）》，燕山出版社，1986年）抄錄了由侯堮先生整理的碑文。
④ 程鉅夫：《嵩山少林寺裕和尚碑》，《雪樓集》卷八。按，碑文中說"洎世祖即阼，命總教門事"，疑不可信。
⑤ 關於福裕在第一次僧道辯論中的作用，可參看周清澍《論少林福裕和佛道之爭》。
⑥ 《元史》卷二〇二《釋老傳》。
⑦ 《元史》卷八七《百官志三》，第2193頁。
⑧ 參見陳高華《元代内遷畏兀兒人與佛教》，《中國史研究》2011年第1期。

地"佛教各宗派則採取"崇教抑禪"的政策。"至元八年,侍讀徒單公履欲行貢舉,知上於釋崇教抑禪,乘是隙言:'儒亦有是科,書生類教,道學類禪。'"① 可知至遲到至元八年(1271),忽必烈的傾向已很明確,徒單公履纔會以此爲據攻擊道學。正是在至元八年,忽必烈曾召集"漢地"佛教的代表人物,即所謂"禪、教師德","就燕都設會,令二宗論議"。② 另有記載説:"至元八年春,詔天下釋子大集於京師,師(少林寺住持福裕——引者)之學徒居三之一"。③ 上述記載應是一事。這次會議的具體内容已不可得知,但既曰"二宗會議",必然涉及禪、教關係。很可能,忽必烈正是在這次會議上明確表明了自己的態度。忽必烈崇教抑禪,至遲在至元八年已很明確。④

全國統一以後,忽必烈在江南繼續推行崇教抑禪政策。至元十四年二月,"詔以僧亢吉祥、憐真加、加瓦並爲江南總攝,掌釋教"。⑤ 亢吉祥即行育,憐真加即楊璉真加,加瓦又稱加瓦八,身世不詳。至遲到至元二十四年,楊璉真加已升爲江南釋教都總統,成爲元朝管理江南佛教的實權人物。⑥ 至元二十五年正月,楊璉真加召集江南禪教的代表人物,到大都"問法"。在這次集會上,雙方進行了辯論。與以前的佛道辯論不同,此次禪教"廷辯"參加的人數缺乏記載。禪宗方面的代表人物是杭州徑山寺的雲峰妙高、靈隱寺的虎岩伏。教門方面的代表人物是杭州仙林寺(慈恩宗)的德榮佑岩、天台宗的雲夢允澤。雙方都與楊璉真加有密切關係。在

---

① 姚燧:《董文忠神道碑》,《姚燧集》卷一五,查洪德編輯點校,人民文學出版社,2011年。
② 《重修十方棲巖禪寺之碑》,《山右石刻叢編》卷二五,清光緒二十七年刊本。
③ 程鉅夫:《嵩山少林寺裕和尚碑》。
④ 陳高華:《元代佛教與元代社會》,《元史研究論稿》,第382頁;《略論楊璉真加和楊暗普父子》,同上書,第392—393頁。
⑤ 《元史》卷九《世祖紀六》,第188頁。
⑥ 陳高華《再論元代河西僧人楊璉真加》,《中華文史論叢》2006年第2期。

廷辯現場還有一個奇特人物"泉總統",① 有的著作說:"元世祖不僅饒有興趣地聽教禪二教辯論,旁邊有翻譯,又有稱爲'泉總統'者('總統'當是'釋教總統','泉'也許是林泉從倫)代爲傳話和進行引導。"② 李輝文認爲此說不確,"泉總統就是釋教總統合台薩理。合台薩理生平不詳,但可以肯定不是漢人"。按,泉總統確實就是合台薩理,他是畏兀兒人,出身佛教世家,曾任釋教都總統,後來成爲全國佛教的管理機構總制院的長官總制使。③ 他當時在場有雙重身份,一是作爲全國佛教界的領袖人物出現,二是作爲忽必烈的翻譯,也就是說,翻譯就是"泉總統",並非兩個人。④

有的著作認爲,"對於此次辯論,只見於禪宗史書的記載。根據這些記載,元世祖實際是偏向於禪宗一方的。可以想象,元世祖以往在與臨濟宗僧海雲印簡、北少林福裕等禪僧的交往中,在任用劉秉忠三十多年的時間裏,對禪宗已經有了相當多的了解,也許已經形成好感,因此在這次禪、教辯論過程中偏頗於禪宗一方是可以理解的"。⑤ 這種說法是不夠準確的。忽必烈即位前後確曾對禪僧表示好感,但在藏傳佛教進入宮廷後,他對禪宗的態度逐漸改變,因而有至元八年崇教抑禪之舉。關於至元二十五年辯論,除禪宗史書外,天台宗史書也有記載,當時文人亦曾提及。禪宗僧人修撰的《佛祖歷代通載》卷二二對此次廷辯有兩處記載,一處記廷辯經過,禪僧發言後,"皇情大悅,遂以龍袖西拂,即謝恩下殿,奉御領歸寢殿賜食";一處記雲峰妙高生平,其中有云:"戊子春,魔事忽

---

① 《佛祖歷代通載》(《大正藏》本)卷二二有關廷辯的長篇文字中三次提到"泉總統":"泉總統譯云再説","泉總統又傳又聖旨云","又傳聖旨,令泉總統問。"
② 《宋元禪宗史》,第603頁。
③ 《元史》卷一三〇《阿魯渾薩理傳》,第3174頁。參見拙作《元代内遷畏兀兒人與佛教》,《中國史研究》2011年第1期。
④ 元代畏兀兒人中有一批精通多種語言文字的人物,出任政府或宗教的語言和文字的翻譯工作。合台薩理祖孫三代都是如此。
⑤ 《宋元禪宗史》,第605頁。

作，教徒譖毀禪宗。師（杭州徑山寺雲峯妙高——引者）聞之，歎曰：'此宗門大事，吾當忍死以爭之。'遂拉一二同列趨京。有旨大集教禪廷辯。……上大説，衆喙乃息，禪宗按堵如初。"兩處措辭都是比較含糊的，並没有講明忽必烈的真實態度。而由天台宗僧人編撰的《佛祖統記》則明確稱："江淮釋教都總統楊璉真佳集江南教、禪、律三宗諸山至燕京問法。禪宗舉雲門公案，上不悦。雲夢澤法師説法稱旨，命講僧披紅袈裟右邊立者。於是賜齋香殿，授紅金襴法衣，賜以佛慧玄辯大師之號。使教冠於禪之上者自此。"①元代後期文人劉仁本説，佛教"自入中國，歷代以來，三宗之傳，齊驅並駕。至我朝世皇，因嘉木楊喇勒智來希旨，升教居禪之右，別賜茜衣以旌異之，實予其能講説義文、修明宗旨也"。② 他的立場比較客觀，所述應是真相。事實是，這次廷辯旨在貫徹忽必烈崇教抑禪的意圖，這是至元八年以來既定的方針，所以其結果只能是"升教居禪之右"，壓低禪宗，提高佛教其他宗派的地位。但佛道辯論之後忽必烈對道教（特別是全真道）採取了一些嚴厲制裁的措施，而在禪教辯論之後對禪宗則是比較温和的，没有什麽明顯的壓制行動，故禪宗僧人仍可以説"禪宗按堵如初"。

二

據《佛祖歷代通載》卷二二記載，就在這一年，忽必烈以江南"教不流通"爲名，從北方選派"教僧三十員，往彼説法利生。由是直南教道大興"。就我們收集到的資料，現在可考當時選派教僧到江南的地區有六處。

---

① 《佛祖統記》（《大正藏》本）卷四八。
② 劉仁本：《送大璞兀上人序》。

（1）集慶，今南京。集慶天禧寺"即古長干寺，在府城南門外。……至元二十五年，有詔選高行僧三十員，開講於江南諸郡，擇名刹以居之。時藁城德公講主首奉詔開席於金陵天禧寺，説經訓徒，傳慈恩之教。未幾，特賜號佛光大師，並撥賜故宋太師秦申王墳寺旌忠寺爲下院，以其廢産共贍講席，改賜元興天禧慈恩旌忠教寺額"。①"國朝以仁慈爲政，篤尚佛教，又益信慈恩之學。先是其學盛於北方，而傳江南者無幾，至元二十五年，詔江淮諸路立御講三十六，求其宗之經明行修者分主之，使廣訓徒。時東昌德公首被選，世祖召見，賜食及衣，奉旨來建康，住天福、旌忠二寺，日講《法華》《楞嚴》《金剛》《華嚴》大藏等經"。"德公"即雲巖志德，他"嗣法於真定龍興寺法照禧公"，是慈恩宗僧人。志德"世居般陽萊州掖縣，徙居東昌，而師生焉"。故稱東昌德公。② 藁城屬真定路，很可能志德南下前曾在真定屬下藁城某佛寺住持，故上文又稱"藁城德公"。另有記載説："國朝至元初，開講席於郡之天禧，真定德公實來，上禀朝廷之旨，下爲庶民之歸，宣通要言，聞見開悟。居數十年，學者日盛。德公既殁，用其法闍那之，煙焰所及，竹石林木，皆成舍利，紺碧圓結，人争取而奉之，以求福焉。嗣其講者則瓦官戒壇東魯儒公也。志樂閑退，委而去之。自方山來主其席，宣慈恩之教，沛然於是邦者，則退庵無公其人也。"③文中稱"真定德公"正是指他出於真定龍興寺而言。"瓦官"指瓦官寺，當時又稱崇勝戒壇院。"方山"指方山定林寺。④ 由此條可知，由雲巖志德開啓的集慶講席一直在延續。

（2）臨江，今江西清江。"江南版圖歸於元，至元間，有旨命講

---

① 《（至正）金陵新志》卷一一下《祠祀志·寺院》，《文淵閣四庫全書》本。
② 大訢：《金陵天禧講寺佛光大師徒公塔銘》，《蒲室集》卷一二，《全元文》第35册，鳳凰出版社，2004年，第526—527頁。此條李文、周文已收。
③ 虞集《方山重修定林寺碑》，《江寧金石記》卷七，清嘉慶九年刊本。
④ 《（至正）金陵新志》卷一一《祠祀志·寺院》。

师三十有六即列郡諸寺大開講席，靈岩泉公實來臨江，改大天寧寺，易禪爲教，所講以《唯識論》爲宗。"①《唯識論》是慈恩宗的經典，"靈岩泉公"無疑也是慈恩宗僧人。

（3）鎮江。"鎮江普照寺沙門普喜，號吉祥，山東人。精究慈恩相宗，研習唯什師地因明等論。是年世祖創立江淮御講之所，普照居一，詔師主之。升座日講華嚴大經，以十卷爲常課。後入寂，茶毗舍利甚夥，建塔丹徒。鎮江之民多有圖像祠之，稱爲吉祥古佛云。"②普照亦屬慈恩宗。

（4）慶元，今浙江寧波。"帝師殿，在東南隅新橋東，其地宋時爲藥師院，後廢。皇朝至元間復爲官講所，延祐六年創殿以奉帝師，命僧守之。""官講所，在東南隅景德彌陀寺。講主一員，僧五十員，歲收諸寺講糧米一千六百石。"③據此，慶元在至元年間設立官講所。延祐六年改爲帝師殿，官講所則遷至他處。官講所無疑就是忽必烈派遣教僧南下後相應在各地設置的機構。但是派遣到慶元的教僧情況不可考。

（5）興化，屬高郵府，今江蘇興化。北溪智延，"被旨南邁，主長生御講於興化，大弘圓頓之教。一音所及，隨類得解，人以爲一佛出世"。④"圓頓之教"指賢首宗（華嚴宗）。

（6）平江，即今江蘇蘇州。"元世祖至元間，有賢首宗講主，奏請江南兩浙名刹，易爲華嚴教寺。奉旨南來，抵承天。次日，師（覺庵夢真禪師——引者）升座，博引《華嚴》旨要，縱橫放肆。問析諸師，論解纖微，若指諸掌。講主聞所未聞，大沾法益，且謂：'承天長

---

① 危素：《天寧寺碑記》，《危太樸文續集》卷一。
② 《釋鑒稽古略續集》卷一。此條李文、周文已收。按，普照寺是鎮江名刹，見《至順鎮江志》（江蘇古籍出版社，1990 年）卷九《僧寺》。奇怪的是，這部以詳實聞名的方志，卻沒有關於普喜講席的記載。
③ 《（至正）四明續志》卷一〇《釋道》，《宋元四明六志》本。
④ 黃溍：《北溪延公塔銘》，《金華黃先生文集》卷四一，《四部叢刊初編》本。

老尚如是,矧杭之巨刹大宗師耶!'因回奏,遂寢前旨。"① 這條記載所說"賢首宗講主"不知何許人,但此事顯然就是忽必烈選派教僧計劃的組成部分,也就是說,曾向平江派遣北方的華嚴宗僧人。但其中說南來講主有感於覺庵夢真學識淵博,"因回奏,遂寢前旨",大概是不可信的。後至元六年(1340),釋普林"因南遊,訪於吳城壽寧萬歲寺住持幽谿講主喆公,館留月餘"。得知此寺"世祖皇帝所設御講存焉"。② 可證平江確有"御講"存在。

從以上幾條材料,可知選派到江南的教僧,有的屬慈恩宗,有的屬華嚴宗。選派教僧的數量(也就是地點)有三十和三十六兩說。慶元路官講所設講主一員,僧五十人,其他地區亦應有同樣的官講所。集慶講席至少延續三代。值得注意的是,慶元官講所每年從各寺收取"講糧米一千六百石",這是一個很驚人的數字,也就是說,官講所的講主和僧人生活以及講經活動的經費都是依靠向其他佛寺攤派來維持的。

大德中,"總統司請[釋法洪]為釋源白馬寺長講,號大德法主"。後入大都。英宗時,授光祿大夫、大司徒,"刻銀為印,食一品祿。承制總選名僧,校讎三藏書,領江淮官講凡三十所。於是貴幸莫比矣"。③ 據此,則"江淮官講"應是一常設機構,由皇帝指定專人負責,英宗時仍存在。從上面所引資料來看,集慶講席至少更換過三個主持者,而慶元路的官講所和平江的"御講"一直到順帝時,亦可作為"江淮官講"是常設機構的證據。前面提到官講所有三十和三十六兩說,由此可知三十所應是比較可信的。

---

① 《五燈全書》卷四九《平江府承天覺庵夢真禪師傳》,《續藏經》第 141 冊。此條李文、周文已收。
② 《壽寧萬歲教寺裝佛之記》,《吳都文粹續集》卷二九,《文淵閣四庫全書》本。
③ 許有壬:《釋源宗主洪公碑銘》,《至正集》卷四七。

楊璉真加還在杭州鳳凰山南宋故宮遺址上建造五所佛寺,即報國、興元、般若、仙林、尊勝。楊璉真加秉承忽必烈意旨"建大寺五,分宗以闡化。"其中報國寺爲禪宗,仙林寺屬慈恩宗,興元寺屬天台宗,般若寺屬白雲宗,只有尊勝寺是藏傳佛教寺院。① 江南佛教本來以禪宗爲主,天台宗次之,楊璉真加新建五寺,分屬五個不同的宗派,實際上起到抑制禪宗的作用。

崇教抑禪政策的推行,在江南佛教界產生了影響。有些寺院改禪爲教,上面所說臨江路大天寧寺便是一例。又如,"天台國清寺實智者大師行道之所,或據而有之,且易教爲禪。師(湛堂性澄——引者)不遠數千里走京師,具建置之顛末,白於宣政院,卒復其舊。……元貞乙未,入覲於上京,賜食禁中,復以國清爲言。宣政院爲奏,請降璽書加護,命弘公主之。辨正宗緒,扶植教基,使來者永有依庇,師之力也"。② 國清寺是天台宗的祖庭,湛堂性澄是雲夢澤的門徒,他的活動顯然是緊接着至元二十五年廷辯進行的,對於天台宗的發展具有重要意義。與此相應,有些禪宗僧人改投其他教派,本無就是其中一個,他投到性澄門下,"精研教部"。其師寂照禪師作一偈寄之,其中有云"從教入禪古今有,從禪入教古今無"。③ 這些情況都說明江南佛教禪教勢力的消長。至於有的先生認爲,此次辯論"元朝的統治中心大都的禪宗受到的打擊更大,因而相對來說,江南所受的影響反而沒有那麼大",④恐非事實。北方禪教關係早在至元八年會議後已作過調整,此次辯論主要影響江南,對大都禪宗没有明顯的影響。

---

① 陳高華:《再論元代河西僧人楊璉真加》,《中華文史論叢》2006年第2期。
② 黃溍:《上天竺湛堂法師塔銘》,《金華黃先生文集》卷四一。
③ 《大明高僧傳》(《大正藏》本)卷二《本無傳》。
④ 前述李輝文《至元二十五年江南禪教廷諍》。

三

　　但是,如上所説,忽必烈崇教抑禪,只是抬高其他佛教宗派地位,使之能與禪宗抗衡而已,並没有採取過多的打擊禪宗的措施。隨着楊璉真加的垮臺和忽必烈的去世,從成宗鐵穆耳起,崇教抑禪已逐漸淡化。成宗即位後,在宗教政策方面明顯有所調整,最明顯的是採取一系列措施扶植道教。① 上面説過,元貞元年天台宗湛堂性澄到上都受到優遇,而同年發生另一件事,廬山東林寺住持禪僧悦堂祖闇,"元貞元年,奉詔赴闕,入對稱旨,賜璽書,號通慧禪師,並金襴法衣,以榮其歸"。祖闇後來成爲江南禪宗大寺靈隱寺的住持。② 顯然,當時朝廷對江南禪宗也採取護持的態度。現存元代江南地方志《大德昌國州志》《延祐四明志》《至順鎮江志》《(至正)金陵新志》等都對各地佛教寺院有詳細記載,大體上可以看出,各地佛寺仍是禪、教、律鼎立,和前代相比没有明顯的變化。例如,慶元路在城有"禪院五"、"教化十方七"、"律十方七"、"甲乙徒弟教院八",另有若干尼寺、庵舍。③ 鄞縣禪宗寺院 22 所,教院 24 所,律院 8 所,另有"甲乙院"49 所,尼寺 2 所。奉化州禪寺 24 所,教寺 29 所,律寺 7 所,其他 16 所。④ 昌國州禪院 10 所,教院 6 所,律院 7 所。⑤ 所謂"十方院"即公請各方著名僧人住持的寺院,"甲乙院"則是師徒相承擔任住持的寺院。

---

　　① 參見前述周清澍文《論少林福裕和佛道之爭》第七節《至元間佛道的糾纏和成宗的新舉措》。
　　② 黄溍:《靈隱悦堂禪師塔銘》,《金華黄先生文集》卷四一。
　　③ 《延祐四明志》卷一六《釋道考上》,《宋元四明六志》本。
　　④ 《延祐四明志》卷一七《釋道考中》。
　　⑤ 《(至正)四明續志》卷一〇《釋道》。

元代中期以後，江南禪宗有復興的趨勢，主要是出現了三個影響很大的名僧，即高峰原妙、中峰明本和笑隱大訢。特別是笑隱大訢，和宫廷有密切關係。元文宗以金陵潛邸建大龍翔集慶寺，"命爲太中大夫、號曰廣智全悟大禪師，爲開山第一代師。……又明年，與蔣山曇芳忠俱召至京師。京師之爲禪宗者出迎河上曰：'國家尚教乘，塔廟之建，爲禪者寂然。禪刹興於今代自師始，吾徒賴焉。'……日召對奎章閣，賜坐，説佛心要，深契上旨"。順帝後至元二年，"以老病求退。御史大夫撒迪公以聞，優詔不許。加號釋教宗主，兼領五山寺，餘如故，而賜予尤厚"。① 所謂"國家尚教乘，塔廟之建，爲禪者寂然"，係指元朝歷代皇帝建造的佛寺，其住持都由教僧擔任而言。② 圖帖睦爾建大龍翔集慶寺，以禪宗僧人大訢爲住持，這是一個很大的變化。故北方禪宗僧人爲之歡欣鼓舞，高呼"禪刹興於今代自師始"，在他們心目中，一個新時代到來了。更值得注意的是，元順帝爲大訢"加號釋教宗主，兼領五山寺"，這是前所未有的稱號。"釋教宗主"是個虛銜，"宗主"顧名思義是宗派領袖之意。南宋時，江南佛教有"五山十刹"之制，有禪院五山十刹、教院五山十刹，都是當時最有名的佛寺。③ 元代實際上已不存在。順帝以大訢"兼領五山寺"，是否有意恢復"五山十刹"尚難斷定，但其意圖是將大訢置於江南佛教各大寺住持之上則是很明顯的。可以認爲，到了大訢時代，江南禪宗的聲勢明顯超越其他宗派了。

上面説過，二十五年廷辯後曾有僧人由禪入教，但元代中後期教僧從禪的現象明顯增多。例如，用貞輔良，"習天台教觀所謂三乘十二分，研其精華，攝其密微，充然若有所契"。後來投奔大龍翔

---

① 虞集：《釋教宗主兼領五山寺笑隱訢公行道記》，元至正本《蒲室集》卷末。見《全元文》第 27 册，鳳凰出版社，2004 年，第 41—42 頁。
② 陳高華：《元代大都的皇家佛寺》，《世界宗教研究》1992 年第 2 期。
③ 郎瑛：《七修類稿》卷五《天地類·五山十刹》，上海書店出版社，2001 年。

集慶寺大訢門下,先後爲禪宗名刹杭州中天竺寺和靈隱寺的住持。① 逆川智順,原來"習法華經,曆三月,通誦其文",後"更衣入禪"。② 覺原慧曇,早年"學律於明慶果公,習教於高麗教公",後投奔笑隱訢公於中天竺。"天曆二年己巳,龍翔新建,文宗命廣智(大訢——引者)爲開山住持,師實從之"。明初,朱元璋改大龍翔集慶寺爲大天界寺,以覺原慧曇爲住持。③ 以上數例都發生在南方,用貞輔良、覺原慧曇由教入禪都與大訢有關。在北方,亦有同樣的例子。上述派遣到興化的北溪智延,北歸"謁西雲安公於大慶壽方丈,究教外別傳之旨,一旦豁然頓悟"。後來成爲大慶壽寺住持,"特授榮禄大夫、大司空,領臨濟宗事"。④

宋代江南禪、教(主要是天台宗)矛盾已很明顯,⑤崇教抑禪加深了江南的禪教矛盾,一直到元朝末年仍然如此。"世降以來,崇教者或毁禪,宗禪者或斥教,大浮圖不能正其是非。又或從而倡之,立溝塹於一堂之上,操戈盾於同室之間,騰訕蝟興,倫於市哄,有識未嘗不爲之太息也。"⑥同一種經典,禪、教解讀各異。"然而世殊道降,末學多聞,筆舌相私,所見差別。尚辭者或乖其義,滯事者或遺其理,乃致教指禪爲偏,禪斥教爲泥,騰説紛然,靡會其極。"⑦禪、教分歧,互相對立是很嚴重的,但是也出現了企圖調和禪、教的人物,例如,一雲大同是華嚴宗僧人,後"上天目山禮普應本禪師……公將久留,普應曰:'賢首之宗日遠而日微矣,子之器量足以張大之,毋久淹乎此也。'爲贊清涼像而遺之"。"普

---

① 宋濂:《杭州靈隱寺故輔良大師石塔碑銘》,《宋文憲公全集》卷一二,《四部備要》本。
② 宋濂:《净慈順公逆川瘞塔碑銘》,《宋文憲公全集》卷一一。
③ 宋濂:《覺原禪師遺衣塔銘》,《宋文憲公全集》卷一五。
④ 黄溍:《北溪延公塔銘》,《金華黄先生文集》卷四一。
⑤ 陳垣:《中國佛教史籍概論》卷五《台禪二宗之争》,中華書局,1962年。
⑥ 釋來復:《送鎬仲京歸吳序》,《蒲庵集》,轉引自《全元文》第57册,鳳凰出版社,2004年,第171頁。
⑦ 釋來復:《大佛頂無上首楞嚴經序》,《蒲庵集》,轉引自《全元文》第57册,第151頁。

應本禪師"即中峰明本。後來大同成爲江南華嚴(賢首)宗名僧。①再如靈隱寺住持天鏡元瀞。"世之學浮屠者不爲不多,習教者不必修禪,修禪者未嘗聞教,師(天鏡元瀞——引者)則兼而有之。"②

四

忽必烈即位後爲什麽"崇教抑禪"?《浙江佛教史》認爲,元代佛教"實際上形成了南禪北教的局面。元王朝實行民族等級制,把全國人民分爲蒙古、色目、漢人和南人四個等級。故主要在南方流傳的禪宗受到了抑制"。崇教抑禪"是元統治者的既定方針,是元統治者歧視南人的反映"。③ 這種看法似可商榷。首先,元代佛教形成"南禪北教"之説是不確切的,在北方禪宗亦有很大勢力,並不比其他宗派遜色。前面説過,至元八年釋教大會,少林寺曹洞宗福裕門下佔三分之一。如果加上臨濟宗和雲門宗的門下,可以估計,禪宗僧人不會少於一半。其次,如前所説,至遲在至元八年,忽必烈已定下了"崇教抑禪"的方針,當時南方尚未歸元朝統治。因此,把"崇教抑禪"説成元朝"歧視南人的反映"是不準確的。總的來説,推行四等人制、造成民族之間的隔閡與矛盾,是忽必烈用以維持統治的基本原則,具體到佛教領域,便表現爲尊崇藏傳佛教,抑制其他"漢地"原有各教派。"漢地"各教派中禪宗勢力獨大,忽必烈抬高其他教派地位,抑制禪宗,有利於對"漢地"佛教的控制。還有一個可能起作用的因素是,"漢地"的華嚴宗與藏傳佛教教義有

---

① 宋濂:《別峯同公塔銘》,《宋文憲公全集》卷二八。
② 宋濂:《故靈隱住持樸隱禪師瀞公塔銘》,《宋文憲公全集》卷二八。
③ 《浙江佛教史》,第471、464頁。

不少相通之處,關係非同一般,容易得到忽必烈的好感。① 至元八年二宗大會具有重要意義,至元二十五年禪教廷辯是至元八年二宗會議的繼續。只有把兩者聯繫起來,對後者的性質纔能看得清楚。可惜不少佛教史研究者都忽略了。

(原刊於《隋唐遼宋金元史論叢》第 2 輯,2012 年)

---

① 《元代文化史》,廣東教育出版社,2009 年,第 65—66 頁。按,此書佛教部分由劉曉執筆。

再論元代河西僧人楊璉真加

河西僧人楊璉真加是元代佛教史上的重要人物，其聲勢顯赫一時。過去我寫過《略論楊璉真加和楊暗普父子》(以下稱《略論》)，①對他的活動有所論述。近年元代佛教史的研究，有新的進展。學習中外學者的論著，有一些體會，願對上文作一些補充。

一　楊璉真加任江南總攝的時間

至元十三年(1276)二月，元軍下南宋都城臨安(今浙江杭州)，南宋亡，但餘部仍在抵抗，延續了數年。在平定南宋的過程中，元朝便着手在南方建立行政管理機構，推行有關的政策法令，與此同時，忽必烈很重視對江南宗教加以控制。十三年二月對臨安等新附州縣官民頒發的詔書中，宣布對寺觀廟宇加以保護，並要地方官府將包括僧、道在內的知名人士，"具以名聞"。四月，"召嗣漢天師張宗演赴闕"。② 十四年(1277)正月，"賜嗣漢天師張宗演演道靈應沖和真人，領江南諸路道教"。同年二月，忽必烈"詔以僧亢吉

---

①　陳高華：《略論楊璉真加和楊暗普父子》，《西北民族研究》1986年1期，後收入拙作《元史研究論稿》，中華書局，1991年，第385—400頁。
②　《元史》卷九《世祖紀六》，中華書局點校本，1976年，第179、182頁。

祥、憐真加、加瓦並爲江南總攝,掌釋教"。① 所謂"江南總攝"是江南諸路釋教都總攝所的長官名稱,忽必烈成立這個機構管理江南佛教事務,以此三人爲首,主持總攝所的工作。這樣,元朝管理江南佛道二教的體制,在下臨安的第二年,便已建立起來。需要說明的是,中華書局點校本《元史》卷九以"憐真加加瓦"爲一人,研究者往往以此立論,討論有關問題。② 但近年日本學者中村諄、竺沙雅章的研究,證明憐真加、加瓦是二人。這是很有意義的考證。③

"嗣漢天師張宗演"是江南道教正一派的領袖。而在忽必烈任命的三位"江南總攝"中,亢吉祥即華嚴宗僧人行育,女真人。④ 憐真加即楊璉真加,是河西人。加瓦又作加瓦八(見下面徵引的大藏經局人員名錄),族屬不詳,但肯定不是漢人或南人。可以看出,忽必烈對南方的佛道二教的態度是不同的。道教由江南土生土長的正一派領袖管理,而佛教則委派來自北方的非漢族僧人管理。爲什麼會有此不同? 主要原因在於正一派早和蒙古有聯繫。蒙哥汗九年(己未,1259)忽必烈率軍進攻武昌時,曾派人渡江到江西龍虎山,潛訪正一派首領張可大(張宗演之父),張可大要來人向忽必烈回報説:"後二十年,天下當混一。"意思是忽必烈會統一天下。⑤ 當時南北正處於激烈的戰爭狀態,忽必烈居然專門遣人與正一派聯絡,説明他早已看到宗教勢力在南方的重要地位。而張可大的此番言語,顯然已意識到南宋國運難以持久,爲正一派的前途計,

---

① 《元史》卷九《世祖紀六》,第187、188頁。
② 如歐陽光《宋元詩社研究叢稿》中關於六陵冬青之役的考訂,廣東高等教育出版社,1996年,第139頁。
③ 竺沙雅章:《宋元佛教文化史研究》,汲古書院,2001年,第184頁。
④ 關於行育的情況,見竺沙雅章《元代華北の華嚴宗》,載《宋元佛教文化史研究》,第168—212頁。
⑤ 《元史》卷二百二《釋老傳》,第4526頁。

意在博取忽必烈的好感。忽必烈果然對此銘記在心,下臨安不過二月,便召張可大之子張宗演入朝,賜給種種優遇,予以管理江南道教的重任。相形之下,對於江南佛教,忽必烈顯然心存疑忌,要派遣北方的僧侶加以控制了。

我在《略論》中指出,楊璉真加是河西人。河西是個地理概念,就其族屬而言,是唐兀人,亦即前代西夏的主體民族党項人。這一點現在可以説已無異議。《略論》中又説"《元史·世祖紀》提到他的名字始於至元二十一年"。現在既可以確定至元十四年二月任命的江南總攝是三人,其中憐真加無疑即楊璉真加,也就是説,《元史·世祖紀六》早在至元十四年就有關於楊璉真加的記載,首見於二十一年之説是錯誤的。但是,在出任總攝以前,此人的經歷如何,可以説至今仍是個謎。元代後期,鄭元祐作筆記《遂昌山人雜録》。鄭本杭州人,後居平江(今江蘇蘇州),所記大多爲親身見聞。其中一條説:

> 河西僧馮某者,與楊璉真珈生同里,幼同學,情好蓋甚,相同而相得也。楊在江南事掘墳,遂以書招馮出河隴來江南。既至,遂以杭富貴家十墳遺馮,使之發掘。馮父子皆僧也,……楊璉真珈敗後,五十年間,此曹無一存者。馮之父居杭西湖北山,與余對鄰,而其子則居明慶寺之東。[①]

楊璉真加爲河西即唐兀人,又可增一證據。由此可知,楊璉真加原籍應爲"河隴",亦即河西走廊地區,幼年在家鄉上學(可能是一般學校,也可能指寺院中習讀經書)。《略論》中曾指出,楊璉真加有妻、子並非偶然,在元代河西僧人有妻、子是普遍的現象,上述"馮父子皆僧也"亦可作爲旁證。

---

① 《遂昌山人雜録》,《讀畫齋叢書》本。

二　從總攝到總統

從至元十四年二月出任總攝起,到二十八年受桑哥案牽連被撤職查辦止,楊璉真加主管江南佛教事務長達十四五年。在此期間,其地位前後有所變化。上面說過,忽必烈最初任命三位江南總攝的次序是亢吉祥(行育)、楊璉真加、加瓦(加瓦八)。亢吉祥(行育)爲首。至元十六年(1279)十二月白雲宗僧人道安爲《普寧藏》經卷所作題記中提到"江淮諸路釋教都總攝扶宗弘教大師、江淮諸路釋教都總攝永福大師",①"扶宗弘教大師"就是行育,"永福大師"就是楊璉真加。行育在楊璉真加之前。題記中沒有第三位總攝加瓦(加瓦八),很可能他此時尚未來到杭州。而至元二十七年(1290)十月白雲宗僧人如志在《普寧藏》經卷所作題記中有一件大藏經局工作人員名錄,共一百餘人,列名最後的三人是:"宣授江淮諸路釋教都總攝弘教大師加瓦八觀緣","宣授江淮諸路釋教都總攝扶宗弘教大師行吉祥都勸緣","宣授江淮諸路釋教都總統永福大師璉真加都勸緣"。② 排列順序有所改變。日本學者竺沙雅章指出,在這件二十七年經局名錄中,楊氏名列最後,可見其地位已在行育之上。③ 而行育、加瓦八仍稱總攝,楊氏則改稱總統,也說明楊璉真加的身份已與行育、加瓦八有所不同。④ 竺沙氏的見解很重要,足以說明楊璉真加的地位前後有所變化。元代僧官等級

---

① 原載日本《增上寺三大藏經目錄·元版(刊記)》第193號。日本學者小川貫弌在《白雲宗大藏經局の機構》(《龍谷史壇》62號)有所論述。本文轉引自李富華、何梅《漢文佛教大藏經研究》,宗教文化出版社,2003年,第318頁。
② 原載日本《增上寺三大藏經目錄·元版(刊記)》193號,《白雲宗大藏經局の機構》中有所論述,本處轉引自《漢文佛教大藏經研究》第334頁。
③ 元代碑傳文字中官員署名常以後者爲上。
④ 《宋元佛教文化史研究》,第186—187頁。

制度缺乏明確的記載，但由各種分散的記載可知，上層僧官有總攝、總統之別，而總統在總攝之上。試舉二例。忽必烈曾組織各族僧侶對"蕃漢本"佛經對校，勘定異同，"奉詔證義"共五人。第二人是"宣授江淮都總攝扶宗弘教大師釋行吉祥"即行育，第三人是"聖壽萬安寺都總統"揀吉祥，第四五人都是"宣授諸路釋教都總統"，一是昭吉祥，一是遠丹巴。這份名錄的排列，後者爲上，可知總統高於總攝。① 又，《元史》卷一六記載，至元二十八年二月，"以隴西、四川總攝輦真尤納思爲諸路釋教都總統。"② 這位輦真尤納思由總攝升爲都總統。楊璉真加和他的狀況完全一樣。

至於楊氏由總攝升爲都總統的時間，竺沙氏羅列《元史》及《佛祖歷代通載》《至元法寶勘同總錄序》《至元辨僞錄序》中有關楊璉真加頭銜的不同記載，共九例，但沒有明確的結論。九例中《元史・釋老傳》稱"總統"但具體時間不明，可以不計。又，至元二十二年正月條稱"總統"應爲二十三年正月之誤。我們另發現三例，現將十一例按年代排列如下：

至元二十一年九月，"以江南總攝楊璉真加發宋陵冢所收金銀寶器修天衣寺"（《元史》卷一三《世祖紀十》）。

至元二十三年正月，"以江南廢寺土田爲人佔據者，悉付總統楊璉真加修寺"（《元史》卷一四《世祖紀十一》）。

至元二十三年，"江淮釋教總攝所呈，……欽奉聖旨節該，楊總攝奏將來"（《元典章》卷二九《禮部二・服色》）。

至元二十四年，"江南釋教都總統永福楊大師鏈真佳大弘聖化"（《至元辨僞錄》卷首，張伯淳序）。

至元二十五年正月，"江淮釋教都總統楊輦真迦集江南禪、教朝覲登對"（《佛祖歷代通載》卷三四。《佛祖統紀》卷四九作"江淮

---

① 《至元法寶勘同總錄》卷首《奉詔旨編修執筆校勘譯語證義諸師名銜》。
② 《元史》卷一六《世祖紀十三》，第344頁。

釋教都總統楊璉真佳")。

至元二十五年二月,"江淮總攝楊璉真加言,以宋宮室爲塔一,爲寺五,已成"(《元史》卷一五《世祖紀十二》)。

至元二十六年,"宣授江淮都總統永福大師見之嘆曰"(《至元法寶勘同總錄》卷首,净伏序)。

至元二十六年五月,"永福楊總統,江淮馳重望"(《兩浙金石志》卷一四《杭州佛國山石像贊》)。

至元二十八年五月,"追究僧官江淮總攝楊璉真伽等盜用官物"(《元史》卷一六《世祖紀十三》)。

至元二十八年六月,"宣喻江淮民恃總統璉真加力不輸租者,依例徵輸"(《元史》卷一六《世祖紀十三》)。

從以上排列的資料可以看出,《元史·世祖本紀》的記載是相當混亂的,二十一年稱"總攝",二十三年正月和二十五年正月稱"總統",而二十五年二月又稱"總攝",其中顯然有誤。至元二十八年五月稱"總攝",六月稱"總統",更是自相矛盾。楊氏此時已失勢受審查,怎麼兩月之内還會有不同的頭銜?上面開列的《元史·世祖本紀》以外的各種記載,可信度都是比較高的。由這些記載來看,可以認爲,楊璉真加由總攝改爲總統應不晚於至元二十四年。也就是説,《元史·世祖本紀》中至元二十五年二月和二十八年五月的"總攝"都是"總統"之誤,而二十三年正月稱"總統"也是有問題的。

與總攝、總統有關的,還有總攝所和總統所的問題。有了總攝所纔有總攝,有了總統所纔有總統,或者説,有了總攝、總統便有總攝所、總統所。至元十四年忽必烈任命三位總攝,沒有提到總攝所,但揆之情理,當時一定正式建立了總攝所,纔會有總攝的任命。前引《普寧藏》經卷至元十六年十二月題記,明確提到江淮諸路釋教都總攝所,這是文獻中關於這個機構的較早的記載,也可證明在此以前已有總攝所的存在。《元典章》收錄兩件至元二十三年的文書,都提到"江淮釋教總攝所"。一件是"至元二十三年,江西行省據江淮釋教總攝所呈",另一件是"至元二十三年二月初三日,江淮釋教總攝所欽奉聖旨節該"。① 但很快便出現了總統所。杭州飛來峰有"至元二十四年歲次丁亥三月""功德主江淮諸路釋教都總統所經歷郭"的題名,以及"大元戊子三月""總統所董□祥"的題名,②"戊子"是至元二十五年(1288)。由此可知,至遲到二十四年三月,總統所已成立,也就是說,在此以前,楊璉真加已由總攝升爲總統。這和上面所說不遲於二十四年的推斷是吻合的。總統所不是新建機構,而是將總攝所改名而成,有了總統所,總攝所就不再存在了。正因爲如此,在上述至元二十七年白雲宗大藏經局工作人員名錄中,只有"江淮諸路釋教都總統所",沒有總攝所。名錄上總統所官員三人,即"提控顧觀緣""主事白勸緣""經歷郭觀緣"("觀緣"、"勸緣"是經局中的分工),名列總攝、總統之前。"經歷郭"與二十四年題名中的"經歷郭"應是一人。

由以上所述可知,至元十四年二月,忽必烈設江淮諸路釋教都總攝所,以行育、楊璉真加、加瓦(加瓦八)三人爲總攝。至遲到二十四年三月,楊璉真加升爲總統,行育、加瓦(加瓦八)仍爲總攝,總攝所亦相應改爲總統所。說明忽必烈對楊璉真加在江南的作爲(如挖掘宋陵、改道觀爲僧寺等,主要發生在二十四年以前)是肯定的。

至元二十八年楊璉真加失勢,元朝在杭州設行宣政院,主管江南佛教事務,③但江南總統所形式上仍然存在,並未廢除。土蕃僧

---

① 《元典章》卷二九《禮部二・服色》、卷三二《禮部六・釋道》。
② 《兩浙金石志》卷一四《元釋教都總統題名》《元董□祥造像題名》,《續修四庫全書》本。
③ 鄧鋭齡:《元代杭州行宣政院》,見《鄧鋭齡藏族史論文譯文集(上)》,中國藏學出版社,2004年,第75—93頁。

人沙羅巴在成宗元貞元年（1295）曾出任江浙等處釋教都總統，[1] 大德三年（1299）三月，成宗"命妙慈弘濟大師、江浙釋教總統補陀僧一山齎詔使日本"。[2] 可知在楊璉真加失勢後，元朝還曾任命過江浙釋教總統，但其權勢已無法與楊璉真加相比。大德三年五月，元朝"罷江南諸路釋教總統所"。[3] 這個機構纔宣告結束。

三　楊璉真加和河西字《大藏經》

1227年，西夏滅亡，但有元一代西夏文字仍在一定範圍內使用，並未消失。元代稱原西夏地區為河西，西夏文字為河西字。元朝曾刊行河西字即西夏文字《大藏經》，這是中國佛教史上一件大事，也是西夏文字流傳過程中的大事。元刻河西字《大藏經》，迄今仍有殘本傳世。

至元三十一年（1294）正月，世祖忽必烈逝世。四月，皇孫鐵穆耳嗣位，是為成宗。據《元史》卷一八記載，就在成宗即位當年十一月，"罷宣政院所刻河西《藏經》板"。[4] 但此事始於何時，罷後情況如何，《元史》中都沒有記載。可喜的是，《磧砂藏》所收《大宗地玄文本論》卷三後有大德十年松江府僧錄管主八的一段題記，敘述自己累年發心印施漢本佛經等功德，接着說：

> 欽覩聖旨，於江南浙西道杭州路大萬壽寺雕刊河西字《大

---

[1] 陳得芝：《元代內地藏僧事輯》，見《蒙元史研究叢稿》，人民出版社，2005年，第233—251頁。
[2] 《元史》卷二〇《成宗紀三》，第426頁。
[3] 《元史》卷二〇《成宗紀三》，第427頁。
[4] 《元史》卷一八《成宗紀一》，第389頁。按，這條記載可以作兩種解釋。一是在河西地區雕印《藏經》，一是雕印河西字《藏經》。中華書局點校本在"河西"二字旁加了專名線，顯然作前一種解釋。但此種解釋沒有其他記載可以證明，應以後者為是。

藏經》三千六百二十餘卷,《華嚴》諸經懺板,至大德六年完備。管主八欽此勝緣,印造三十餘藏,及《大華嚴經》《梁皇寶懺》《華嚴道場懺儀》各百餘部,《焰口施食儀軌》千有餘部,施於寧夏、永昌等路寺院,永遠流通。

管主八的題記接着又講述"裝印西番字"經卷"散施土蕃等處流通讀誦"。"河西字"即西夏文字,"西番字"即藏文。① 這份題記是元代民族文字佛教經典刊印流傳的珍貴資料。

此外,在西夏文《過去莊嚴劫千佛名經》的發願文(作於皇慶元年,1312)中也提到:"後我世祖皇帝……發出聖敕,江南杭州實板當做己爲,……至元三十年,萬壽寺中刻印。"②根據管主八題記和發願文,可知:(一)雕刊河西字(西夏文)《大藏經》是世祖皇帝忽必烈的旨意。(二)雕刊工作在至元三十年(1293)已初步或部分完成,大德六年(1302)全部完備。《元史》所載至元三十一年十一月罷刻一事不是沒有執行,就是罷刻以後又重新啓動。(三)雕刊河西字《大藏經》的地點是杭州萬壽寺。

宋元時期,杭州的雕版印刷事業相當發達,這是衆所周知的。但是,一般所説杭州的雕版印刷限於漢字。萬壽寺是一所什麽樣的寺院?它爲什麽會雕刊河西字《大藏經》呢? 這些問題長期以來沒有人注意。最近王菡在《元代杭州刊刻〈大藏經〉與西夏的關係》③中討論"西夏文《大藏經》在杭州的刊刻"時説:"據清修《西湖志纂》,萬壽寺的地址在杭州孤山西南,唐代爲孤山寺,北宋時改爲廣化寺,南宋理宗時改爲西太乙宮,元楊璉真加改爲萬壽寺。元末寺毁。"指出了楊璉真加和萬壽寺的關係,這是很有意義的。但所述

---

① 見王國維《兩浙古刊本考》卷上《杭州府刊板·河西字大藏經三千六百二十△卷》。《王國維遺書》十二册,上海古籍書店影印,1983年。
② 見史金波《西夏佛教史略》,寧夏人民出版社,1988年,第322頁。
③ 王菡:《元代杭州刊刻〈大藏經〉與西夏的關係》,《文獻》2005年第1期。

過於簡略且不夠確切,有必要作一些補充。

杭州的萬壽寺是一所與衆不同的佛寺。它位於西湖湖心孤山上,是由原四聖延祥觀和西太乙宫改建而成的。原來孤山上有不少佛寺、道觀,還有皇家園林。宋朝皇室一貫崇拜"四聖"(天蓬、天猷、黑殺、真武)。在道教的諸神譜系中,四聖是紫微北極大帝位下的四將,北方的戰神。宋朝一直受到來自北方的威脅,被動挨打,無力抗争,只好祈求北方的戰神四聖給予庇護。北宋時皇家已在都城汴梁(今河南開封)建立四聖祠宇,南宋時皇室崇拜四聖更勤。[①] 高宗的母親韋氏曾被金人俘擄,後因宋金議和得還,她認爲這是四聖保佑的結果,便下令在西湖孤山建造四聖殿。紹興二十年(1150)在四聖殿基礎上擴建成四聖延祥觀,爲此佔用了孤山原有的一些佛教寺院。四聖延祥觀不斷得到皇室的賞賜,規模宏大,成爲南宋境内最大的道觀之一。[②] 元滅南宋以後,忽必烈於至元十八年(1281)命張留孫主持四聖延祥觀。張留孫原是江西龍虎山正一派道士,南宋滅亡後,他隨正一派首領張宗演北上大都,得到忽必烈賞識,受封爲玄教宗師,自此元代道教中增添了玄教一派。張留孫受命主持四聖延祥觀事,只是在大都遥領而已,本人並未來到杭州。西太乙宫建造的時間晚於四聖延祥觀。"宋理宗時,中貴盧允升等以奢侈導上,妄稱五福太乙臨吴越之分,乃即延祥園建太乙宫。……競列秀爽,殆仙居焉。"[③]西太乙宫的規模形制,超過了四聖延祥觀。

蒙古人原來信奉薩滿教,成吉思汗建大蒙古國,向外擴展,接

---

① 關於四聖及宋代的四聖崇拜,見景安寧《元代壁畫——神仙赴會圖》第五章《四聖》,北京大學出版社,2002年,第91—116頁。

② 《咸淳臨安志》卷一三《行在所録·四聖延祥觀》,《宋元方志叢刊》(4),中華書局影印,1990年,第3486頁上一下。田汝成《西湖遊覽志》卷二《孤山三堤勝迹》,中華書局上海編輯所,1958年,第19頁。

③ 《西湖遊覽志》卷二《孤山三堤勝迹》,第19頁。

觸到多種宗教。歷代蒙古統治者對於各種宗教，只要能爲自己服務，原則上都採取保護的態度。但其中亦有厚薄之分。成吉思汗西征時曾召見中原全真道首領丘處機，給予全真道種種優遇，以致道教在中原盛極一時。道教勢力的擴張引起佛教各派的強烈不滿，也引起蒙古統治者的疑忌，從蒙哥汗時代開始，佛道之争日趨激烈，而蒙古宫廷偏袒佛教的態度也趨於明朗。忽必烈積極利用各種宗教來加強元朝的統治，同時又在各種宗教中製造矛盾，便於利用。集中表現爲：（1）推崇佛教，壓制道教。（2）擡高藏傳佛教，使之凌駕於佛教其他宗派之上。（3）中原和江南的佛教各宗派，原有禪、教之分。禪宗之外各宗派，如華嚴、慈恩、天台等，統稱爲教。忽必烈崇教抑禪，擡高其他各宗派，壓制禪宗。

楊璉真加在江南的作爲，就宗教活動而言，主要是貫徹忽必烈的上述宗教政策，壓制道教，宣揚藏傳佛教，擴大禪宗以外佛教其他宗派的影響。道觀和原南宋宫室，只要歷史上與佛教有一些關係，便都要奪歸佛教社團所有。杭州孤山的四聖延祥觀和西太乙宫原址曾是佛寺所在，他便以此爲理由，強行奪取過來，改爲佛寺。

據元末鄭元祐記：

> 錢唐湖上舊多行樂處，西太乙宫、四聖觀皆在孤山。……西太乙成後，西出斷橋，夾蘇公堤，皆植花柳，而時時有小亭館可憩息。若夫宫之景福之門，迎真之館，黄庭之殿，結構之巧，丹艧之嚴，真擅蓬萊道山之勝，四聖觀雖建於高宗廟，其規制相去遠矣。……楊璉真加既奪爲僧窟，今皆無一存，荒榛滿目，可勝嘆哉。①

明代中葉田汝成記：

---

① 《遂昌山人雜録》。

> 四聖延祥觀,紹興間韋太后還自沙漠建。以沈香刻四聖像並從者二十人,飾以大珠,備極工巧。爲園曰延祥,亭館窈窕,麗若畫圖。水潔花寒,氣象幽雅。時高宗絶愛西湖,孝宗嘗奉之以遊,歷三朝爲故事。……元初,楊璉真伽廢爲萬壽寺,屑像爲香,斷珠爲纓,而舊美荒落矣。
>
> 西太乙宫,宋理宗時,中貴盧允升等以奢侈導上,妄稱五福太乙臨吴越之分,乃即延祥園建太乙宫。……元時,楊璉真伽攘爲僧窟,未幾,蕩廢。①

四聖延祥觀被改爲佛寺是至元二十二年(1285)的事,②西太乙宫改爲佛寺料亦與此同時。四聖延祥觀改爲佛寺後稱爲萬壽寺,西太乙宫就在四聖延祥觀附近,顯然已成爲萬壽寺的一部分。

楊璉真加是河西僧人,河西地區盛行藏傳佛教,楊璉真加所信奉的正是藏傳佛教。他在杭州時曾大力推廣藏傳佛教,至今有不少遺迹保存下來,成爲當地一大景觀。將四聖延祥觀和西太乙宫改造而成的萬壽寺屬於佛教哪個宗派,已無記載可考,但它由楊璉真加一手經營而成,很可能是藏傳佛教的寺院,而且與楊璉真加保持着密切的關係。因此,河西字《藏經》在杭州西湖萬壽寺刊刻是很自然的。也就是説,河西字《藏經》之所以在杭州萬壽寺刊刻,决非偶然,無疑與楊璉真加有關。而這部《藏經》的始刻,亦不能晚於楊氏失勢的至元二十八年。很可能,成宗即位後罷刻即由楊氏失勢所致,後來纔得以恢復。

---

① 《西湖遊覽志》卷二《孤山三堤勝迹》,第19頁。
② 見《略論楊璉真加和楊暗普父子》,第391—392頁。

四　楊璉真加和白雲宗

　　白雲宗是佛教的一個宗派，創始於北宋末年，主要流行於兩浙地區。入元以後，頗爲興盛，得到官方的認可，爲之成立白雲宗僧録司、白雲宗攝所，其首領沈明仁受封爲榮禄大夫、司空，聲勢顯赫一時。由於白雲宗上層多爲不法，因而元朝中期幾度遭禁，特別是延祐七年（1320）被元朝政府全面取締，從此一蹶不振。

　　著名法國東方學家伯希和曾推論"楊〔璉真加〕是和白雲教聯成一氣的"。但他没有提出直接的證據。丁國範教授在一篇全面論述宋元白雲宗演變的論文中指出："直到目前爲止，元代白雲宗的歷史以世祖至元年間的一段最爲模糊，主要原因當然是現存史料太缺乏。"①有幸的是，白雲宗刊行的《普寧藏》有不少經卷傳世，其中有些經卷的題記，正可以爲伯希和之説提供有力證據，並填補國範同志所説的這一段空白。

　　在前述至元十六年（1279）十二月道安題記説，宋、元之際"湖州路思溪法寶寺大藏經板泯於兵火，隻字不存"，浙西一帶僧人商議，勸請道安與白雲宗爲主，雕刊《藏經》。道安"即與庵院僧人、優婆塞聚議，咸皆快然，發希有心，施力施財，增益我願。又蒙江淮諸路釋教都總攝所護念，准給文憑，及轉呈檜八上師引覲。皇帝頒降聖旨，護持宗門作成勝事"。② 上面説過，至元十四年（1277）二月忽必烈命亢吉祥、憐真加、加瓦並爲江南總攝，總攝即江淮釋教都

---

　　① 丁國範：《元代的白雲宗》，《元史論叢》第 4 輯，中華書局，1992 年，第 173—182 頁，引文見第 175 頁。
　　② 小川貫弌：《白雲宗大藏經局の機構》，《龍谷史壇》第 62 號，參見《漢文佛教大藏經研究》，第 317—318 頁。

總攝所的長官,總攝所的設置應即此時。題記中說"准給文憑",就是總攝所發給道安同意雕刊《藏經》的文書。由此可知,在總攝所成立後,江南佛教界的一些活動,都要得到總攝所的批准。題記中隨後說:"仍贊大元帝師、大元國師、檜八上師、江淮諸路釋教都總攝扶宗弘教大師、江淮諸路釋教都總攝永福大師,大闡宗乘,同增福算。"可知在雕刊《藏經》一事上,江淮總攝所的扶宗弘教大師行育、永福大師楊璉真加和中央的檜八上師,起了極其重要的作用。另據日本學者小川貫弌說,普寧藏《佛本行集經》卷六〇末尾有至元十六年江淮諸路釋教都總攝永福大師施入寶鈔題記,①可知在批准的同時還在經濟上有所資助。也就是說,道安籌畫雕刊《藏經》,一開始便得到總攝所和楊璉真加在政治上與經濟上的大力支持。

檜八又作膽巴,是出生於突甘思旦麻(今川青藏區)的藏傳佛教僧人,曾到西天竺(今印度)學佛法,因帝師八思巴推薦,受到忽必烈的信任,成爲僅次於帝師的佛教界領袖人物。一度成爲忽必烈寵臣的桑哥便是膽巴的弟子。② 由於江淮釋教都總攝所的推薦,道安得到檜八上師的重視,引他覲見忽必烈,並且得到了護持詔書。這件事給我們的啓示是,楊璉真加與檜八可能有特殊的關係,而楊璉真加成爲桑哥的死黨,亦非偶然。山西省圖書館藏《普寧藏》的《解脫道論》,前有扉畫,第一、二摺頁爲佛說法圖,第三、四摺頁爲萬壽殿背景的衆僧校勘經書圖,扉畫左側有題款兩行,一是"干緣雕大藏經板白雲宗主慧照大師南山大普寧寺住持沙門道安",一行是"功德主檜八師父金剛上師慈願弘深普歸攝化"。③ "功德主"就是寺院或宗教團體在政治上、經濟上的靠山,這件扉畫上

---

①③ 《光明禪師施入經典とその扉繪——元白雲宗版大藏經の一考察》,《龍谷史壇》第 30 號。

② 趙孟頫:《膽巴碑》,《歷代硬帖法書選》之一種,文物出版社,1983 年。念常:《佛祖歷代通載》卷二二。

的題款鮮明地顯示了檐八上師和白雲宗、《普寧藏》之間的親密關係。

元朝皇帝常對一些宗教派別或寺觀頒發詔書，肯定這些宗派或寺觀的地位，允許他們享有免當賦役的權利，禁止各種官府衙門騷擾侵犯，這類詔書便稱爲護持詔書。前引至元十六年《普寧藏》佛經題記中說，"皇帝頒降聖旨，護持宗門作成勝事"，即是忽必烈頒發了保護白雲宗和同意雕刊《藏經》的護持詔書。從現存文獻來看，這應是江南佛教界首次獲得的護持詔書，可惜沒有保存下來。特別值得注意的是，上述題記末尾，道安的頭銜是"宣授浙西道杭州等路白雲宗僧録"。元朝在地方上設有管理佛教事務的機構，有僧録司、僧正司等，這類機構的官員稱爲僧官，"僧録"便是地方僧官的一種。元代地方行政在行省以下分路、府、州、縣，一般在路設僧録司。元朝制度，官員"自六品至九品爲敕授，則中書牒署之。自一品至五品爲宣授，則以制命之"。① 道安任白雲宗僧録出自宣授，亦即以皇帝的名義直接任命。從現有記載來看，道安應是覲見忽必烈的第一位南方僧人，又是檐八上師引見的，因而得到了特殊的恩遇。

此後，楊璉真加在宋故宮基址上建造五寺，分屬佛教五個宗派，其中之一是白雲宗（見下）。前述《普寧藏》佛經所載至元二十七年大藏經局人員名録中，總攝加瓦八"觀緣"，都總攝行育和都總統楊璉真加是"都勸緣"，三人名列最後，在大藏經局中地位最高。再過數月，楊璉真加即因桑哥案牽連被捕。由上述事實可以看出，在任江淮總攝和總統期間，楊璉真加對白雲宗和《普寧藏》一貫採取支持的態度。② 多種《普寧藏》殘卷前有佛説法扉畫，其中一位聽法僧人旁有"總統永福大師"字樣，意在突出楊氏的地位，充分説

---

① 《元史》卷八三《選舉志三》，第 2064 頁。
② 《漢文佛教大藏經研究》，第 330 頁。

明瞭楊璉真加和《普寧藏》的特殊關係。① 完全可以説，没有檐八、楊璉真加，就没有《普寧藏》，白雲宗也不會顯赫一時。

以往的研究，人們往往注意忽必烈搜羅南方儒士的舉措，認爲此類舉措對於鞏固元朝在江南的統治起了積極的作用。這是有道理的，但不夠全面。事實上，在平定江南以後，忽必烈特別重視搜羅江南佛、道二教的上層人物，旨在通過宗教加强對南方的控制。道安首先前來覲見正好適應了忽必烈的需要，因而給以種種優遇。同樣，以楊璉真加爲代表的江淮釋教都總攝所支持白雲宗，也應視爲秉承忽必烈這一方針的結果。

在宋代，白雲宗不過是民間宗教的一種，甚至遭到某些自命爲正統的僧侶和文人的排斥，視爲異端，未能得到政府的承認。寧宗嘉泰二年(1202)白雲宗僧人沈智元乞賜敕額，不僅遭到朝廷的拒絶，而且將沈智元流放，庵宇拆除。② 入元以後，白雲宗得到了元朝政府的重視，得到了護持詔書，設置了白雲宗僧録司，道安被皇帝正式任命爲僧録。鳳凰山五寺中白雲宗占其一。這樣，白雲宗成爲官方認可的一個佛教宗派，能與其他宗派並起並坐，其地位發生了巨大的變化。這些都得益於楊璉真加的支持，而從根本上説，則與忽必烈的宗教政策有密切關係。

順便還應提及的是，《磧砂藏》本《大方廣佛華嚴經》卷七三的卷首一幅扉畫，與上述《解脱道論》卷首扉畫完全相同，但左邊只有一行文字："都功德主江淮諸路釋教都總統永福大師楊璉真佳。"③ "都功德主"的稱號，必是對於《磧砂藏》刊印有大貢獻者纔能獲得。如上述情況屬實，由楊氏任總統的時間，可推斷此經在元代刊印的

---

① 李際寧：《佛經版本》，《中國版本文化叢書》之一種，江蘇古籍出版社，2002年。
② 丁國範：《元代的白雲宗》，第174頁。
③ 李際寧：《佛經版本》，第140頁。鄭振鐸《中國版畫史圖録・唐宋元版畫集》圖八。

發動應是至元二十四年至二十八年之間。至元二十八年楊氏失勢以後，《磧砂藏》經局不可能再稱他爲"都功德主"。這樣，對於元代刊印《磧砂藏》的情況應有新的認識。而楊璉真加不僅支持河西字《藏經》和《普寧藏》的刊印，還曾爲《磧砂藏》的刊刻作過努力。這是研究元代《大藏經》的刊印時，不應忽視的。

五　楊璉真加與鳳凰山五寺

鳳凰山在西湖之南，是南宋宮廷所在地。"鳳凰山兩翅軒鬐，左薄湖滸，右掠江濱，形若飛鳳。一郡王氣，皆藉此山。自唐以來，肇造州治，蓋鳳凰之右翅也。錢氏因之，遞加拓飾。逮於南宋建都，而茲山東麓，環入禁苑。"形成了龐大的宮殿建築群。① 元軍入杭州，"宋亡。元有司封鐍，以幼主北行。明年爲至元十四年，民間失火，飛爐及其宮室，焚爐殆盡"。② 至元二十二年正月，"毀宋郊天臺。桑哥言：'楊輦真加云：會稽有泰寧寺，宋毀之以建寧宗等攢宮。錢唐有龍華寺，宋毀之以爲南郊。皆勝地也，宜復爲寺，以爲皇上、東宮祈壽。'時寧宗等攢宮已毀建寺，敕毀郊天臺，亦建寺焉"。③ 至元二十三年正月，"以江南廢寺土田爲人佔據者，悉付總統楊璉真加修寺"。④ 得到忽必烈的支持，楊璉真加在江南大造佛寺，一時成爲風氣。"當是時也，江南釋教都總統永福楊大師璉真佳大弘聖化，自至元二十二年春至二十四春凡三載，恢復佛寺三十餘所。"⑤其中最突出的便是在鳳凰山宋故宮基址上建造五寺。此

---

① 田汝成：《西湖遊覽志》卷七《南山勝迹》，第 70 頁。
② 徐一夔：《始豐稿》卷一〇《宋行宮考》，《文淵閣四庫全書》本。
③ 《元史》卷一三《世祖紀十》，第 271—272 頁。
④ 《元史》卷一四《世祖紀十一》，第 285 頁。
⑤ 張伯淳：《至元辯僞錄序》，載《至元辯僞錄》卷首。

事當時曾對江南百姓帶來很大困擾。據記載：

> 〔至元〕廿二年，拜〔董文用〕中奉大夫、江淮等處行中書省參知政事。……有以上命建浮屠於亡宋故宮者，有司奉行急迫，天大雨雪，入山伐木，死者數百人，而猶欲并大建佛寺。公坐中謂其人曰："非時役民，民不堪矣，少徐之如何？"長官者曰："參政奈何格上命？"公曰："非格上命也，今日重困民力，失民心，豈上意耶！"各拂袖去，然竟得少紓其程。①

《元史》卷一五載：至元二十五年二月丙寅，"江淮總攝楊璉真加言：以宋宮室爲塔一，爲寺五，已成。詔以水陸地百五十頃養之"。② 可知五寺的建造，自二十二年起到二十五年初完成，用了三年左右時間。塔一即鎮南塔，寺五即報國、興元、般若、仙林、尊勝諸寺。"報國寺即垂拱殿……興元寺即芙蓉殿，般若寺即和寧門，仙林寺即延和殿，尊勝寺即福寧殿，下有曲水流觴。"③ 垂拱殿是南宋皇帝"常朝"之所，延和殿在垂拱殿後，皇帝在"大禮齋宿則御焉"。福寧殿是"御寢"，皇帝住宿之所。和寧門是皇城的北門。④ 只有芙蓉殿待考。

元代後期著名學者黃溍説："至元十一年，〔世祖皇帝〕肆命宰臣會師南伐。不三載而勝國之社遂墟。二十一年，有旨即其故所居杭州鳳凰山之行宫建大寺五，分宗以闡化。其傳菩提達摩之學者賜號禪宗大報國寺，乘法力以暢皇威，宣天休以隆國勢也。"⑤ 黃溍這段話很重要，一是建立五寺"分宗以闡化"，即分別屬於佛教的不同宗派。二是建寺目的爲了"暢皇威""隆國勢"，也就是説，爲了

---

① 虞集：《翰林學士承旨董公行狀》，《國朝文類》卷四九，《四部叢刊》本。
② 《元史》卷一五《世祖紀十二》，第 309 頁。
③ 《西湖遊覽志》卷七《南山勝迹》，第 72 頁。
④ 《咸淳臨安志》卷一《宮闕一·大内》，《宋元方志叢刊》本。
⑤ 《鳳凰山禪宗大報國寺記》，《金華黃先生文集》卷一一，《四部叢刊》本。

鞏固元朝的統治。

五寺分屬不同的宗派。（1）從黃溍所述可知，報國寺"傳菩提達摩之學"，是一所禪宗的寺院。延祐六年（1319）報國寺"以不戒於火而寺盡廢"，次年，行宣政院指派名僧大訢爲住持。大訢是禪宗的僧人，在他主持下，報國寺得以重建。（2）南宋時杭州有仙林寺，是一所慈恩宗寺院。新建五寺中的仙林寺，民間稱爲小仙林寺，它是"仙林寺住持榮枯巖結楊璉真伽"的結果，也屬於慈恩宗。①（3）尊勝寺的全名是萬壽尊勝塔寺，"亦楊其姓者所建，正殿佛皆西番形像，赤體侍立，雖用金裝，無自然意。"②可知是一所藏傳佛教寺院。寺中"有尊勝塔，俗稱白塔"，③故稱塔寺。（4）宋末元初，周密長期居住在杭州，熟悉地方掌故，他說："今白雲寺所造般若寺，即昔之寢殿也。"④可知般若寺是白雲宗的寺院。⑤（5）興元寺則屬於天台宗，"興元寺在鳳山之陽，……先是其地有招提，悉歸之内苑。國除，改建復其舊焉，興元五之一也。前臨大江，後踞重城，吳越江山之勝在几席，爲東南之偉觀也。闡揚天台氏性具之道，四方之學者接踵而至，往往來游輒忘返"。⑥綜上所述，鳳凰山五寺分屬禪宗、慈恩宗、藏傳佛教、白雲宗和天台宗。

前面說過，忽必烈的宗教政策的一個重要内容是，在佛教各派系中，崇尚藏傳佛教，壓制内地佛教。在内地佛教各派系中，擡高禪宗以外各宗派，壓制禪宗。其根本目的在於，製造佛教内部矛

---

① 《嘉靖仁和縣志》卷一二。轉引自宿白《元代杭州的藏傳密教及其有關遺迹》，載《藏傳佛教寺院考古》，文物出版社，1996年，第366頁。關於仙林寺與慈恩宗的關係，見竺沙雅章《宋元佛教文化史研究》第一部第二章《宋元時代の杭州寺院と慈恩宗》。
② 郭畀：《客杭日記》，《知不足齋叢書》本。
③ 《西湖遊覽志》卷一九《南山分脈城外勝迹》，第247頁。
④ 《癸辛雜識》續集下《姦僧佹夢》，中華書局，1988年，第203頁。按，"寢殿"之說似不確。
⑤ 參見丁國範《元代的白雲宗》，第176頁。
⑥ 竺隱道法師：《送吉祥海序》，見《上天竺山志》卷一五《詩文紀述品》，清順治刻康熙增修本。

盾,加強自己的統治。原來江南特別是杭州一帶的佛教社團,與南宋宮廷關係密切。其中禪宗勢力最大,其次是天台宗,慈恩宗影響較小,白雲宗主要在民間流行,藏傳佛教根本不存在。楊璉真加以五寺分屬五宗,使天台宗、慈恩宗、白雲宗、藏傳佛教與禪宗並列,特別是引進了原來沒有的藏傳佛教,又將原來在民間活動的白雲宗擢高到正統(官方認可的)教派的行列,實際上起到了壓制禪宗的作用。藏傳佛教與元朝統治者關係密切,白雲宗主動向元朝統治者表忠心,得到庇護。而慈恩宗亦與楊璉真加勾結,得以進入五寺行列。可見五寺五宗的設置,經過精心的策劃,主要是貫徹忽必烈的宗教政策,決非偶然舉措。

五寺之外還有一塔,即鎮南塔,又稱白塔,"其形如壺",[1]顯然是一藏式建築。元武宗至大元年(1308),書法家郭畀游鳳凰山,他說:"次觀楊總統所建西番佛塔,突兀二十丈餘,下以碑石甃之,有先朝進士題名并故宮諸樣花石,亦有鐫刻龍鳳者,皆亂砌在地。山峻風寒,不欲細看而下。"[2]另據元末陶宗儀記,楊璉真加曾"下令裒陵(南宋諸帝陵——引者)骨,雜置牛馬枯骼中,築一塔壓之,名曰:鎮南"。[3] 宋濂也把發陵和造塔聯繫起來:"初,至元二十一年甲申,僧嗣古、妙高上言,欲毀宋會稽諸陵。江南總攝楊輦真加與丞相桑哥相表裏爲姦。明年乙酉正月,奏請如二僧言。發諸陵寶器,以諸帝遺骨建浮屠塔於杭之故宮,截理宗頂以爲飲器。"[4]以南宋諸帝骨骼和故宮花石爲塔基,顯然旨在厭勝,防止南宋的再起,這和塔以鎮南爲名是完全一致的。比起鳳凰山五寺來,建造鎮南塔的政治意圖是更加明確的。

---

[1] 《西湖遊覽志》卷七《南山勝迹》,第72頁。
[2] 《客杭日記》。
[3] 《南村輟耕錄》卷四《發宋陵寢》,中華書局,1959年,第43頁。
[4] 《書穆陵遺骼》,《宋文憲公全集》卷三。

白塔即鎮南塔在元文宗至順二年（辛未，1331）被雷火所毀，詩人楊維楨有"劫火自焚楊璉塔"，"誰覓胡僧話劫灰"之句。① 張翥也有《雷火焚故宮白塔》詩。② "元末之亂，張氏毀塔造城，五寺亦就廢。"③"張氏"指張士誠，元末佔有浙西，與朱元璋對峙。至正十九年（1359），張士誠爲對抗朱軍，重建杭州城，拆毀了很多寺廟。鳳凰山五寺和鎮南塔的塔基，因此被毀。

上面對楊璉真加的若干活動作了一些說明，旨在爲《略論》一文作補充，希望有助於楊璉真加生平的認識。在中國古代，宗教和政治有密切的關係，楊璉真加的活動就是很好的例子。在研究元代佛教史、民族史和政治史時，應該對這個人物予以足夠的重視。

（原刊於《中華文史論叢》2006 年第 2 期）

---

① 《錢塘懷古，率堵無傲同賦》，《楊維楨詩集・鐵崖逸編》卷七，浙江古籍出版社，1994 年，第 371 頁。
② 《蛻庵詩集》卷四，《四部叢刊續編》本。
③ 徐一夔：《宋行宮考》，《始豐稿》卷十，《文淵閣四庫全書》本。

杭州慧因寺的元代白話碑

（一）

杭州西湖南山過去有一座慧因寺，始建於吳越國時。北宋元豐八年（1085）高麗僧義天來中國，曾到慧因寺求法，義天是高麗王子王煦出家後的名字。他回國後曾爲慧因寺捐資建閣，施捨經典，因而民間將慧因寺稱爲高麗寺。元末此寺毀於兵火，明中期重建。太平軍攻佔杭州時，此寺再次被毀，蕩然無存。[①]

明朝崇禎元年（1628），李翥應寺僧之請，纂輯慧因寺各種資料，成《玉岑山慧因高麗華嚴教寺志》一書，簡稱《慧因寺志》。清光緒七年（1881）杭州丁丙刊行此書，後收入《武林掌故叢編》。《慧因寺志》卷七《碑記》中收錄了一件元代聖旨碑文，現轉引如下，並加標點：

　　長生天氣力里，大福蔭護助里，皇帝聖旨：
　　管軍人官人每根底，軍人每根底，城子里達魯花赤每根底，來往使臣每根底，衆百姓每根底，宣諭的聖旨。成吉思皇帝、月忽仄皇帝、薛禪皇帝、完哲都皇帝、曲律皇帝的聖旨裏，

---

① 關於慧因寺的歷史，鮑志成先生的《高麗寺與高麗王子》（杭州大學出版社，1998年第2版）有詳細的考證，很有價值。

和尚、也里可溫、先生每,他的差發科斂休要者,告天祝壽者,麼道來。如今也依著先的聖旨體例裏,不揀甚麼差發科斂休要者,告天祝壽者,麼道。

杭州有的益知禮普花的祖上高麗大覺國師蓋來的高麗慧因寺,有的佛智靈源寂照大師教無言宗主做住持。那寺里賢首宗爲顯(頭?)。藏經的勾當,在意整治,開華嚴經講,每年修懺做好事,麼道。佛智靈源寂照大師教無言宗主他每根底執把行的聖旨與了也。這寺裏使臣每休安下者,鋪馬祇應休與者,倉糧、商稅休要者。慧因寺管的下院普門法興寺、本宗崇先寺裏的和尚每依著他的言語裏行者。玉岑山地土園林物業不揀是誰休倚氣力侵占者。但屬他的田地水土園林碾磨店鋪人口頭匹解典庫不揀甚麼事產,沒體例的人每休奪要搔擾者。佛志(智)靈源寂照大師教無言宗主根底有了聖旨麼道,沒體例的勾當休做者,做呵,他每不怕那甚麼!

聖旨俺的。馬兒年四月初十日大都有時分寫來。

這是一篇用硬譯公牘文體寫成的元朝皇帝詔書。所謂硬譯公牘文體,是元代特有的一種文化現象,專門用來翻譯蒙古文字。即是將蒙文譯成漢文時"死死遵循蒙古語詞法和句法,用漢語作的記錄文字。"其"語彙採自元代漢語口語,而語法却是蒙古式的"。① 傳世的硬譯公牘文體作品爲數相當可觀,主要是聖旨、令旨和各種官方文書,涉及社會生活的衆多方面,對於元代歷史(特別是宗教史)和語言學史研究來說,具有極其重要的價值。用硬譯公牘文體寫成的聖旨、令旨,有不少鐫刻在石碑上,俗稱元代白話碑。馮承鈞先生作《元代白話碑》(上海商務印書館,1931年)是我國這個領域研究的開創者。蔡美彪先生的《元代白話碑集錄》(科學出版社,

---

① 亦鄰真:《元代硬譯公牘文體》,《元史論叢》第1輯,中華書局,1982年。

1955年)無論在資料輯錄和史實考訂方面,都有很重要的成就,爲進一步開展這方面的研究奠定了基礎。此類白話碑文大多譯自八思巴蒙古字,兩者之間有密切的關係。照那斯圖先生致力於八思巴字文獻的研究,有關論著輯成《八思巴字和蒙古語文獻》一書(分《研究文集》《文獻彙集》兩冊,日本東京外國語大學亞非語言文化研究所,1990年),其中論述内容大多與白話碑文有關。蔡美彪先生和照那斯圖先生近年仍有不少與白話碑有關的論文問世。已故亦鄰真先生的論文《元代硬譯公牘文體》對這種奇特的文體作了開創性的研究,對於解讀白話碑具有極其重要的價值。[①] 國外學術界的研究,首推美國學者鮑培(N. Poppe)教授的《八思巴字蒙古語碑銘》。[②] 不久以前,日本青年學者船田善之指出:"近年來,越來越多的學者開始關注蒙元時代的命令發布文(即蒙古皇帝、王族、高官、帝師等統治者所發布的聖旨、令旨、懿旨、法旨、鈞旨等),這使得該領域的研究取得了巨大的發展。"[③]這可以説是中日兩國元史學界近年的共同趨勢。白話碑文是蒙元時代命令發布文的重要組成部分,因此也日益受到關注。

元朝行用多種文字,官方文書常用八思巴字和漢字分別書寫同時發布,元代鐫刻護持聖旨的碑文通常是内容相同的兩種文字,即八思巴字和漢字。[④] 慧因寺的聖旨碑文,原來也應用兩種文字刻在碑上,但原碑已毀壞,八思巴字碑文亦已湮滅,只有漢字碑文則因《慧因寺志》著録,得以保存下來。就目前所知,此篇聖旨未曾

[①] 最近,祖生利的論文《元典章·刑部直譯體文字中的特殊語法現象》(《蒙古史研究》第7輯,内蒙古大學出版社,2003年)繼續了這方面的研究。
[②] 此書由郝蘇民教授譯成中文,並加補注,書名《〈八思巴字蒙古語碑銘〉譯補》,内蒙古文化出版社,1986年。
[③] 船田善之:《蒙元時代公文制度初探》,《蒙古史研究》第7輯,内蒙古大學出版社,2003年。
[④] 少數護持聖旨是用回鶻式蒙古文書寫的。可參看道布、照那斯圖《河南登封少林寺出土的回鶻式蒙古文聖旨碑考釋》,《道布文集》,上海辭書出版社,2005年,第199—237頁。

被白話碑文和硬譯文體公牘研究者使用過，值得專門作一介紹。①

（二）

上述聖旨中開頭的"長生天氣力里，大福蔭護助里"中的"里"，是蒙語介詞，有"在……中""按（以）……""從……"的意思。"長生天氣力里，大福蔭護助里"，就是依靠長生天的力量，托大福蔭的護助，漢語就是上天保佑之意。用漢語文言體來譯開頭幾句話，便是"上天眷命皇帝聖旨"。②

聖旨第一段中"根底"也是蒙語介詞的硬譯，有"在""向""從""同""把"等多種意思。"管軍人官人每根底，軍人每根底……宣諭的聖旨"，就是向管軍軍官、軍人、城中達魯花赤、來往使臣、百姓們宣布的聖旨。"達魯花赤"是元朝特有的官名，"元路州縣各立長官，曰達魯花赤，掌印信，以總一府一縣之治。……達魯花猶華言荷包上壓口捻子也，亦猶古言總轄之比"。③"月忽仄"是蒙古第二代大汗窩闊台的異譯，"薛禪皇帝"是元世祖忽必烈的蒙語廟號。"完哲都皇帝"是元成宗鐵穆耳的蒙語廟號。《元史》中作"完澤篤"。"曲律皇帝"是元武宗海山的蒙語廟號。④ 元朝用硬譯公牘文體寫成的頒發給佛道寺觀的聖旨通常都不署皇帝的名字，但其中"總要按世系引述先世帝王的聖旨（所謂'在先聖旨體例'）作爲

---

① 《高麗寺與高麗王子》第七章第八節《元世祖頒諭賜金》對本文討論的聖旨作了簡要的介紹，以爲是元世祖所頒，這是不準確的。
② 《元代白話碑集錄》第 22 頁注。
③ 葉子奇：《草木子》卷三下《雜制篇》，中華書局，1959 年，第 64 頁。
④ 元代白話碑中，元朝諸帝名字以窩闊台的異譯最多，有"月古歹""月古臺""月哥臺""月闊臺"等，見《元代白話碑集錄》。"月忽仄"僅見於此碑。"仄"與"臺""歹"讀音相去甚遠，不知是否有誤。

當今君主頒發同類聖旨的依據。"因而根據聖旨中列舉的先世皇帝便可推知頒詔者何人。① 此聖旨列舉的前世皇帝由成吉思汗到武宗,可知這件聖旨必然作於武宗的繼承者仁宗時。"和尚"即佛教的僧人。"也里可温"是元代基督教教士的稱呼。"先生"即道士。"麽道"是一種特殊的助動詞,放在引語或某種内容的表述之後,意思是"說""想""叫作""以爲"。"麽道"後加"來"表示過去時。"差發科斂"指各種賦稅差役。

聖旨的第二段中,"益智禮普化"是高麗國王王璋的蒙古名字。② "大覺國師"是上述高麗僧人義天死後的封贈。"教無言"是僧人無言明教的簡稱,他是當時慧因寺的主持。"賢首宗"是佛教中的一個宗派,即華嚴宗。"鋪馬祗應"指驛站所需馬匹、飲食。"倉糧"指稅糧,即以糧食交納的一種稅收,在北方按户征收,在南方按土地征收。"没體例"中的"體例"有法令、道理的意思。"呵"在硬譯公牘文體中是語氣助詞,通常在假設句的前一分句末尾充當假設標記,相當於"如果""的話"。"做呵,他每不怕那甚麽"是硬譯公牘文體聖旨中常見的結束語,意思是:如果做,他們難道不怕嗎? 有時也寫作:"做呵,他每不怕那。"③

在硬譯公牘文體中,"俺"是第一人稱複數代詞,"俺"就是我們。漢語人稱代詞領格(我的、你的、我們的等)充當定語時,位於名詞中心語前,表示領屬意義。但元代蒙古語則相反,人稱代詞領格位於名詞中心語之後。上述聖旨最後出現"聖旨俺的",意思就是我們的聖旨。從現存文獻來看,用硬譯公牘文體寫成的聖旨,結尾或是"聖旨",或是"聖旨俺的",而以後者居多。元代皇帝、諸王

---

① 照那斯圖:《南華寺藏元代八思巴字蒙古語聖旨的復原與考釋》,《中國語言學報》1983年第1期。
② 鄭麟趾:《高麗史》卷三三《忠宣王一》。
③ 《元代白話碑集録》第二二頁注。照那斯圖:《再論八思巴字蒙古語中的'ulu'u》,《西北民族研究》1988年第1期。

和官員的蒙古語第一人稱常用複數,"聖旨"和"聖旨俺的"兩者意義實際並無區別。蒙古習俗以十二生肖紀年,元朝皇帝的八思巴蒙古字聖旨習慣使用生肖紀年,不用年號。"馬兒年"是延祐五年(戊午,1318)。"有"是蒙語實義動詞的對譯,可以表示存在。"大都有時分"即在大都時。

綜上所述,這篇元代白話聖旨碑用現代漢語表述,有如下文:

靠長生天的氣力,托大福陰的護助,皇帝聖旨:

向管軍官們、軍人們、城中達魯花赤們、來往使臣們、眾百姓們宣諭的聖旨:

成吉思皇帝(太祖)、月忽仄皇帝(太宗窩闊台)、薛禪皇帝(世祖忽必烈)、完哲都皇帝(成宗鐵穆耳)、曲律皇帝(武宗海山)的聖旨裏說過:和尚、也里可溫、先生(道士)們,不用承擔賦稅差役,他們的職責是向上天祈告保佑皇帝長壽。現在按照原來的聖旨辦,他們不用交納各種賦稅,不需承當差役,專心祈告上天,保佑皇帝長壽。

杭州的高麗慧因寺是益智禮普化祖先高麗大覺國師蓋造的。現在的住持是佛智靈源寂照大師教無言宗主。這是賢首宗為主的佛寺。要認真整頓寺中藏經之事,開辦華嚴經講座,每年舉行法事做好事。向佛智靈源寂照大師教無言宗主他們頒發了執把的聖旨。來往的使臣們不許住在這寺裏,此寺不用交納驛站所需馬匹和飲食,官府不要向它征收稅糧和商稅。慧因寺所屬下院普門法寺和賢首宗崇先寺的和尚們都要聽從教無言宗主的話去做。玉岑山的土地園林物業不許任何人仗勢侵占。屬於慧因寺的田地水土園林碾磨店鋪人口頭匹解典庫任何財產,無理之人們不許搶奪搗亂。佛志(智)靈源寂照大師教無言宗主有了執把的聖旨,不要做無理之事。如做無理之事,難道不怕嗎?

聖旨　馬兒年四月初十日寫於大都

（三）

　　元朝統治者崇信佛、道二教。元朝歷代皇帝頒佈了大量保護佛教寺院和道教宮觀利益的詔書，即所謂護持詔書。寺院、道觀得到護持詔書，便鐫刻在石碑上，一則用以擴大影響，抬高寺觀的地位，二則以志長遠。護持詔書一般用八思巴字和漢字兩種文字寫成。八思巴字表達的是蒙語（少數寫漢語），漢字用的是硬譯公牘文體。通常所説元代白話碑，主要便是此類用硬譯公牘文體寫成的佛寺道觀護持詔書。其數量之多，亦可謂元代宗教史的一大特色。本文討論的聖旨，實際上就是元仁宗頒發給慧因寺的一道護持詔書。[①]

　　得到護持詔書，不僅是一種榮譽，而且可以享受種種特權，有實際的利益，因而很自然地成爲佛、道兩教上層人物追逐的目標。得到護持詔書的寺觀，或是皇家創建的"官寺"（元朝每一位皇帝都要建造佛寺），朝廷特意加以扶植，或因規模宏大、歷史悠久，受到朝廷的重視。此外也有一些寺觀是由其主持者鑽營得來的。慧因寺獲得護持詔書，情況比較特殊，與高麗忠宣王王璋有關。

　　忠宣王王璋是高麗王朝第 25 代國王忠烈王昛之子。他的母親是元世祖忽必烈之女齊國大長公主忽都魯揭里迷失。元成宗元貞二年（1296），王璋娶晉王甘麻剌之女寶塔實憐爲妻。甘麻剌是世祖忽必烈太子真金的長子，成宗鐵穆耳之兄。王璋的婚姻是表

---

① 八思巴字護持詔書也有一些傳世，見照那斯圖《八思巴字和蒙古語文獻》，東京外國語大學亞非語言文化研究所，1990 年。

兄妹結親。元成宗大德二年(1298)王昛將王位讓給王璋,自爲太上王。但到同年八月,元朝征召王璋入朝,命王昛復位。王璋到大都,"宿衛凡十年,武宗、仁宗龍潛,與王同臥起,晝夜不相離"。①武宗海山、仁宗愛育黎拔力八達是同母的親兄弟,他們的父親答剌麻八剌,是真金的次子,鐵穆耳之兄。也就是説,王璋與海山、愛育黎拔力八達是表兄弟。大德十一年(1307),元成宗死,無子,皇族內部爲爭奪皇位展開激烈的鬥爭。王璋支持愛育黎拔力八達發動宮廷政變,迎接鎮守北方的海山回大都,登上帝位。海山以愛育黎拔力八達爲太子,封王璋爲瀋陽王(後改封瀋王)。至大元年(1308)七月,高麗忠烈王病死,王璋回國繼位。但没有多久,王璋又前往大都,並在至大三年(1310)將王位傳給兒子王燾(高麗忠肅王),自己一直在大都居住。在武宗(1308—1311 年)和仁宗(1312—1320 年)當政時期,王璋一直得到優遇。延祐六年(1319)南游江浙求法。延祐七年(1320)仁宗死,其子英宗碩德八剌嗣位,朝廷政局發生重大變化,王璋在這一年四月"復請於帝,降香江南,蓋知時事將變,冀以避難也。"但是,他並没有因此躲過災難。六月,王璋在江南金山寺被強迫回到大都。同年十二月流放到"吐蕃撒思吉之地"。"撒思吉"即藏傳佛教薩迦派的發源地薩思迦(今稱薩迦)。英宗死,泰定帝嗣位(1323),召還王璋。泰定二年五月,在大都去世。②

王璋多次到大都,特别是大德二年(1298)入朝以後,直到被流放(1320),中間只曾短期歸國,前後在大都生活長達 20 年之久。在此期間,王璋除了參加政治活動之外,主要做兩件事,一是與元朝的文人學者交往。"構萬卷堂於燕邸,招致大儒閻復、姚燧、趙孟頫、虞集等與之從游,以考究自娛。""每引儒士商確前古興亡,君臣

---
① 《高麗史》卷三三《忠宣王一》。
② 《高麗史》卷三四《忠宣王二》。

得失，叠叠不倦。"①另一件事是積極參與各種佛事活動。王璋是虔誠的佛教徒，"酷嗜浮屠法"。② 他在高麗國内舉行多種佛事，在大都，他的府邸内，"諸僧列坐，梵唄之聲洋洋滿庭。"接待客人的庭院"静深，窗户無塵。王親肅客户外，入就席，言論恂雅，禮意歡洽。一僧隅坐轉法華，每舉一佛名，一菩薩號，王必以手加額而致敬焉"。③ 他與中國佛教各宗派廣結善緣，可考的便有藏傳佛教、白蓮宗、禪宗、華嚴宗等。④

印造施捨佛經，歷來被認爲佛教徒的功德。元代印造《大藏經》成爲風氣。⑤ 仁宗皇慶元年（1312），王璋發願"捨净財印造三藏聖教一切法寶，計圓五十藏，布施四方梵刹，以廣流通"。⑥ 爲此，他派遣洪瀹等人南下杭州，利用杭州《普寧藏》經板印造。洪瀹等人在印經之餘，慕名造訪高麗慧因寺："督臨之暇，挾二三友散策湖濱，因投本寺（慧因寺——引者）。唯見凝塵滿座，風景蕭然，興感形懷，大覺國師受經之地，墜弛若此！"感嘆之餘，便訪求"能任起廢之責者。"根據寺僧的建議，邀請僧人慧福出任主持，對慧因寺加以整修。不久，"復市負郭良田歸於常住，永充飯僧之供。"延祐元年（甲寅，1314），慧福"被命入都，即以上事啓達王（高麗瀋王——引者）聽。鈞旨剃僧十員，發帑口濟"。在王璋大力支持下，慧因寺得以復興。王璋也就成爲慧因寺的大功德主。⑦

延祐二年（1315），王璋出面疏請僧人無言明教"主持杭州路高

---

① 《高麗史》卷三四《忠宣王二》。
② 李齊賢：《忠憲王世家》，《益齋集》卷九上，《粤雅堂叢書》本。
③ 程鉅夫：《大慶壽寺大藏經碑》，《雪樓集》卷一八。
④ 北村高：《高麗王王璋の崇佛》，《小笠原宣秀博士追悼論文集》，龍谷大學東洋史學研究會發行，1985年，第117—140頁。按，此文没有涉及本文討論的白話聖旨碑文。
⑤ 我在《元代南方佛教略論》（《中國社會科學院學術咨詢委員會集刊》第2輯，社會科學文獻出版社，2006年）中對此有所論述，請參看。
⑥ 普寧藏《解節經》王璋序，轉引自《高麗王王璋の崇佛》。
⑦ 《高麗國相元公置田碑》《大功德主瀋王請疏》，見李翥《慧因寺志》卷七《碑記》。

麗惠因華嚴教寺,開堂說法,領衆焚修,敬延聖壽萬年者"。① 無言明教是華嚴宗(賢首宗)的僧人。延祐四年(1317),先後任江浙、湖廣行省丞相的別不華,先以鈔"千定施杭十大寺,使咸以子母相生,歲取其十一,給其費,以月第之,各閱經一藏。延祐四年,又自武昌寓(寄?)二百定以歸興元、惠(慧)因二寺,通前爲十二藏,月閱之,歲周而更始焉"。名僧釋大訢爲之作《吳國公杭州高麗惠因寺歲閱藏經記》。② 同年,又有吉剌實思"以中統鈔三百定,規置田土,舍入天竺、高麗、净慈三寺各一百定,歲以一月爲約,命僧翻閱三乘妙典一大藏"。③ 天竺即上天竺教寺,净慈即净慈禪寺,都是杭州的規模宏大的名寺。由此可見,慧因寺在王璋的支持下,已從衰敗中解脱出來,重新儕身"大寺"之列。也正是這一年,元仁宗向慧因寺頒發了上述護持聖旨。聖旨中特別提到"杭州有的益智禮普化的祖上高麗大覺國師蓋來的高麗慧因寺",足以表明它是應益智禮普化(王璋)的請求頒發的。事實上,高麗慧因寺早就存在,並非大覺國師義天蓋造,聖旨所説與事實不符,這很可能是王璋爲了引起仁宗的重視而故意編造的,但由此亦可見慧因寺與王璋之間關係的特殊了。

延祐六年(己未,1319),王璋"請於帝,降御香,南游江浙,至寶陀山而還。權漢功、李齊賢等從之"。④ 王璋這次南游,旨在求法,但留下的記載很少,令人遺憾。可以肯定的是,他曾到天目山謁見高僧中峰明本。⑤ 杭州是江南最重要的城市,揆諸情理,王璋一定要到杭州。他的侍從、高麗著名文學家李齊賢有《高亭山(伯顔丞

---

① 《太尉瀋王疏》,《慧因寺志》卷七《碑記》。
② 《蒲室集》卷九,《全元文》第 27 册,第 448 頁。
③ 《舍田看閱大藏經志》,《慧因寺志》卷七《碑記》。
④ 《高麗史》卷三四《忠宣王二》。
⑤ 祖順:《中峰和尚行録》,《天目中峰和尚廣録》卷三〇,《磧砂藏》本。

相駐軍之地)《宿臨安海會寺》《冷泉亭》等詩篇,都與杭州有關。①李齊賢還說過:"延祐己未,予從於忠宣王降香江南之寶陀窟,王召古杭吳壽山,令寫陋容,而北村湯先生爲之贊。"②按,李齊賢畫像流傳至今,爲元一高麗文化交流的重要物證。但作者不是吳壽山,而是在元代被譽爲"精於寫神,國朝第一手"的杭州畫家陳鑒如。③由李齊賢的這些詩文可以確知,王璋曾到杭州,而且游歷名勝,有很多的活動。其中必然也到過他所加意扶植的慧因寺。可惜的是,有關的記載沒有保存下來。

慧因寺的元代白話碑,記錄了高麗忠宣王王璋與慧因寺的一段因緣,對於研究元代杭州的中外文化交流,無疑是很有價值的,應該得到重視。

(原刊於《浙江社會科學》2007年第1期)

---

① 《益齋集》卷一。高亭山在杭州城郊,冷泉亭在西湖靈隱寺。
② 《益齋集》卷四。
③ 夏文彥:《圖繪寶鑑》卷五《元朝》。有關考證見拙作《元代畫家史料彙編》,杭州出版社,2004年,第768—772頁。

元朝女性的宗教信仰

　　元朝女性的宗教信仰，以佛教爲主，其次是道教，再次是基督教和伊斯蘭教。在元朝的四等人（蒙古、色目、漢人、南人）中，漢人、南人主要信仰佛教和道教，還有對各種神祇的崇拜。巫術亦很流行。色目人中有的信仰伊斯蘭教，有的信奉基督教，也有人信仰佛教。蒙古人的宗教信仰多樣化，信奉薩滿教、佛教（特別是藏傳佛教）、基督教的都有。由於資料的局限，元朝各階層女性信奉基督教、伊斯蘭教、藏傳佛教、薩滿教的情況不很清楚，本文只能就元朝女性信奉佛、道二教的情況加以論述，並對女性宗教職業者（女尼、女冠）和女巫的情況做一些説明。①

一

　　佛教信仰在宫闈之外各階層女性中都很流行。蒙古國時期漢人萬户張柔之妻毛氏，"日讀佛書爲課，焚香静坐，澹然若與世遺者"。② 臨川（今江西撫州）徐妙英，"晚節頗信浮屠法，徼福利"。③

---

① 本文論述元朝社會各階層女性的宗教信仰，至於元朝宫闈女性的宗教信仰，將另文討論。
② 郝經：《公夫人毛氏墓銘》，《臨川文集》卷三五，《北圖古籍珍本叢刊》本。
③ 吴澄：《彭從龍故妻徐氏墓誌銘》，《吴文正公集》卷四二，《元人文集珍本叢刊》本。

錢唐（今杭州）費氏，"性慧天通，日課梵典，若有頓解"。① 臨川（今江西臨川）儒士巫敏予之妻龔氏，夫死後獨立持家，待其子成婚，"乃清靜以居，讀佛書而求其禮，又康健者三十有餘年。或勸其事佛良苦，則告之曰：我自樂之，不爲勞耳，且非汝等所知也"。② 東陽（今浙江東陽）胡助之妻陳氏，"幼通書，晚好佛者之說，置像設而事之甚謹"。③ 黃巖陳氏夫死守節，待子女成立，"內外事畢，凡三十年，而陳氏亦老矣"。陳氏對諸子說："或謂佛氏之教，能爲之者獲福，吾不能必其信否。吾但爲退休之所，托佛以事之，聊以塞吾暮年之感，毋乃不可乎！"④ 安成（今江西安成）女子彭妙壽，"中年喜佛書，意若有所領悟，遂長齋，屏魚肉"。⑤ 贛州（今江西贛州）女子劉福真，夫去世，主持家務，"晚年奉浮屠教尤謹，朝夕誦佛書，累至數千卷，其於世事澹如也"。⑥ 值得注意的是，以上提到的女性大多在晚年虔誠信佛，顯然是爲了尋求精神上的寄托。有的女性還因信佛獲得神通："京師薛氏婦久寡，傭賃爲食，一日自言觀音夢授《金剛準提咒》，日夜持誦，可以已人之疾，可以衣食終身，既而果然，人皆異之，號曰：準提師。"⑦

佛教廟宇每年都要舉行各種宗教活動，宣揚教義，祈福禳災，超度亡靈。這些活動不但吸引男性信徒，而且都有許多女性信徒踴躍參加。如大都慶壽寺每年七月十五日舉行盂蘭盆齋，來參加的"僧尼道俗，善男信女，不知其數"。⑧ 安西路（路治今陝西西安）開元寺舉辦水陸資戒大會七晝夜，"聚集山東、河南、冀寧、晉寧、河

---

① 任士林：《夫人費氏墓誌銘》，《松鄉文集》卷三，《文淵閣四庫全書》本。
② 虞集：《王母龔孺人墓誌銘》，《道園類稿》卷四九。
③ 黃溍：《宜人陳氏墓誌銘》，《金華先生文集》卷三九。
④ 陳旅：《樂善堂記》，《台州府志》卷七四。轉載自《全元文》第37冊，第364頁。
⑤ 貢師泰：《甌寧縣太君彭氏墓誌銘》，《玩齋集》卷八，《文淵閣四庫全書》本。
⑥ 宋濂：《呂母夫人劉氏碣》，《宋文憲公全集》卷一五。
⑦ 程鉅夫：《書贈準提師序後》，《雪樓集》卷二三。
⑧ 《朴通事諺解》卷下。

中並鳳翔迤西等處僧衆萬人,及扇惑遠近俗人男子婦人前來受戒,觀者車馬充塞街衢,數亦非少"。① 奉化(今浙江奉化)"州之女婦歲以四月八日群集大伽藍飯僧誦佛書以求利益,動以數千計"②。各地都有一些尼寺,對女性信徒更有吸引力。

道教信仰在女性中也很普遍。安陽(今河南安陽)縣令王信之妻左氏,"甫三十九而寡,即以不再醮爲誓。……服除,脂粉色服,屏棄不再御,蕭然寄心於清净寂滅"。子女婚嫁後,"乃於後庭隙地,築環堵室,禮天慶宫李真人,受業野服黄冠,賜名守寬,以道自居"。③ 房山(今北京房山)賈和娶田氏,賈和病死,無子,"君卒時田氏年二十餘,誓不他適,屏去簪珥,遂着女道士服,深居不出凡四十年"。④ 彰德(今河南安陽)婦女楊守和,"年四十一,夫李義死,誓不再醮,攜一女受道服"。⑤ 麗水(今浙江麗水)女子周元静,"知攻書,旁愛道術家言,嚴齋戒以事神明"⑥。道教廟宇舉行法事時,女性信徒積極參加活動。均州(今湖北均縣)武當山萬壽宫,"歲三月三日,相傳神始降之辰,士女會者數萬,金帛之施,雲委川赴"。⑦ 杭州吴山上多道教宫觀,吸引許多年青女性前去燒香許願:"十八姑兒淺淡妝,春衣初試柳芽黄。三三五五東風裏,去上吴山答願香。"⑧

元代佛、道兩教互相攻擊,矛盾很深。但女性同時信奉佛、道二教却很常見。真州路經歷安陽人吕郁,"妣夫人李,亦儒家,讀書知文,於老、佛學亦造其微"。⑨ 宜春(今江西宜春)易氏之妻劉淑

---

① 《元典章》卷五七《刑部十九·禁治聚衆作會》。
② 宋濂:《項君墓誌銘》,《宋文憲公全集》卷一四。
③ 胡祇遹:《女冠左鍊師墓碑》,《紫山大全集》卷一七,《三怡堂叢書》本。
④ 蘇天爵:《房山賈君墓碣銘》,《滋溪文稿》卷一九,第319—320頁。
⑤ 胡祇遹:《集真觀碑》,《紫山大全集》卷一七。
⑥ 宋濂:《麗水二賢母墓碣銘》,《宋文憲公全集》卷四二。
⑦ 程鉅夫:《均州武當山萬壽宫碑》,《雪樓集》卷五。
⑧ 田汝成:《西湖遊覽志餘》卷一一《才情雅致》。
⑨ 姚燧:《吕君神道碑銘》,《牧庵集》卷二三。

新，夫死守節，"子既室，傳家事，專意道、釋二教，每日誦經，寒暑不輟。……六十三得微疾，越八日，盥頰而坐，命人誦《金剛經》於側，聽至'如夢幻泡影，如露亦如電'而逝"。① 豐城（今江西豐城）揭應強之妻何妙靜，"撫諸孫盡其愛，晚好釋、老氏，蓋賢婦也"。② 鄱（今江西波陽）張良孫任應昌路判官，其妻胡至靜"通佛、老氏，或興廢者，亦施予弗倦"。③ 佛、道兩家都宣揚因果報應、死生輪迴，對於尋求精神寄托的女性來説，兩者完全可以兼信并容，二教上層的爭斗對她們完全沒有影響。

元代學者吳師道站在儒學的立場，斥責佛、道是"異端"，但他不能不承認兩者在羣衆中有廣泛影響，對女性吸引力尤大："釋、老氏之教，震動四海。其言死生輪迴入地獄受諸苦狀，尤能懾怖愚俗，從之者如水趨下，非一日矣。男子剛明者間不惑，至於婦人女子，陰闇荏弱，其惧而溺焉，毋怪也。""異端惑世崇誕詆，張皇鬼伯司幽都，婦柔惟怯尤易趨。"舉世滔滔，而新安（徽州）吳諿之母汪氏"臨終戒不用緇、黃"，因而吳師道大加稱贊，"偉哉果勝大丈夫"。④ 不過像吳母汪氏這樣的女性在當時是比較罕見的。

二

出家修行的女性佛教徒稱爲尼姑、比丘尼。至元二年（1265）二月的聖旨條畫内規定："僧人每三年一次試五大部經，仰總統所選擇深通經義有名師德於各路置院，選試僧人，就設監壇。大德登

---

① 吳澄：《宜春易君妻劉氏葬誌》，《吳文正公集》卷四二。
② 程鉅夫：《何氏墓誌銘》，《雪樓集》卷二〇。
③ 鄧文原：《胡氏墓誌銘》，《巴西文集》，《北圖古籍珍本叢刊》本。
④ 《汪氏宜人不用緇黃贊》，《吳禮部集》卷一一，《文淵閣四庫全書》本。

壇,受具足戒,給付祠部,然後許令爲僧。仍將選中僧人,造簿申總統所類攢,呈省聞奏。"①出家爲尼,也要履行類似的手續,獲得度牒,纔有國家認可的正式身份。滑州(今河南滑縣)彌勒院尼海實,"幼聰悟……中統三年,受總統具牒度爲尼,稱尚座,仍號清慧大師",②便是一例。各階層女性中都有人出家爲尼。高昌畏兀兒女子沙藍藍"八歲從其親至京師,入侍中宮真懿順聖皇后,爰其明敏,恩顧尤厚。成宗之世,事皇太后於西宮,以侍從既久,勤勞之多,詔禮帝師迦羅斯巴斡即兒爲師,薙染爲尼。服用之物皆取給於官。"沙藍藍在大都建造妙善寺,在五臺山建造普明寺,"各置佛經一藏,恒業有差"。③ 妙善寺當時又稱沙藍藍姑姑寺。④ 大興賈氏是以"典司御食"供奉宮廷的世家,第三代有一女兒,"長侍中宮,即笲,願披剃爲比丘尼,賜號崇教大師"。⑤ 宮女常氏,年二十四"奉旨適近臣甕吉剌歹",甕吉剌歹官至資德大夫、會福院使。常氏信奉佛教,"英宗即位,懇請上前,始聽出家",在文宗和"后妃藩邸、將相大臣"的資助下,在大都建造了大興國寺。⑥ 以上幾個是宮女出家的例子。宮女出家爲尼,或出於信仰,或因宮廷生活中的種種矛盾,更容易使她們看破紅塵,以求解脫。南宋的全太后,到大都後亦出家爲尼。"宋太后削髮爲尼,誦經修道。帝(忽必烈——引者注)深加敬仰,四事供養。帝宣宋室二宮人至,皆祝髮爲尼。帝云:三寶中人也。命歸山學佛修行,供送衣糧。"⑦對於亡國的太后和宮人來說,這也許是最好的出路。

---

① 《通制條格》卷二九《僧道・選試僧人》,第703頁。
② 《重修滑州净行寺北彌勒院碑》,原載《(民國)滑縣縣志》卷七。轉引自《全元文》第36册,第172頁。
③ 《佛祖歷代通載》卷二二。
④ 《析津志輯佚》,第78頁。
⑤ 王惲:《賈氏世德之碑》,《秋澗先生大全集》卷五一。
⑥ 許有壬:《大興國寺碑》,《至正集》卷六〇。
⑦ 《佛祖歷代通載》卷二二。

官宦之家的女性出家爲尼者亦不少見。庚寅年（窩闊台汗二年，1230）契丹人石抹萬户病死，"三夫人術甲氏削髮爲尼，在家修行"。① 南宋末代宰相陳宜中是永嘉（今浙江永嘉）人，南宋滅亡，陳宜中逃亡海外，其侄三人被元朝政府作爲人質送往大都。次侄陳萍成爲佛教界的領袖人物，歷任要職。長侄陳芹"未及仕而遽卒"。陳芹之妻江氏"平居刻意於梵典，曰誦《法華》《金剛》諸經。嫠居後，以靡他自誓，因斷髮爲比丘尼。事聞宫掖，賜名净行，俾祝釐於内祠，歲給衣糧及侍從者五人"。"女一人，三曰娟，亦爲比丘尼，居禁苑。"② 永嘉陳氏家族幾位女子都出家爲尼，或與其家族的遭遇有關。金城（今山西應縣）韓氏是"翊運勛臣之後"，"削髮爲比丘尼"，法名妙德。在繁峙（今山西繁峙）建立報恩寺。"名達於徽仁裕聖皇后，召見命坐，賜之僧衣。而元貞璽書及皇太后教兩下，以廉衛其事。是年，裕聖幸五臺，德實從，眷睞優渥。"③ 福建參知政事王積翁出使日本在海上遇害，元朝以其子王都中爲平江路治中。都中之母張普貴"即以貞節自誓，祝髮於京之净垢寺惠公爲尼"。後來又隨王都中到平江（今江蘇蘇州），主持妙湛寺，"朝夕繙經禮拜，歸誠於佛"，"尋奉璽書護持，錫號宏宗圓明佛日大師"。④ 王積翁有夫人五位，除張氏外，還有一人在杭州明慧寺出家。有女六人，"四適名門，二爲尼"。⑤ 副萬户趙伯成有女三人，"幼爲比邱尼"。⑥ 由以上事例看來，官宦人家女性爲尼，在元代是相當普遍的。原爲宫人和官宦家庭出身的比丘尼，出家以後，往往成爲尼寺

---

① 李源：《石抹公墓誌銘》，《（嘉靖）魯山縣志》卷九。轉引自《全元文》第 39 册，第 466 頁。
② 黄溍：《江氏墓誌銘》，《金華先生文集》卷三九。
③ 姚燧：《報恩寺碑》，《牧庵集》卷一二。
④ 牟巘：《敬愍侯祠記》，《陵陽文集》卷一一。章噩：《本齋王公孝感白華圖傳》，原載《鐵網珊瑚》卷一五，轉載自《全元文》第 32 册，第 135 頁。
⑤ 黄溍：《王公祠堂碑》，《金華先生文集》卷二九。
⑥ 蘇天爵：《副萬户趙公神道碑銘并序》，《滋溪文稿》卷一五，第 237 頁。

的主持,有的甚至能够出入宫闈,享有特殊的社會地位。

比丘尼中出身於其他階層的爲數更多。章丘王德,金蒙戰爭時曾爲百户,有女三人,長女招婿上門,次女出嫁,第三女"爲尼,名廣通。廣通九歲,祝髮濟南永安院,慧悟殊絶"。① 湯陰(今河南湯陰)苗氏,"始自妙齡在家剪髮,澄心入道,素志疏澹,冥慕宗門"。中經戰亂,"二十年疏衣不卸"。後來禮拜邢臺開元寺萬安老人廣恩爲師,正式薙髮,成爲比丘尼。②

出家修行的女性道教徒稱女冠、道姑。全真道首領尹志平有一首《臨江仙》詞,序中説:"袁夫人住沙漠十年,後出家回都,作詞以贈之。"詞中説:"十載飽諳沙漠景,一朝復到都門,如今一想一傷魂。休看蘇武傳,莫説漢昭君。過去未來都撥置,真師幸遇長春,知君道念日添新。皇天寧負德,后土豈虧人。"③這位袁夫人應是金朝宫闈或官宦家庭中女性,金亡後流落漠北,幸遇西游的長春真人邱處機,出家爲女冠,得以回到燕京。南宋滅亡後,大批宫女隨太后和小皇帝到大都。隆國夫人王昭儀在隨行女性中是身份較高的一個,後來成爲"女道士"。④ 錢塘人錢善道,南宋理宗時"生十有三年,入侍宫掖","宋滅,隨其君來朝,留京師。奉睿聖皇后懿旨,於其年之九月望日,俾居昭應宫,禮其宫提舉通妙大師爲師,度爲女冠,賜紫衣"。⑤ 上面兩個女性都來自前朝,出家顯然由於政治的原因,類似的情況應該不少。元朝宫女亦有出家爲女冠者。中統二年(1261)七月,忽必烈"命煉師王道婦於真定築道觀,賜名玉華"。⑥ 這位王道婦又稱王姑姑、老王姑,"事顯懿莊聖皇太后

---

① 劉敏中:《故河南王君墓表》,《中庵集》卷八。
② 釋守顯:《河内縣南嶽村尼首座崇明修釋迦之院記》,原載《(道光)河内縣志》卷二一。轉引自《全元文》第10册,第574頁。
③ 《葆光集》卷中。
④ 汪元量:《女道士王朝儀仙游詞》,《增訂湖山類稿》,中華書局,1984年,第108頁。
⑤ 蒲道源:《守素大師女冠錢善道墓誌銘》,《閒居叢稿》卷二四。
⑥ 《元史》卷四《世祖紀一》,第72頁。

(拖雷之妻唆魯禾帖尼——引者注)多歷年所",又是忽必烈的保姆,因此獲得特殊的優遇。① 應指出的是,從現有記載看來,宮女出家爲尼者頗多,而宮女出家爲女冠則只是個別的。

陳垣先生在他的名著《南宋初河北新道教考》的《全真篇下》中,專門列有"婦女之歸依"一節。他説:"曩讀《道藏》全真家集,類多與某姑某姑之詩詞,心竊異之。……於以知全真女冠之盛,見諸文字者如此,其不見於文字者,何啻三千、七十乎!"②他注意到金元之際大量女性皈依全真的現象,這是很有意義的發現。他舉出的例子有:澤州(今山西)女冠張守微夫亡"捨俗出家",其師出於長春真人門下。張守微在兵亂以後修建修真觀,③安陽(今河南安陽)榮守玉是"農家女,自幼貞静,視紛華泊如,聞道家言喜之。國朝甲午歲,中虛魏大師以全真學主盟彰德之修真觀,時師方齠齔,出家往事焉。既笄,經明行修,披戴爲道士,復研精正一科式法籙,號稱習熟。至元乙亥,嗣主觀事"。④ 彰德楊守玉,"夫死,攜一女受道服",後受道號"純素散人"於真常真人(全真領袖李志常)。⑤ 安陽縣令王信之妻安氏(見上)。汴梁棲雲觀女冠李妙元,"父早没,與母王氏俱入道",她是全真宗師棲雲真人王志謹的再傳弟子。⑥ 任城(今山東濟寧)神霄觀,"女師所居也",世代相傳。至元庚寅(二十七年,1290)全真掌教張志仙將觀改名爲神霄萬壽宮。⑦陳先生列舉的以上全真女冠,分布在今山西、河南、山東各地。

除陳先生提到的事例外,見於文獻記載的全真女冠還有不少。

---

① 劉岳申:《玉華宮碑》,《申齋集》卷七。王惲:《中堂事記下》,《秋澗先生大全集》卷八二。
② 陳垣:《南宋初河北新道教考》,第42頁。
③ 李俊民:《重建澤州修真觀聖堂記》,《莊靖集》卷八,《文淵閣四庫全書》本。
④ 王惲:《崇玄大師榮君壽堂記》,《秋澗先生大全集》卷四〇。參見胡祗遹《榮鍊師信齋記》,《紫山大全集》卷一一。
⑤ 胡祗遹:《集真觀記》,《紫山大全集》卷一七。
⑥ 劉將孫:《汴梁路棲雲觀記》,《養吾齋集》卷一七,《文淵閣四庫全書》本。
⑦ 劉敏中:《神霄萬壽宮記》,《中庵集》卷一二。

元朝女性的宗教信仰

例如："壬辰後，女冠沖靖大師董妙真同沖妙大師趙智亨、希真散人成守全等，結爲伴侶，詣修武縣馬坊清真儲福宮禮和至德通慧真人爲師，莫不苦志勵行以進其善道。"後來她們協力在武陟縣建立了玉真觀。① 修武、武陟今名同，都在今河南省北部。汴梁（今河南開封）城隍廟在蒙金戰爭中被毀，河南路兵馬都總管劉福重建，"敦請女冠孟景禮、向妙順、朱妙明輩相與住持，黉奉香火"。景禮、妙順相繼去世，"歲甲辰（蒙古乃馬真后三年，1244），劉侯命侍人周氏、韓氏披戴禮棲雲王真人爲師，訓周曰：妙元，韓曰：妙溫，與妙明爲徒侶，所需衣糧皆出劉侯資給"。"棲雲王真人"即全真道宗師王志謹。此後，妙溫、妙元又辭世，"劉侯第四子保定路總尹某卒，夫人徒單氏痛伉儷之中睽，感榮華之易歇，聿來棲迹，法號妙真，道俗咨嘆，祠宇爲增重焉"。妙元、妙真重修廟宇，"蒙洞明真人稱賞，加妙元以純貞素德散人之號"。"洞明真人"即全真掌教祁志誠。女冠"景禮、妙明、妙元、妙真等咸出於詩禮名家"。② 金朝女官斡勒守堅，"至大朝隆興天下，長春國師丘神仙應詔還燕，參受道法，載以師禮事焉。神仙委以燕北教化，之雲之朔，至於宣德。太傅相公泊太夫人一見，待之甚厚，創慶雲觀住持，以舍人寶童相公、百家奴相公寄賀於門下，度女官張净淳等十數人"。後來"太傅相公有征於秦蜀，撫定關中"，又迎她到京兆（今陝西西安），主持龍陽觀。全真掌教尹志平"賜玉真清妙真人號"。③ "太傅相公"即契丹人耶律禿花，有功"拜太傅、總領也可那延，封濮國公"。④ 斡勒守堅受尊奉並非偶然，耶律禿花全家都是全真信徒，邱處機往返中亞，經過宣德，曾得到他的熱情接待。

---

① 弋毅英：《新修玉真觀記》，《道家金石略》，第670頁。這篇文章後講到全真和長春真人，可知是全真女冠。
② 王惲：《汴梁路城隍廟記》，《秋澗先生大全集》卷四〇。
③ 孫志恭：《龍陽觀玉真清妙真人本行記》，《道家金石略》，第542頁。
④ 《元史》卷一四九《耶律禿花傳》，第3532頁。

以上都是"漢地"的女冠。衆所周知，元代"漢地"道教有三派，全真勢力最盛，此外還有大道和太一。從現有文獻看來，只有全真道系統有女冠。金朝後期，全真道興起，其創始人王嚞有七大弟子，内一人是女性，即孫不二。蒙古滅金後，全真道勢力大盛，門下女冠也激增。"癸丑春正月，奉上命作金籙大齋，給散隨路道士、女冠普度戒牒，以公爲印押大宗師。"①"公"即全真掌教李志常。"癸丑"是蒙哥汗三年（1253）。戒牒是道士、女冠的憑證，由此可見，出家爲女冠亦須履行與出家爲尼類似的手續。蒙古前四汗時期，没有統一管理道教的機構，全真道把持發放戒牒的權力。這對全真道門下女冠的激增肯定有很大的作用。後來元朝成立集賢院管理道教，發放道士、女冠戒牒的權力也歸於集賢院。

　　關於江南女冠的記載相對少一些。鎮江路録事司（今江蘇鎮江）有"全真女冠庵五"，另有"守真庵，在堰軍巷，女道士吴氏舍宅建"，"通真庵，在夾道巷，女冠處之"。② 臨川東庭觀女冠得到宫闈的優遇。③ 東庭觀很可能是龍虎山正一道系統。浙東廉訪司監司黄頭之妻馬時閏，是南宋樞密馬天驥之女。馬天驥無子，馬時閏亦無子，黄頭死後，馬時閏認爲："我於黄頭氏雖無子，賴有他室子，可以不爲其宗憂。顧以一身承吾先人顯宦之餘，而女子又義於從人，不可以繼世。縱子他氏繼之，勢或不能嘆永。思所以永之者，遠經而近宜，莫若身爲老氏學。爲老氏學，則士夫良家之女，樂從吾游者，即吾從也。即吾從，則必能世世祀吾所自出無斁也。"因此，她自己出家爲女冠，將馬天驥的府第改爲道觀。皇帝皇后先後降旨護持。④ 黄時閏出身官宦家庭，她出家爲女冠是爲了保全父系的

---

① 王鶚：《真常真人道行碑銘》，《甘水仙源録》卷三，中華書局，2020年，第218頁。
② 《至順鎮江志》卷一〇《道觀》。
③ 危素：《瑞静沖粹通妙真人黄君壽藏碑》，《危太樸文續集》卷三。
④ 李存：《玄真宫記》，《番陽仲公李先生集》卷一四。

財產,使父系世世有人祭祀。

女冠出家前的身份多種多樣。除了少數出自元朝宫闈和來自前朝的女性外,有的出身官宦家庭,如上述黄時閏。有的出身富裕之家,如清苑(今河北清苑)張守度,"張氏鉅富,家貯萬緡"。① 也有的出身農家,滕州(今山東滕州)極真萬壽宫住持髻冠仙姑田氏"本濟寧肥城農家女"。②

尼姑、女冠出家的原因亦各不相同,真正由於信仰的原因固然有之,也有少數出於政治的考量,因喪夫而遁入空門者亦相當多,有如上述。此外還有兩個因素也起很大的作用。一是因疾病。有的因患病許願而出家,如平陽杜義,父死軍中,"時甫五歲,兩目幾失明",其母陳氏禱於神:"若此子目復明,自願爲黄冠以答神貺。"後杜義目如初,陳氏便出家爲女冠。③ 有的則希望出家以得到神佛的保佑將病治好。党項人劉沙剌班官至江西湖東道肅政廉訪使(正三品),其女劉宣奴病危,"母曰:'醫無遺策矣。用浮屠説,度汝爲尼,脱積業,何如?'曰:'不可。''爲女道士何如?'又曰:'不可。'曰:'人之生,有定分,豈以尼、女道士遂得不死乎!'"④疾病被認爲是"積業"所致,當醫生無計可施時,便想以出家爲尼、爲女道士來尋求出路,這是民間流行的觀念。還有一個重要原因則是因爲貧困。儀真(今江蘇儀征)人周貞,行醫浙西,"故人夏德輔有女,欲度女尼,貞曰:'以女爲尼,獨吝遣嫁耳。'乃育爲己女,命故人子李嗣宗爲贅婿"。⑤ 無錢置辦嫁妝,只好將女兒送去爲尼。這種情況應是不少的。

---

① 李志淵:《口真散人張守度墓志》,《道家金石略》,第866頁。
② 張養浩:《敕賜極真萬壽宫碑》,《歸田類稿》卷一七。
③ 蒲道源:《提領杜君墓誌銘》,《閒居叢稿》卷二五。
④ 虞集:《張掖劉氏下殤女子墓誌銘》,《道園類稿》卷四九。
⑤ 戴良:《周貞傳》,《九靈山房集》卷一九。

三

　　佛、道信仰之外，民間還流行多種神祇的崇拜，主要有東嶽神、關羽、天妃、神祇神等，這些神祇擁有大量信徒，女性占很大比重。大都東嶽廟，每逢東嶽大帝生日，"沿道有諸色婦人，服男子衣酬（？）步拜，多是年少艷婦。……婦人女子牽挽兒童，以爲賽願之榮"。①元代不少雜劇以夫妻同上東嶽廟還願爲題材。多種神祇崇拜大多與道教信仰結合，有關廟宇常由道士、女冠主持，例如上面說過汴梁城隍廟主事者便是女冠。上述清苑張守度曾"住持城隍廟"。

　　民間還普遍存在女巫。據官方文書記載，大都"街上多有……跳神師婆"。②涿州（今河北涿州）有王媼"爲巫餘五十年"。③零陵（今湖南永州）"縣有巫嫗，曰：國母，自詭能言禍福。爲書數通，使弟子行民間，愚者爭願標名其上，由是趨門日衆。"縣丞周尚之認爲有作亂之嫌，"毆逮寘於法"。④與女巫相近的，還有以算命謀生的女性，稱爲卦姑。"靖觀，東海婦也。其家世業儒。未笄時，大父異其警悟，授五行書，長而益深其學，推貴賤禍福往往奇中。中年，家祚落，從其夫滄洲生游江海間。……靖觀清且弱，日推數人，得錢給薪米即謝客，過其門者，莫不目而駭之。"⑤但以此爲生的女性是很少的。

　　元代有"三姑六婆"之說。元末學者陶宗儀說："三姑者，尼姑、

---

① 《析津志輯佚》，第 55 頁。
② 《元典章》卷五七《刑部十九·諸禁·禁跳神師婆》。
③ 揭傒斯：《敕賜漢昭烈帝廟碑》，《揭傒斯全集·文集》卷七，上海古籍出版社，2012年，第 411 頁。
④ 柳貫：《周東揚墓誌銘》，《柳待制文集》卷十。
⑤ 宋僖：《送靖觀序》，《庸庵集》卷一一。按，楊維楨作《慧觀傳》（《東維子文集》卷二八），所述與宋僖文相同，靖觀、慧觀疑是一人。

道姑、卦姑也。六婆者，牙婆、媒婆、師婆、虔婆、藥婆、穩婆也。……人家有一於此而不致姦盜者幾希矣，若能謹而遠之，如避蛇蝎，庶乎净宅之法。"①"三姑六婆"在一定意義上可以稱爲當時的職業婦女，上面所説尼姑、道姑（女冠）、卦姑、師婆都在其列。尼姑、女冠真心修行者固然有之，但亦有不少人以出家爲謀生的手段，不守清規，生活奢侈。有的與俗人家庭中的婦女交往密切，搬弄是非，多生事端，甚至引發姦盜之事。世祖末年，趙天麟上《太平金鏡策》，對時政提出建議。其中之一是"汰僧道"。他主張對僧道嚴加管束："凡令下之後，食酒肉，衣文繡，並及非所當爲而爲者，坐以重罪。凡男衆有妻室及女流荒淫者，係愚昧不移無恥過甚之人，勒令歸俗，約爲軍民。凡僧尼不得交雜往來，道士、女官（冠）亦同此例。"②大德七年（1303）七月，"御史臺呈：江北淮東道廉訪司申，僧道既處净門，理宜潔身奉教，却有犯姦作盜，甚傷風化。擬合一體斷遣還俗。刑部議得：僧、尼、道士、女冠，有犯姦盜，俱合一體斷罪還俗。都省准擬"。③ 可見當時尼姑、女冠與僧、道"交雜往來"者有之，"犯姦盜"者有之。這與陶宗儀所説"不致姦盜者幾希矣"可以互相印證。至於卦姑、師婆以降神、預測未來等欺騙手段爲自己牟利，其後果更可想而知。"謹而遠之，如避蛇蝎"，説明在相當多的人們心目中，尼姑、女冠、卦姑、師婆並不是正面的形象，而是社會的禍害。

元代僧人、道士娶妻是相當普遍的現象。至元十九年（1282）管理佛教的機構諸路釋教都總統所的文書中説："各路僧人，往往求娶妻室，敗壞教門。"爲此中書省禮部規定："除至元七年籍定有妻室，亡殁不得再娶。違者量決六十七下，聽離，仍追元財没官。"

---

① 《南村輟耕録》卷一〇《三姑六婆》，第126頁。
② 《太平金鏡策》卷五。
③ 《通制條格》卷二九《僧道·姦盜》，第708頁。

大德八年，盧州僧録沙刺藏卜"有妻室"，被和尚告發，免去職務，打六十七下。元朝政府爲此重申過去的決定。至大四年（1311），道士胡仁方"娶高二娘爲妻，生長二男"，判决打六十七下，還俗爲民。① 元末陶宗儀的筆記《輟耕録》中有一條記載説："嘉興白縣尹得代，過姚莊訪僧勝福林，間游市井間，見婦人女子皆濃妝艷飾，因問從行者。或答云：風俗使然。少艾者僧之寵，下此則皆道人所有。"②此處"道人"指寺院中工人。可知寺院僧人娶妻是很流行而且是公開的。詩人朱德潤在一首題爲《外宅婦》的詩中寫道："外宅婦，十人見者九人慕。綠鬟輕盈珠翠妝，金釧紅裳肌體素。貧人偷眼不敢看，問是誰家好宅眷。聘來不識拜姑嫜，逐日綺宴歌宛轉。人云本是小家兒，前年嫁作僧人妻。僧人田多差役少，十年積蓄多財資。寺旁買地作外宅，别有旁門通巷陌。朱樓四面管絃聲，黄金剩買嬌姝色。鄰人借問小家主，緣何嫁女爲僧婦？家主云，聽我語：……小女嫁僧今兩秋，金珠翠玉堆滿頭，又有肥羶充口腹，我家破屋改作樓。外宅婦，莫嗔妒，廉官兒女冬衣布。"③僧人娶妻，主要就因爲富有並享免役的特權。事實上，僧、道的妻子，常以尼姑、女冠的面目出現，例如上述高二娘便自"稱出家"元朝政府在處罰胡仁方時，還勒令高二娘"還俗歸宗"。可以説，僧、道娶妻正是尼姑、女冠不守清規的一個重要方面。

（原刊於《紀念許大龄教授誕辰八十五週年學術論文集》，北京大學出版社，2007年）

---

① 《至正條格·斷例》卷八《户婚·僧道娶妻》。
② 《南村輟耕録》卷二八《白縣尹詩》，第348頁。
③ 《存復齋文集》卷九。

僧 道 多 妻 妾

——元代宗教史的一個側面

一

　　元代和尚、道士有專門的户籍,稱爲僧户、道户。和尚、道士是出家人,一般不能娶妻。但事實正好相反,元代和尚、道士娶妻是很普遍的現象,有的還有妾。例如,忽必烈時代江南釋教總統楊璉真伽便娶妻生子,他的兒子楊完普還在朝廷中擔任要職。① 道教正一派領袖龍虎山張天師不但有妻(這是正一派許可的),而且"縱情姬愛,廣置田莊……乃江南一大豪霸也"。② "高昌僧恃丞相威,違法娶婦南城",③"高昌"指畏兀兒,當時畏兀兒人信仰佛教;"丞相"即鐵木迭兒;"南城"指大都南城。這條記載是説畏兀兒僧人依仗丞相鐵木迭兒的勢力,公然在大都南城娶婦。元末湖廣行省"胡僧持官府柄,横甚",其妻妾有十有八人之多。④ "胡僧"應指來自吐蕃(今藏族居住地區)的僧人。嘉興路(路治今浙江嘉興)玄妙觀住持提點楊立之"畜妻養子,及典雇張十四娘等三名,通房使

---

① 陳高華:《略論楊璉真加和楊暗普父子》,《元史研究論稿》,第385—400頁。
② 鄭介夫:《太平策》,《元代奏議集録(下)》,浙江古籍出版社,1998年,第110頁。
③ 《元史》卷一四四《答里麻傳》,第3431頁。
④ 宋濂:《星吉公神道碑銘》,《宋文憲公全集》卷三四。

唤"。① 當時"典雇"婚在江南盛行，即男方出錢雇傭女性爲妻、妾或婢，有一定的期限。"通房"意爲與主人有性關係。道士楊立之有妻，還要典雇三名女子爲自己提供性服務。元末陶宗儀的筆記《南村輟耕録》中有一條記載説："嘉興白縣尹得代，過姚莊訪僧勝福林，間游市井間，見婦人女子皆濃妝艷飾，因問從行者。或答云：風俗使然。少艾者僧之寵，下此則皆道人所有。"②此處"道人"指寺院中工人。可知寺院中從上到下娶妻成風。需要説明的是，元代僧道擁有妻妾有兩種情況：一種是出家後通過各種方式娶女性妻妾；另一種是原來已有家庭，因逃避賦税差役的負擔，便出家爲僧、道，實際上"則它房子里與媳婦孩兒每一處住的也有"。③

内地如此，河西民族雜居地區此風更盛。河西即原西夏政權轄地，相當於今寧夏和甘肅大部。元代河西居民以党項（原西夏的主體民族）爲主，兼有吐蕃、畏兀兒等。延祐元年（1314）十二月，朝廷中對河西僧人是否應當差發發生爭議。出身藏傳佛教的帝師要求免除河西僧人賦税差役，中書省則認爲，"那裏百姓稀少，又兼那和尚每多半有妻子，與其餘和尚每不厮似有"，也就是説不能免除。結果皇帝裁定，"有妻室的每"要承擔賦税差役，"無妻室的和尚每休教當者"。④ "多半有妻子"，可知其普遍。上述楊璉真伽、楊完普父子便是河西僧人。名詩人馬祖常有一首《河西歌效長吉體》："賀蘭山下河西地，女郎十八梳高髻。茜根染衣光如霞，却召瞿曇作夫婿。"⑤"瞿曇"即僧人。馬祖常的詩是寫實的。

元代統治者崇尚佛教、道教，僧、道享有免當賦役的特權，又不守清規，娶妻生子，很自然地爲社會各方面非議。有元一代，不斷

---

① 《元典章》卷三三《禮部六·釋道·道教·道官有妻妾歸俗》。
② 《南村輟耕録》卷二八"白縣尹詩"，第348頁。
③ 《元典章》卷二四《户部十·租税·僧道税·僧道避差田糧》。
④ 《通制條格》卷二九《僧道·河西僧差税》，第715頁。
⑤ 馬祖常：《河西歌效長吉體》，《石田文集》卷五。

有人向朝廷建議，要求對有妻僧道加以取締。比較著名的如：成宗大德二年(1298)，鄭介夫向朝廷上《太平策》，其中談到僧、道勢力過盛，涉及僧、道娶妻妾問題："學釋老者，離嗜欲，去貪嗔，異乎塵俗可也。可艷妻穢妾，污穢不羞，奪利爭名，奔競無已，雖俗人所不屑爲，甚非僧、道之宜然也。僧、道之盛，莫盛今日，而僧、道之弊，亦莫盛今日。朝廷若不稍加裁抑，適所以重其他日之烈禍也。"①可知此時僧、道娶妻妾業已成風。元武宗至大三年(庚戌，1310)，監察御史張養浩上《時政書》，列舉當時十大弊端："九曰：異端太橫。"他説："臣見方今釋、老二氏之徒，蓄妻育子，飲醇啗腴，萃逋逃游惰之民，爲暖衣飽食之計，使吾民日羸月瘠，曾不得糠秕藍縷以實腹蓋體焉。""昔世祖皇帝嘗欲沙汰天下僧、道，有室者籍而民之，後奪於衆多之口，尋復中止，至今識者深惜焉。古人謂十農夫之耕，十蠶婦之織，不能衣食一僧，蓋言其蠹財害民之甚也。……伏望自今諭旨省臣，凡天下有夫有室僧尼道士女冠之流，移文括會，並勒爲民，以竟世祖皇帝欲行未及之睿意，豈不可爲曠代未聞之盛典也哉！"②仁宗皇慶元年(1312)江浙行省上報中書省的一件文書中説："各處住持耆舊僧人，將常住金谷掩爲已有，起蓋退居，私立宅舍，開張解庫，飲酒茹葷，畜養妻妾，與俗無異。"③泰定元年(1324)，中書平章政事張珪等人上疏"極論當世得失"，其中兩處涉及僧、道娶妻問題。一處説僧徒作醮祠佛事："凡所供物，悉爲已有，布施等鈔，復出其外，生民脂膏，縱其所欲，取以自利，蓄養妻子，彼既行不修潔，適足褻慢天神，何以要福！"另一處説："僧、道出家，屏絶妻孥，蓋欲超出世表，是以國家優視，無所徭役，且處之官寺。宜清净絶俗爲心，誦經祝壽。比年僧、道往往蓄妻子，無異

---

① 《元代奏議集錄(下)》，第110—111頁。
② 《歸田類稿》卷一一。
③ 《元典章》卷三三《禮部六·釋道·僧道教門清規》。

常人,如蔡道泰、班講主之徒,傷人逞欲、壞教干刑者,何可勝數。俾奉祠典,豈不褻天瀆神。臣等議:僧、道之畜妻子者,宜罪以舊制,罷遣爲民。"①至正七年(1347),左丞相"太平請僧、道有妻子者勒爲民以減蠹耗"。② 由以上奏疏和文書,可以看出有元一代僧、道娶妻成風,在社會上影響極壞,一直是人們關注並在朝廷中反復討論的問題。

二

元朝歷代統治者都有意對僧、道娶妻現象加以整治。世祖至元七年(1270)九月:"敕僧、道、也里可温有家室不持戒律者,占籍爲民。"③這是現在所知元朝政府有意清理有妻僧、道的最早記載,其處理辦法是勒令還俗。至元十九年(1282),管理佛教的機構諸路釋教都總統所的一件文書中説:"各路僧人,往往求娶妻室,敗壞教門。"爲此中書省禮部規定:"除至元七年籍定有妻室,亡殁不得再娶。違者量決六十七下,聽離,仍追元財没官。"④這是以至元七年爲限,七年登記有妻室者不再追究,但"亡殁不得再娶",七年以後娶妻者要"決六十七下",并勒令離婚,没收聘財。至元二十八年(1291)十月:"宣政院官奏奉聖旨節該,有媳婦的和尚有呵,宣政院官人分揀者。"⑤這是忽必烈下令,要求主管佛教事務的宣政院清查"有媳婦的和尚",但未言如何處理。至元三十年(1293)五月,由於佛、道寺院佔有土地日增,朝廷財政收入減少,忽必烈頒發聖旨:

---

① 《元史》卷一七五《張珪傳》,第4074、4080、4082頁。
② 《元史》卷一四〇《太平傳》,第3368頁。
③ 《元史》卷七《世祖紀四》,第131頁。
④ 《至正條格·斷例》卷八《户婚·僧道娶妻》。
⑤ 《元典章》卷三十三《禮部六·釋道·釋教·和尚不許妻室》。

"無媳婦的和尚、先生每的屬寺院里常住田土有呵,依着大聖旨體例里休納者。"也就是説,没有妻妾的和尚、道士所在寺院的原有田土可以照舊免除賦役,有妻妾的就不在免除之列。① 十月,"僧官總統以下有妻者罷之"。② 忽必烈對此事三令五申,説明僧、道特别是僧人娶妻情况已很嚴重,而且屢禁不止。但五月和十月的聖旨都没有要求對有妻室僧、道判刑和勒令還俗,實際上是不很認真的。聯繫上面張養浩説:"奪於衆多之口,尋復中止。"③可知忽必烈並没有真正下決心要加以整頓。忽必烈崇信佛教,特别是藏傳佛教。張養浩所説"衆多之口",主要應是佛教上層人物的反對。

成宗大德元年(1297)十二月,中書省臣等奏:"且僧、道作商賈有妻子與編氓無異,請汰爲民。"成宗説:"汰僧、道之制,卿等議擬以聞。"④但未見下文。大德七年(1303)元朝有意對佛、道兩教進行整頓。七月下令:"僧尼、道士、女冠有犯姦盗,俱合一體斷罪還俗。"⑤"犯姦盗"應包括娶妻在内。九月,朝廷又一次下令:"罷僧官有妻者。"⑥大德八年(1304)十一月初七日,宣政院上奏説:

"御史臺官人每與將文書來,'廬州有的和尚每告,那裏的僧録沙剌藏卜有妻室呵,與僧官每一處問了招也。他罪過,奏了依體例要的'麽道。説將來有。俺商量來,前者'委付來的僧官每根底,要了甘結。有妻室呵,當六十七下罪過,更勾當里不行'。有文書來。如今依着那體例,沙剌藏卜根底,教打六十七下,更罷了他勾當呵,怎生? 又去年俺曾奏:'今後僧官每有罪過呵,受聖旨的聞奏,那以下的要了明白招伏,就教斷

---

① 《元典章》卷二四《户部十·租税·僧道税·僧道避差田糧》。
② 《元史》卷一七《世祖紀十四》,第374頁。
③ 《時政書》,《歸田類稿》卷一一。
④ 《元史》卷一九《成宗紀二》,第415頁。
⑤ 《通制條格》卷二九《僧道·姦盗》,第708頁。
⑥ 《元史》卷二一《成宗紀四》,第455頁。

呵,怎生?'麼道,遍行了文書來。雖是那般呵,似這有妻室的每,問得明白了,一件件奏呵,頻繁耳熱的一般有。今後但有妻室的明白了呵,依體例教斷六十七下,再勾當里不委付呵,怎生?"奏呵,奉聖旨:"那般者。"①

宣政院上奏有兩個內容。一是說根據御史臺的文書,對有妻僧官沙剌藏卜加以處理。按照過去的規定,杖六十七下,免去僧官職務。二是說去年曾上奏,僧官有罪,凡皇帝任命的要奏請處理,其餘則隨時判決。皇帝同意後下發各處。現在看來,有妻僧官案件查明後如一一上奏,太麻煩。今後都按杖六十七下、免職("勾當里不委付")處理,不再上奏。皇帝此兩事都表示同意。文書中"去年俺曾奏"的內容,應即大德七年九月"罷僧官有妻者"。文書中說,如果娶妻僧官案件一件件上報的話,"頻繁耳熱的一般",可知其數量多到何種程度。也說明以前種種禁令,都未奏效,實際都是走過場。

大德七、八年的詔令似主要針對僧官(道官應同)而發,普通僧、道娶妻如何處理,未曾涉及。而且,此次詔令有多大效果是可疑的,皇慶二年(1313),御史臺的文書中說:"如今罷了的僧官,更有罪過的、有媳婦孩兒每和尚,投托着宣政院官人每奏了,教他每各處寺院里做住持有。"②顯然有妻的僧人在宣政院(元朝管理佛教事務的最高機構)包庇縱容下當住持的仍不在少數,所以御史臺會作爲問題提出來。此後,朝廷繼續發佈清理有妻僧、道的詔令。泰定三年(1326)八月:"詔:'道士有妻者,悉給徭役。'"③四年七月:"籍僧、道有妻者爲民。"④文宗天曆元年十月:"敕:'天下僧、道

---

① 《至正條格·斷例》卷八《户婚·僧道娶妻》。
② 《元典章》卷三三《禮部六釋教·保舉住持長老》。
③ 《元史》卷三〇《泰定帝紀二》,第672頁。
④ 《元史》卷三〇《泰定帝紀二》,第680頁。

有妻者,皆令爲民。'"①順帝後至元元年(1335):"凡有妻室之僧,令還俗爲民。既而復聽爲僧。"②既令還俗,又復聽爲僧,出爾反爾,説明朝廷對此並不認真。至正六年(1346)元朝頒佈經過反復修訂的法典《至正條格》,作爲各級政府審判的依據。在此書的《斷例》卷八"户婚"中,列有"僧道娶妻"一目,内收兩個案例。一個是前引大德八年"宣政院奏",關係僧官娶妻的處罰。另一個是至大四年刑部對"洞霄宫道士胡仁方"娶妻生子的處罰,"擬決六十七下,罪遇原免,合令爲民",其妻高二娘"雖稱出家,合令還俗歸宗"。③ 此書的結構和案例,都有針對性。列入"僧道娶妻",説明直到元朝末年,這種現象仍然普遍,也説明元朝政府雖然反復重申,實際效果是有限的。

三

僧、道娶妻以上層人物即僧官、道官居多,他們主要依仗政治上、經濟上的特權,爲所欲爲。一般僧、道娶妻妾者亦有不少。女性嫁給僧、道,原因多種多樣,其中有不少是羡慕虚榮、追求享受造成的。元末詩人朱德潤在一首題爲《外宅婦》的詩中寫道:

> 外宅婦,十人見者九人慕。緑鬢輕盈珠翠妝,金釧紅裳肌體素。貧人偷眼不敢看,問是誰家好宅眷。聘來不識拜姑嫜,逐日綺宴歌宛轉。人云本是小家兒,前年嫁作僧人妻。僧人田多差役少,十年積蓄多財資。寺旁買地作外宅,别有旁門通

---

① 《元史》卷三二《文宗紀一》,第 718 頁。
② 《元史》卷三八《順帝紀一》,第 831 頁。
③ 《至正條格·斷例》卷八"户婚"。

巷陌。朱樓四面管絃聲，黃金剩買嬌姝色。鄰人借問小家主，緣何嫁女爲僧婦？小家主云聽我語：老子平生有三女。一女嫁與張家郎，自從嫁去減容光。產業既微差役重，官差日日守空床。一女嫁與縣小吏，小吏得錢供日費。上司前日有公差，事力單微無所恃。小女嫁僧今兩秋，金珠翠玉堆滿頭。又有肥羶充口腹，我家破屋改作樓。外宅婦，莫嗔妬，廉官兒女冬衣布。①

一家三個女兒，一嫁地主，苦於差役繁重，一嫁縣府小吏，苦於公差。只有嫁給僧人的不但生活優裕，養尊處優，而且娘家亦得到照顧。朱德潤的詩篇並非虛語，確是元代現實的反映。但亦有不少女性成爲僧、道妻妾是受脅迫所致。溫州（今浙江溫州）曾發生一起滅門大案，江心寺主持祖傑"累任僧錄，挾貲豪恣"。他長期霸佔依附於寺院的良家婦女。後來婦女全家逃走，祖傑便遣黨徒追踪，將女方全家殺死。此事在當地引起極大反響，有人以此爲題材"撰爲戲文"，廣泛傳佈。地方官府以"衆言難掩，遂斃之於獄"。② 元朝國師膽八感嘆道："好和尚那裏肯做僧官！"③類似祖傑霸佔婦女的情況一定不在少數，有名的江南僧統楊璉真伽，"受人獻美女、寶物無算"，④這些美女當然就成了他和黨羽們的妻妾和婢女。還有一種是僧、道上層利用通行的"典雇婚"方式，用錢雇傭女性爲妻或妾、婢，滿足自己的欲望，如上引嘉興玄妙觀道士楊立之。無論那一種方式，都是因爲僧、道上層富有資產，享有特權所致。僧、道妻妾是元代女性中一個特殊的群體，在其他朝代也存在，但如此普遍似不多見。

（原刊於《學林漫錄》第 17 册）

---

① 《存復齋文集》卷九。
② 劉壎：《義犬傳》，《水雲村泯稿》卷四。周密：《癸辛雜識》別集上"祖傑"。
③ 《通制條格》卷二九《僧道》，第 709 頁。
④ 《元史》卷二〇二《釋老傳》，第 4521 頁。

元朝出賣僧道度牒之法

僧、道必須持有政府發給的度牒,纔算有了合法的身份。在宋代,度牒是要花錢買的,出賣度牒是國家財政收入的一個重要來源。元代前期,一度實行考試給牒的辦法,後來陷於停頓,這就爲僧、道上層開啓了方便之門,他們大肆招來僧徒、道衆,擴大自己的勢力。

成宗大德元年(1297)十二月,中書省臣言:"宋時爲僧道者,必先輸錢縣官,始給度牒。今不定制,僥倖必多。"(《元史》卷一九《成宗紀二》)大德七年(1303),鄭介夫上書,亦以此爲言。他説:"歸附以來,僧道兼無憑據,糧不輸官。"建議"効宋時官賣度牒之制,除西番僧外,發下度牒三十萬張,散之各路,凡爲僧道悉令例給。……每名入米十石,可得米三百萬石。""今后出家者每人納米四十石,永著爲令"。(《歷代名臣奏議》卷六七《治道》)這些建議都是要官賣度牒,增加國家的收入。當時是否爲元朝政府採納,史無明文。

英宗至治三年(1316),元朝政府因僧人圓明、道士王道明造反,下令"禁僧道度牒符籙"。(《元史》卷二八《英宗紀二》)但這條禁令没有維持多久。連年災荒,飢民遍野,迫使元朝政府不得不講究賑濟之法,於是便想到了出賣度牒。文宗至順二年(公元1331),浙西大災,飢民八十五萬餘户,元朝政府採取的賑濟之法中,便有"給僧道度牒一萬道。"(《元史》卷三五《文宗紀四》)對於其他災區,也有類似之法。當時桂陽路(路治今湖南桂陽)儒學教授張光大編的《救荒活民類要》一書中説："今朝廷亦降度牒,發下諸郡,但爲僧道者每道納免丁錢至元折中統鈔五錠"。但這是一項臨時性措施,不是固定的制度,所以張光大建議："莫若酌古准今,申明朝廷,將所降度牒免丁錢改擬願爲僧道者每度牒一道以免丁錢約量出米若干,永著爲令。"

到了元順帝元統二年(1335)元朝政府纔正式推行入錢買牒之法:"僧道入錢五十貫,給度牒,方聽出家。"(《元史》卷三六《順帝紀一》)按,元代鈔法,五十貫爲一錠,則此時每道度牒價錢只有三四年前的五分之一。按當時米價折算,只相當於一二石。這個數目太不合理,也許有錯誤,姑且存疑。

(原刊於《中國史研究》1985年第4期)

元代來華印度僧人指空事輯

中國和印度,自古以來一直有着密切的交往。印度是佛教的發源地,中印兩國佛教徒之間的往來,尤爲頻繁,對彼此的文化交流,作出了積極的貢獻。

過去有的研究者認爲:"宋仁宗以後,回教徒侵入印度,掃滅佛教,故自是以後,中國史書無復梵僧東來之記載,而中國亦無西天取經之僧矣。"①這種說法是不確切的。印度佛教並未因回教徒入侵而滅亡,中印佛教僧侶之間來往,也並沒有自此截然中斷(儘管規模和影響大不如前)。例如,元代的指空便是由印度來華的一個僧人,他在元朝後期有很大影響,還到過高麗(朝鮮),也備受尊奉。我們現在把中國和朝鮮關於指空的一些記載輯集在一起,供同志們研究中印文化交流史時參考。

需要指出的是,元代來華的印度僧人並不止指空一人。元代後期杭州有西天元興寺,就是當地官府專門爲"西天高達摩實理板的達"建造的。② "西天"就是印度。元末詩人張憲有《贈西僧》詩,③首云:"西離五印度,東渡獨繩橋。"這些都是印度僧人來中國的例子。反之,中國僧人也有去印度求法的,如"蜀僧元一"就曾游歷西天,回

---

① 張星烺:《中西交通史料彙編》第六册,第265頁。
② 《玩齋集》卷九《重建清平山西天元興寺碑》。
③ 《玉笥集》卷八。

國後以西天琢成玉石佛象及貝葉經等獻給元世祖忽必烈。① 至於我國西藏地區，因與印度相鄰，當地僧侶去印度者更多，曾爲元朝國師的膽巴，"幼從西天竺古達麻失利傳習梵秘，得其法"。② 可見，當時中印佛教僧侶之間往來是相當密切的。過去中印文化交流史的研究，一般都着眼於宋代以前，對於宋代以後，幾乎沒有人注意。這種情況應該改變，應該把這段研究工作中的空白補充起來。

本文所輯錄的資料，有我國的記載，也有朝鮮的文獻。輯錄時我國的記載在先，朝鮮的文獻在後。有的資料後面，略加說明。編者所見有限，遺漏一定不少，希望得到指正。

(1)《文殊師利菩薩無生戒經》序癸巳③

危　素

梁武帝時，菩薩達摩至於金陵，問答不契，提蘆渡江，留《楞伽經》曰："此可傳佛心宗。"震旦之人，有爲佛氏學者，敬信而誦習之，因是而開悟者，未易悉數。蓋天竺距中國十萬餘里，言語不通，文字亦異，則其書之未及翻譯者，尚多有之，不獨《楞伽》而已。

皇元泰定初，中印土王舍城剎底里孫曰指空師，見晉王於開平，論佛法稱旨，命有司歲給衣糧。師曰："吾不爲是也"。因東游高句麗，禮金剛山法起菩薩道場。國王衆諸臣僚合辭勸請少留，師乃出《文殊師利菩薩無生戒經》三卷，欲使衆生有情無情有形無形咸受此戒。聞者歡喜諦聽，血食是邦者曰三岳神，亦聞此戒，却殺生之祭，愈增敬畏。師之言曰："直指人心，見性成佛，我道則然。"說法放戒，老婆心切。故是經因事證理，反復詳明，讀者若《楞伽》

---

① 《佛祖歷代通載》卷二二。
② 《元史》卷二〇二《釋老傳》，第 4519 頁。
③ 癸巳是元順帝至正十三年(1353)。危素是元朝末年著名的文學家，作此文時任國子監丞。《危太樸文集》有嘉業堂叢書本。

之初至，嘆息希有。嗚呼！五濁惡世，其人之迷謬已甚，不有以警動開諭之，終無以爲入道之基矣。

師之學得於南印度吉祥山普明尊者。天曆皇帝詔與諸僧講法禁中，而有娼嫉之者，窘辱不遺餘力。師能安常處順，湛然自晦。居無何，諸僧陷於罪罟，師之名震暴外中，四方信向彌篤。今皇帝眷遇有加，資政院使姜南剛既施財命工刻是經以傳，門人達蘊請予爲序。

（《危太樸文集》卷一〇）

（2）庚申外史①

權　衡

〔至正十九年〕，京師大饑，民殍死者幾百萬。……太子召指空和尚問："民饑饉，何以療之？"指空曰："海運且至，何憂！"秋，福建運糧數十萬至京師。……

指空者，西天刹帝利王第三子也。狀貌魁梧，不去鬚髮，服食擬於王者。居京師四十年，習静一室，未嘗出門。王公貴人，多見呵斥，雖帝亦不免。百八歲而死。

（《庚申外史》卷下）

（3）獅子山建正續寺碑記②

楊興賢

……有西竺指空禪師游方憩此，絕粒危坐，脅不粘席，開闡正覺，誘掖緇俗，慕其化受信具者，比比有焉。（下略）

（《新纂雲南通志》卷九三《金石考十三》）

---

① 這是一種關於元順帝一代歷史的專門著作，常見有《寶顔堂秘笈》本。作者權衡，由元入明。

② 獅子山在雲南武定。此記説明指空曾到雲南，可與後面李穡所撰《浮圖銘》相印證。

(4) 指空禪師偈序①

至　仁

至正(治？)二年春,有大禪師號指空,自身毒航海至廣東,太子威順王延致之,懇問法要。既而以聞,英宗皇帝遣使召至内殿問法供奉,公卿大夫莫不受其道。歷泰定、天曆逮今天子,尤如敬禮,而詔居高麗寺之丈室云。師貌古而腴,手垂過膝,目碧而視不瞬,頗類世之所貌達磨者。晝夜跏趺,脅未嘗至席,不啖穀食,或供果茗,亦不多食。善道它心宿命,凡人心善惡之萌及事類之過去未來者,皆能言如目擊,故其説法善隨物機之宜,亦以心法,俾各自得其所固有,而入解脱之境焉。又善梵書,雖古怪莫曉,然往往西僧素習其書者咸寶愛之。初,吾友李君仲賢求仕京師,屢造師之室,得所親書贈偈。李君間關世故,視他所蓄漠不經意,獨於斯偈保持惟謹。會於會稽,出以示予,蓋梵書也。師赴召時,道潯陽,留予授經報恩者半月。予時尚幼,蒙師啓誨,授以最上乘戒,故其得爲又頗悉。夫梵書之妙固非予所能識,而心法之微,又非言語文字所能形狀。故以嘗得於聞見者,書爲指空禪師偈序。

(《澹居稿》卷一)

(5) 寂照圓明大禪師璧峰金公舍利塔碑②

宋　濂

……至正戊子冬,順帝遣使者召至燕都,慰勞甚至。天竺僧指空久留燕,相傳能前知,號爲三百歲,人敬之如神。禪師往與叩擊,

---

① 僧至仁,字中行,鄱陽人,曾駐錫平江萬壽寺。《澹居稿》二卷,北京圖書館藏鈔本。此文中説指空"自身毒航海至廣東",與其他記載不同。又,文中説:"師赴召時,道潯陽",則指空曾到江西,但《浮圖銘》也没有提及。

② 該僧名寶金,號璧峰。"至正戊子"是至正八年(1348)。宋濂是明初的開國功臣,《宋文憲公全集》有四部備要本。

空瞠視不答。及出,空嘆曰:"此真有道者也"。(下略)

(《宋文憲公全集》卷一一)

(6) 高麗史

〔高麗忠肅王十五年七月〕,庚寅,胡僧指空説戒於延福亭,士女奔走以聽。雞林府司録李光順亦受無生戒之任,令州民祭城隍不得用肉,禁民畜豚甚嚴。州人一日盡殺其豚。

(卷三十五《忠肅王世家二》)

〔高麗恭愍王十九年,正月〕,甲寅,幸王輪寺,觀佛齒及胡僧指空頭骨,親自頂戴,遂迎入禁中。

(卷四二《恭愍王世家五》)

(7) 李朝太宗實録

〔朝鮮李朝太宗十四年六月〕,上曰:"佛氏之道,其來尚矣。……若指空則其可不尊事耶!"

(卷二七)

(8) 西天提納薄陀尊者浮圖銘并序①

李　穡

前奉翊大夫、知密直司事、商議會議都監事、右文館提學、同知春秋館事、上護軍臣韓修奉教書並篆額。

前朝列大夫,征東行中書省左右司郎中、推忠保節同德贊化功臣三重大匡、韓山君、領藝文春秋館事、兼成均大司成臣李穡奉教撰。

---

① 這是一篇關於指空生平最詳盡的記載,其中講到印度佛教的情況,可供研究這一時期印度宗教史參考。文中所講指空在中國的情況,可與中國方面的記載相印證。但其所講指空生平,主要出於指空本人介紹,其中恐不無誇大及遺漏的地方。

迦葉百八傳,提納薄陀尊者,禪賢號指空。泰定間見天子於難水之上,論佛法稱旨,命有司歲給衣糧。師曰:"吾不爲是也。"去而東游高句麗,禮金剛山法起道場。有旨趣還燕。天曆初,詔與所幸諸僧講法内庭,天子親臨聽焉。諸僧恃恩,頡頑作氣勢,惡其軋已,沮不得行。未幾,諸僧或誅或斥,而師之名震暴中外。至正皇后、皇太子迎入延華閣問法,師曰:"佛法自有學者,專心御天下,幸甚。"又曰:"萬福萬福,萬中缺一,不可爲天下主。"所獻珠玉,辭之不受。天曆以後,不食不言者十餘年。既言,時時自稱我是天下主,又斥后妃曰:"皆吾侍也。"聞者怪之,不敢問所以。久而聞於上,上曰:"彼是法中王,宜其自負如此,何與我家事耶!"中原兵將興,師於廣坐語衆曰:"汝識吾兵馬之多乎!某地屯幾萬,某地屯幾萬。"師所居寺皆高麗僧,一日忽語之曰:"汝何故叛耶?"欲鳴鼓攻之而止。數日,遼陽省馳奏:"高麗兵犯界。"京師者,衆之聚也,每語其人曰:"速去之。"既而天子北狩,中原兵入城,立府曰:北平。師豈偶然者哉!

　　師自言:吾會(曾?)祖諱師子脅,吾祖諱斛飯,皆王迦毗羅國。吾父諱滿,王摩竭提國。吾母香至國公主。吾二兄悉利迦羅婆、悉利摩尼。吾父母禱於東方大威德神而生吾。吾幼也,性樂清净,不茹酒葷。五齡就師,受國書及外邦之學,粗通大義,棄去。父病,醫莫效,筮者曰:"嫡子出家,王病可瘳。"父詢三子,吾即應。父大喜,呼吾小字曰:"婁恒羅哆婆乃能如是耶!"母以季故,初甚難之,割愛願捨,父病立愈。八歲備三衣,送那蘭陀寺講師律賢所,剃染五戒,學大般若,若有得。問諸佛、衆生、虛空三境界,師曰:"非有非無,是真般若。可往南印度楞伽國吉祥山普明所研究奥旨。"時年十九,奮發獨行,禮吾師於頂音庵。師曰:"從中(天)竺抵此,步可數否?"吾不能答,退坐石洞六閱月,吾乃悟,欲起,兩脚相貼。其王召醫圭藥立愈,告吾師曰:"兩脚是一步。"吾師以衣鉢付之,摩頂記曰："下山一步便是師子兒，我座下得法出身二百四十三人，於衆生皆少因緣，汝其廣吾化，其往懋哉！"號之曰：蘇那的沙野，華言指空。吾以偈謝師恩已，語衆曰："進則虛空廓落，退則萬法俱沉。"大喝一聲。

初吾之尋師也，歷羅羅許國，有講法華者，吾説解其疑。且哆國男女雜居裸形，吾示以大道。香至國王聞吾至，喜曰："吾甥也。"懋留不肯。華嚴師廣説二十種菩提心，吾喻以一即多，多即一。迦陵伽國海岸龜峰山梵志居之，其語曰："萬丈懸崖投身而死，當得人天王身。"吾曰："修行在心，何與於身！"令修六度、十地等法。結夏摩利支山，乃至楞迦國焉。

既辭吾師而下山也，無縫塔主老僧半路相迓，知吾有得也，請吾演法。吾頌塔而去。於地國主信外道，以吾有殺盜邪淫之戒，召妓同浴。吾帖然如亡人，王嘆曰："是必異人也。"其外道以木石作須彌山人，於頭、胸、腿安立一山，以酒膳祀山，男女合於前，名陰陽供養。吾舉人天迷悟之理，勘破邪宗。佐理國主信佛，吾以偈白之，王答以偈，吾復偈之。王施以珍珠數枚，會中有針眼中象王過之頌。師子國有如來鉢、佛足迹，一鉢飯能飯萬僧，佛迹時放光明，吾皆瞻禮。麼哩耶羅國信梵志，吾不入。哆羅縛國正邪俱信，吾據座下語，有尼默契。迦羅那國亦信外道，其王見吾喜甚，吾示以大莊嚴功德寶王經、摩醯莎羅王因地品。王曰："法外更有正法"。外道欲害吾，吾即出城，日已黑，有虎至。侍者知鳥音，升木以避。吾曰："汝既知禽語，吾所説法能知否？"侍者無語，痛行二十棒，乃悟。神頭國流沙茫茫，不知所適，有樹其實如桃，饑甚，摘食二枚。未竟，空神勾到空居廣殿，老人正座云："賊何不作禮？"吾曰："何佛徒也，何得禮汝？"老〔人〕罵："既稱佛徒，何偷果爲？"吾曰："饑火所逼。"老云："不與而取，盜也。今且放汝，其善護戒。"使閉目，須臾已到彼岸。煎湯卧木之上，乃大蟒也。的哩羅兒國女求合，以饑欲求食,若將應之,而問其馬之良者,以實告,吾即騎之而走,果如飛,便至他境。忽一人縛吾去,使牧其羊。會大雪,入洞入定七日夜,白光出洞。其人除雪而入,見吾趺坐,大喜,施以衣寶,不受。男女俱發心,示吾正路,行且久未見人,忽遇諸途,心甚悦。其人捉吾至王所,面跪曰:"天旱必此妖也,請殺之。"王曰:"且縱之,三日不雨殺何遲。"吾燒香一祝,大雨三日。嵯楞陀國有顛僧,見人來,以牛頭三列於地,置蒲團其上,默然而坐。吾一見火之,彼叫曰:"山河大地成一片矣。"阿耨池僧道巖居其傍,以草作小庵,人來則焚之,叫曰:"救火,救火。"吾至,纔叫救火,踢倒净瓶。道巖曰:"可惜來何遲"。末羅娑國事佛甚謹,而邪正雜糅,吾説破邪論,外道歸正矣。城東寶和尚墾其所居四面爲田,置菜種一器,人至則治田而已,無一言。吾以菜種從而下之,僧叫曰:"菜生矣,菜生矣"。其城中有織紗者,人至不言,織不撤。吾以刀斷之。其人曰:"多年之織畢矣。"阿耨達國僧省一居窟中,見人來,以煤塗面,出舞而復入。吾以偈相喝。早娑國僧納達居道傍數年,見來者曰:"好來。"見去者曰:"好去。"吾便與三棒,彼回一拳。的哩候的國婆羅門法盛行,吾縮手而去。挺佉哩國真邪同行,遇盜裸剥。襧伽羅國王迎入内,請説法。有寶峰者説經,吾與之互相宣説。東行數日,有高山曰:鐵山,無土石草木,日照朝陽,其熱如火,又名火焰。行七、八日,可達山頂。有國土凡十七八所,橫接天,其北不知其幾千萬里,其東河水出焉。兩峰高聳,駕橋以渡,冰雪不消,故號雪山。孤身飢窮,嗔(?)野果以達西蕃之境焉。

吾之行化於中國也,遇北印度摩呵班特達於西蕃,偕至燕京。居未久,西游安王府,與王傅可提相見。提請留學法,吾志在周游,是何耶? 提言:"衆生無始以來,惡業無算。我以真言一句,度彼超生受天之樂。"吾云:"汝言妄也。殺人者亦殺之,生死相仇,是苦之本"。提曰:"外道也。"吾云:"慈悲真佛子,反是真外道。"王有獻,却之。西蕃摩提耶城，其人可化，咒師疾吾，以毒置茗飲。適使臣至自都，請吾同還。欲師班特達，互爲揚化。不契。又去伽單，咒師欲殺吾，吾乃去蝦城。主見吾大喜，外道妬之，打折吾一齒。及將去，欲要於路，必殺之。其主護送至蜀，禮普賢巨像，坐禪三年。大毒河遍盜，又赤立而走羅羅斯地界，有僧施一禪被，有女施一小衣，乃應檀家供。同齋僧得放生鵝，欲烹而食之，吾擊其婦，婦哭，僧怒，見逐。吾聞土官塑吾像，水旱疾疫禱必應。金沙河關吏見吾婦人衣，髮又長，怪而問奚自。吾言語不通，書西天字，又非所知也，於是留之。晚偎石隙而卧，不覺，少間，至彼岸。渡子異吾，禮拜。雲南城西有寺，上門樓入定，居僧請入城。至祖變寺，坐桐樹下。是夜雨，既明，衣不濡。赴其省祈晴，立應。坐夏龍泉寺，書梵字《般若經》。衆聚乏水，吾命龍引泉濟衆。大理國吾却衆味，但食胡桃九枚度日。金齒、烏撒烏蒙，一部落也，禮吾爲師，塑像廟之。吾聞無賴子以吾像禪棒擲之地，而不能舉，悔謝，取安如故。安寧州僧問："昔三藏入唐，伏地知音。"時吾會雲南語，應曰："古今不同，聖凡異路。"請説戒經，燃頂焚臂，官民皆然。中慶路諸山請演法，凡五會，太子禮吾爲師。羅羅人素不知佛僧，吾至皆發心，飛鳥亦念佛名。貴州元帥府官皆受戒，猫蠻、傜僮、青紅、花竹、打牙、獷佬諸洞蠻，俱以異菜來請受戒。鎮遠府有馬王神廟，舟過者必肉祭，不然舟損。吾一喝放舟行。常德路禮鏡剛、白鹿二祖師，觀音自塑之像。洞庭湖靈異頗多，能作風雨，吾行適風作浪涌，爲説三歸五戒，唐、梵互宣。先時祭者夜獻絲屨，明則屨皆破，後皆却其獻，從素祭。湖廣省參政欲逐吾去，吾曰："貧道西天人也，遠謁皇帝，助揚正法，汝不欲我祝皇帝壽耶！"過廬山東林寺，見前身塔巋然，骨猶未朽。淮西寬問般若意，吾曰："三心不可得。"揚州太子以舟送吾至都。大順丞相之室常氏，高麗人也，請於崇仁寺施戒。既而至灤京，泰定之遇是已。

嗚呼，師之游歷如是哉，信乎其異於人也。

師自天曆襬僧衣，大府太監察罕帖木兒之室金氏亦高麗人也，從師出家，買宅澄清里，闢爲佛宮，迎師居之。師題其額曰：法源，蓋天下之水自西而東，故取以自比焉。師辨（辮）髮白髯，神氣黑瑩，服食極其侈，平居儼然，人望而畏之。

至正二十三年冬，内侍至，師曰："爲我奏爾主，我生日前去耶！"章佩卿速哥帖木兒回旨，留師小住一冬。師又曰："天壽寺吾影堂也。"是歲十一月二十日示寂於貴化方丈，師所建而師所名也。有旨：省、院、台、百司具儀衛送龕於天壽寺。明年，御史大夫圖堅帖木兒、平章伯帖木兒函香謁師，用香染泥，布梅桂水，團塑肉身。

戊申秋，兵臨城。茶毗四分，達玄、清慧、法明、内正張禄吉各持而去。其徒達玄航海，司徒達睿從清慧得之，俱東歸。壬子九月十六日以王命樹浮屠於檜巖寺，將入塔灌骨，得舍利若干粒。

師自西天攜《文殊師利無生戒經》二卷而來，參政危太樸序其端；手書《圓覺經》，歐陽承旨跋其尾。師之偈頌甚多，別有録，皆行於世。雲南悟無見能言：七歲投師出家時，已云師年甲子一周矣。悟七十五而師乃寂。吉文江釋仁傑云：門人前林觀寺住持達蕴，謀載道行，愈久而愈厲。司徒達睿間關數千里，奉師骨如事存以致送，死無憾焉。懶翁弟子某曰：吾師亦曾師師，師吾祖也。與師之弟子净業院住持妙藏比丘尼，買燕石將樹之檜巖之崖，揆諸天屬，不曰孝子順孫歟。事聞於内，有旨：臣穑銘，臣修書，臣仲和篆額。臣穑曰：師之身已火而四分之矣，未知其餘立塔於何地，而求銘以謀其傳者誰歟！又未知指空師在此歟，在彼歟！無亦視爲蟬脱，不復顧籍，而爲其徒者思報其恩，强而爲之歟！臣於是不能無感焉，只栗承教，繫之以銘，銘曰：

維師之迹，發軔西域，滿王之子，普明之嫡。灤京遇知，允也其時，延華之訪，云何其遲。回視我轍，靡國不歷，屋建之瓴，水投之石。天曆幸僧，拂我以憎，服今之服，道譽愈騰。狂言戲謔，匡人攸測，談兵未嘗，如析黑白。先見之明，乃道之精，或疑或謗，師心則平。舍利既赫，罔不竦息，孰謂人性，不協於極。骨斯檜巖，樹石以劖，無敢或訛，於永厥監。

宣光八年戊午五月　　日立

(《大日本佛教全書》游方傳叢書第四)

按：銘文作者李穡，是高麗末期的著名政治家、文學家；所著有《牧隱集》。其生平略見《高麗史》卷一〇五本傳。他"崇信佛法，爲世所譏"，所以對指空極盡尊崇之能事。

《大日本佛教全書》編者對此銘文有不少注解，今均略去。

(原刊於《南亞研究》1979年第1期)

後記：

《指空事輯》一文是我在二十世紀六七十年代讀書時摘錄有關資料整理而成的。當時未能看到高麗的詩文集，只收錄了李穡的《西天提納薄陁尊者浮者銘》。八十年代以後，讀到高麗詩文集，發現有關指空的資料很多，如《懶翁和尚行狀》等，韓國學者已有專門的研究，本文不再收錄。在中國文獻中又搜集到兩條資料，可作補充。一條是歐陽玄所作江南名僧守忠的塔銘，雖然只有一句話，但可見指空當時的特殊地位。一條是明初朱元璋的文章，介紹指空對政治的見解，很有價值。新朝開國皇帝之文，可見指空影響之大。現附在後面。

至順元年，御史中丞趙世安傳旨，召師（建康大崇禧萬壽寺住持曇芳守忠——引者）與大龍翔訢公乘驛入京。既至，國師妙總統、吏部尚書王士弘引見，上於奎章閣賜坐溫問，命太禧宗禋院給日膳資用,及諸從行各有差。有旨見皇后、太子。……謁見帝師,禮遇隆至,饋以土蕃所貢御米。尋奉旨,見西天指空和尚。偕訴公乘傳之五禮文殊大士,觀祥光而歸。

歐陽玄:《元故太中大夫佛海普印廣慈圓悟大禪師大龍翔集慶寺長老忠公塔銘》,《歐陽玄集·輯佚》(吉林文史出版社,2009年)

鍾山之陽有谷,谷有靈泉,曰:八功德水。不稽何代僧,因水以建庵,不過數間而已,其向且未的。然而游人信士,無問春秋四季,時時來往,酌水焚香,滌愆懺罪,已有年矣。朕自至此二十年餘,每觀此地,景雖佳麗,庵將頹焉。朕嘗嘆息,蔣山住持寺者,自建庵以至於斯時,前亡後化者疊不知幾人,曾有定向而革庵者乎?故空景美而庵頹。

一日,暇游於此,有僧求布施於朕,以崇建之。朕謂僧曰:"愚哉!爾知梁武帝崇信慧超、雲光等,舍身同泰寺。陳武帝敬真諦等,舍身大莊嚴寺。又如信道家之說者,秦皇遣方士而求神仙,漢武帝因李少君等而冀長生,魏道武因寇謙之行天宫静輪之法,唐玄宗與葉法善同游月宮,宋徽宗任林靈素度道士數萬。此數帝之心未必不善,然善則善矣,何愚之至甚。其僧道能則能矣,何招禍之如是?"答曰:"未知。"

曰:"前數僧道,當是時,日習世法,頗異常人,故作聰明於王侯。僧特云'天堂、地獄',道務云'壺中日月''洞裏乾坤''八寒八熱'。致使數帝畏地獄,懼八寒、八熱,願登天堂,入'壺中日月''洞裏乾坤',所以昧之,國務日衰,海内不安,社稷移而君亡,謗及法門。是後,三武因此而滅僧,不旋踵而復,豈佛、老之過歟!蓋當時僧、道不才,有累於一時。社稷移而異姓興,非天不佑,乃君愚昧非仁,連謗於佛、老。其三武罔知佛、老之機,輒毁效者。因二教之機微而理祕,時難辨通,致令千古觀於諸帝臣之記録,達斯文者,無有不切齒奮恨。以其所以,非獨當時爲人唾罵,雖萬古亦污,罪囚天地間。爾尚弗識,何愚之篤。近者有元京師有異僧,名指空,獨不類凡愚之徒。元君順帝有時問道於斯人,斯人答云:'如來之教,雖云色空之比假,務化愚頑,陰理王度,又非帝者證果之場。若不解而至此,糜費黔黎,政務日杜,市衢嗷嗷,則天高聽卑,禍將不遠,豪傑生焉。苟能識我之言,悟我誠導,則君之修,甚有大焉。所以修者,宵衣旰食,修明政刑,四海咸安,彝倫攸敘,無有紊者。調和四時,使昆蟲草木,各遂其生。此之謂修。豈不彌綸天地,生生世出,三千大千界中,安得不永爲人皇者歟?'指空曰:'以此觀之,貧僧以百劫未達於斯。若帝或不依此而効前,其驪彌深,雖千劫不出貧僧之右。'丞相搠思監至,齎盛素羞以供,亦問於指空,意在增福。指空曰:'凶頑至此,而王綱利,愚民來供,則國風淳。王臣游此民無益,公相之來,是謂不可。修行多道,途異而理同,公相知否?'曰:'不知。'曰:'在知人,在安民,忠於君,孝於親,無私於已,公於天下,調和鼎鼐,爕理陰陽,助君以仁。誠能足備,則生生世世立人間天上王臣矣。吾將數劫不達斯地。苟不依此,刻剝於民,欺君罔下,用施於我,雖萬劫奚齊吾肩。'朕觀指空之云如是,爾僧欲以庵爲朕增福,可乎?彼雖有營造之機,朕安有己財於此!"

僧曰:"富有天下,肯若是耶?""不然。國之富乃民之財,君天下者主之,度出良入以安民,非朕之己物,乃農民膏血耳。若以此而施爾,必不蒙福而招愆。"(下略)

……朱元璋:《游新庵記》,《高皇帝御製文集》卷十六

十四世紀來中國的日本僧人

"鯨波渺渺接遙空,今古由來一葦通。"(善住《贈日本僧》)中、日兩國,是相隔一衣帶水的鄰邦。自古以來,兩國人民之間一直有着密切的交往。兩國的佛教僧侣,來往尤爲頻繁,對於促進彼此之間的經濟文化交流,起了積極作用。

在中日兩國關係史上,有過高潮,也出現過逆流。十三世紀下半葉,兩國聯繫一度中斷。自十三世紀末,特別是進入十四世紀以後,兩國之間的經濟文化交流迅速得到恢復和發展。十四世紀中葉,元末農民戰争爆發,全國處於動蕩之中,但中日兩國的友好聯繫,並未中斷。元朝滅亡,明朝繼起,中、日兩國政府互遣使節,絡繹不絶,商船相望於道。這種情況,到這個世紀的八十年代發生了變化。當時明朝統治集團内部矛盾尖鋭化,朱元璋懷疑丞相胡惟庸與日本之間相互聯絡發動政變,便中斷了中日之間的各方面聯繫。直到十五世紀初,雙方聯繫纔告恢復。總之,從十四世紀初到這個世紀的八十年代,中、日兩國各方面的交往是很頻繁的,可以説,十四世紀是中、日經濟文化交流史上的又一個高潮時期。

這一時期,兩國的僧人來往特别密切。據日本研究者統計,入元日僧名字可考者達二百餘人,其中除極少數是十三世紀末葉來中國外,絶大多數都是十四世紀前期和中期來的。入明以後,在朱元璋暫時中斷兩國關係以前,名字可考的來華日僧也有二三十人。(木宫泰彦《日華文化交流史》,富山房,1955年,第444—466、

602—605頁。這是日本方面有關中日文化交流研究的有代表性的著作。)日本研究者的上述統計，主要根據本國的資料，也參閱了我國的一些記載。

近幾年來，我在翻閱元、明兩代的詩文集過程中，陸續發現了不少十四世紀來華日僧的資料。這些資料有些可以和日本方面的記載相印證，但更多的則未見日方記錄。從這些資料可以看出，這一時期來華日僧爲數之多，遠遠超過了日本研究者的統計。以明初爲例，日本僧人"錫飛杯渡，亦繩繩而來，多至數百，自唐及宋，未有若今日之盛。"(來復《送日本宣大義游江西序》)這種情形，在古代兩國關係史上，確實是很少見的盛況。從這些資料還可以看出，來華日本僧人中有不少與中國的詩人、學者、僧人之間，交往密切，友誼深厚，對於兩國的文化交流作出了有益的貢獻。如銛仲剛，在中國交游廣泛，與中國著名詩人、學者虞集、柯九思、丁復、鄭元祐，僧人良琦、善住、宗泐等詩歌唱和，現在能搜集到的關於他的詩歌就達九篇之多，這在兩國文化交流史上應該説是很罕見的。而日僧進得中來中國，介紹了關於菅原道真的"飛梅"傳説，更可以説是兩國文化交流中的佳話。"乘槎動歸思，欲去更徘徊"，(虞集《送海東銛上人十首》)寫出了來華日僧回國時依依不舍的感情："明朝相別思無盡，萬里海天飛白鷗"，(王冕《送頤上人還日本》)表達了中國詩人對日本友人的深情厚意。總之，這些資料對於研究中日文化交流史來説，是有一定的價值的。

這些資料散見於各家詩文集中，絕大多數從未被研究者利用過。爲了便於關心中日友好關係史的同志使用，我把這些資料輯集在一起，分成三個部分。第一部分是名字有記載的來華日僧資料，第二部分是名字沒有記載的來華日僧資料，第三部分是題日本僧人圖畫的詩篇。對於資料的來源和内容，分別作一些必要的説明。

（一）名字有記載的來華日僧資料

(1) 銛仲剛　詩十篇　　　(2) 清無夢　詩一篇
(3) 謙以亨　詩一篇　　　(4) 立恒中　詩三篇
(5) 進得中　詩三篇　　　(6) 彝大徹　詩三篇
　　　　　　　　　　　　　（附：彝上人　詩一篇）
(7) 月千江　詩一篇　　　(8) 謙上人（無礙妙謙）　詩一篇
(9) 希白上人　詩一篇　　(10) 榮首座　詩一篇
(11) 嗣上人　詩一篇　　 (12) 聰首座　詩一篇
(13) 純上人　詩兩篇　　 (14) 喜笑雲　詩一篇
(15) 廉上人　詩一篇　　 (16) 秀巖上人　詩二篇
(17) 峰頂雲　詩一篇　　 (18) 頤上人　詩一篇
(19) 汝霖良佐　文兩篇　 (20) 一光　文一篇
(21) 宣大義　文一篇　　 (22) 范堂令儀　文一篇
(23) 簡中原要　文一篇

以上共廿三人，見於木宮泰彥《日華文化交流史》中的《入元僧一覽表》四人，即清無夢、謙以亨、大彝上人（彝大徹）、無礙妙謙四人。見於同書《入明僧一覽表》一人，即汝霖良佐。餘十八人，未見記載。

送銛仲剛之吳中，兼柬柯敬仲博士

丁　復

（前略）
銛公日本異，玉府青瑤瓊，寶光不讓星斗明。寅年在金陵，老復在遠不得見。卯年臨川來虞公，作文更令子弟賦詩歸送扶桑國，政如一日連十星。我聞之,大道如日每圓滿,小德或者隨月生虧盈,天固以此視人世,我人何以與世相與爲變更。銛公爾來一日即索我詩三百首,爾不來祇復索我日發何千莖。　　(《檜亭集》卷三)

今按:《檜亭集》作者丁復,是元代後期著名的詩人,長期住在集慶(今南京)。他家中有雙檜樹,所以詩集命名爲《檜亭集》,我用的是北京圖書館收藏的鈔本。這首詩提到的柯敬仲即柯九思,著名的畫家和古物鑒賞家。從這首詩可以看出,銛仲剛與柯九思也是有交誼的。柯九思原在大都(北京)做官,在元文宗至順二年(1331)失意南歸,住在平江(今蘇州)。因此,可以確定,詩中所說的"寅年"是元順帝至元四年(戊寅,1338),"卯年"是至元五年(己卯,1339)。

天壽節龍翔寺習儀,次韻銛上人

丁　復

彤扉笳鼓群公集,烏府冠裳百辟儀;金甲繞纏龍擁座,綵章掀舞鳳交旗。九天空闊蒼雲杳,四海升平白日遲;皓首南邦無變化,何由一息向天池。　　(《檜亭集》卷八)

今按:天壽節是皇帝的生日。龍翔寺指大集慶龍翔寺。元文宗圖帖睦爾即帝位前曾居建康,即帝位改建康爲集慶,並以原住所("潛邸")改建僧寺,名大龍翔集慶寺。此寺建成後,爲江南寺院之冠。銛仲剛到集慶後,可能即居住在龍翔集慶寺内。下面《扶桑行,送銛仲剛東歸》一詩中有"新寺訪龍翔"之句,亦指此。大龍翔集慶寺建成於至順二年(1331),建成後不久銛仲剛即來此,故稱"新寺"。

次韻銛上人龍河月夜漫興

丁　復

臺殿總依丹鳳闕,江山或擬白龍堆;潛藩地重雄南服,執法星明近上臺。天際飛塵君使到,日頭出處客僧來;翻經夜月旐檀室,滿座香風檐蔔開。秦淮水流落日西,瑤堦不受翠烟迷;絕憐明月真堪摘,却是青天不可梯。電掣海光龍出弄,雪翻林影鶴驚棲;扶桑若木同根葉,莫謂殊方動慘淒。　　　　(《檜亭集》卷八)

扶桑行,送銛仲剛東歸

丁　復

日出扶桑根,日上扶桑頂。海色秋茫茫,天光何萬頃。扶桑日東出,若木日西落,日出天始明,扶桑人不惡。扶桑有國自鴻荒,有國有人天性良;亦復有君臣,棟宇垂衣裳。自古國有主,不知何姓氏,聞自周中王,世嗣相傳宗揖讓,至今惟一姓,不識有興亡。君君臣臣父父子子,至道之綱,何弛何張。且吾聞之,扶桑之國人,寧殺不受辱,豈不謂死亦何短生亦何長,身在義所恥,身死義不忘。

皇元發仁被六合,海服遠來貢,大泊(舶)凌廣洋,陳辭極懇款,器物盡精緻,黃金鑄甲白日光,大珠徑寸夜發芒,利刃截鐵斷兩旁,水玉拾海底,湛澈團天漿。奇才妙識不及數,一一具獻無詭藏。上者國有使,下者通販商,年年以爲常。奈何漢中葉,獨用桑弘羊,內府無錢愧張武,大官小吏貪如狼。懷金辱明主,穢德腥外邦,彼豈侮大國,顧敢爲猖狂。夜半海水赤,南風無回檣,十年不遣使,東天遂裂長鯨奮,怒火熾揚,波濤汹生,海中不寧。

上人何年來,瞳人正碧髮未蒼,詞句所發如衆妙香。自言讀書在扶桑,慕法五天竺,十七來錢唐;十八姑蘇住,浩歌濯滄浪。問劍虎丘石,挂席楓橋霜;古臺吟鳳去,新寺訪龍翔。振衣香爐顛,洗鉢三石梁。天上歸來虞閣老,留之廿日掃室置禪床,笑謂門生及兒子:海國有此圭與璋。一一作歌送,仿佛扶桑之故鄉。珊瑚樹底龍所宮,照之五色雲錦章,龍兒護惜不得睡,中天夜掉紫玉幢,意用慰此遙相望。

往年上人去,我在雪上不得見;前年上人歸,我方僦宅園中央。日夕還往雙檜下,列榻坐受南薰涼。寫詩不記首,把酒無數觴,苧袍浮霜踏月色,夜未及鼓猶攜將。雙檜先生不及仕,抱甕灌園而已矣,有家何曾隔海水,有路未即還鄉里。園芎二畝差可擬,菜本作羹播其子。日日月月逝莫止,朝朝莫莫聊爾耳,此非天運固如此。扶桑之國邈東溟,子其懷歸子所應,天之所在子無能。方今天子聖且明,子能有道玉帛徵,林泉之家從所營,子子孫孫無盡燈。子國君臣家父兄,一日聞之千載名。子毋扶桑歸,聽我歌此扶桑行。

(《元詩選二集·檜亭集》)

今按:這首詩不見於上引鈔本《檜亭集》,故自《元詩選二集》中鈔錄。這首詩敘述了作者和銛仲剛的深厚友誼。"雙檜先生"是丁復的號,從這首詩可以看出,銛仲剛十七歲時就來到中國,在錢唐(今杭州)、姑蘇(今蘇州)和集慶(今南京)等地生活過。并曾受到"虞閣老"(虞集)的贊賞。

送銛仲剛游金陵

鄭元祐

銛衲來從日本東,說法親曾授老龍;珠樹摘花抽藻思,金膏瀸水淬神鋒。玄機不發空中鏑,信器應傳雨裏春;暫玩一輪吳渚月,便依千尺定林松。江光宛似玻璃合,山色依然翠黛重;寒水但餘鷗泛泛,荒臺無復鳳雍雍。霏潤錦樹存孤柏,海涌青瑤見獨峰;未識笑翁空比擬,城樓月上忽聞鐘。

(《僑吳集》卷五)

今按：《僑吳集》作者鄭元祐，是元代後期的名作家、詩人，居住在平江（今蘇州）。此詩應是銛仲剛從平江赴金陵時送行之作。《僑吳集》係北京圖書館收藏的鈔本。

秋日歸虎丘，懷銛仲剛書記

良　琦

虎丘共作五年留，幾度相攜上小舟；楊柳春橋半塘寺，芙蓉夜月百花洲。長林放鶴閑支遁，一室編蒲老睦州；此日獨歸懷往事，空山草樹不勝秋。　　　　　　　　　　（《草堂雅集》卷十六）

今按：良琦是元末平江著名詩僧，與江南的文人學者多有交游。從這首詩可以看出，銛仲剛在平江至少居留有五年之久，和良琦之間交往極爲密切。詩的末兩句，充滿了對這位異國友人的深情懷念。《草堂雅集》是元末顧瑛輯集的一部詩歌總集，通行本有陶氏涉園影刻本。

送海東銛上人十首用雲霞出海曙梅柳度江春爲韻

虞　集

積水衆鷗滅，春空藹餘雲；掩室坐修竹，天花散繽紛。上人東海客，來去何見聞，飛錫還日下，珠宮浪沄沄。

日色出海水，千波散明霞；一杯承足來，九載不爲賒。要觀香爐峰，折蘆長風沙，微吟動林響，蒼龍送浮槎。

我昔參泰霞，東望候日出；子從日下來，海水中蕩潏。坐受龍女珠，簾垂夜光室；持還定何有，長空斷雁一。

爲法不辭遠，遨游歷年載；衣中得故珠，終夜動光彩。還持一支葦，歸泛萬里海；駕言乘桴行，沙際如可待。

旨蓄崇虛豆，生芻長冰罯，無堪餉遠客，桑下若爲住。行囊掛屋壁,破榻夜風雨,神光發慧劍,耿射東海曙。

燕坐共禪月,行吟向孤梅,有懷匡廬山,老人岌崔嵬。洗鉢三峽水,振木東林臺,乘槎動歸思,欲去更徘徊。

山居如老禪,坐致不請友;何方檐下雲,識我門前柳。翠竹不礙山,黃花紛在手,未覺酬對難,離妄亦無取。

老胡昔東游,勝士乃西度,到岸無彼此,不憚勞筏屨。要之心本空,一了不移步,龍宮解相迎,黃金已先布。

百煉成利器,千金來海邦,清霜凝秋水,國士嘆無雙。持正行正法,魔邪孰不降?觀子制名字,高風凜寒江。

止觀覓心要,律儀檢凡身;密言轉相付,海刹幾秋春。奇哉善根熟,一徹無逡巡,子求得何法,歸報日邊人。

(《道園學古錄》卷二十七)

今按:這是虞集贈銛仲剛的十首詩。虞集是元代後期最享盛名的作家、詩人。前引丁復的《扶桑行》中的"虞閣老"即指虞集。《扶桑行》說他曾留銛仲剛在家中居住廿日,喻之為圭璋。這首詩更稱之為"百煉利器"、"無雙國士",從中可以看出虞集對這位日本僧人的傾倒程度。《道園學古錄》有《四部叢刊》本。

送銛上人省親

宗泐

青山淡斜暉,驚風在高樹;行客起遐思,雙親髮垂素。
雲飛滄海遙,雁下寒風暮;老來惟夢歸,隨君故鄉路。

(《全室外集》卷三)

今按:《全室外集》作者宗泐,是生活在元末明初的和尚,長期住在集慶(南京),曾為龍翔寺住持。這首詩中的"銛上人",無疑就是銛仲剛。《全室外集》有明永樂刊本。

元末詩人張翥有一首詩,題爲《用丁仲容韻送季潭泐公歸龍翔》(《蛻庵集》卷三),中有句云:"將詩却訪天台客,別偈長留日本僧。""天台客"指丁復(字仲容),"日本僧"可能就指的銛仲剛。

送鋸上人至京

妙　聲

江南初春雪載塗,送爾作賓於皇都;冀北逐空群驥裏,海東生此真珊瑚。中朝自古有師法,開士只今多大夫;萬古草奏明光裏,陰翊王度如唐虞。　　　　　　　　(《東皋錄》卷上)

今按:妙聲,字九皋,是元末平江(蘇州)僧人,曾居當地報恩寺。《東皋錄》有《文淵閣四庫全書》本,科學院圖書館藏鈔本"鋸上人"作"銛上人"。由"海東生此真珊瑚"之句,可以推知這位"銛上人"是日本人,無疑就是銛仲剛。

送日本僧之京

鄭　東

萬里乘濤來絕海,中朝冠蓋盡相知;丹丘博士與飲酒,青城先生邀賦詩。傳鉢底須歸故國,把文遂欲動京師:絶憐船上看春色,二月官河水發時。　　　　　　　　(《草堂雅集》卷十)

今按:這首詩没有講日僧的名字,但詩中提到"丹丘博士"(柯九思)和"青城先生"(虞集)曾與交游,還有"把文遂欲動京師"之句,和《東皋錄》的《送銛上人至京》以及上面其他一些詩篇可以相印證。大致可以斷定,鄭東送的"日本僧",就是銛仲剛。鄭東,元代後期温州平陽人。

贈日東僧清無夢

吳師道

萬里滄溟斷去途,閑雲野鶴共羈孤;祇應清夜禪床月,解照平山夢有無。 (《吳禮部集》卷九)

送日本謙以亨上人游吳

來　復

海門紅日大如車,浙水西游欲問家;虹影繞函隨設刹,天香飛蓋滿袈裟。懸燈竹寺秋吟桂,持鉢王城曉飯麻;遙看太湖三百里,亂峰蒼翠擁晴霞。南宗自古盛中州,雷動風行八百秋;金刹近從兵後廢,青山無復昔時游。象龍圍繞知何地,狐兔縱橫守故丘;祇樹會應逢長者,一龕且爲白雲留。 (《蒲庵集》卷三)

今按:謙以亨上人,應即《日華文化交流史》《入元僧一覽表》中之以亨得謙(懶雲),"亨"、"享"何者爲是,待考。

來復,字見心,江西南昌人,是由元入明的僧人,曾爲浙江杭州靈隱寺住持。他與不少來華的日本僧人都有交游,在他的文集《蒲庵集》就收了好幾篇有關來華日僧的詩文。此外,在河南嵩山少林寺發現有來復撰寫的《淳拙禪師才公塔銘》,由"扶桑沙門德始書丹"也反映出他與日本僧人的關係是很密切的。這篇塔銘作於洪武壬申(廿五年,1392)。關於日僧德始的情況,有待進一步查考(這篇塔銘係史樹青先生告知)。

贈立恒中

宗　泐

海外趁商船,江東住幾年;華音雖已習,鄉信若爲傳。

一鉢隨緣飯,諸峰到處禪,涼秋明月夜,夢度石橋烟。

(《全室外集》卷五)

今按:這首詩和下面兩首詩,都是贈送立恒中上人的。立恒中一名,不見於《日華文化交流史》的《入元僧一覽表》。從這幾首詩來看,他在中國生活過好幾年。

《全室外集》作者宗泐,是元末明初南京寺院的住持,已見前述。《獨醉亭集》作者史謹明初曾在南京任官,退職後即僑居南京。南京屬江東。"江東住幾年",立恒中應指在南京逗留過不少時候。

送立恒中上人
史　謹

只履初從日本來,游方遠到鳳凰臺;誰知就裏三千界,不著人間半點埃。白馬馱經隨杖錫,蒼龍卧鉢起風雷;今朝又謁諸天去,花雨隨身出九垓。

(《獨醉亭集》卷中)

今按:《獨醉亭集》有《四庫珍本叢書初集》本。作者史謹的情況,見上一首詩注。詩中的鳳凰臺應指南京。

贈日本僧立恒中藏主
虞　堪

上人昔自日邊來,大海猶如渡一杯;三萬里程空水觀,百千沙界到天台。繙經席上花飛徧,曳履林間葉作堆;政共長吟好詩句,却言又上鳳凰臺。

(《希澹園詩集》卷三)

今按:虞堪是虞集的從孫,元末明初住在平江,是一個頗有聲望的詩人、畫家。"政共長吟好詩句,却言又上鳳凰臺",應指立恒中準備由平江去南京而言。《希澹園詩集》有《四庫珍本叢書初集》本。

送日本僧進得中游廬山

王　逢

嘗歌廬山謠,既誦廬山高,謫仙歐九氣兩塵,後世邈見詩人豪。上人毛吞鯨海濤,昆蓬嵩華窺秋毫,香爐瀑布試一遨,五老離立同兒曹。三百六十龍象遭,天燈絡繹長林皋。我聞層巔聳峭壁,字畫慘淡古鳥迹,禹平水土紀功德,廬君以來人靡識。盡捫雲蘿梯磴石,摩挲摸索爲我惜,聖神洋洋酒三瀝,亂餘赤子甚墊溺。安得再賴乘橇力,盡九州內爲化國,迴首扶桑長咫尺。(《梧溪集》卷四上)

今按:王逢,元末詩人,長期住在上海。他的詩集《梧溪集》有《知不足齋叢書》本。進得中一名,不見於其他記載,但在《梧溪集》中先後出現三次,說明王逢與其關係是相當密切的。從這幾首詩看來,這位日本僧人來中國後與王逢相識,去游廬山時王逢爲其送行,回國以前專門鈔錄了王逢注的《杜詩本義》。他在和王逢交往過程中曾介紹了不少日本情況。

日本進上人將還鄉國,爲錄予所注《杜詩本義》,留旬日,贈以八句_{藤,其國中著姓}

王　逢

重譯歸看母,僧中獨爾能;上方雲一鉢,滄海月千燈。
雀舳蒙沖艦,龍函最上乘;杜詩書法隱,毋惜授諸藤。

(《梧溪集》卷四下)

寄題日本國飛梅 有序

王　逢

國相管北野者，剛正有爲，庭有紅梅，雅好之。一日，被誣，謫宰府。未幾，梅夜飛至。北野卒死謫所，國人立祠梅側。僧進得中云。

瘴日雲霾不放歸，精神解感禹梁飛；水香霞艷渾無恙，瘦比縈臣帶減圍。　　　　　　　　　　　　　　（《梧溪集》卷四下）

今按：這是一個日本很流行的傳説故事。"管"係"菅"之誤。"菅北野"即菅原道真（845—904），係日本平安時代著名的政治家、文學家，擅長漢詩，曾被任命爲遣唐使，但因唐朝内亂，未能成行。菅原道真曾居高位，後因統治集團内部矛盾，於日本醍醐天皇延喜元年（901），被"貶太宰權帥。道真愛梅，臨發，花適開，咏和詩叙懷，辭甚悽切，聞者憫之"（《大日本史》卷一百三十三《菅原道真傳》）。他死後，被尊爲神，備受日本官方和民間崇拜。有詩文傳世，所作漢詩在日本文學史上有很大影響。日本民間流行飛梅傳説，至今福岡太宰府的天滿宫，就是奉祀菅原道真的地方；天滿宫主持者稱爲宫司，世代由菅原後人擔任，近似過去中國的曲阜孔府。天滿宫大殿前左側，至今還保存着傳説中的飛梅，供來訪者觀賞。這個在日本備受崇敬的人物，早在十四世紀已經通過來華日僧的介紹，爲中國文人所知，不能不説是中日文化交流史中一件很有意義的事情。

贈日本僧蕆侍者

楊維楨

東自扶桑到雪臺，大唐國裏國師來；蕆公元是東方朔，偷食仙桃今幾回。

（戫音呼括切，空也。又開日也。字大徹，有《渺海軒集》。）
（《鐵崖詩集》癸集）

今按：楊維楨是元末江南最享盛名的詩人，他和來華的日本僧人頗多交游，除了這首詩之外，還有數首，本文均已收錄。《鐵崖詩集》有陶氏涉園影刻本。

題日本戫大徹上人"眇海軒"

王　逢

地極東三島，天旋外九州；羽車仙或到，龍藏叟同游。
赤岸銀河合，珠星璧月流；高居任清淺，不暇數添籌。

（《梧溪集》卷四下）

今按："眇"疑應作"渺"，見上一首詩。"渺海軒"應是戫大徹居處的名稱。

賦樗杜子詩一首，送大戫大徹上人歸日本 樗杜[子]，上人自號也

成廷珪

東海有樗木，托根扶桑邊；扶桑不汝棄，屈曲枝相連。上拂火龍馭，下蔭神鼇淵，念彼壅腫物，豈無人所憐。戫公見之喜，日夕相周旋。手執天地爐，巢居在其顛，朝持秘密咒，夜參清净禪，我欲從子去，一笑三千年。
（《居竹軒詩集》卷一）

今按：成廷珪，揚州人，元末住在松江。他的《居竹軒詩集》沒有刻本傳世。北京圖書館藏有幾種鈔本，一本這首詩的文字如上，另一本這首詩的題目作："賦樗杜之詩一首，送大歲大徹二位上人歸日本國。樗杜之，上人自號也。"從詩的内容來看，只提到"戫公"一

人,因此,另一本的文字應是錯誤的。"歲"應作"齯"。其義見前。

附:送齯上人還日本,並簡雙林明極和尚

至　仁

十年問法天王地,萬里鄉山碧海東;雪室有禪傳鼻祖,蒲帆無恙轉秋風。潮連蓬島晴雲白,霞擁扶桑曉日紅;爲問雙林老尊者,尺書還寄北來鴻。　　　　　　　　　　　(《澹居稿》)

今按:據《延寶傳燈録》卷二十六記載,這首詩是"萬壽行中仁公"送給鄂隱慧齯的。但從時間來說,很有問題。鄂隱慧齯是絶海中津的弟子,明太祖十九年(1386)入明。而詩題"雙林明極和尚"指明極楚俊,曾任婺州(浙江金華)雙林寺住持,元文宗天曆二年(1329)去日本,元順帝後至元二年(1336)即已去世。因此,這首詩不可能是贈給鄂隱慧齯的。估計很可能也是寫贈齯大徹的,因此附在這裏。

木宫泰彦《日華文化交流史》在《入元僧一覽表》中據《澹居稿》列入"大齯(上人)"一名;又據其他記載,將鄂隱慧齯列入《入明僧一覽表》内,没有將二者當作一人,是有見地的。他提到了《延寶傳燈録》,但没有指出其中的問題。

《澹居稿》中國無刻本,我用的是北京圖書館收藏的鈔本。除了這首詩和下面的一首詩之外,還有一篇《竺仙和尚語録序》,其中提到來華日僧海壽的名字。這篇序文爲日本研究者所熟知(《日華文化交流史》中即已提及),故本文不再鈔録。

日本月千江長老攜其國僧裔竺峰級禹門征詩二首

王　逢

日本盤盤瀛海間,夜分先見曙光殷;毛人傍帶窮荒島,富士高瞻奠枕山。開國使來東漢覲,游方僧詫大唐還;征詩慎說鷄林售,

不欲貪名著百蠻。

中州風氣海溟分,島宅鮫居被大雲;鳥篆不遭秦烈火,祥光曾托宋斯文。貝琛歲入諸夷貢,草木春隨大地熏;聞道頻年亦兵革,好將無諍諭邦君。　　　　　　　　　　　　（《梧溪集》卷五）

今按:裔竺峰疑係裔竺芳之誤,竺芳祖裔曾來中國游歷,見《延寶傳燈錄》卷二十二。裔竺芳是個畫家,"級禹門"或係畫的名稱。

這首詩中提到"富士高瞻奠枕山",成廷珪的《送秀巖上人歸日本》(見後)中也有"富士巖前留語在"之句,可見這座日本名山當時對中國文人已不生疏了。

送謙上人還日本,并簡天龍石室和尚

至　仁

回首扶桑若個邊,春風萬里上歸船;神龍饋供雲迷海,仙女吹花月在天。密意西來端有得,新詩東西豈無傳;若逢石室煩通問,歲晚南湖學種蓮。　　　　　　　　　　（《澹居稿》）

今按:這個"謙上人"是無礙妙謙,他自中國返回日本時,"崇極行中仁公送偈曰:'回首扶桑若個邊',……"(《本朝高僧傳》卷三十二《妙謙傳》)石室指日僧石室善玖,曾入元,回國後居於京都天龍寺。見《延寶傳燈錄》卷五。《日華文化交流史》的《入元僧一覽表》已列有無礙妙謙一名,但未提及此詩。

送日本希白上人禮祖塔之金華

來　復

天香吹滿屈眗衣,幾度承宣到鳳池;梵語傳來西竺戒,華音吟得大唐詩。樹間繞佛長鳴錫,洞裏逢仙不看棋;無縫塔開瞻舍利,

千江月映碧琉璃。　　　　　　　　　　（《蒲庵集》卷三）

送榮首座還日本

來　復

揚帆八月挂長風，直溯扶桑碧海東；雪窟潮翻銀甕白，天門日涌火車紅。蝦夷覓偈迎沙島，龍伯分齋候水宫；應有國人來問訊，散花圍座聽談空。　　　　　　　　（《蒲庵集》卷三）

白雲深處，爲日本嗣上人題

來　復

白雲深護碧岩嶢，閑着禪龕伴寂寥；行訝雪山無路入，望如潮海欲身飄。萬重寒濕銖衣薄，一色晴連玉樹遥；却憶扶桑渺何許，不堪持贈可能招。　　　　　　　　（《蒲庵集》卷三）

送聰首座游昇聞極日本人

鄭元祐

昔年龍河帝作宫，萬礎構出金芙蓉；祝釐至命黑衣相，董役乃是烏臺公。帝乘雲去師示寂，瓦礫依然化金碧，撾鐘吹螺震天地，游從每振東南錫。聰也金鼇背上人，金翅擘海驅波神，典座南屛萬峰上，高閣瞪眄青嶙峋。來吳欲作鳳臺去，詞鋒欲寫秦淮樹，業材參天必豫章，匠石何嘗後梁柱。渺渺長江無盡流，詩成爲寄波間鷗，自昔六朝帝王州，老夫每欲東南游。白下江山暮雲合，烏衣巷陌斜陽愁，古人銷亡景物在，着我一賦商聲謳。（《僑吳集》卷二）

白牛，爲日本純上人賦

來　復

耕雲不住海門東，牧向楞伽小朵峰；露地已忘調伏力，雪山誰

識去來踪。放歸祇樹隨羊鹿,種就曇花伴象龍;一色天閫頭角別,水晶池沼玉芙蓉。　　　　　　　　　　　　（《蒲庵集》卷三）

今按：純上人,或係日本僧人溫中宗純,"又截海入明,請益諸刹。既歸,出世建仁。……嘗贊自照曰：大唐日本,一身隨緣;蒲團竹椅,高臥安眠。"(《延寶傳燈錄》卷二十八)

白雲山房,爲日本純上人賦

來　　復

結得雲房漲海東,無心舒捲與雲同;曉封貝葉琅函濕,夜映梅花紙帳空。檐挂銀河虛共照,窗當瑤圃淡相通;忽看散作丹霞色,捧出扶桑海日紅。　　　　　　　　　　　　（《蒲庵集》卷三）

題《碧山草堂圖》,送喜笑雲

妙　　聲

中國有碧山,扶桑有碧山。碧山隨處有,是何人合棲其間。上人何年辭海嶠,每望白雲東向笑;松枝西指月蒼涼,歲晚天寒翠蛟叫。有佛處,不得住,草堂更在雲深處,碧山縣知不負吾,一錫凌空窅然去。　　　　　　　　　　　　（《東皋錄》卷上）

贈日本廉上人

史　　謹

一別扶桑路,俄驚二十秋;暫逢皆白首,相顧各青眸。就裏諸天近,行邊一念休;出山應掃迹,渡海不須舟。雨過龍歸鉢,經殘月滿樓,尚期他世會,聊共此生浮。猿鳥陪吟眺,乾坤任去留,堂堂天竺境,都在汝心頭。　　　　　　　　　　　　（《獨醉亭集》卷下）

送秀巖上人歸日本

成廷珪

廿年中國游方遍,看水看山念念非;海眼枯時千劫壞,日頭出處一僧歸。黃梅雨打袈裟濕,白蜃雲隨錫杖飛;富士巖前留語在,庭松西長舊禪扉。 　　　　(《居竹軒詩集》卷二)

送倭僧還

楊維楨

倭師自言徐福孫,船頭見日如車輪;未將大藥到中國,擬把榑桑種北辰。照夜毒龍光吐月,絕河香象迹生塵;問君一粒須彌芥,何處可藏五患身。 　　　　(《鐵崖詩集》癸集)

今按:此詩後原附錄成廷珪詩一首,即上面的《送秀巖上人歸日本》,可知此詩也是贈送秀巖上人的。

送峰頂雲歸日本

楊維楨

萬里扶桑客,歸舟發五湖;天垂東海盡,地拱北辰孤。
花發安期棗,枝生達摩蘆;徐郎招未返,應在祖洲無。
　　　　(《草堂雅集》卷後二)

今按:此詩不見於《鐵崖詩集》,故自《草堂雅集》轉錄。

送頤上人還日本

王冕

上人住處扶桑國,我家亦在蓬萊丘;洪濤拍屋作山立,白雲繞

床如水流。住世不知誰是客，多時忘却故園秋；明朝相別思無盡，萬里海天飛白鷗。　　　　　　　　　（《竹齋詩集》卷四）

今按：王冕，元末名詩人、畫家。《竹齋詩集》有《武林往哲遺著》本。此詩亦見《草堂雅集》卷七，題爲《送日本僧》，張雨作。文字略有出入。

跋日本僧汝霖文稿後

宋　濂

右日本沙門汝霖所爲文一卷。予讀之至再，見其出史入經，旁及諸子百家，固已嘉其博贍；至於遣辭，又能舒徐而弗迫，豐腴而近雅，益嘆其賢。頗詢其所以致是者，蓋來游中夏者久，凡遇文章巨公，悉趨事之，故得其指教，深知規矩準繩，而能使文字從職無難也。汝霖今泛鯨波東還，以文鳴其國中，蓋無疑矣。嗚呼！汝霖禪家之流也，蕩空諸相，視五蘊四大猶爲土苴，況身外之文乎！苟執此而不遷，或將與道相違矣。雖然，汝霖遍參名山，精於禪觀，其於此義未嘗不知之，特以如幻三昧，游戲於翰墨間爾。游戲翰墨非難，而空其心爲難，所謂心空，則一切皆空。視諸世諦文字，雖有粗迹，而本無粗迹；雖有假名，而實無假名；惟一惟二，惟二惟一，初何礙於道哉！觀汝霖之文者，又當於此求之。

汝霖名良佐，遠州高園人，姓藤氏，嘗掌書記於蘇之承天寺，繼同五山諸大老入鍾山點校毗盧大藏經，其同袍皆畏而愛之云。

（《宋文憲公全集》卷十八）

今按：汝霖良佐生平，見《延寶傳燈録》卷二十六。他"入明國參諸名宿，掌箋翰於蘇之承天，繼與五山諸大老同入鍾山，點校《大藏經》，其同袍皆敬畏之。太祖聞其名，召宮問法，禮遇優渥。洪武九年,與絕海中律同船而還"。宋濂這篇文章,過去已爲人們所知,日本《扶桑禪林僧寶傳》(作者旅日中國僧人性潡)卷十《汝霖佐禪師傳》中就引用過。爲了和下面《送汝霖上人序》一文相印證,所以仍把它收在這裏。宋濂是朱元璋的開國功臣之一,被公認爲明初文壇的領袖。《宋文憲公文集》通行有《四部備要》本。

送日本汝霖上人序

來　復

天下之善游者於吾徒爲特盛,涉海逾岳,視險如夷。非僕僕以干名也,非汲汲以逐利也,雲行鳥飛,去住無迹,寄一錫於萬里之外,棲一單於三椽之下,身無寒暑之憂,心無鄉井之戀,危坐終日,猶泥像木偶,至忘饑渴者,惟知進道爲急務焉。被草衣而榮於錦袍,餐藜羹而美如玉食,在他人厭之,我則樂之;在他人賤之,我則貴之,此其所以能拔出乎世間者矣!東游於吳,西游於楚,南游於越,北游於燕,雖窮陬遐域,莫不皆游,探先佛之化區,扣碩師之玄論,以吾自證之妙,而希其一言印可。道香果熟,群生蒙益,斯豈常人之游可得而踪迹也哉!

扶桑沙門汝霖,自海外來游中國,風飄雲楫,不憚潮汐之險。其所樂游者,雖冢間樹下弗擇焉。嘗參仲銘新公於吳承天,親炙久已。學之暇,間爲文辭,其清麗縝密,得古作者風。洪武三年夏,仲銘有南京之役,汝霖偕來,給侍左右無厭色,雖薪水之勞,皆躬爲之,其行義尤可尚矣。

今年春,謁予,將遠游,欲求勝己者,以廣所學。惜余力不足以振之,故以吾徒之所善游者告焉。汝霖往矣,腰纏而足裹,木食而巖棲,游而後息,息而後安,安而後得,期必有大過人者。異時竪拂猊床激揚斯道,又將與群靈四衆同游乎一真之域矣。若乃跰足朝夕,碌碌塵壒,使七尺之軀,陸沉而無聞,傲然而自棄,烏得爲善游者哉！汝霖清才敏識，宜能有以自勵也，亦奚俟吾言。

（《蒲庵集》卷四）

今按：來復的這篇文章，過去沒有爲研究者注意過。通過他的記述，我們對汝霖良佐在中國的活動有更多的了解。

龍山大定庵記

來　復

日本爲國，居大海之東。其俗崇佛敬僧，精舍伽藍，棋布域内，聲教之美，往往取法中夏。而其禪居皆遵百丈舊制，歷代恪守，罔敢或違，故寺以禪爲額者，律儀矩度，卓有異於它宗。其傳法之徒，又常參承中夏諸名宿，藉爲世家，以著其宗系焉。自其國王臣庶，樂善好施者，咸得執弟子禮而師尊之，至於施私第以創寺，割腴田以飯僧，悉如所願欲也。

龍山大定庵者，乃南禪住山在庵禪師退休之地。南禪爲海東首刹，非有道者不得與其選。在庵蚤爲亞相大夫源公義滿所知，特奉國命主其席，而是庵之施，實源公鼎創以奉師終老焉。開基於應安甲寅春，落成於是年冬某月某日也。奉佛有殿，安僧有堂，門廡庖湢，完具無遺。庵據獨秀峰之趾，萬松擁翠，合澗爭流，蓋勝處也。

師之徒一光問法南來，以事實謁余，而請記。夫如來世尊，微妙法音，大千普聞，無間幽顯。若凡若聖，咸所尊奉。然以眾生從無始來迷己爲物，昏沉掉舉，心識靡寧，是故如來隨機演法，開方便門，以楞嚴示其大定，以般若明其大慧，欲令末世諸修學人定無勝慧，慧無勝定，必使定慧均等，不墮於偏，然後爲圓證之妙功也。今在庵修於慧學，而能以大定名庵，蓋有見於斯矣。然其所以自利利它者，寧不爲無窮之惠乎！余因一光之請，弗得辭，姑以定慧之旨喻之，俾來者燕處是庵，益思所以自勉，俾無徇乎名而遺其實也。在庵學通內外，訓徒有軌則，嗣法東海源公，溯源而上爲東山九世云。　　　　　　　　　　　　　　　　　（《蒲庵集》卷五）

今按：在庵，名普在，其生平略見《延寶傳燈錄》卷十五。其徒一光生平不詳。

送日本宣大義游江西序

來　復

日本居大海東，俗習多取法中國，其崇敬佛乘，尤爲隆篤。故金刹之雄峙，寶輪之輝煥，布於國都。凡禪林儀軌，並依大智祖規。其創寺置額，亦以五山十刹而甲乙之，大抵皆南宋舊制也。僧之宗禪者，咸慕中華師法之盛，故自唐至宋，航海南來，實以參究爲己任，非徒事乎游覽也。或什或伍，時一至焉，瓶錫所向，衢路聚觀，皆作僧中希有之逢也。

今我皇明疆域混同，威加四海，遐陬殊邑，重譯來朝。日本雖阻絕東維，然不以鯨濤數萬里之險遠，歲貢方物至再至三，而其僧之嚮化重道者，錫飛杯渡，亦繩繩而來，多至數百。自唐及宋，未有若今日之盛。蓋聖德熙洽，實足以懷柔之而然也。

有大義宣上人者，受經於國之建長寺，言溫而氣和，學通而行敏，謙遜端謹，篤尚宗乘。遠從余游，志不少懈。間嘗叩其所存，誠能以古道勵已。學之暇，發爲詩辭，亦多清麗可採。余甚嘉其志而進。今年春，浩然欲爲衡廬之游，乞一言以自警。維古昔法道之盛，莫逾於江西，若馬祖、百丈之顯於唐，慈明、楊歧之著於宋，其闡法弘宗，雷動海涌。至今學者仰其聲光，莫不奮激而興起焉。然雖佛運之有通塞，梵刹之有隆替，曾不足貽祖道之累也。上人此行，讀斷碑於荒區，禮壞幢於焦土，鯨瘖魚寂，雲木慘淒，寧不有動於觀感者乎！然而江風山月，同顯法身，兔窟狐丘，皆爲化境，一俯仰間，則諸祖之靈光妙音，固無時而不在也。吾知上人宴息於玆，豈亦無所自得哉！它日東還，幸一相顧，苟有符所證者，夜爐芋火，尚當共揚榷焉。　　　　　　　　　　　　　　（《蒲庵集》卷四）

今按：宣大義，生平不詳。宋濂《日本建長禪寺古先原禪師道行碑》（《宋文憲公全集》卷二十）中提到的日僧大宣，大概就是宣大義。宋濂説大宣是古先印原的弟子，這篇文章説宣大義"受經於國之建長寺"，也是一致的。

贈令儀藏主序

宋　濂

予聞佛書，一須彌山攝一四天下，一四天下共一日月。須彌有百億，則日月有百億焉。如是乃至恒河沙不可算數之天下，佛法未嘗不流佈其間，況震旦一國耶！日本在東海，同爲震旦之國，又可分疆界之内外耶！此所以同慕真乘而至人攝化者亦未嘗遺之也。達摩氏自身毒西來，既至中夏，復示幻化，持隻履西歸。後八十六年，當推古女主之世，達摩復示化至其國。世子豐聰過和之片岡，達摩身爲餒者，困卧道左。世子察其異，解衣衣之。已而入寂，遂藏焉，及啓棺，無所有，唯賜衣存，事與隻履西歸絶類。所異者，當時無人嗣其禪宗爾。自時厥後，橘妃遣慧蕚致金繒泛海來請齊安國師卒令義空比丘入東，其首傳禪宗之碑，信不誣矣。至覺何之嗣佛海，遠道元之承天童净，達摩之宗，駸駸向盛，原大法之蘖芽，實肇見於世子之時歟！嗚呼，亦可謂遠也已矣。

范堂儀公，日本之人也。俗姓藤氏。修習禪觀，夙夜匪懈。至正壬寅秋，航海自閩抵浙，三叩尊宿，咨决法要。洪武癸丑冬，復來蔣山爲侍者，尋遷掌藏史，叢林中以法筵龍象期之。范堂以予頗究内典，圓頂方袍之士，無不獲文句而去，謁予以征贈言。予謂：三藏靈文琅函玉軸，世所嚴奉者凡五千四十八卷，六百億三萬一千八百八十八言。其刊定因果窮究性相，則謂之經；垂範四儀，嚴制三業，則謂之律；研真顯正，核偽摧邪，則謂之論；三者莫不具焉。范堂既司之矣，司之寧有不受持讀誦之乎！脫若以言演說之多，無逾於此也。如曰直指人心，片言已爲餘剩，何在於博求耶？雖然，萬錢陳於前，非緍無以貫之；萬法散於事，非心無以攝之。假言以明心，挈其綱而舉其要，亦古人之甚拳拳者也。大抵人有內外，佛性無內外；人有東西，佛性無東西。一真无妄，充滿太虛，大周沙界，細入藐微，光輝洞達，皆含攝而無所遺。范堂於此而證入焉，一念萬年，何今何古，寂然不動，誰佛誰生，當此之時，殆非世諦文字之可形容也。達摩氏之所傳，其大旨不過如是而已。范堂遍參諸方，諸方尊宿以范堂精進，多所印可，不知曾有不自寶秘而昌言若斯者乎！予見范堂向道之切，故舉百億須彌皆有佛法，佛法肇興於日本者稍著見焉，而未復申之以此者，衛法之事嚴而利物之心急也。

（《宋文憲公全集》卷十七）

今按：范堂令儀，宋濂在《日本瑞龍重建轉法輪藏禪寺記》（《宋文憲公全集》卷十六）和《贈簡中要師游江西偈序》（《宋文憲公全集》卷十七，本文已錄，見下）也都提到了他。他在中國時與宋濂是相當密切的，其他日本僧人向宋濂求文，常要通過他的介紹。

贈簡中要師游江西偈序

方外范堂儀公來言："同袍有原要字簡中者，日本之人也。姓藤氏，爲其國貴族。年九歲，依能仁國濟國師，給灑掃之役。久之，國師爲剃落受具足戒。尋往建仁，與聞在庵禪師大法要旨，遂使侍香左右。每慕中夏禪宗之盛，洪武甲寅夏，不憚鯨波之險，航海而來,憩止南京大天界寺。聞江右多祖師道場,欲往禮其靈塔,頗聞古有贈言之禮,世恒相因,先生能不廢之乎?"

予曰:"此吾俗閒事也。簡中學絕俗之道,文字且不當立,況予之剩語耶?"范堂曰:"請爲一偈何如?"予曰:"杳冥之中,其光如曒,不依形立,常與道存,雖偈亦奚以爲?"范堂曰:"此姑置之,第二門中,何事不可説。先生自通一大藏教,乃欲遏絕初機之士乎?"予曰:"本自現成,誰爲初機?一旦不有,孰居第二?強生分別,去道滋遠也。"范堂曰:"先生辨固辨矣,吾無以酬之。簡中必欲徼片言之賜,慈悲者果能拒耶?"予笑曰:"如此,則庶幾也。"於是合十指爪而喝偈曰。(下略) (《宋文憲公全集》卷十七)

(二)名字没有記載的來華日僧資料

贈日東僧

宋 無

肆業重溟外,隨緣大夏中;錫飛鯨海静,杯渡蜃樓空。音信千峰隔,華夷一水通;秋深故國夢,應與逝川東。 (《翠寒集》)

今按:宋無,字子虚,長期住在平江(蘇州)。生於南宋末年,死於元代後期,年八十餘歲。《翠寒集》有汲古閣《元人集十種》本。

送僧歸日東

妙 聲

萬里求師逾絕海,齒髮漸非心不改;東土山川異昔游,中朝師法今猶在。

故山弟子憶歸期,摩挲西指蒼松枝;南宗密印已親授,莫道大唐國裏無禪師。　　　　　　　　　　（《東皋錄》卷上）

送僧歸日東

善　住

碧海蓬萊外,扶桑日本東;居然成絕域,久矣染華風。王化能柔遠,遐琛亦會同;佛書龍藏古,梵夾象胥通。問道來飛錫,浮生若轉蓬;中朝師法在,厚往聖恩隆。歸羨翩翩鶴,吟瞻肅肅鴻;片帆唯就日,萬里若游空。洗盂鮫人室,焚香海若宮;將迎煩國主,感嘆聚鄰翁。告別行何遽,題詩愧未工;懸知音信絕,徒望海霞紅。

（《東皋錄》）

贈日本僧

善　住

鯨波渺渺接遥空,今古由來一葦通;斗柄夜縣常辨北,日輪朝涌始知東。車書既混文無異,爵服纔分語不同;鄉路眼中應已熟,好攜包笠扣玄宗。　　　　　（《元詩選一集·谷響集》）

今按：善住,平江人,居報恩寺。

送僧歸日本

楊維楨

山爲城,海爲池,高兮不可履,深兮不可窮,峭然孤據東南涯。我王仁風被遐邇,往往貨殖通其宜。其王尚禮樂,職貢多珍奇,嵯峨兩桑樹,夜半鳴天鷄。六龍推輪走天岸,八荒四極涵清輝,神魚吹濤雪山白,浪花作雨青天低。靈妃或過群龍隨,月明照見雙龍旗,巨艘何啻十餘丈,大風開帆秋葉飛。城頭鼓響,城下馬嘶,人從大唐國裏歸。

又祁川錄本少異，姑錄附於此："山爲城，海爲池，龍伯有國東海涯，我王仁風被八極，其王錫貢多珍奇。捷公捷公白雪眉，跨海來覲天人師，神魚鼓濤雪山白，浪花作雨青天低，巨艘何啻萬斛重，大風開帆秋葉飛。振法螺響，馱經馬嘶，人從大唐國里歸。"

（《鐵崖詩集》辛集）

送僧歸日本
楊維楨

東風昨夜來鄉國，又見階前吳草青；金錫躅空靈鳥逝，寶珠嗅海毒龍腥。車輪日出榑桑樹，笠蓋天傾北極星；我欲東夷訪文獻，歸來中土校全經。 　　　　（《草堂雅集》卷後二）

贈日本僧
鄭元祐

海以島嶼爲連城，其大每與龍伯爭；珊瑚柱冷建宮闕，翡翠浪暖開蓬瀛。亦有神僧出其國，能與古佛同無生；飯香盛貯帝青鉢，身垢沐浴琉璃瓶。錫飛曾追獨雀遠，杯渡至比群鷗輕；輔教編成獻明主，彎弓機險開群盲。梅花飛雪歲雲暮，冰樹削玉天初晴；魚翻春波迓鼓柁，馬嘶晚驛知揚旌。蕩茶榻前啓沃處，不讓義夫留大名。 　　　　　　　（《僑吳集》卷二）

送僧歸日本
王　恭

法師東南秀，成行獨清苦。一錫行挑貝葉書，孤帆笑別扶桑樹。茫茫海水無行路，水月澄澄印禪悟。經梵朝殘五老雲，鉢盂夜洗三山雨。隨緣忽復東歸去，萬里鯨波一杯渡。夜半龍吟丈室云，天邊鳥没千峰曙。塵緣未斷那可攀,別後知師向何處。

(《草澤狂歌》卷二)

今按:王恭,福建閩縣人。明成祖時參與修《永樂大典》,得授翰林院典籍。《草澤狂歌》係其未仕以前所作。本篇及下篇均應作於十四世紀。《草澤狂歌》有《四庫珍本叢書初集》本。

送僧歸日本

王　恭

滄波杳無際,望望入扶桑;杖錫游何處,歸途信一航。
龍宫朝洗鉢,鮫室夜焚香,法侣遥相待,松枝偃舊房。

(《草澤狂歌》卷三)

送日本僧

徐　賁

萬里扶桑曉色微,海天空闊去人稀;木杯不用隨潮度,金策惟應嚮日飛。

去路猶餐中土飯,到家重着故鄉衣;國人應問如來法,帶取西天貝葉歸。

(《北郭集》卷七)

今按:徐賁,平江(蘇州)人。元末張士誠據浙西,辟爲屬官,徐避居湖州。明太祖時,官至河南布政使,後坐罪死。《北郭集》有《四部叢刊三編》本。

贈僧還日本

張　羽

扶錫去隨緣,鄉山在日邊;遍參東土法,頓悟上乘禪。

咒水龍歸鉢,翻經浪避舡;本來無去住,相別與潛然。

(《静居集》卷四)

今按：張羽,吳興人。元末爲書院山長,洪武初爲太常寺丞,後被竄嶺南,自殺。《静居集》有《四部叢刊三編》本。

送僧歸日本

謝應芳

吾聞帶方東南有國環滄溟,龜峰雲接扶桑青,紅梅花開作絳雪,佳實亦比蟠桃頹。珊瑚出水光奪目,老蚌吐珠皆夜明,山藏水產足珍怪,惟人尤得鐘其英。釋門龍象獻寶出,眉目秀異風骨清,錫飛一萬四千里,欲以佛法中華鳴。首探天目獅子窟,酷肖厥祖天人驚,三吳百粵小盤礴,王公下榻爭趨迎。大哉禪月古叢社,正法眼藏轟雷霆,思親要織睦州履,春風穩送歸帆輕。老夫扶懲走相餞,事有干請煩留情,往來爾國遠秦火,六籍不隨埃燼零。願言傳寫遺全璧,一洗魚魯開群盲,上人名亦垂不朽,能使舶船爲馬馱吾經。

(《龜巢稿》卷十)

今按：謝應芳,元末明初人,居武進。《龜巢稿》有《四部叢刊續編》本。原文作《送贈題日本》,明顯是錯誤的,今改。

（三）題日本僧人圖畫的詩篇

題日本僧《雲山千里圖》

張以寧

天東日出天西入,萬里虬鱗散原隰;日東之僧度海來,袖裏江山雲氣濕。

願乘雲氣朝帝鄉，大千世界觀毫芒；却騎黃鵠過三島，別後扶桑枝葉老。　　　　　　　　　　　　（《翠屏集》卷一）

今按：張以寧，福建古田人，元泰定丁卯（1327）進士，入明爲翰林侍讀學士，洪武三年（1370）卒。所著《翠屏集》四卷，有成化十六年刊本。

題夷僧寫蘭卷

鄭元祐

老禪昔從日本來，足踏萬里鯨波開。金仙所居太霞上，五色芝草爲樓臺。國香中有蘭與蕙，成叢托根在蓬萊。老禪一見契幽獨，葉葉莖莖在心目。硯坳盛得楚芳魂，九畹春風種華玉。紫鰲背開龍伯宮，千柱結構神施工。妙高臺上醉揮墨，光雲閃暎珊瑚紅。賢王分茅甸南服，萬馬屯雲夜如簇。獨延老師至王宮，霜毫蘸松煤綠。爲書蛟龍古奇字，噴霧拏雲看不足。老禪擔簦東入吳，白虹夜騰西太湖。飛墨何分醉和醒，高天頃刻青模糊。橫揮直抹恣圖寫，太虛空裏無精粗。諸方非無大床坐，合讓主席談揮麈。只緣自有寶玉刹，千層樓閣金銀鋪。人間腥腐蝸一殼，蟻蠓聚散真斯須。定追他日議天統，大沛法雨滋焦枯。　　　　（《僑吳集》卷二）

題日本僧畫

倪　瓚

五老西來第幾峰，道人定起對長松；挂帆東海還歸去，貌得香爐雲氣濃。　　　　　　　　　　　（《清閟閣全集》卷八）

今按：倪瓚，號雲林子，元代後期名畫家。《清閟閣全集》有清康熙五十二年刊本。

雜題畫(其一)
妙　聲

飛錫來從日本東,受齋因過海王宮;坐中貌得珊瑚樹,猶帶蓬萊水殿風。(日本僧竹石)　　　　　(《東皐錄》卷上)

題日本僧所畫《青山白雲》
虞　堪

積水東來溯極天,杯浮三萬覓單傳;等閒三昧都游戲,未識齊州九點烟。　　　　　(《希澹園詩集》卷三)

題倭僧所畫《菖蒲小景》四首
成廷珪

海上青毛鶴,山中綠髮仙;柏期採九節,同爾壽千年。
劍脊秋逾勁,鞭根老更糸;何堪拜吾竹,當可友溪蓀。
昔在嵩高日,仙人不可招;獨行南澗底,採得虎須苗。
怪石玲瓏白,方盆瑪瑙紅;倭僧到中國,何處把清風。
(《居竹軒詩集》卷四)

(原刊於《文史》第 18 輯,1993 年)

朱元璋的佛教政策

朱元璋原來是個和尚,後來成爲大明的開國皇帝。他在掌握政權以後,採取什麽樣的佛教政策,是一個很值得探討的問題。近年以來,有一些論著,對此作過討論。① 本文作者涉獵朱元璋的資料,也有一點看法,現在寫出來,希望得到指正。

(一)

朱元璋與佛教有着特殊的關係。

朱元璋十七歲時,因家中困難,在鍾離縣(今安徽鳳陽)皇覺寺出家爲僧。"居寺甫兩月,未諳釋典",便因饑饉外出,游食四方。三年以後,回到皇覺寺,繼續他的僧人生活。② 又過了幾年,全國農民戰爭爆發,他投奔郭子興部起義軍,從此改變了自己的身份,由僧人成爲起義軍的戰士。但是,青年時代的這一段經歷,無疑在他的思想中留下了深深的烙印。

朱元璋在淮西起義軍中的地位不斷上升,郭子興死後,他便成爲這支隊伍的首領。元至正十五年(1355),朱元璋作出了重大的

---

① 郭朋:《明清佛教》,福建人民出版社,1982年。樂壽明:《朱元璋與佛教》,《學術月刊》1983年第4期。
② 朱元璋:《皇陵碑》,《乾隆句容縣志》卷一〇《藝文志》。

戰略決策，渡江南下，取集慶（今江蘇南京）爲基地，然後繼續發展。集慶是江南的一座名城，不僅在政治上、經濟上佔有重要地位，而且也是江南佛教的中心之一。朱元璋進入集慶，向"官吏、父老、人民"提出了"爲民除亂"、"各安職業"的綱領，表明了自己的政治態度。① 對於當地的佛教寺院和佛教的上層代表人物，也採取安撫、籠絡的辦法。這從下面的兩個例子可以看得很清楚。

朱元璋隊伍來到集慶時，集慶大龍翔集慶寺的住持是孚中懷信。"當大明兵下金陵，僧徒俱風雨散去。師獨結跏宴坐，目不四顧。執兵者滿前，無不擲仗而拜。上（朱元璋——引者）嘗親幸寺中，聽師說法，嘉師言行純慤，特爲改龍翔爲大天界寺。寺之逋糧在民間者，遣官爲征之"。孚中死於至正十七年（1357）八月，朱元璋"詔出内府泉幣助其喪事，且命堪輿家賀齊叔爲卜金藏。舉龕之夕，上親致奠，送出都門之外，其寵榮之加，近代無與同者"。② 大龍翔集慶寺原是元文宗的潛邸，文宗即位後，將原來的主所改爲佛寺。③ "棟宇之麗，甲天下"。④ 元文宗欽定龍翔寺在"五山之上"，首任住持笑隱大訢"加與釋教宗主之名分，兼領五山寺者"。⑤ 所謂"五山"指的是江南五大佛寺。集慶寺的住持實際上成了官府承認的江南佛教的領袖。朱元璋對信孚中的推崇，實際上是表明自己對於佛教的態度。特別值得注意的是，元代佛教寺院都佔有大量土地，大龍翔寺也有許多田產，享有免稅的特權，元朝政府還設置專門的機構，爲之管理。農民戰爭爆發後，"元政大亂，戎馬紛紜，寺事日見艱窘"。顯然，許多寺院的佃户在農民戰爭的影響下，不再交納地租，寺院收入減少，造成了困難。朱元璋"遣官"爲龍翔

---

① 《明太祖實錄》卷四。
② 宋濂：《孚中禪師信公塔銘》，《宋文憲公全集》卷六。
③ 同上。
④ 虞集：《大龍翔集慶寺碑》，《道園學古錄》卷五。
⑤ 《（至正）金陵新志》卷一《地理圖·龍翔寺圖》。

寺征收"在民間"的"逋糧",既表示他對佛教的支持,又説明他承認和維護寺院的土地佔有和剥削方式。

集慶還有一位有名的僧侣,那便是保寧禪寺住持覺原慧雲。"十六年,王師定建康,師謁皇上於轅門。上見師氣貌異常,嘆曰:'此福德僧也。'命主蔣山太平興國禪寺。時當儉歲,師化食以給其衆,無闕乏者。山下田人多欲隸軍籍,師懼寺田之荒廢也,請於上而歸之。山之林木爲樵者所剪伐,師又陳奏,上封一劍授師曰:'敢有伐木者斬'至今蓋鬱然云。逾年丁酉,賜改龍翔爲大天界寺,詔師主之。……先是,僧堂寮庫有司權以貯戎器,久而不歸,上見焉,亟命相國李韓公出之,且親御翰墨書:'天下第一禪林'六大字,懸於三門"。① 保寧禪寺和太平興國禪寺也都是集慶著名的佛寺。"田人"指的是寺院的佃户,他們想要參加朱元璋部起義軍,覺原認爲這樣一來"寺田"無人耕作,將會荒廢,請求朱元璋禁止,仍將佃户束縛於土地上。"山之林木"也是寺院的財產,朱元璋也加以保護。這些舉動,和朱元璋派人代征龍翔寺的"逋糧"是完全一致的,都是爲了維護寺院的財產和剥削方式。朱元璋指定覺原繼孚中之後,充當"天下第一禪林"大天界寺(即龍翔寺)的住持,這種直接干預佛教内部事務的做法,並非偶然,而是和前代封建皇朝一脈相承,其目的主要爲了對佛教組織加以控制和利用。

朱元璋對佛教的興趣以及對寺院的保護,並不限於集慶。例如,"戊戌(至正十八年,1358)冬,大明皇帝親帥六師取婺州。己亥春,幸智者禪寺,見其山川深秀,而法席尚虛,特詔師(德隱普仁——引者)主之。一坐十五夏,唱道之外,小大室宇,咸爲補葺一新"。②

元代,皇室崇尚佛教,佛教寺院在政治上、經濟上都有很大勢

---

① 宋濂:《覺原禪師遺衣塔銘》,《宋文憲公全集》卷一四。
② 宋濂:《仁公塔銘》,《宋文憲公全集》卷二五。

力,寺院地主對佃户和自耕農以至一般百姓的剥削和壓迫都是很殘酷的。以反對地主階級及其政權爲主要特徵的元末農民戰争,在打擊世俗地主的同時,也把鬥争的矛頭指向了佛教寺院。"自辛卯(至正十一年,元末農民戰争在這一年爆發——引者)兵變以來,江淮南北所謂名藍望刹,多化爲煨燼之區,而狐兔之迹交道,過其下者無不爲之太息。"①與之相反,朱元璋却採取了崇尚佛教和保護佛教寺院的態度。這固然與他青年時代的經歷有關,但更重要的則是他提出的"各安職業"這一政治綱領的必然結果。"各安職業"意味着維護原有的封建體制,在世俗社會是這樣,在宗教社會也是這樣。如果説朱元璋對待元朝政府的態度有個發展變化過程的話,②那末,他對封建的土地所有制和剥削關係則是一貫採取保護態度的,很難説有什麽轉變的過程。

(二)

公元 1368 年,朱元璋稱帝,國號大明,建元洪武。做了皇帝的朱元璋,採取了一系列尊崇佛教的措施。

首先,朱元璋連續幾年,召集有名望的僧人,親自問道,並舉行各種大規模的佛教儀式。"洪武元年秋九月,詔江南大浮屠十餘人,於蔣山禪寺作大法會。……二年春三月,復用元年故事。"③當時舉行的"大法會"即無遮大會,④也就是以超度亡靈爲主題,以布施爲内容的法會。在會上有名僧"升座演説,聽者數千,大駕幸臨,

---

① 宋濂:《句容奉聖禪寺興造碑銘》,《宋文憲公全集》卷九。
② 陳高華:《論朱元璋與元朝的關係》,《學術月刊》1980 年第 4 期。
③ 宋濂:《佛日普照慧辨禪師塔銘》,《宋文憲公全集》卷六。
④ 宋濂:《別峰同公塔銘》,《宋文憲公全集》卷二八。

慰問備至"。① "三年之秋,上以鬼神情狀幽微難測,意遣徑當有明文,妙柬僧中通三藏之説者問焉"。② "辛亥(洪武四年)冬十月朔,上將設薦濟佛會於鍾山,命高行僧十人苾其事,而禪師(璧峰寶金)與焉。賜伊蒲饌於崇禧寺,大駕幸臨,移時方還"。③ 規模最大的洪武五年正月的廣薦法會。早在四年十一月,朱元璋便親筆寫下了《蔣山寺廣薦佛會文》,説明建會的宗旨:"朕今因死者恐不得生天,恐有冤報,故作大善事,爲死者超升,生者解冤,以此干求於佛。""今區宇平定,亂極而治,故爲生死者多方以解冤仇,此之謂時。"④ 十二月"詔征江南有道浮屠十人,詣於南京"。朱元璋自己"宿齋室,却葷肉弗御者一月"。佛會於洪武五年正月十三日開始,十五日結束。開始和結束時朱元璋都親自到場,到會的僧徒有千人之多。⑤ 洪武元年,又"徵有道浮屠以備顧問"。⑥ 當時有名的僧人,如楚石梵琦、見心來復、璧峰寶金、無夢曇噩、東溟慧日等,都曾應詔前來參加這些佛事活動,有的記載概括這種情況説:"帝(朱元璋)自踐阼後,頗好釋氏教,詔徵東南戒德僧,數建法會於蔣山,應對稱旨者輒賜金襴袈裟衣,召入禁中,賜坐與講論。"⑦

此後相當長一段時間内,朱元璋不曾舉辦大規模的佛事活動,但在他去世的前不久,又接連舉行法事。二十七年(1394)七月在靈谷寺"做好事普度""征南陣亡病故的官員軍士"。三十年十月,又下令在善世寺設水陸道場三日一夜,爲已故官員們超度。⑧

其次,朱元璋親自組織力量,刊佈佛教經典。洪武五年,"命四

① 宋濂:《净慈順公逆川瘞塔碑銘》,《宋文憲公全集》卷一一。
② 宋濂:《佛日普照慧辨禪師塔銘》。
③ 宋濂:《璧峰金公舍利塔碑》、《宋文憲公全集》卷一一。
④ 《金陵梵刹志》卷三,天津人民出版社,2007年。
⑤ 宋濂:《蔣山廣薦法會記》,《宋文憲公全集》卷七。
⑥ 宋濂:《净慈順公逆川瘞塔碑銘》。
⑦ 《明史》卷一三九《李仕魯傳》,中華書局,1974年,第3988頁。
⑧ 《金陵梵刹志》卷一《欽錄集》。

方名德沙門,先點校《藏經》",①這就是後來人們所說的《洪武南藏》。洪武十年(1377),朱元璋認爲在佛教經典中《般若心經》《金剛經》《楞伽經》最爲重要,"皆心學所繫,不可不講習也"。便命宗泐、如玘兩位僧人對三經"重加箋釋",同時下令要"天下諸浮屠咸讀三經"。次年三月,"《心經》、《金剛經》新注成,已徹御覽。秋七月,《楞伽》注又成。三種新注先後刊印發行。② 朱元璋對《楞伽》、《心經》都能默誦,並親自爲《心經》作序。過去,唐太宗曾爲玄奘法師所譯《瑜伽師地論》撰《大唐三藏聖教序》,朱元璋則撰寫了《習唐太宗聖教序》,③對玄奘譯經的功績,大加贊揚。

《〈心經〉序》和《習唐太宗聖教序》只是朱元璋親筆寫成的有關佛教文章中的兩篇,此外還有《三教論》《釋道論》《誦經論》《明施論》《大靈谷寺記》等,以及爲數相當可觀的詩篇。④ 現存的朱元璋詩作中,賜與僧人和描述僧寺的作品占了大部分。從明初名僧宗泐詩集中不少"欽和御製(賜)"詩看來,這類作品中有一些已經散失了。⑤

朱元璋刊佈佛教經典的目的,是"以資化導",誘民爲善。因而他要求作注時"務令明白簡切,而免纏繞支離之患",這樣便於百姓接受。⑥ 他自己有關佛教的文章和詩篇文字,一般比較質樸,其中往往有自己的見解。他的兒子朱棣也對佛教有很大的興趣,曾説:"太祖皇帝於佛法上多用心。"⑦這確是事實。

這裏順便討論一下朱元璋有無《集注金剛經》之作。據《明

---

① 《金陵梵刹志》卷一《欽錄集》。
② 宋濂:《新刻〈楞伽經〉序》,《宋文憲公全集》卷二二。
③ 《明太祖御製文集》卷一七。
④ 這些詩文見於《明太祖御製文集》、《金陵梵刹志》卷一《御製集》等。
⑤ 《全室外集》卷一。
⑥ 宋濂:《金剛般若經新解序》,《宋文憲公全集》卷二二。
⑦ 《金陵梵刹志》卷二《欽錄集》。

史·藝文志》載:"太祖《集注金剛經》一卷,成祖製序。"①清人黄虞稷的《千頃堂書目》中也有同樣記載。不少著作即以此爲據,肯定朱元璋有《集注金剛經》之作。但是,迄今並未發現有朱元璋的《集注金剛經》,只有署名朱棣(明成祖)的《集注金剛經》。朱棣在《集注金剛經》的序文中説:"爰自唐、宋以來,注釋是經者無慮數十百家,雖衆説悉加於剖析,而群言莫克於折衷。朕夙欽大覺,仰慕真如,間閱諸編,選其至精至要,經旨弗違者,重加纂輯,特命鋟梓,用廣流傳。"②可見,此本乃朱棣本人所爲(當然,實際應是他人所作),與朱元璋並無關係。試想,如果真有朱元璋的《集注金剛經》,朱棣豈能不在序文中提及,豈能不加贊揚?《明史·藝文志》登録朱棣的各種與佛教有關的作品,有《御製諸佛名稱歌》一卷,《普法界之曲》四卷,《神僧傳》九卷,惟獨沒有傳世的《集注金剛經》。從以上所説的一些情況看來,只能認爲,《明史》的編者將成祖朱棣編撰並作序的《集注金剛經》誤認爲是太祖的作品了,實際上,朱元璋只命人作《金剛經注》,自己並沒有這方面的作品。

第三,朱元璋挑選一些僧侣到朝廷中做官,委以重任。"吳印、華克勤之屬,皆拔擢至大官,時時寄以耳目。"③吳印原籍山西太原孟縣,在南京鍾山靈谷寺爲僧,受到朱元璋賞識,還俗入仕。洪武九年(1376)任山東布政使。④ 著名文人張孟兼時任山東按察副使,和吳印發生矛盾,被告發。朱元璋"械孟兼至闕下",施加酷刑,最後處死,"詔印曰:吾除爾害矣,善爲之"。⑤ 這篇詔諭便收在朱元璋欽定的文集裏。⑥ 華克勤是南京瓦官寺的僧人,俗姓華出家

---

① 《明史》卷九八《藝文三·釋家類》,第2453頁。
② 此書現存有明永樂内府刻本,上海古籍出版社於1984年影印出版。
③ 《明史》卷一三九《李仕魯傳》,第3988頁。
④ 《明太祖實録》卷一〇八。
⑤ 方孝孺:《張孟兼傳》,《遜志齋集》卷二一,寧波出版社,1996年,第702頁。
⑥ 朱元璋《諭山東布政使吳印敕》,《明太祖御製文集》卷六。

後名克勤,字無逸。曾奉命出使日本,迴國後朱元璋命他還俗,"使其加冠巾出仕"。① 華克勤曾爲山西布政使。朱元璋的文集中有一篇《諭山西布政使華克勤》,要他將"姦吏""於市曹中典刑,毋得猶豫不決"。② 吳印、華克勤都成爲一省的民政負責官員,可見朱元璋對他們的重視。

朱元璋從僧人中選官並不限於吳、華二人。洪武六年(1373),宋濂向他推薦兩個"能文辭"的僧人,一名願證,一名證傳。朱元璋看過他們的文章,頗爲欣賞,立即召見,"敕吏部皆除應奉翰林文字,賜第太平門,及妻妾各二。……復命中秘給書籍,令閉門習讀三月,俟髮長勝冠,然後莅職"。③ 朱元璋還專門寫下了《拔儒僧入仕論》,④是寫給僧人眩巖等人的。文中說,如能"以道佐人主,身名於世,禄及其家,貴爲一人之下,居衆庶之上,高堂大廈,妻妾朝送暮迎",這就是"今之天堂"。反之,"若民有頑惡不悛,及官貪而吏弊,上欺君而下虐善",陷於刑獄,"必將殞性命而後已,斯非地獄者何!"朱元璋要眩巖等認真考慮天堂、地獄之別,"深思熟慮,剖決是非,然後來朝,則當授之以官","若果悦而仕,則虛名泯而實名彰,其丈夫之志,豈不竟成哉!"朱元璋的文章和實際做法都足以表明,他確實是有意識地選拔僧人來補充官員隊伍的。

由於朱元璋的提拔得以入仕的僧人,"橫甚,讒毀大臣"。當時有人上疏說:"古帝王以來,未聞縉紳緇流,雜居同事,可以相濟者也。今勳舊者德咸思辭祿去位,而緇流儉夫乃益以讒間。如劉基、徐達之見猜,李善長、周德興之被謗,視蕭何、韓信,其危疑相去幾何哉!"⑤可見,入仕的僧人,在當時政府中,已成爲一股不容忽視

---

① 宋濂:《送無逸勤公出使還鄉省親序》,《宋文憲公全集》卷一三。
② 《明太祖御製文集》卷六。
③ 宋濂:《李大猷傳》,《宋文憲公全集》卷一四。
④ 《金陵梵利志》卷一《御製集》。
⑤ 《明史》卷一三九《李仕魯傳》,第3988—3989頁。

的勢力。他們所依仗的就是朱元璋的支持。

第四，朱元璋對寺院的財產，採取保護和扶植的態度。他不斷將田土、蘆場撥賜給寺院，而且免除這些田土應當的稅糧和差役。當時的名僧宗泐寫道："敕賜良田供萬衲，不須日糴太倉糧。"①洪武二十七年的聖旨中明文規定："欽賜田地，税糧全免。常住田地，雖有稅糧，仍免雜派。僧人不許充當差役。"②所謂"常住田地"指的是寺院原有田產，也得到了免役的優待。爲了保證寺院田地不致散失，洪武十五年（1382）三月，朱元璋下令："天下僧道的田土，法不許買。僧窮寺窮，常住田土，法不許賣。如有似此之人，籍没家產。"同年九月，武進縣糧長陸衡"典了彌陁寺田土三千畝，止還一千畝，今又要原鈔"，朱元璋便將他"連家小發去邊衛充軍"。③但是，寺院兼併民間的田土，却不在限制之列。

在朱元璋的保護和扶植下，寺院的財產得到發展。朱元璋死後不久，就有人提出："江南寺院田多者或數百頃，而官府徭役未嘗及之。貧民無田，往往爲徭役所困。"請求限制僧道每人田不過五畝。④ 此事雖未推行，但從中可以看出經過洪武一朝的扶植，寺院佔有土地已成爲相當嚴重的問題。

洪武十九年（1386），朱元璋曾下令，"出榜與寺家張挂，禁治諸色人等，毋得輕慢佛教，罵詈僧人，非禮攪擾。違者本處官司約束"。這一榜文"頒行天下各寺，張挂禁約"。⑤ 這是以皇帝榜文的形式，明令保護佛教。朱元璋對佛教尊崇，應該說在中國歷史上是不多見的。早在建國之初，就有人"以釋氏爲世蠹，請滅除之"。朱

---

① 《欽和御製〈山居詩賜靈谷寺住持〉》，《全室外集》卷一。
② 《金陵梵刹志》卷二《欽錄傳》。
③ 《金陵梵刹志》卷二《欽錄傳》。
④ 楊士奇：《虞謙墓碑銘》，《東里文集》卷一四。《明史》卷一五〇《虞謙傳》作："建文中請限僧道田，人無過十畝，餘以均給貧民。從之。永樂初……而僧道限田制竟罷。"參見王崇武：《明成祖與佛教》《中國社會經濟史集刊》第8卷第1期，1949年。
⑤ 《金陵梵刹志》卷二《欽錄集》。

元璋"不聽"。① 後來不斷有人提出類似的建議,也都被否定。大理寺卿李仕魯"以闢佛自任",因爲"言不見用",要求"歸田里";朱元璋大怒,"命武士捽搏之,立死階下"。②

朱元璋如此尊崇佛教,所以當時有人説:"佛法之見尊奉至此,振古所未聞也。"③還有人賦詩説:"大興佛法當此時。"④

（三）

在尊崇佛教的同時,朱元璋也採取了一系列整頓佛教寺院和僧人的措施。

洪武三年(1270)朱元璋在一封信中批評高麗國王不行仁義禮樂,"日以持齋守戒爲事。"他説:"佛經之説雖有,然不崇王道而崇佛道,失其要矣。""國王大臣,儻昧於此,而誤國之政,亦非小眚。"他提出:"所可汰者,冗僧耳。敬之則游食者衆,慢之則使民不敬於佛。不敬不汰,則善惡不分,在王處之如何耳。"⑤既要"敬",又要"汰","敬""汰"並行,這實際上正是朱元璋對待佛教寺院和僧人的基本方針。"汰"就是清理、整頓。

早在建國之初,朱元璋便征派"浙水西五府浮屠、道流共甓京城,立善世院以統僧尼同將作監交董其役"。⑥ 要浙西的僧人、道士來修築南京城,這顯然是因爲他們富有,以此加以抑制。洪武六年(1373)十二月,"上以釋、道二教,近代崇尚太過,徒衆日盛,安坐

---

① 《覺原禪師遺衣塔銘》。
② 《明史》卷一三九《李仕魯傳》,第 3989 頁。
③ 蘇伯衡:《報恩光孝天寧禪寺大佛殿記》,《蘇平仲文集》卷六。
④ 《周顛仙人傳》,《紀録彙編》本。
⑤ 《高麗史》卷四二《恭愍王五》。
⑥ 宋濂:《杭州集慶教寺璋公圓冢碑銘》,《宋文憲公全集》卷二八。

而食,蠹財耗民,莫甚於此。乃令府、州、縣止存大寺觀一所,並其徒而處之,擇有戒行值其事"。① 這道命令初下時嚴格執行,甚至有眾多寺廟的南京也不例外,"僧不分禪、講、瑜伽,盡入天界寺"。② 但沒有多久,便逐漸放鬆,允許恢復原來的佛寺。例如太平府的萬壽寺原在裁減之列,"有司令黃冠居之"。"洪武七年秋,上特詔復爲寺。"③到了洪武二十四年(1391)又下令:"清理天下僧寺","凡僧人不許與民間雜處,務要三十人以上聚成一寺,二十人以下者聽令歸并成寺。其原非寺額,創立庵堂寺院名色,並行革去。"④洪武二十七年(1394),再次發布榜文,其中重申:"凡僧之處于市者,其數照歸并條例,務要三十人以上聚成一寺,二十人以下者悉令歸并。其寺宇聽僧折改,并入大寺。如所在官司有將寺沒官及改充別用者,即以贓論。"⑤

對於僧人,也加強了管理。洪武六年起,"普給天下僧度牒","隨身執照"。後來規定"三年一次出給","試他那幾般經,通曉得,與他度牒"。洪武二十七年規定:"若有出家者,務要本人年二十、三十者,令本人父母將户内丁口事産及有何緣故情願爲僧,供報入官,奏聞朝廷。允奏,方許披剃。過三年後赴京,驗其所能,禪者問以禪理,講者問以講諸經要義,瑜伽者試瑜伽法事,果能精通,方給度牒。如是不通,斷還爲民,應當重難差役。"二十八年,他命僧錄司"設上、中、下三科考試天下沙門"。洪武二十九年,朱元璋又頒發聖旨,指出:"近來僧錄司、道錄司考試天下僧道,其中多有不通經典者。"他下令,"三年後再來考試,不中者發邊遠充軍"。⑥

---

① 《金陵梵刹志》卷二《欽錄集》。
② 《金陵梵刹志》卷二《欽錄集》。
③ 宗泐:《智海巖住太平萬壽京刹疏》,《全室外集》卷九。
④ 《金陵梵刹志》卷二《欽錄集》。
⑤ 《金陵梵刹志》卷二《欽錄集》。
⑥ 《金陵梵刹志》卷二《欽錄集》。

凡是考試合格，發給度牒取得正式資格的僧人，必須隸屬於一定的寺院，不許"雜處民間"。如果"潛住民間，被人告發到官，或官府拿住，必梟首以示衆。容隱窩藏者流三千里"。洪武二十五年，朱元璋下令編造"天下僧籍"，"各處僧人都要於原出家處明白供報俗家户口入籍，不許再在挂搭處入籍"。二十七年，又有榜文："諸山僧寺庵院，務要天下諸僧名籍造册在寺，互相周知。僧人游方到來，即問本僧係某處某寺僧，年若干，然後揭册驗實，方許挂搭。如是册内無名及年貌不同者，即是詐僞，許擒拿到官。"①

朱元璋還禁止僧人與地方官員以及百姓交往。洪武十八年（1385）頒發的《大誥》中說："僧、尼、道士、女冠，敢有不務祖風，混同世俗，交給官吏，爲人受寄生放，有乖釋道訓愚之理，若非本面家風，犯者棄市。"②洪武二十七年榜文中又規定："凡住持並一切散僧敢有交結官府、說俗爲朋者，治以重罪。"③元代不少僧人娶妻生子，不守清規。朱元璋對此特別厭惡，他下令："僧有妻室者，許諸人捶辱之，更索取鈔五十定，如無鈔者打死勿論。""有妻室僧人，願還俗者聽，願棄離修行者亦聽。若不還俗，又不棄離，許里甲鄰人擒拿赴官。徇私容隱不拿者，發邊遠充軍。"④多次修訂並在洪武三十年（1397）頒佈的《大明律》也有關於"僧道娶妻"的處分規定："凡僧道娶妻妾者，杖八十，還俗。女家同罪，離異。寺觀住持知情，與同罪，不知者不坐。"⑤但是"許諸人捶箠"和"索取鈔五十定"的奇特法令，直到明代中期，仍有人引用。⑥

爲了便於對僧寺和僧人進行管理，朱元璋設立了專門的機構。

---

① 《金陵梵刹志》卷二《欽錄集》。
② 《大誥》《僧道不務祖風第三十》。
③ 《金陵梵刹志》卷二《欽錄集》。
④ 《金陵梵刹志》卷二《欽錄集》。
⑤ 《大明律》卷六《户律三·婚姻》。法律出版社，1999年。
⑥ 沈德符：《萬曆野獲編》卷二七《僧道異法》，中華書局，1959年，第680頁。

洪武元年三月，建國之初，便建立了秩從二品的善世院，以大天界寺和覺原慧曇（見本文第一部分）主持院事。① 洪武四年撤消。洪武十四年開設僧道衙門，在京設僧錄司，在外府、州、縣各設僧綱、僧正、僧會等司。僧錄司設左、右善世二人（正六品），左、右闡教二人（從六品）等官，府僧綱司設都綱（從九品）、副都綱，州僧正司設僧正，縣僧會司設僧會。這些衙門"官不支俸，吏與皂隸合用人數，並以僧道及佃僕人等爲之"。其職責是檢束僧人，"務要恪守戒律，闡揚教法，如有違犯清規，不守戒律及自相爭訟者，聽從究治，有司不許干預。若犯姦盜非爲，但與軍民相涉，在京申禮部酌審，情重者送問，在外即聽有司斷理"。② 朱元璋有關僧寺和僧人的種種法令，都是通過這些衙門貫徹的。

（四）

上面分別論述了朱元璋佛教政策的兩個方面，一方面尊佛，另一方面加強管理，用朱元璋自己的話來説，就是"敬""汰"並用，看起來似乎有矛盾，實際上是一致的，和朱元璋一貫思想作風相吻合的。

朱元璋在青年時代曾出家爲僧。做了皇帝以後，他並不諱言過去皈依佛門、做過和尚的經歷，在親自執筆的不少文章中都提到過，如《皇陵碑》、《紀夢》、《蔣山寺廣薦佛會文》等，特別是《皇陵碑》中講得最清楚。③ 甚至在寫給高麗國王的信中，他也坦率地説：

---

① 宋濂：《覺原禪師遺衣塔銘》。《明史》卷七四《職官志三》。
② 《金陵梵刹志》卷二一《欽錄集》。
③ 《皇陵碑》、《紀夢》見《明太祖御製文集》卷一六（另一篇《皇陵碑》見前引《句容縣志》）。《蔣山寺廣薦佛會文》見《金陵梵刹志》卷三。

"朕幼嘗爲僧,禪、講亦曾參究。"①

最能説明他的態度的是鳳陽龍興寺的興建。龍興寺造於洪武十六年(1383),是中都鳳陽最大的佛教寺院。這所佛寺是朱元璋下令修建的,用意是以此作爲於皇寺的後身,而於皇寺就是朱元璋青年時代出家做和尚的寺院。② 在爲龍興寺撰寫的碑文中,朱元璋追溯了於皇寺的簡單歷史,以及自己爲僧的經過,並説:"是寺(龍興寺)之建,非爲求佛積福而建,止因幼年托身於寺(於皇寺)四年,寺因兵廢,其應供是方者無有,失孝子順孫慎終追遠之意。因此立刹之意,留心歲久。"但因"舊寺(皇覺寺)之基,去皇陵甚近,焚修不便,於是擇地是方"。新建的龍興寺離於皇寺十五里。擁有佛殿、法堂、僧舍三百八十一間,規模宏麗,遠非舊日的於皇寺可比。③ 爲了突出龍興寺與於皇寺的繼承關係,朱元璋還特意"召詢舊僧在俗願復爲僧者許之。唯昔住持德祝座下弟子善杞,去鬚髮,應召而至京師"。朱元璋便以他爲龍興寺的開山住持。④ 興修龍興寺的經過,充分説明,朱元璋對於自己"托身佛門"的一段生涯,是念念不忘的,他對佛教是有特殊感情的。

朱元璋走過曲折的道路,具有豐富的閲歷。他深知佛教對於社會的安定、封建統治的鞏固來説有着特殊的功能,可以補政治手段之不足。他認爲,從表面來看,"僧道之學,不過獨善其身,游食於民",似乎可有可無;但實際上它們能起到"益王綱而利良善,凶頑是化"的作用,"若烝民樂從者,世道昌王仁矣"。⑤ "其佛仙之幽靈,暗助王綱,益世無窮,惟常是吉。"⑥他還説,儒、道、釋三教,"惟

① 《高麗史》卷四二《恭敏王世家五》。
② 於皇寺即皇覺寺,明成祖時修《太祖實録》,將於皇寺改成皇覺寺。
③ 《明太祖實録》卷一五六。
④ 龍興寺碑,見《安徽通志金石古物考略》卷六。
⑤ 《資世通訓·僧道章》。
⑥ 《三教論》,《明太祖御製文集》卷一一。

儒者凡有國家不可無"，但是釋、道傳播之處，"愚民未知國法，先知慮生死之罪，以至於善者多而惡者少，暗理王綱，於國有補無虧"。① 青年時代經歷培育的對佛教的特殊感情，以及對佛教有益於"王綱"的認識，是朱元璋尊崇佛教的主要原因。

但是，正如朱元璋自己所說那樣，他對"人情善惡真偽，無不涉歷"。② 因此，他對佛教宣揚的天堂地獄和修來世之說，並不盡信，而且認爲信教與治理國家是兩回事。在給高麗國王的信中說："惟聞有佛而已，度死超生，未見盡驗。古今務釋氏而成國家者，實未之有，梁武之事，可爲明鑒。"③"惟蕭梁武帝、宋之徽宗，以及殺身，皆由妄想飛升及入佛天之地。"④沉溺於佛教，便會帶來亡國的危險。這是朱元璋時時引以爲戒的。衆所周知，朱元璋對元朝滅亡經驗教訓作過認真的總結。元朝統治者崇尚佛教，寺院財富空前發展，是導致階級矛盾尖銳化的一個重要原因。在元朝政府的縱容下，寺院管理鬆散，戒律廢弛，娶妻生子，與俗人無異，失去了人們的崇敬，也就不能起到"暗助王綱"的作用。管理鬆散還帶來一個嚴重後果，那便是一些政治上的敵對分子得以遁迹空門，以寺院爲藏身之地，逃脫追捕，甚至進行組織反抗的活動。朱元璋對佛教寺院和僧人的整頓和加強管理，都不是偶然的，目的不是打擊佛教，而是恢復佛身上的靈光圈，改善佛教的形象，重新獲得百姓敬仰，這樣可以真正發揮助理王綱的作用，同時也可以有效地防止政治上的敵對分子利用寺院進行活動。朱元璋自己便把加強管理與佛教昌盛與否聯繫起來，認爲只要照他的命令進行整頓，"行之歲久"，便會"佛道大昌"。⑤

---

① 《釋道論》，《金陵梵刹志》卷一《御製集》。
② 《皇明祖訓》。
③ 《高麗史》卷四二《恭愍王世家五》。
④ 《心經序》。
⑤ 《金陵梵刹志》卷二《欽錄集》。

無論"敬"或"汰",都是爲了鞏固明朝的統治。朱元璋本人的經歷,使他能够很好地將兩者結合起來。從長遠來看,這樣做有利於佛教的發展,也對明朝統治的鞏固起了積極的作用。

（原刊於《明史論叢》第 1 輯）

後　　記

　　20世紀七十年代中期,我參與《中國史稿》的編寫。由於工作的需要,對元代宗教作了一些探索。1979年,爲參加中國蒙古史學會的成立大會,寫了一篇《元代佛教與元代社會》。不久,又寫成《略論楊璉真加和楊暗普父子》一文。這兩篇論文是我研究元代佛教的開始,收在《元史研究論稿》(中華書局,1991年)中。此後,陸陸續續又寫下一些與元代佛教有關的論文,都收在這本《論稿》裏。

　　元代佛教主要有兩大系列,一是中原傳統佛教,即漢傳佛教;一是藏傳佛教。藏傳佛教在元代進入中原。由於元朝統治者的尊崇,藏傳佛教在元代勢力很大,影響很廣。建國以後,我國學術界對元代藏傳佛教的研究達到很高水準,王堯、陳得芝、鄧銳齡諸先生都有重大的貢獻,他們幾位都是我尊敬的學長,亦師亦友,受益良多。繼他們之後,陳慶英、沈衛榮、張雲等同志於此領域開拓擴展,其成就令人欽佩。元代漢傳佛教的研究也有不俗的成績。

　　我對元代佛教的研究側重於元代諸帝的佛教政策,以及中原、江南的佛教寺院狀況。《元代佛教與元代社會》一文提出,忽必烈主張"崇教抑禪",後來成爲元朝諸帝佛教政策的重要原則。這個問題曾引起中日兩國佛教史學界的討論(〔日〕福島重:《關於元世祖忽必烈的"崇教抑禪"政策》,見《元代北京漢藏佛教研究》,宗教文化出版社,2018年)。楊璉真加是元代佛教領域中權勢很大的人物,有不少未解之謎。《略論楊璉真加和楊暗普父子》一文指出

後　記

楊璉真伽是唐兀人，探討了此人在江南的活動，以及其子楊安普的重要政治地位。後來我還寫論文繼續"崇教抑禪"和楊氏父子的研究。有關佛教寺院的一些論文，以漢傳佛教為主，但往往亦涉及藏傳佛教。元代佛教有很多問題，尚有待深入。我的這些論述只是初步的，拋磚引玉，衷心期待師友和讀者教正。